Ute Nikolay
Initiation à l'économie et à la gestion d'entreprise

Ute Nikolay

Initiation à l'économie et à la gestion d'entreprise

DE GRUYTER

ISBN 978-3-11-041629-9
e-ISBN (PDF) 978-3-11-041630-5
e-ISBN (EPUB) 978-3-11-042365-5

Library of Congress Cataloging-in-Publication Data
A CIP catalog record for this book has been applied for at the Library of Congress.

Bibliografische Information der Deutschen Nationalbibliothek
Die Deutsche Nationalbibliothek verzeichnet diese Publikation in der Deutschen
Nationalbibliografie; detaillierte bibliografische Daten sind im Internet
über http://dnb.dnb.de abrufbar.

© 2016 Walter de Gruyter GmbH, Berlin/Boston
Einbandabbildung: oldkwok, Thinkstock
Druck und Bindung: CPI books GmbH, Leck
♾ Gedruckt auf säurefreiem Papier

Printed in Germany

www.degruyter.com

Table des matières

2ᵉ partie : Gestion d'entreprise

Avant-propos

L'ouvrage s'adresse à des étudiants (non francophones) en économie et en gestion ainsi qu'à des professionnels (économistes et gestionnaire) souhaitant acquérir la terminologie spécifique de l'économie et de la gestion. Comme il présente de nombreuses suggestions pédagogiques, il peut également servir aux enseignants de français économique.

Le manuel a des objectifs thématiques et linguistiques. D'une part, il vise à apporter des connaissances en économie et en gestion permettant de comprendre l'environnement économique et financier de l'entreprise ainsi que son fonctionnement. Cependant, l'ouvrage n'a aucune prétention à l'exhaustivité. Il aborde un panorama divers de thèmes choisis parmi le vaste éventail de sujets traités dans les ouvrages d'économie générale et de gestion d'entreprise au niveau de licence (Bachelor). D'autre part, ce manuel a pour objectif de transmettre les connaissances linguistiques spécifiques nécessaires pour continuer les études en économie ou en gestion à une université française (ou de langue française) ou pour travailler dans un pays francophone. Les thèmes économiques sont présentés de façon simple de sorte que leur traitement successif permette d'acquérir le vocabulaire spécifique de base de l'économie et de la gestion.

Le manuel propose une approche pédagogique interactive qui implique l'utilisateur. À cette fin, les chapitres sont tous organisés de la même manière.

Au début de chaque chapitre, les « Questions » thématiques sont posées. Ensuite, nous fournissons des « Informations » utiles pour répondre à ces questions, cependant sans prétendre épuiser le sujet. Chaque chapitre propose des documents, des tableaux et/ou des figures illustratives ainsi qu'une sélection d'ouvrages et de sites internet pertinents ayant servis de sources d'information principales. La partie « L'essentiel », constituant le texte, apporte les réponses aux questions posées au début de chaque chapitre. Pourtant, les réponses fournies se limitent à l'essentiel de sorte que des explications complémentaires de la part de l'enseignant ou bien des recherches supplémentaires de la part des étudiants sont requises et souhaitables. Suit une liste de mots de « Vocabulaire » qui récapitule et explique la terminologie spécifique utilisée dans le texte. Pour vérifier la compréhension de la matière, pour faciliter sa mémorisation ainsi que dans le but de consolider et approfondir les thèmes, à la fin de chaque chapitre sont proposées des « Activités » comprenant des exercices de compréhension [1] ... [5], des travaux écrits (✍), des études de cas (🏫), des jeux de rôle (✿), des sujets de discussion (☺), des thèmes d'exposé (🗊) et des thèmes de recherche (🖳).

Comme le manuel ne traite pas de tous les thèmes touchant l'économie et la gestion et que le texte (L'essentiel) n'apporte pas de réponses exhaustives aux questions, cette approche permet d'intégrer dans le cours des thèmes avancés afin de compléter les informations, des thèmes d'actualité et/ou des aspects politiques et culturels.

Le tableau ci-dessous récapitule des principaux objectifs d'apprentissage.

Activités	Objectifs	Méthodes
📖 Compréhension	Expliquer et préciser le thème	Questions
	Décrire un procédé, une opération	Réponses (orales)
✎ Travail écrit	Décrire et expliquer par écrit un thème spécifique	Tableaux et graphiques
		Commentaires
	Comparer et distinguer des termes économiques	Textes à trous
		Réponses à cocher
📟 Étude de cas	Appliquer les connaissances à l'aide d'exemples, de cas pratiques	Calculs
		Équations
⚙ Jeu de rôle	Favoriser l'esprit d'équipe	Dialogue
	Simuler des situations	Présentation en groupe
☺ Discussion	Argumenter	Débats
	Exprimer son opinion	Discussion
	Problématiser et critiquer	Tables rondes
🏛 Thème d'exposé	Rechercher et présenter un thème spécifique	Recherche individuelle
		Présentation PPT
	Approfondir un thème basique	Résumé écrit
💻 Recherche	S'informer à la bibliothèque et sur l'Internet sur un thème	Recherche individuelle ou en groupe
	Rechercher la signification d'un terme spécifique	Présentation des résultats de la recherche

Les corrigés des exercices de compréhension, de travaux écrits et d'études de cas sont disponibles en ligne. Les autres activités sont développées en classe (jeu de rôle, discussion) ou à la maison (exposé, recherche), seul ou au sein des groupes de travail, et présentées à l'ensemble des participants du cours.

Dans le but de provoquer le dialogue, un forum ouvert à la communication et à l'échange d'idées et d'informations peut être constitué au sein de l'établissement d'enseignement et mis à disposition des utilisateurs du manuel. Ainsi, les étudiants sont amenés à interagir, diffuser leurs avis, discuter et échanger les résultats de leurs travaux et recherches.

Remerciements

Je tiens à remercier particulièrement ma famille qui m'a toujours soutenue et encouragée au cours de la réalisation de ce manuel.

J'exprime également mes profonds remerciements à Madame Kirsten Burkhardt, maître de conférences à l'Université de Bourgogne à Dijon, pour la lecture critique du manuscrit.

Enfin, j'adresse mes sincères remerciements à mes étudiantes et étudiants qui, par leur participation active et engagée en classe, m'ont fourni d'utiles suggestions en vue du choix du contenu et de la méthode pédagogique de l'enseignement.

Ute Nikolay

Avril 2016

1ère partie : **Économie générale**

La première partie de ce manuel traitera de l'économie, dite « Économie générale ». Elle est subdivisée en quatre sections (I à IV) et en quatorze chapitres (1 à 14).

La première section sert à faire connaître les **fondements de l'économie** (I). Elle est structurée en trois chapitres. Le premier chapitre vise à appréhender l'objet de l'économie (1) et les méthodes appliquées. Le second chapitre traitera de trois théories économiques et politiques (2) qui déterminent en large partie les actions des acteurs économiques. Ces derniers, ainsi que les marchés sur lesquels ils opèrent, seront étudiés dans le troisième chapitre. Il fournira une vue d'ensemble des opérations qui se déroulent sur les marchés afin de mieux comprendre les interdépendances économiques (3).

La deuxième section a pour objet l'étude des grandes **fonctions économiques** (II). Nous commençons à étudier la fonction primordiale des entreprises, celle de la production (4). Elle est à l'origine de la création de revenu faisant l'objet d'une répartition par l'entreprise et d'une redistribution (5) par les administrations publiques, thème qui nous occupe dans un cinquième chapitre. Le revenu ainsi distribué permet aux acteurs économiques de choisir entre trois options : la consommation (6), l'épargne (7) et l'investissement (8). Ces fonctions seront détaillées dans les derniers chapitres de cette section.

La troisième section, intitulée **monnaie et banques** (III), est dédiée à l'environnement financier de l'entreprise. Elle est divisée en quatre chapitres. Nous commençons par décrire l'évolution de la monnaie et de présenter les différents instruments de paiement (9). Comme la monnaie, sous toutes ses formes, circule via le système bancaire, les institutions financières (10) seront traitées par la suite. Le chapitre suivant décrira le rôle traditionnel et le nouveau rôle des banques dans les circuits de financement (11) de l'économie. Les banques sont aussi à l'origine de la création monétaire (12) laquelle sera l'objet d'étude du dernier chapitre de la section.

Pour financer leurs besoins en capitaux et pour placer leurs excédents, les acteurs économiques peuvent aussi entrer en contact par voie directe. C'est pourquoi la quatrième section est consacrée aux **marchés de capitaux** (IV). Nous commençons par présenter le marché monétaire (13) et ses compartiments. Nous allons regarder de près les intervenants et des opérations effectuées sur ce marché. Le dernier chapitre de cette première partie portera sur le marché financier (14), son rôle et son organisation ainsi que les divers instruments financiers qui y sont négociés.

Section I : **Les fondements de l'économie**

1 L'économie et son objet

La première partie de ce manuel commence par une définition de l'économie. Elle fait apparaître des notions économiques de base nécessaires pour comprendre l'économie. Dans cet objectif seront précisés les termes « besoins » et « biens économiques ». Ensuite, nous présenterons les fonctions essentielles de l'économie ainsi que les approches scientifiques utilisées par les économistes pour analyser l'objet économique.

Questions

1. Qu'est-ce que l'économie ?
2. Qu'est-ce qu'un besoin ? Quels types de besoins y-a-t-il ?
3. Qu'est-ce qu'un bien économique ?
4. Quelles sont les fonctions essentielles de l'économie ?
5. Quelles sont les méthodes d'approche en économie ?
6. Qu'est-ce que la comptabilité nationale ?

Informations

Document 1.1 : Une définition de l'économie

> L'économie est la science qui étudie comment les ressources rares sont employées pour la satisfaction des besoins des hommes vivant en société ; elle s'intéresse d'une part, aux opérations essentielles que sont la production, la distribution et la consommation des biens, d'autre part, aux institutions et aux activités ayant pour objet de faciliter ces opérations. (Edmond Malinvaud, *Leçons de Théorie Microéconomique*, Dunod Paris 1969)

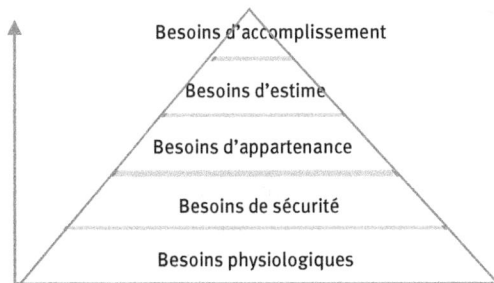

Figure 1.2 : La pyramide des besoins d'après Abraham Maslow[1]

---

[1] Abraham Maslow, *Theory of Human Motivation*, 1943. Les dénominations des besoins sont tirées de Bialès et al. (1999), p. 56. L'illustration s'oriente à Foglierini-Carneiro (1995), p. 24.

Ouvrages

Bialès, Christian/Bialès, Michel/Leurion, Rémi/Rivaud, Jean-Louis, *Dictionnaire d'économie et des faits économiques et sociaux contemporains*, Foucher Paris 1999

Bialès, Michel/Leuron, Rémi/Rivaud, Jean-Louis, *Économie générale*, BTS 1, 3e édition, Foucher Paris 2004

Capul, Jean-Yves/Garnier, Olivier, *Dictionnaire d'économie et de sciences sociales*, Hatier Paris 2005

Foglierini-Carneiro, I., *Organisation et gestion des entreprises*, 3e édition, Aengde Dunod Paris 1995

Monier, Pascale, *L'économie générale*, Les Zoom's, 7e édition, Gualino Paris 2013

Nava, Claude/Larchevêque, Frédéric/Sauviat, Chantal, *Économie générale*, BTS 1, Hachette *Technique* Paris 1998

Internet

INSEE : http://www.insee.fr

L'essentiel

!

1.1 La définition de l'économie

Étymologiquement, le mot « économie » vient du mot grec « oïconomia » qui désigne les règles (nomos) d'administration de la maison (oïkos).[2] Il existe une grande quantité de définitions de l'économie. Nous nous référons ici à celle proposée par Edmond Malinvaud (1923–2015), économiste français (doc. 1.1). Elle fait apparaître trois éléments constitutifs de l'activité économique : la satisfaction des besoins, la rareté des ressources et la nécessité d'effectuer des opérations économiques qui sont la production, la distribution et la consommation de biens.[3] [1]

1.1.1 Les besoins et leur satisfaction

Les êtres humains ont des besoins multiples qu'ils cherchent à satisfaire. Un besoin* correspond à un « sentiment de manque »[4] accompagné du désir de le satisfaire. La pyramide des besoins d'Abraham Maslow fait apparaître cinq niveaux de besoins

---

2 Voir Capul/Garnier (1996), pp. 150–152.

3 Les études de l'économie, dite économie générale, se différencient des études de la gestion d'entreprise. Cette dernière s'intéresse essentiellement aux phénomènes qui concernent directement une entreprise. La gestion d'entreprise fait l'objet de la deuxième partie de cet ouvrage.

4 Voir, entre autres, Bialès et al. (1999), p. 56.

classés de manière hiérarchisée, de bas en haut, en ce qui concerne leur apparition (fig. 1.2). [2]

Plus généralement, on distingue deux grandes catégories de besoins. Premièrement, les besoins biologiques ou physiologiques qui assurent la survie. Ils sont limités et leur satisfaction est possible. Deuxièmement, les besoins de civilisation ou de luxe qui dépendent du progrès économique et des conditions de vie de l'individu. Leur satisfaction est peu probable. Comme ils se renouvellent et se diversifient sans cesse, les individus ont des besoins quasiment illimités.[5] ☺[1]

1.1.2 Les ressources rares et les biens économiques

Cependant, la nature satisfait directement très peu des besoins des êtres humains, car les ressources naturelles nécessaires pour les satisfaire n'existent pas toutes en abondance. Pour (sur)vivre, les hommes sont donc tenus d'aménager la nature et de transformer les ressources naturelles. La satisfaction des besoins humains exige alors un effort. Le résultat de ce travail sont des biens économiques* payants et disponibles en quantité limitée. Selon la nature des biens, on distingue des biens matériels et des services. Selon leur destination, on peut différencier les biens de consommation finale* satisfaisant directement un besoin du consommateur, les biens de production* (biens d'équipement) utilisés de manière répétitive pour produire d'autres biens ainsi que les biens intermédiaires* qui sont détruits pendant le processus de production.[6] [3] Les biens économiques s'opposent aux biens libres* qui sont donnés en abondance, gratuitement, et qui ne nécessitent aucune opération de transformation.[7] [4] L'objet de l'économie est l'étude des biens économiques.

1.2 Les fonctions économiques essentielles

Nous avons appris que les ressources rares ne permettent pas de satisfaire les besoins presque illimités des êtres humains. Dans le but de retirer un maximum de satisfaction, les hommes sont donc tenus de faire des choix économiques. Il faut d'abord

---

5 Voir Nava et al. (1998), p. 18. La terminologie des besoins varie selon l'auteur. Certains auteurs dénomment parlent de besoins « innés ou primaires » et de besoins « acquis, de luxe, sociaux ou secondaires ». Bialès et al. (2004, p. 6) y ajoutent une catégorie intermédiaire, celle des « besoins matériels » correspondant à une insatisfaction en terme de bien-être individuel (par ex. le manque d'un équipement tel que la télévision).

6 Bialès et al. (2004), p. 8. Au sujet des biens de production (capital fixe) et des biens intermédiaires (ou consommations intermédiaires), voir aussi chap. 4 La production, 4.1.1 Les facteurs de production et 4.1.3 La mesure de la production d'une entreprise et chap. 5 Les interdépendances économiques, 5.3 Les marchés.

7 Voir Nava et al. (1998), p. 20.

choisir les biens que l'on souhaite produire. Ensuite, il est nécessaire de répartir les revenus générés entre les agents qui ont contribué à la production. Enfin, les individus se posent la question de savoir que faire du revenu, quoi acheter ou combien épargner. L'activité économique doit donc résoudre le problème de l'allocation des ressources rares. [5] Il en résulte trois fonctions économiques essentielles.[8]
 — La production de biens et de services
 — La répartition et la redistribution de revenus
 — La dépense de revenus (la consommation, l'épargne, l'investissement)[9]

Compte tenu des ressources limitées et des besoins humains presque illimités, les agents doivent utiliser les ressources de façon optimale pour assurer le maximum de bien-être possible. Ainsi, les producteurs suivent, généralement, le principe de la rationalité économique*. Il consiste soit à consommer un minimum de moyens en vue de réaliser un objectif déterminé (la minimisation), soit à réaliser un maximum de profit avec les moyens donnés (la maximisation). ☺[2]

1.3 Les méthodes d'approche en économie

En sciences économiques, trois approches méthodologiques principales sont possibles : la microéconomie, la macroéconomie et la mésoéconomie.[10] La microéconomie* traite des comportements individuels des agents économiques[11], par exemple des entreprises, et des interactions entre eux afin de comprendre leur prise de décision telle que la fixation des prix. C'est une démarche individuelle favorisée par les libéraux[12]. La macroéconomie*, par contre, examine l'économie d'un pays ou d'une communauté économique comme un ensemble. L'objectif est d'expliquer les comportements collectifs des agents économiques, par exemple le comportement de tous les consommateurs d'un pays ainsi que l'effet global qui peut en résulter tel qu'une baisse de la consommation. La méthode macroéconomique est un outil d'analyse des États pour conduire leur politique économique*. L'approche macroéconomique est une démarche préconisée par l'économiste Keynes[13]. ✍ La mésoéconomie* est une analyse intermédiaire entre celle qui étudie les comportements collectifs et celle qui

---

8 Voir Bialès et al. (2004), p. 8.
9 Les fonctions économiques essentielles font l'objet d'études détaillées dans les chapitres 6 à 8.
10 Voir, entre autres, Monier (2013), p. 22 et Bialès et al. (2004), p. 8.
11 Pour une description détaillée des agents économiques, voir chap. 3 Les interdépendances économiques, 3.1 Les secteurs institutionnels.
12 Voir chap. 2 Les théories économiques et politiques, 2.1.1 Le courant libéral.
13 Voir ibidem, 2.1.3 Le courant keynésien.

étudie les comportements individuels des agents économiques. L'économie est analysée au niveau de secteurs ou de branches économiques[14] détenant le pouvoir pour influer sur l'économie nationale.

1.4 La comptabilité nationale

L'approche macroéconomique nécessite l'enregistrement systématique des activités économiques effectuées par les agents économiques. La comptabilité nationale* est un système d'analyse macroéconomique qui mesure l'activité économique d'un pays. En France, les données économiques sont enregistrées par l'INSEE*. ⌨ Pour l'Union européenne, c'est EUROSTAT* qui assure la saisie des données recueillies dans les pays membres.

Vocabulaire

Besoin *m*	État de manque ressenti par les êtres humains et accompagné du désir de le satisfaire
Bien *m* de consommation finale	Bien qui satisfait un besoin du consommateur final
Bien *m* de production	Bien utilisé de manière répétitive pour produire d'autres biens ou services, aussi appelé bien d'équipement
Bien *m* économique	Bien permettant la satisfaction d'un besoin et dont la création nécessite une transformation des ressources naturelles
Bien *m* intermédiaire	Bien transformé et incorporé en un autre bien
Bien *m* libre	Bien existant en abondance dans la nature, fourni gratuitement
Comptabilité *f* nationale	Système d'analyse et de mesure macroéconomique indiquant l'activité économique d'un pays
EUROSTAT *m*	Service d'informations statistiques de l'Union européenne
INSEE *m* (Institut *m* National de la Statistique et des Études Économiques)	Organisme public qui enregistre les données économiques de la France et en informe le public
Macroéconomie *f*	Approche économique qui analyse les comportements collectifs des agents économiques (voir 3.1) à un niveau global
Mésoéconomie *f*	Approche intermédiaire analysant l'économie au niveau des branches et secteurs économiques
Microéconomie *f*	Approche économique qui consiste en l'étude des comportements individuels
Politique *f* économique	Ensemble des mesures prises par un État dans le but d'intervenir dans l'économie du pays
Principe *m* de la rationalité économique	Principe selon laquelle les individus visent à maximiser leur satisfaction en utilisant au mieux leurs ressources

---

14 Pour une explication détaillée des notions « secteur » et « branche », voir 2ᵉ partie Gestion d'entreprise, chap. 18 Les classifications économiques des entreprises.

Activités

[i]

📖 Compréhension

[1] Lisez le document 1.1. Donnez une propre définition de l'économie en utilisant les mots-clés sus-cités dans le texte et dans la définition de Malinvaud.

[2] Citez des exemples décrivant les différents niveaux de la pyramide de Maslow. Que signifie la phrase « ... cinq niveaux de besoins classés de manière hiérarchisée, de bas en haut, ... » ?

[3] Citez des exemples de biens matériels et de services. S'agit-t-il s'agit de biens de consommation ou de production ?

[4] Est-ce que les biens mentionnés ci-après sont des biens libres ou des biens économiques (*une voiture, l'eau du robinet, le soleil, les routes, l'air*) ?

[5] Préciser le problème de « l'allocation des ressources rares ».

✍ Travail écrit

Indiquez si les énoncés suivants représentent des approches micro ou macroéconomiques.

Énoncés	micro	macro
(1) Les ménages français ont augmenté leur consommation de 3 %.	☐	☐
(2) Madame Dupont a décidé de dépenser moins d'argent.	☐	☐
(3) Renault a baissé le volume de ses ventes d'automobiles.	☐	☐
(4) Au troisième trimestre 2015, le PIB en volume augmente de 0,3 %.[15]	☐	☐
(5) En moyenne sur le troisième trimestre 2015, le taux de chômage au sens du BIT est de 10,6 % de la population active en France.[16]	☐	☐

☺ Discussion

1. Pensez-vous que tous les individus du monde ont les mêmes besoins ? Discutez.

2. Pensez-vous que toutes les décisions en matière de production ou de consommation prises par les individus suivent le principe de la rationalité économique ? Discutez.

🖥 Recherche

Sur le site Internet de l'INSEE, recherchez une statistique économique d'actualité (chômage, revenu, consommation, etc.).

---

15 Voir INSEE, *Informations rapides, n° 275. Principaux indicateurs* (13-11-2015). Disponible à l'URL : http://www.insee.fr/fr/indicateurs/ind26/20151113/PR153.pdf, consulté le 8-2-2016.

16 Voir INSEE, *Informations rapides, n° 298. Principaux indicateurs* (3-12-2015). Disponible à l'URL : http://www.insee.fr/fr/indicateurs/ind14/20151203/Chomage-T315.pdf, consulté le 8-2-2016.

2 Les théories économiques et politiques

La recherche en économie s'inspire fortement des réflexions faites par trois grands penseurs : Adam Smith, Karl Marx et John M. Keynes. Des connaissances de base sur leurs idées sont donc indispensables pour comprendre les théories économiques plus récentes. ⌨[1]

Le présent chapitre commence par la description des trois principaux courants de la pensée économique : le courant libéral, le courant marxiste et le courant keynésien. Ensuite, nous examinerons les systèmes d'organisation économiques issus des trois théories.

Questions

?

1. Comment les libéraux expliquent-ils le fonctionnement du marché ? Quel est le rôle de l'État dans une économie libérale ?
2. Quelle est la critique marxiste du capitalisme libéral ? Quelle solution propose Karl Marx ?
3. Quelle est la critique keynésienne du capitalisme libéral ? Selon Keynes, quel est le rôle économique de l'État ?
4. Quels sont les systèmes d'organisation économiques de la société ?

Informations

i

Document 2.1 : Adam Smith et l'intérêt individuel

Ce n'est pas de la bienveillance du boucher, du brasseur ou du boulanger que nous attendons notre dîner, mais plutôt du soin qu'ils apportent à la recherche de leur propre intérêt. Nous ne nous en remettons pas à leur humanité, mais à leur égoïsme. (Adam Smith, *Recherche sur la nature et les causes de la richesse des nations.* Original, Londres 1776)

Mode de production ⇨ esclavage, féodalisme, capitalisme

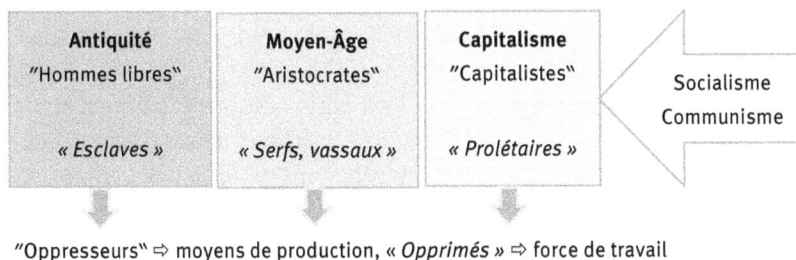

Antiquité	**Moyen-Âge**	**Capitalisme**	
"Hommes libres"	"Aristocrates"	"Capitalistes"	Socialisme
			Communisme
« Esclaves »	*« Serfs, vassaux »*	*« Prolétaires »*	

"Oppresseurs" ⇨ moyens de production, *« Opprimés »* ⇨ force de travail

Figure 2.2 : L'histoire de la lutte des classes d'après Karl Marx

Document 2.3 : John M. Keynes et le rôle de l'État

> Keynes est le premier économiste de son temps à remettre en cause les théories classiques de Jean-Baptiste Say et d'Adam Smith selon lesquelles le marché s'équilibre naturellement. Opposé à cette idée d'une « main invisible », il est convaincu que l'équilibre des marchés passe par le recours à des politiques économiques conjoncturelles. L'État doit insuffler, par l'investissement ou l'aide à la consommation, une dynamique qui permette de soutenir la production et donc de résorber le chômage. (John Maynard Keynes, *Théorie générale de l'emploi, de l'intérêt et de la monnaie*, 1936, traduit de l'anglais par Jean de Largentaye, édition Payot Paris 1942)

Ouvrages

Bialès, Michel/Leuron, Rémi/Rivaud, Jean-Louis, *Économie générale*, BTS 1, 3ᵉ édition, Foucher Paris 2004

Dupuy, Monique/Larchevêque, Frédéric/Nava, Claude, *Économie générale*, BTS 1, Hachette *Technique* Paris 2001

Monier, Pascale, *L'économie générale*, 7ᵉ édition, Les Zoom's, Gualino Paris 2013

Nava, Claude/Larchevêque, Frédéric/Sauviat, Chantal, *Économie générale*, BTS 1, Hachette *Technique* Paris 1998

L'essentiel

!

2.1 Le courant libéral

Pour expliquer le fonctionnement du marché, les adhérents du courant libéral*[1] créent un individu abstrait, appelé *homo oeconomicus**, qui représente le comportement rationnel des individus d'une économie.[2] Ainsi, les participants d'une économie libérale sont considérés comme des « hommes économiques » qui visent à optimiser la satisfaction de leurs besoins. L'idée suppose que tous les individus sont égaux en droit, doués de raison et libres. En agissant rationnellement, ils suivent leur intérêt individuel, mais d'un point de vue plus global toutes leurs activités contribuent à l'intérêt général*. Les libéraux en déduisent qu'un ordre naturel des choses, la « main invisible*» (Adam Smith), garantit le développement et la prospérité du pays (doc. 2.1). [1] ☺¹ 🖥¹

Par conséquent, une économie de marché* est jugée efficace. Quant aux crises économiques apparaissant sur le marché, elles sont considérées comme étant des déséquilibres temporaires, maîtrisées à court ou moyen terme grâce au fonctionnement

---

1 Pour simplifier, une distinction entre libéraux classiques (Adam Smith) et néoclassiques (Leon Wallras) n'est pas faite dans cet ouvrage. En vue d'approfondir le thème, un exposé sur les thèses de Milton Friedman est proposé.

2 Voir Nava et al. (1998), p. 22.

efficace du marché. L'État, vu comme État-gendarme*, n'intervient que peu. Sa mission essentielle est de garantir des libertés individuelles sur le marché. C'est la maxime du « laissez-faire » et du « laissez-passer ».[3] [2] 🖳[2]

2.2 Le courant marxiste

Observant les effets négatifs du capitalisme, le philosophe allemand Karl Marx (1818–1883) critique l'oppression et l'exploitation* des travailleurs par les employeurs capitalistes. D'après Marx, seul le travail est source de valeur. Sur la base de cette hypothèse, il développe sa théorie de la plus-value*.

Avec leur force de travail, les salariés produisent une valeur qui est supérieure à la valeur du travail fourni, appelée la plus-value. Cependant, ce supplément de valeur n'est pas réparti entre les salariés mais encaissé par les capitalistes. En diminuant les salaires ou en augmentant les heures de travail, les capitalistes peuvent réaliser des profits encore plus élevés. La théorie de la plus-value est donc la théorie de l'exploitation des prolétaires* et la source de la lutte des classes* (fig. 2.2). [3]

Pour les marxistes, l'économie capitaliste est une économie de crises fréquentes suite à la surproduction*, au chômage et à la paupérisation* de la classe ouvrière. Pour mettre fin aux crises et pour libérer les prolétaires opprimés, il faut que le peuple se révolte contre les oppresseurs capitalistes. La révolution mettra fin au capitalisme et tous les biens de production seront transférés à l'État prolétarien*. Ainsi, les classes capitalistes et prolétaires disparaissent et l'égalité des individus sera établie.[4] ✍[1]

2.3 Le courant keynésien

Comme Karl Marx, John M. Keynes (1840–1921) constate les problèmes économiques et sociaux issus de l'économie de marché libérale (doc. 2.3). Pour Keynes, l'intérêt des individus n'est pas nécessairement identique à l'intérêt général, car une « main invisible » régulant les marchés n'existe pas. Il en conclut que le marché seul n'est pas en mesure d'assurer l'équilibre du système économique, sa défaillance* est donc possible.

C'est pourquoi, à la place de l'État-gendarme, Keynes préconise l'État-providence* qui joue le rôle de régulateur. Keynes est convaincu que seule l'intervention de l'État peut éviter les crises permanentes, relancer l'activité économique et ainsi réduire les inégalités sociales. L'État doit intervenir par des mesures économiques,

---

3 Voir Monier (2013), p. 22, Dupuy et al. (2001), p. 28 et Bialès et al. (2004), p. 10.
4 Voir Nava et al. (1998), pp. 24s et Dupuy et al. (2001), p. 30.

politiques, fiscales et sociales. [4] 🖥[2] Pour analyser et pour comprendre le fonctionnement des marchés, Keynes propose une approche macroéconomique de l'économie.[5]

2.4 Les systèmes d'organisation économiques

Nous avons appris que la science économique doit répondre aux questions d'allocation des ressources et de répartition des revenus. Deux grandes idéologies politiques opposées proposent des réponses très divergentes : le capitalisme* et le socialisme*. En outre, il y a encore une variante intermédiaire ou mixte qui relie les idées capitalistes et socialistes. Ainsi, ils existent trois systèmes d'organisation économiques : le système capitaliste, le système socialiste et le système d'économie mixte qui correspondent en grande partie aux trois courants présentés plus haut.[6]

2.4.1 Le système capitaliste

Le système capitaliste repose sur le principe libérale selon lequel les individus disposent d'un droit de propriété privée des moyens de production*. Il en résulte que les acteurs économiques jouissent d'une grande liberté individuelle et contractuelle, limitée seulement par le respect de la liberté des autres. L'équilibre économique est établi par le marché où les prix sont fixés par la rencontre de l'offre et de la demande.[7] L'économie est dynamique, car le profit attendu encourage les individus à poursuivre leurs activités économiques. La libre concurrence stimule l'innovation et le progrès technique. L'existence d'inégalités de revenu et de fortune est acceptée.[8] ☺

2.4.2 Le système socialiste

Le système socialiste se réfère aux idées marxistes évoquées ci-dessus. Dans cet esprit, l'idéologie socialiste conteste l'efficacité des marchés. À l'économie libérale qui

---

5 Voir Bialès et al. (2004), p. 10 et Dupuy et al. (2001), p. 32. L'approche macroéconomique est décrite au chapitre 1 L'économie et son objet, 1.3.2 La macroéconomie.

6 Voir les descriptions de Nava et al. (1998), pp. 28–30 et Bialès et al. (2004), p. 12.

7 Au sujet de la fixation des prix sur le marché, voir chap. 3 Les interdépendances économiques, 3.3 les marchés et dans la 2e partie Gestion d'entreprise, chap. 27 Le marketing I, 27.5. La notion de marché.

8 Au sujet de l'inégalité des revenus, voir chap. 5 La redistribution des revenus, notamment 5.2 Les objectifs de la redistribution.

repose sur la liberté individuelle des individus, les partisans de l'idée socialiste opposent une économie planifiée*. Ainsi, dans une économie socialiste, les moyens de production sont collectivisés et la liberté d'entreprendre disparaît. Les grandes décisions économiques sont prises par l'État représenté par les dirigeants du parti dominant. C'est n'est pas le marché mais l'État qui détermine les objectifs de production et les prix. Comme il n'y a plus de capitalistes ni de prolétaires, l'égalité sociale est établie. [5]

2.4.3 Le système d'économie mixte

Les idées keynésiennes ont inspiré le système d'économie mixte* qui combine les principes des modèles capitaliste et socialiste. Ainsi, les moyens de production appartiennent à l'État et aux particuliers. En principe, l'équilibre économique est établi par les marchés, mais l'État intervient en cas de crise par la mise en place d'une politique économique. En tant qu'État-providence, il intervient aussi dans le domaine social afin de réduire les inégalités découlant du système capitaliste. ✍²

Vocabulaire

Capitalisme *m*	Système économique et politique caractérisé par la liberté de la propriété privée des moyens de production*
Défaillance *f* du marché	Situation dans laquelle un marché n'est plus en mesure de réguler l'équilibre économique
Économie *f* de marché	Économie reposant sur la liberté des individus et la non-intervention de l'État, l'équilibre économique étant assuré par les mécanismes de marché
Économie *f* mixte	Économie sociale de marché caractérisée par la liberté des individus et l'intervention de l'État pour corriger les inégalités
Économie *f* planifiée	Économie caractérisée par la nationalisation des moyens de production* et l'organisation de l'économie par l'État
État *m* prolétarien	Conception marxiste de l'État sans classes et sans propriété privée
État-gendarme *m*	Conception libérale de l'État qui veille au respect des libertés individuelles sans intervenir
État-providence *m*	Conception keynésienne de l'État qui intervient pour éviter ou corriger les déséquilibres, aussi appelé État interventionniste
Exploitation *f*	Action des capitalistes de faire travailler les salariés à bas salaire pour en retirer du profit
Homo oeconomicus *m* (latin)	Concept d'un homme économique rationnel visant à la satisfaction de ses besoins tout en limitant ses efforts
Intérêt *m* général (ou public)	Valeurs et objectifs partagés par la grande majorité des membres d'une société
Lutte *f* des classes	Conflit qui oppose la classe opprimée et la classe des oppresseurs (fig. 2.2)

Main *f* invisible	Théorie d'Adam Smith selon laquelle l'équilibre économique d'un pays est établi par un ordre naturel
Moyen *m* de production	Facteur servant à produire des biens et des services autres que la force humaine (usines, machines, etc.)
Paupérisation *f*	Dans la théorie marxiste, le processus d'appauvrissement continu de la classe ouvrière
Plus-value *f*	Valeur supplémentaire obtenue en diminuant de la valeur de la production la valeur du travail
Prolétaires *m pl*	Selon les marxistes, la classe sociale opprimée et exploitée par les capitalistes
Socialisme *m*	Système politique et économique caractérisé par la planification de l'économie (voir économie planifiée*) et la suppression de la propriété privée des moyens de production*
Surproduction *f*	Situation dans laquelle la production de l'économie dépasse la consommation

Activités

📖 Compréhension

[1] Lisez le document 2.1. Que souhaite démontrer Adam Smith par cet exemple ?

[2] Citez des exemples de « libertés individuelles » garanties par l'État libéral. Que signifie la maxime « laissez-faire, laissez-passer » ?

[3] Retracez l'origine de l'exploitation des prolétaires par les capitalistes selon Karl Marx.

[4] Nommez des mesures interventionnistes de l'État proposées par John M. Keynes (voir doc. 2.3).

[5] Qu'est-ce qui distingue l'économie planifiée de l'économie de marché ?

✍ Travail écrit

1. Dans le manifeste du parti communiste, Marx et Engels précisent « L'histoire de toute société jusqu'à nos jours n'a été que l'histoire de luttes de classes. (...) il y avait toujours des oppresseurs et des opprimés ». (Karl Marx et Friedrich Engels, *Manifeste du parti communiste*, Londres, 1848). À l'aide de la figure 2.2, décrivez la situation économique des travailleurs dans les trois temps. Insérez les mots-clés dans le tableau ci-dessous.

Situations ⇩ Temps ⇨	Antiquité	Moyen-Âge	Capitalisme
(1) Mode de production			
(2) Oppresseurs			
(3) Opprimés			

2. Parmi les principes du système de l'économie mixte mentionnés dans le texte ci-dessus (voir 2.4.3), isolez ceux qui reposent sur les principes capitalistes et ceux qui évoquent les idées socialistes.

Principes capitalistes	Principes socialistes

☺ **Discussion**

D'après les libéraux, le bon fonctionnement des marchés justifie l'existence d'inégalités de revenu. Qu'en pensez-vous ? Discutez.

🏛 **Thèmes d'exposé**

1. Les théories économiques contemporaines : Milton Friedman et l'école de Chicago
2. Le mercantilisme – origine et principes

🖥 **Recherche**

1. Recherchez quelques courants et théories économiques récents et leurs représentants.
2. Dans la presse actuelle, recherchez des exemples récents de politique d'intervention en France, Allemagne ou dans un autre pays.

3 Les interdépendances économiques

Une économie est caractérisée par une multitude d'agents qui sont en relation l'un avec l'autre.

Ce chapitre expose les principaux secteurs institutionnels et agents économiques, les marchés sur lesquels ils interviennent et les opérations économiques qui y sont effectuées. En outre, nous illustrerons les flux économiques se déroulant entre les agents participant à l'économie moyennant un schéma qui représente le circuit économique.

Questions

1. Quels sont les secteurs institutionnels définis par l'INSEE ?
2. Quelles sont les opérations économiques des agents économiques ?
3. Sur quels marchés les opérations économiques se déroulent-elles ?
4. Quels sont les flux économiques mettant en relation les agents économiques ?
5. Comment s'explique l'équilibre entre les emplois et les ressources d'un pays ?

Informations

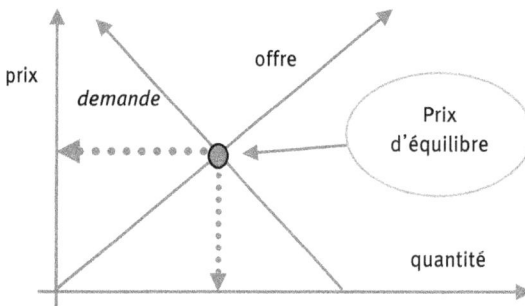

Figure 3.1 : La fixation du prix d'équilibre[1]

---

1 Illustration simplifiée d'après Bialès et al. (2004), p. 214.

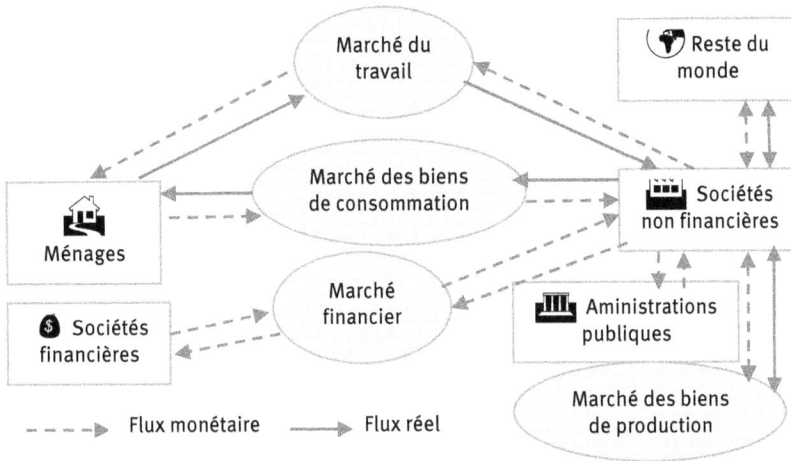

Figure 3.2 : Le circuit économique[2]

Figure 3.3 : L'équilibre emplois-ressources des ménages (exemple)

Ouvrages

Bialès, Michel/Leurion, Rémi/Rivaud, Jean-Louis, *Économie générale*, BTS 1, 3e édition, Foucher Paris 2004

Dupuy, Monique/Larchevêque, Frédéric/Nava, Claude, *Économie générale*, BTS 1, Hachette *Technique* Paris 2001

Nava, Claude/Larchevêque, Frédéric/Sauviat, Chantal, *Économie générale,* BTS 1, Hachette *Technique* Paris 1998

---

2   Illustration propre d'après Nava et al. (1998), p. 44.

Internet

INSEE : http://insee.fr

L'essentiel

!

3.1 Les secteurs institutionnels

Dans le but d'homogénéiser et de catégoriser les différents agents économiques* la comptabilité nationale dénomme cinq secteurs institutionnels* nationaux ainsi qu'un secteur appelé « le reste du monde » (fig. 3.2). D'après l'INSEE « Les secteurs institutionnels regroupent les unités institutionnelles ayant des comportements économiques similaires caractérisés par leur fonction principale et la nature de leur activité »[3]. Ci-après, nous allons définir les différents secteurs institutionnels et préciser leurs fonctions et ressources respectives.[4]

3.1.1 Les ménages

Les ménages comprennent des individus et des groupes d'individus ayant le même domicile. [1] Les entreprises individuelles[5] font également partie de ce secteur. Les fonctions des ménages sont, en premier lieu, la consommation des biens et des services produits, mais aussi le paiement d'impôts, de taxes et de cotisations sociales*. Le revenu des ménages non consommé est mis à disposition de l'économie comme épargne ou placement*. Les ressources des ménages proviennent premièrement des revenus du travail. Certains ménages, disposent de revenus supplémentaires sous forme d'intérêts. D'autres touchent des aides sociales versées par l'État.[6] Compte tenu des entreprises individuelles, le secteur institutionnel des ménages participe aussi à la production de biens et de services et réalise des revenus retirés des ventes de produits. [2]

---

3 Voir INSEE, *Définitions, méthodes et qualité. Secteurs institutionnels*. Disponible à l'URL : http://www.insee.fr/fr/methodes/default.asp?page=definitions/secteur-institutionnel.htm, consulté le 8-2-2016 et chap. 1 L'économie et son objet, 1.3.4 La comptabilité nationale.
4 Voir, entre autres, Dupuy et al. (2001), p. 42.
5 L'entreprise individuelle est décrite dans la 2e partie Gestion d'entreprise, chap. 20 L'approche juridique de l'entreprise II, 20.2.
6 Voir chap. 5 La redistribution des revenus, 5.1 Les différents revenus des ménages.

3.1.2 Les sociétés non financières

Le secteur des sociétés non financières (SNF) regroupe les agents économiques qui produisent des biens et services non financiers, habituellement appelés entreprises. Selon leur statut, on distingue les entreprises privées, les entreprises publiques et les coopératives[7]. Leurs fonctions sont tout d'abord la production et la vente de biens et de services sur un marché. Tout comme les ménages, les SNF doivent payer des impôts, des taxes et des cotisations sociales. En tant qu'employeurs, elles sont obligées de verser des salaires aux salariés. Une partie de leur revenu est affectée à l'investissement[8]. Les SNF obtiennent leurs ressources des recettes tirées des ventes de leur production et des rendements* issus de titres de participation*[9].

3.1.3 Les sociétés financières

Parmi les sociétés financières, on compte les établissements de crédit, les assurances et d'autres établissements qui proposent des services financiers.[10] Leurs fonctions sont la collecte et la répartition de l'épargne, l'octroi de crédits, le placement de l'épargne ainsi que la couverture de risques potentiels. Elles tirent leurs ressources des intérêts* payés par les débiteurs, des redevances* acquittées par les investisseurs et des primes* versées par les assurés.

3.1.4 Les administrations publiques

Le secteur institutionnel des administrations publiques (APU) englobe l'État, les collectivités territoriales* et les organismes de la sécurité sociale*[11]. Leurs fonctions essentielles sont la production de services collectifs*[12]. Les APU se procurent des ressources financières en prélevant des impôts et taxes ainsi que des cotisations sociales auprès des ménages et des sociétés non financières. 🖳[1]

---

7 Les divers types d'entreprises sont détaillés dans la section VI : La diversité des entreprises.
8 Voir chap. 8 L'investissement, 8.1 La définition de l'investissement.
9 Pour en savoir plus sur les prises de participations, voir 2ᵉ partie Gestion d'entreprise, chap. 17 La vie de l'entreprise, 17.2.2 Les procédés de regroupement des entreprises.
10 Voir chap. 10 Les institutions financières, 10.1 Les établissements de crédit et 10.2. Les autres établissements financiers.
11 La sécurité sociale est exposée au chapitre 5 La redistribution des revenus.
12 Voir chap. 4 La production, 4.1.2 Les agents producteurs.

3.1.5 Les institutions sans but lucratif au service des ménages

Les institutions sans but lucratif au service des ménages (ISBLSM) regroupent les associations[13] et les fondations. Leur fonction est de produire des biens et des services fournis gratuitement ou presque gratuitement aux ménages. Leurs ressources proviennent des contributions volontaires en espèces (les dons) ou en nature (le travail) effectuées par les adhérents ainsi que des versements des administrations publiques.

3.1.6 Le reste du monde

Le secteur dénommé « reste du monde » regroupe l'ensemble des agents économiques non-résidents sur le territoire national. Il rassemble toutes les opérations entre l'économie nationale et l'étranger. Selon le sens des opérations, il s'agit d'importations ou d'exportations. La différence entre les valeurs des biens importés et des biens exportés est indiquée dans la balance commerciale*. 🖳[1]

3.2 Les opérations économiques

Les agents économiques réalisent des opérations économiques que l'on peut répartir en trois catégories : les opérations sur biens et services, les opérations de répartition et de redistribution et les opérations financières.[14]

Les opérations sur biens et services sont celles qui servent à produire, consommer, acheter et vendre, importer et exporter des biens de consommation et des biens de production. Les opérations de répartition et de redistribution[15] comprennent le versement des salaires, le paiement des impôts, des taxes et des cotisations sociales ainsi que le versement des prestations sociales*. Les opérations financières englobent le paiement des biens et des services fournis ainsi que les mouvements de prêts et d'emprunts de capitaux. [3] Toutes les opérations sont effectuées sur différents marchés, qui seront présentés ci-après.

---

13 Les associations sont abordées au chap. 21 L'approche juridique de l'entreprise III, 21.4.3.
14 Voir Nava et al. (1998), p. 40.
15 La répartition des revenus est traitée au chapitre 4 La production, notamment 4.3.2 La valeur ajoutée et sa répartition. La redistribution des revenus est étudiée au chapitre 5.

3.3 Les marchés

Une économie de marché[16] est constituée d'un ensemble de marchés* interdépendants sur lesquels les agents économiques réalisent leurs opérations. Sur chaque marché libre, la rencontre entre l'offre d'un bien ou d'un service et la demande correspondante aboutit à la fixation d'un prix. Le prix influence les agents économiques dans leur choix. Normalement, si l'offre est supérieure à la demande, le prix baissera, et vice versa. Le marché est en équilibre lors que l'offre est égale à la demande (fig. 3.1).[17] 🖳[2]

Les différents marchés sont caractérisés par la nature des offreurs et des demandeurs, par le bien ou le service échangé ainsi que par son prix. Ainsi, cinq grands types de marché peuvent être distingués : le marché de biens de consommation, le marché de biens de production, le marché du travail, le marché des capitaux et le marché des changes.[18]

3.3.1 Le marché des biens de consommation

Le marché des biens de consommation comprend les biens et les services destinés à la satisfaction d'un besoin chez un consommateur final ainsi que les biens intermédiaires[19] consommés par les entreprises productrices. Les offreurs sur ce marché sont généralement les entreprises. Tandis que les biens de consommation finale sont demandés par les ménages, les demandeurs de biens de consommation intermédiaire sont les entreprises. L'échange est réalisé contre un prix de vente.

3.3.2 Le marché des biens de production

Les biens de production sont des biens fabriqués et acquis par les entreprises dans le but de produire d'autres biens ou services et utilisés de manière répétée. En conséquence, sur le marché des biens de production, les offreurs et les demandeurs sont les entreprises. Les biens de production sont échangés contre un prix de vente. [4]

---

16 Voir aussi chap. 2 Les théories économiques et politiques, 2.1 Le courant libéral et chap. 11 Les circuits de financement, 11.3 Le financement direct.

17 Voir Dupuy et al. (2001), p. 46. Le marché et la fixation des prix sont décrits dans la 2ᵉ partie Gestion d'entreprise : chap. 27 Le marketing I, 27.5 La notion de marché et chap. 30 Le marketing IV, 30.2 La politique de prix.

18 Voir Nava et al. (1998), p. 40 et Dupuy et al. (2001), p. 44. Les différents biens économiques sont décrits au chapitre 1 L'économie et son objet, 1.1.2 La rareté des ressources et les biens économiques.

19 Les biens ou consommations intermédiaires sont détaillés au chapitre 4 La production, 4.3.1 La chiffre d'affaires et 4.3.2 La valeur ajoutée.

3.3.3 Le marché du travail

Le marché du travail est le marché sur lequel est acheté et vendu du travail contre un salaire. Les offreurs sur ce marché sont les ménages qui mettent à disposition leur force de travail, tandis que les entreprises, les sociétés financières ainsi que les administrations publiques constituent la demande. Le travail est échangé contre un salaire.

3.3.4 Le marché des capitaux

Le marché des capitaux[20] est le marché qui met en contact deux catégories d'agents économiques : ceux qui ont un excédent et ceux qui ont un déficit en capitaux. Les premiers, les épargnants, sont les offreurs de capitaux. Les seconds, les investisseurs, sont les demandeurs de capitaux.[21] Les capitaux sont échangés contre des intérêts*.

3.3.5 Le marché des changes

Le marché des changes est le marché sur lequel sont échangées des monnaies. Les institutions financières[22] sont à la fois offreurs et demandeurs. Elles échangent des monnaies nationales et des devises contre le taux de change*.

3.4 Le circuit économique

Les relations entre les agents économiques peuvent être représentées à l'aide d'un circuit économique* (fig. 3.2). Le circuit illustre les interdépendances entre les agents économiques qui sont reliées entre eux par des flux économiques*. Dans une économie de marché, deux types de flux apparaissent simultanément lors d'une opération d'échange. Il s'agit des flux réels* qui représentent l'échange de biens et de services, et des flux monétaires* qui se traduisent par les paiements des biens ou des services livrés.[23] ✍[1] ✍[2]

D'un point de vue comptable, le circuit économique est équilibré, car les ressources correspondent aux emplois. Les ressources d'un pays comprennent l'ensemble des biens et des services produits par les entreprises résidentes ainsi que les importations. Les emplois d'une économie sont l'ensemble des consommations des

---

20 Voir section VI : Les marchés de capitaux, les chapitres 13 et 14.
21 Pour en savoir plus sur l'épargne et l'investissement, voir les chapitres 8 et 9.
22 Les institutions financières sont traitées au chapitre 10.
23 Voir Dupuy et al. (2001), p. 44.

ménages et des entreprises, les exportations et les investissements effectués. Il y a un équilibre des ressources et des emplois au niveau de chaque agent économique (fig. 3.3). [5] Au niveau macroéconomique, l'étude de l'équilibre emplois-ressources permet de savoir comment les ressources d'un pays ont été utilisées et quelle a été leur origine.[24] Ainsi, en cas de déséquilibres, les gouvernements peuvent procéder à la mise en place de mesures pour rétablir l'équilibre économique. 🖥[2]

Vocabulaire

Agent *m* économique	Acteur de la vie économique qui effectue des opérations économiques (banque, entreprise, ménage, etc.)
Balance *f* commerciale	Indicateur économique qui mesure la différence entre les importations et les exportations d'un pays
Circuit *m* économique	Schéma représentant les opérations et les flux économiques entre les agents économiques*
Collectivité *f* territoriale (ou locale)	Unité administrative d'un pays dirigée par un organe élu (en France la commune, le département et la région)
Cotisations *f pl* sociales	Sommes versées par les employeurs et les salariés pour financer la protection sociale
Flux *m* économique	Mouvement de biens, de services ou de monnaie entre les agents économiques*
Flux *m* monétaire	Mouvement de monnaie d'un agent économique* à un autre
Flux *m* réel	Mouvement de biens ou de services d'un agent économique* à un autre
Intérêt *m*	Somme d'argent qu'un débiteur doit payer à son créancier pour rémunérer un prêt
Marché *m*	Lieu (théorique ou réel) de rencontre entre l'offre et la demande sur lequel se forme un prix
Placement *m*	Argent investi auprès d'un institut financier ou directement dans une entreprise, par ex., sous forme d'actions
Prestations *f* sociales	Ensemble des aides sociales versées par l'État aux ménages
Prime *f*	Somme qu'un assuré doit payer à son assureur
Redevance *f*	Taxe ou commission payée pour rémunérer un service obtenu
Rendement *m*	Retour sur investissement obtenu par rapport à un investissement effectué
Secteur *m* institutionnel	Terme utilisé par l'INSEE pour dénommer et regrouper les différents agents économiques*
Sécurité *f* sociale	Système de protection sociale qui assure à tous les citoyens un minimum de ressources
Services *m pl* collectifs	Services publics fournis (semi-)gratuitement par les administrations publiques

---

24 Voir INSEE, *Définitions, méthodes et qualité. Équilibre ressources-emplois/ERE*. Disponible à l'URL : http://www.insee.fr/fr/methodes/default.asp?page=definitions/equilibre-ressources-emploi. htm, consulté le 8-2-2016. Voir aussi Nava et al. (1998), pp. 42ss, Bialès et al. (2004), pp. 20s et Dupuy (2001), p. 46.

Taux *m* de change	Rapport d'une monnaie contre une autre (le cours)
Titre *m* de participation	Titre représentatif de sociétés où l'entreprise détient des actions

Activités

📖 Compréhension

[1] Nommez les différentes catégories ou groupes d'individus qui constituent les ménages.

[2] Nommez des formes de revenus du secteur institutionnel des ménages.

[3] Nommez des agents économiques qui effectuent des opérations a) sur biens et services, b) de répartition, c) de redistribution et d) financières.

[4] Expliquez la différence entre « un bien intermédiaire » et « un bien de production ».

[5] À l'aide de la figure 3.3, décrivez l'équilibre emplois-ressources au niveau des ménages.

✎ Travail écrit

1. Identifiez les flux réels et monétaires.

Flux	réels	monétaires
(1) Produire des biens et des services	☐	☐
(2) Importer des biens de l'étranger	☐	☐
(3) Placer l'épargne sur le marché des capitaux	☐	☐
(4) Payer les salaires aux ménages	☐	☐
(5) Fournir la force de travail	☐	☐

2. À l'aide du schéma du circuit économique (voir fig. 3.2), décrivez les différents flux apparaissant entre les agents économiques mentionnés.

🏛 Thèmes d'exposé

1. Les collectivités territoriales de la France – définition, administration, attributions

2. Le fonctionnement de la loi de l'offre et de la demande

🖳 Recherche

1. Recherchez des chiffres informant sur l'évolution des importations et exportations de la France.

2. Sur le site Internet de l'INSEE, recherchez une statistique récente informant sur l'équilibre ressources et emplois de biens et de services en France.

Section II : **Les fonctions économiques essentielles**

4 La production

Dans l'activité économique, la production joue un rôle de premier plan. Pourtant, la notion est assez complexe et c'est pourquoi il nous semble essentiel de fournir une explication plus détaillée. En outre, pour parvenir à une meilleure compréhension de la production, nous décrirons dans ce chapitre quelques termes relatifs à la production, notamment le chiffre d'affaires, la valeur ajoutée et le PIB.

Questions

1. Qu'est-ce que la production au sens économique ?
2. Quels sont les facteurs de production ?
3. Qui sont les agents producteurs ?
4. Quels types de production y-a-t-il ?
5. Comment mesure-t-on la production d'une entreprise ?
6. Comment est mesurée la production d'un pays ?

Informations

Document 4.1 : Une définition de la production

Activité exercée sous le contrôle et la responsabilité d'une unité institutionnelle qui combine des ressources en main-d'œuvre, capital et biens et services pour fabriquer des biens ou fournir des services, et résultat de cette activité. Les processus purement naturels sans intervention ou contrôle humain ne font pas partie de la production.[1]

Document 4.2 : Une définition du chiffre d'affaires

Le chiffre d'affaires représente le montant des affaires (hors taxes) réalisées par l'entreprise avec les tiers dans l'exercice de son activité professionnelle normale et courante. Il correspond à la somme des ventes de marchandises, de produits fabriqués, des prestations de services et des produits des activités annexes.[2]

---

[1] Voir INSEE, *Définitions, méthodes et qualité. Production (comptabilité nationale)*. Disponible à l'URL : http: /www.insee.fr/fr/methodes/default.asp?page=definitions/production-cn.htm, consulté le 10-12-2015.

[2] Voir ibidem. *Chiffre d'affaires (statistique d'entreprise)*. Disponible à l'URL : http://www.insee.fr/fr/methodes/default.asp?page=definitions/chiffre-affaires.htm, consulté le 10-12-2015.

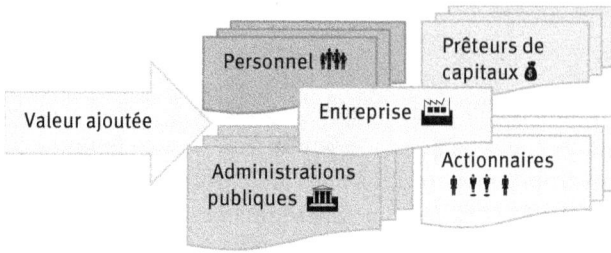

Figure 4.3 : La répartition de la valeur ajoutée

Ouvrages

Bernier, Bernard/Simon, Yves, *Initiation à la macroéconomie*, 7ᵉ édition, Dunod Paris 1998

Bialès, Michel/Leurion, Rémi/Rivaud, Jean-Louis, *Économie générale*, BTS 1, Foucher Paris 2004

Dupuy, Monique/Larchevêque, Frédéric/Nava, Claude, *Économie générale*, BTS 1, Hachette *Technique* Paris 2005

Nava, Claude/Larchevêque, Frédéric/Sauviat, Chantal, *Économie générale*, BTS 1, Hachette *Technique* Paris 1998

Internet

INSEE : http://www.insee.fr

L'essentiel

4.1 La définition de la production

En nous référant à la définition de l'INSEE citée ci-dessus dans le document 4.1, nous définissons la production * comme une activité économique exercée par un agent économique[3] qui consiste à créer des biens ou des services susceptibles de satisfaire des besoins. Elle est obtenue à partir de facteurs de production*. La notion de production désigne également le résultat de cette activité.[4]

---

3 À la place de la notion d'unité institutionnelle, utilisée par l'INSEE (voir doc. 4.1), nous utilisons le terme plus courant d'agent économique. En France, les unités institutionnelles sont représentées par les secteurs institutionnelles présentés au chapitre 3 Les interdépendances économiques.

4 Voir aussi Bialès et al. (2004), pp. 30s et Bernier/Simon (1998), p. 29.

4.1.1 Les facteurs de production

On distingue classiquement trois facteurs de production : la nature, le travail et le capital.

La nature correspond aux ressources naturelles disponibles, telles que le pétrole, l'eau et l'or. Le travail regroupe la main-d'œuvre, le personnel ou l'effectif de l'entreprise. Le capital qui sert à produire est le capital technique.[5] Il est subdivisé en capital fixe et en capital circulant. Le capital fixe représente les biens de production utilisés de manière répétitive lors de plusieurs cycles de production. Le capital circulant, par contre, est incorporé dans la production et n'a donc qu'une durée de vie limitée.[6]

Dans une économie de marché, les entreprises visent à maximiser les profits en minimisant les coûts des facteurs de production. Le respect du principe de la rationalité économique[7] demande une combinaison optimale des facteurs de production. [1]

4.1.2 Les agents producteurs

La production de biens et de services est essentiellement assurée par les sociétés non financières, les entreprises. Mais les ménages et les administrations publiques font également partie des agents producteurs. Souvenons-nous que les ménages incluent des entrepreneurs individuels.[8] Quant aux administrations publiques, elles produisent surtout des services (voir ci-après 4.2).

4.2 Les types de production

Selon la nature du produit, le producteur et la destination, on distingue trois types de production : la production marchande, la production non marchande et la production pour usage final propre.[9]

---

5 La notion du capital est assez ambigüe. Le capital d'une entreprise se compose du capital financier et du capital technique. Le capital financier est l'ensemble des sommes d'argents apportées par les propriétaires ou collectées auprès des investisseurs. La constitution du capital financier d'une entreprise est thématisée au chapitre 19 L'approche juridique de l'entreprise I, 19.2.1 Les apports. Pendant les années 1960, le concept du « capital humain » a été évoqué. Il est abordé au chap. 8 L'investissement, 8.2 Les formes d'investissements.

6 Voir Nava et al. (1998), pp. 94ss et p. 10 et Bialès et al. (2004), pp. 58.

7 Voir chap. 1 L'économie et son objet, 1.4 Les grandes fonctions de l'économie.

8 Voir chap. 3 Les interdépendances économiques, 3.1 Les secteurs institutionnels.

9 Voir Dupuy et al. (2001), p. 60 et Nava et al. (1998), p. 58. Voir aussi les définitions des types de production d'après l'INSEE, *Définitions, méthodes et qualité*. Disponibles à l'URL : http://www.insee.fr/fr/ methodes/default.asp? page=definitions/ (...), consultés le 8-2-2016.

4.2.1 La production marchande et non marchande

La production marchande* regroupe principalement les biens ou services qui sont vendus à un prix visant au moins à couvrir leur coût de production et qui sont destinés à être écoulés sur un marché. Cette production est, en principe, réalisée par les entreprises du secteur privé[10].

La production non marchande* correspond à la production de services qui sont fournis gratuitement ou quasi-gratuitement à la collectivité, d'où l'appellation service collectifs*. Les domaines principalement concernés sont la santé, l'enseignement et l'administration. Les agents producteurs sont les entreprises publiques et les entreprises de l'économie sociale.[11] [2]

4.2.2 La production pour usage final propre

La production pour usage final propre n'est pas destinée à être cédée sur le marché. Les producteurs, en grande partie les ménages et les entreprises, la consomment eux-mêmes ou en augmentent leurs biens d'équipements. Dans le cas où les ménages en sont les producteurs et les consommateurs, il s'agit la production domestique. Ces biens et les services produits ne sont pas toujours considérés comme une production au sens économique. [3]

4.3 La mesure de la production d'une entreprise

La contribution d'une entreprise à la création de richesses ne correspond pas à la valeur de sa production vendue. Il convient donc de distinguer deux notions souvent retenues pour mesurer la performance d'une unité de production : le chiffre d'affaires et la valeur ajoutée.

4.3.1 Le chiffre d'affaires

Le montant des affaires réalisées par l'entreprise représente le chiffre d'affaires*. Il correspond au total des ventes des biens et des services d'une entreprise sur un exercice comptable* (doc. 4.2). Le chiffre d'affaires permet donc de mesurer l'activité de

---

10 Les entreprises du secteur privé sont traitées au chapitre 20 de la 2ᵉ partie Gestion d'entreprise.
11 Voir 2ᵉ partie Gestion d'entreprise chap. 21 L'approche juridique de l'entreprise III.

l'entreprise et de la comparer avec celle d'autres entreprises d'un même secteur[12]. Cependant, la production vendue à un certain prix ne correspond pas à la production réelle d'une entreprise. Il faut prendre en compte les matières et les services qu'elle a achetés à d'autres entreprises et qui sont détruits ou transformés pendant le processus de production, appelés consommations intermédiaires*. [4]

Pour mesurer la véritable contribution d'une entreprise à la création de valeur, on a donc recours à une autre unité de mesure, celle de la valeur ajoutée.

4.3.2 La valeur ajoutée et sa répartition

Par son activité de production, l'entreprise crée une valeur supplémentaire, supérieure à la valeur des biens et des services nécessaires à la fabrication : la valeur ajoutée*. Elle s'obtient en diminuant de la valeur des biens et des services produits les consommations intermédiaires. ✍¹ La valeur ajoutée permet à l'entreprise de rémunérer les agents économiques qui concourent au fonctionnement de l'entreprise. Elle est répartie entre plusieurs bénéficiaires (fig. 4.3).[13] La valeur ajoutée permet de mesurer la contribution de chaque agent producteur à la création de richesse dans un pays. ✍² [5]

4.4 La mesure de la production d'un pays

Au niveau national, la production se mesure à l'aide d'un indicateur appelé produit intérieur brut* (PIB). Le PIB est un agrégat économique* qui indique la richesse créée par les entreprises présentes sur un territoire national. C'est la somme de toutes les valeurs ajoutées brutes, ajoutées des impôts et diminuées des subventions, réalisées par les agents économiques résidents dans une économie.[14] Il se compose de la production marchande et de la production non marchande. Toutes les opérations de production effectuées sur le territoire français sont systématiquement enregistrées et publiées par l'INSEE. Néanmoins, il existe des productions qui échappent à l'enregistrement par la comptabilité nationale, notamment des activités de l'économie souterraine. De même, il serait sensé de considérer les dégâts écologiques causés par l'activité productive. 🖥¹☺

---

12 Pour la notion du secteur, voir 2ᵉ partie Gestion d'entreprise, chap. 18 Les classifications économiques des entreprises.

13 Voir Bialès et al. (2004), p. 34 et Dupuy et al. (2001), p. 62.

14 Voir INSEE, *Définitions, méthodes et qualité. Produit intérieur brut au prix du marché.* Disponible à l'URL : http://www.insee.fr/fr/methodes/default.asp?page=definitions/produit-inter-brut-prix-marc h.htm, consulté le 26-12-2014.

Pour observer l'évolution réelle de l'activité productive, il est nécessaire de tenir compte des effets de l'inflation. Ainsi, on distingue deux PIB : d'une part le PIB en valeur qui décrit les évolutions à « prix courants » sans correction de l'effet de l'inflation, d'autre part le PIB en volume qui correspond à l'évolution à « prix constants » avec correction de l'effet de l'inflation.[15] 💻[2]

Vocabulaire

Agrégat *m* économique	Grandeur macroéconomique qui réunit toute opération économique d'un même type (par ex. le PIB*)
Chiffre *m* d'affaires	Montant total de ventes de produits et de services réalisées par une entreprise au cours d'un exercice comptable*
Consommation *f* intermédiaire (bien *m* intermédiaire)	Matières et services achetés à d'autres entreprises, nécessaires à la production des biens et des services, détruits ou transformés pendant le processus de production
Économie *f* souterraine	Ensemble d'activités non déclarées et non enregistrées par la comptabilité nationale
Exercice *m* comptable	Période de temps pendant laquelle l'entreprise enregistre ses comptes et établit ses comptes annuels
Facteurs *m pl* de production	Éléments naturels (terre), financiers, techniques (capital) et humains (travail) utilisées dans le processus de production
Intérêt *m*	Somme d'argent qu'un débiteur doit payer à son créancier pour rémunérer un prêt
Production *f*	Activité économique qui consiste, à partir de facteurs de production*, à créer des biens et services afin de satisfaire les besoins
Production *f* marchande	Biens ou services vendus sur le marché à un prix couvrant plus au moins son coût de production
Production *f* non marchande	Services collectifs* fournis (quasi-)gratuitement par les administrations publiques et les ISBLSM (voir chap. 3.1.5)
Production *f* pour usage final propre	Biens et services non vendus sur le marché, mais consommés directement par le producteur
Produit *m* intérieur brut (PIB)	Agrégat économique* mesurant la richesse créée par les agents économiques d'un pays et correspondant à la somme des VA* brutes de toutes les entreprises résidentes
Service *m* collectif	Service fourni gratuitement ou semi-gratuitement par les administrations publiques (production non marchande*)
Valeur *f* ajoutée (VA)	Grandeur économique qui mesure la contribution d'une entreprise à la création de richesse

---

15 Voir INSEE, *Définitions, méthodes et qualité. Prix courants - prix constants*. Disponible à l'URL : http://www.insee.fr/fr/methodes/default.asp?page=definitions/prix-courants-prix-constants.htm, consulté le 3-8-2015 et Bernier/Simon (1998), pp. 31s.

Activités

📖 Compréhension

[1]   Qu'est-ce qu'on entend par une « combinaison optimale des facteurs de production » ?

[2]   Nommez des services collectifs produits par les administrations publiques.

[3]   Recherchez des exemples illustrant la « production pour usage final propre ».

[4]   Nommez quelques consommations intermédiaires nécessaires pour produire a) une table, b) une voiture, c) une coupe de cheveux.

[5]   Distinguez les notions de chiffre d'affaires, de valeur ajoutée et de bénéfice ?

✍ Travail écrit

1.   Une entreprise produit 500.000 glaces vendues 2,00 € la glace. À partir des chiffres indiqués, calculez : le chiffre d'affaires (CA), les consommations intermédiaires (CI) et la valeur ajoutée (VA). *Salaires : 500.000 €, matières premières : 100.000 €, emballages : 15.000 €, transports : 35.000 €, publicité : 80.000 € .*

CA	=
CI	=
VA	=

2.   Dans le tableau ci-dessous, inscrivez la contribution respective des bénéficiaires à la création de la valeur ajoutée et la nature de la rémunération versée (voir fig. 4.3).

Bénéficiaires	Contribution	Nature de la rémunération
(1)		
(2)		
(3)		
(4)		
(5)		

☺ Discussion

Discutez de la problématique et des effets économiques de l'économie souterraine et des dégâts environnementaux causés par la production.

🖥 Recherche

1.   Pour prendre en compte les dégâts environnementaux causés par la croissance économique certains proposent d'introduire le « PIB vert ». Recherchez des informations à propos de ce concept.

2.   Recherchez des statistiques récentes informant sur le chiffre d'affaires et la valeur ajoutée de quelques entreprises françaises (allemandes, etc.) ainsi que sur le PIB français (allemand, etc.).

5 La redistribution des revenus

Comme nous l'avons vu au chapitre précédent, la valeur ajoutée réalisée permet aux entreprises de rémunérer le travail fourni par les ménages.[1] Cependant, les revenus issus de la production vendue ne sont pas répartis de manière égale. Il en résulte des inégalités de revenu qui sont, en partie, compensées par des mesures de redistribution des revenus* opérées par les administrations publiques.

Le présent chapitre traite des différents revenus des ménages ainsi que des instruments et des objectifs de la redistribution des revenus. À la fin du chapitre, nous jetons un coup d'œil critique sur les effets de la redistribution.

Questions

1. Quelles sont les composantes du revenu primaire des ménages ?
2. Qu'est-ce que le revenu secondaire des ménages ?
3. Comment se forme le revenu disponible des ménages ?
4. Quels sont les objectifs de la redistribution des revenus ?
5. Quels sont les instruments de la redistribution des revenus ?
6. Quels sont les effets positifs et négatifs de la redistribution ?

Informations

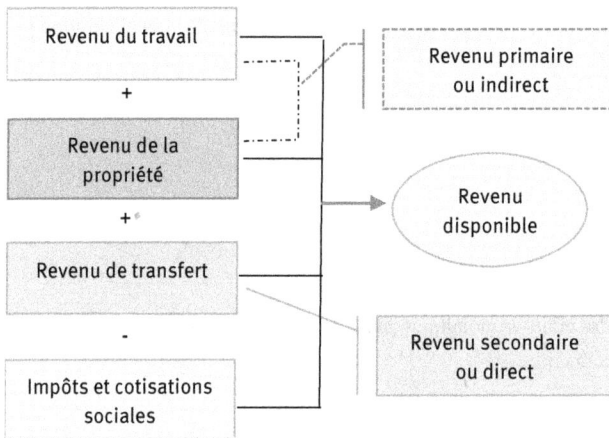

Figure 5.1 : La composition du revenu des ménages

---

1 Voir chap. 4 La production, 4.3.2 La valeur ajoutée et sa répartition.

Fiscalité

✓ Impôt sur le revenu progressif
✓ Taux de TVA différenciés
✓ Impôt sur la fortune
✓ Allègements et exonérations fiscaux

Sécurité sociale

⇨ Cotisations sociales
   ✓ Maladie
   ✓ Vieillesse
   ✓ Chômage
   ✓ Retraite

Tableau 5.2 : Les instruments de redistribution des revenus[2]

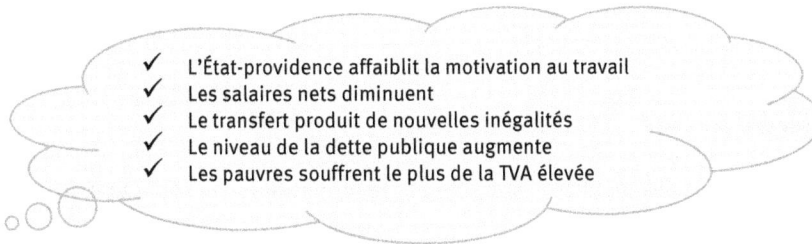

✓ L'État-providence affaiblit la motivation au travail
✓ Les salaires nets diminuent
✓ Le transfert produit de nouvelles inégalités
✓ Le niveau de la dette publique augmente
✓ Les pauvres souffrent le plus de la TVA élevée

Figure 5.3 : La critique du système de redistribution des revenus[3]

Ouvrages

Bernier, Bernard/Simon, Yves, *Initiation à la macroéconomie*, 7ᵉ édition, Dunod Paris 1998

Bialès, Christian/Bialès, Michel/Leurion, Rémi/Rivaud, Jean-Louis, *Dictionnaire d'économie et des faits économiques et sociaux contemporains*, Foucher Paris 1999

Bialès, Michel/Leurion, Rémi/Rivaud, Jean-Louis, *Économie générale*, BTS 1, 3ᵉ édition, Foucher Paris 2004

Dupuy, Monique/Larchevêque, Frédéric/Nava, Claude, *Économie générale*, BTS 1, Hachette *Technique* Paris 2001

Nava, Claude/Larchevêque, Frédéric/Sauviat, Chantal, *Économie générale*, BTS 1, Hachette *Technique* Paris 1998

Internet

INSEE : http://www.insee.fr

---

2 Pour le contenu de la figure, voir Bialès et al. (2004), p. 104.
3 Voir Nava et al. (1998), pp. 158s et Bialès et al. (2004), pp. 108s.

L'essentiel

!

5.1 Les différents revenus des ménages

Nous avons appris que les fonctions essentielles des ménages sont la consommation des biens et des services produits, le paiement d'impôts et de cotisations sociales ainsi que l'épargne.[4] Pour accomplir ces fonctions, les ménages doivent disposer de revenus. Selon leur origine et leur composition, on peut classer les revenus en trois grandes catégories : le revenu primaire, le revenu secondaire et le revenu disponible (fig. 5.1).

5.1.1 Le revenu primaire

Le revenu primaire* des ménages est issu de la rémunération liée soit à une activité économique soit à un placement*.

Lorsque l'activité économique est exercée par un salarié dépendant, il s'agit d'une rémunération du travail. Rappelons que les salariés reçoivent une partie de la valeur ajoutée sous forme de salaires. Par contre, lorsque le revenu est généré par un entrepreneur, la rémunération provient du capital engagé et de sa force de travail. Certains ménages effectuent des placements de capitaux afin de produire des revenus. Par exemple, ils achètent des titres financiers ou des biens immobiliers.[5] Dans ce cas, il s'agit d'une rémunération du patrimoine et d'un revenu de la propriété, car le revenu provient du capital investi.[6]

5.1.2 Le revenu secondaire

En contrepartie des prélèvements obligatoires* qu'ils paient aux administrations publiques, les ménages reçoivent des services collectifs[7] et un revenu secondaire, appelés également revenu de transfert*, sous forme de prestations sociales* versées par

---

4 Voir chap. 3 Les interdépendances économiques, 3.1.1. Les ménages.

5 Pour plus de détails sur les formes de placements des ménages, voir chap. 7 L'épargne, notamment 7.3 Les formes d'épargne des ménages.

6 Voir Nava et al. (1998), pp. 142–144 et Bialès et al. (2004), pp. 86–90. Voir aussi chap. 3 Les interdépendances économiques, 3.1.1 Les ménages.

7 Voir chap. 4 La production, 4.2 Les types de production.

l'État, les collectivités locales et la sécurité sociale*[8]. Il s'agit, notamment d'allocations familiales* et de versements, en espèces ou en nature, aux individus afin d'alléger les conséquences financières en cas de maladie, de chômage et de retraite.[9] Certains individus ne touchent aucun revenu primaire ou un revenu trop faible pour assurer leur survie. Dans le cadre de la protection sociale, ces ménages perçoivent des aides sociales qui complètent les prestations de la sécurité sociale.[10] [1] 🖥[1]

5.1.3 Le revenu disponible

Les revenus primaires des individus ne sont pas intégralement à leur disposition. Nous avons appris que pour financer leurs dépenses, les administrations publiques prélèvent des impôts et des taxes ainsi que des cotisations sociales. 🖥[2] Il faut donc diminuer des revenus perçus par le travail et par le capital les sommes versées aux administrations publiques. Pourtant, comme mentionné plus haut, le revenu d'un ménage peut être augmenté des prestations sociales payées par les administrations publiques. Le solde forme le revenu disponible* des ménages (fig. 5.1). Il est destiné à la consommation finale et à l'épargne. Lorsqu'on ajoute au revenu disponible, décrit ci-dessus, les services collectifs fournis gratuitement par les administrations publiques, on obtient le « revenu disponible ajusté »[11]. ✍ 🖥[1]

Pour mesurer le revenu d'une nation, la comptabilité nationale établit un agrégat de revenus : le revenu national brut (RNB). Il est obtenu en ajoutant au PIB[12] les revenus reçus de l'étranger et en retranchant ceux qui sont versés à l'étranger.[13] [2]

5.2 Les objectifs de la redistribution des revenus

La redistribution des revenus poursuit des objectifs sociaux et économiques.

Du point de vue social, il s'agit de prémunir les individus contre les risques sociaux, tels que la maladie ou le chômage, grâce à la solidarité des individus. Ainsi, les risques individuels sont pris en charge collectivement, car le système de la sécurité

---

8 Pour simplifier, ces trois acteurs du système de la redistribution seront désormais regroupés sous l'appellation « administrations publiques ».

9 Voir INSEE, *Définitions, méthodes et qualité. Prestations sociales (ou Transferts sociaux)*. Disponible à l'URL : http://www.insee.fr/fr/methodes/default.asp?page=definitions/prestations-transf-sociales.htm, consulté le 20-1-2016.

10 Voir Voir Bialès et al. (2004), p. 106.

11 Voir INSEE, *Définitions, méthodes et qualité. Revenu disponible ajusté des ménages (comptabilité nationale)*. Disponible à l'URL : http://www.insee.fr/fr/methodes/default.asp?page=definitions/revenu-disponible-ajuste.htm, consulté le 19-1-2016.

12 Le PIB est défini au chap. 4 La production, 4.4 La mesure de la production d'un pays.

13 Voir Bernier/Simon (1998), p. 34 et Dupuy et al. (2001), p. 120.

sociale permet de transférer des sommes entre actifs et inactifs, employés et chô-
meurs, célibataires et familles. Dans ce cas, il s'agit d'une redistribution horizontale
selon le principe de la solidarité. [3] La redistribution s'effectue aussi au niveau vertical. Ici, elle a pour objet de corriger les inégalités de revenu et de niveau de vie. Or,
les revenus bas des ménages pauvres sont augmentés par des aides sociales et les
familles nombreuses soutenues par des allocations familiales et des allègements fiscaux.[14] ☺[1] 💻[2]

Du point de vue économique, l'objectif de la redistribution est de stabiliser, voire
stimuler la consommation en assurant un pouvoir d'achat suffisant. Les revenus de
transfert attribuent aux défavorisés un revenu minimum pour satisfaire leurs besoins
fondamentaux. La redistribution en faveur des bas revenus se traduit donc par un
maintien ou même une augmentation de la demande. Ainsi, la redistribution est aussi
un moyen pour préserver les emplois et pour éviter des crises économiques.[15] [4]

5.3 Les instruments de la redistribution des revenus

Nous avons constaté ci-dessus, que les administrations publiques prélèvent des impôts et des cotisations sociales et les réinjectent dans le circuit économique sous
forme de services collectifs gratuits et sous forme de prestations sociales. La redistribution des revenus est donc essentiellement basée sur deux instruments : la fiscalité*
et la sécurité sociale*.[16]

La fiscalité permet de définir un système d'imposition prenant en compte les capacités financières des contribuables. Le système de la sécurité sociale est chargé de
la répartition équitable des revenus au moyen des transferts sociaux (voir plus haut
5.1.2). Le tableau 5.2 illustre quelques mesures fiscales et sociales de redistribution
des revenus. [5] 💻[3] En d'autres termes, les prélèvements obligatoires encaissés par
les administrations publiques servent à financer les versements des revenus de transfert aux ménages.

5.4 Les effets de la redistribution

La redistribution a permis d'augmenter l'espérance de vie, de baisser la mortalité et
d'assurer une vie active après la fin de l'activité professionnelle. Cependant, la hausse
continue des prestations a pour conséquence une augmentation des charges d'impôts

---

14 Voir Bialès et al. (2004), p. 102, Nava et al. (1998), pp. 153s et 158 et Bialès et al. (1999), p. 514.
15 Voir Dupuy et al. (2001), p. 122.
16 Voir ibidem et Bialès et al. (1999), pp. 514s.

et des cotisations sociales diminuant le salaire disponible des individus et augmentant le coût de travail. En outre, en temps de crise économique, lorsque le revenu du pays baisse, le budget national devient de plus en plus déficitaire. Depuis un certain temps, la redistribution des revenus est de plus en plus soumise à des critiques diverses, dont quelques-unes sont formulées dans la figure 5.3.[17] ☺[2]

Malgré les efforts des systèmes de redistribution, on constate, à l'heure actuelle, un accroissement des inégalités. La lutte contre l'exclusion sociale* constitue la principale préoccupation des politiques sociales européennes actuelles. 🖳[3]

Vocabulaire

Allocation *f* familiales	Aide financière versée aux personnes qui ont des enfants en charge
Cotisations *f* sociales	Prélèvements obligatoires* sur le salaire d'un assuré social
Exclusion *f* sociale	Mise à l'écart d'un individu suite à la perte d'emploi et de logement se traduisant par grande pauvreté et une rupture avec la vie sociale
Fiscalité *f*	Ensemble des lois et mesures relatives à l'impôt
Placement *m*	Ici : utilisation (investissement) d'un capital un en vue de réaliser un gain
Prélèvements *m* obligatoires	Impôts et cotisations sociales* reçus par les administrations publiques
Prestations *f pl* sociales	Ensemble des allocations et aides sociales versées par les administrations publiques aux ménages en vue de les protéger contre divers risques de la vie (chômage, maladie, vieillesse)
Redistribution *f* des revenus	Toute mesure de réaffectation des prélèvements obligatoires sous forme de prestations sociales et de services collectifs
Revenu *m* de transfert	Revenu secondaire* transféré par les administrations publiques aux ménages
Revenu *m* disponible	Ensemble des revenus des ménages diminués des prélèvements obligatoires*
Revenu *m* primaire (direct)	Revenu issu du travail et du capital
Revenu *m* secondaire (indirect)	Revenu de transfert*
Sécurité *f* sociale	Ensemble des mesures de protection contre les risques sociaux, système d'organisation de la protection sociale en France
Seuil *m* de pauvreté	Revenu minimum en dessous duquel une personne est considérée comme pauvre ; il varie selon les pays

---

17 Voir Bialès et al. (2004), pp. 108–110 et Nava et al. (1998), pp. 158–160.

Activités

i

📖 Compréhension

[1] Précisez les composantes et l'origine des trois revenus à disposition des ménages : les revenus du travail, de la propriété et de transfert.

[2] Quelle est la différence entre le PIB et le RNB ?

[3] Que signifie le principe de la « solidarité » entre les assurés ?

[4] Expliquez pourquoi la redistribution est considérée comme une mesure qui permet de préserver les emplois.

[5] Précisez les différents instruments de la redistribution des revenus illustrés dans le tableau 5.2.

✍ Travail écrit

En vous référant à la figure 5.1, construisez une formule pour calculer le revenu disponible.

Revenu disponible =

☺ Discussion

1. Qui est pauvre ? La pauvreté existe-t-elle encore, en France, Allemagne, etc. ? Discutez.

2. Que pensez-vous de la critique, notamment des libéraux, au système de redistribution (voir fig. 5.3) ? Discutez.

🧪 Thèmes d'exposé

1. Les prestations sociales – définition, types et objectifs

2. Le financement de la redistribution – instruments et limites

3. L'exclusion sociale en Europe – définition, causes, formes et contremesures

🖥 Recherche

1. Recherchez des statistiques récentes informant sur le revenu disponible des Français, des Allemands ou d'autres unités économiques et commentez-les.

2. Qui est pauvre ? Recherchez des renseignements sur les seuils de pauvreté* fixés en Europe ou ailleurs.

3. Recherchez les taux de TVA applicables en France, en Allemagne ou dans un autre pays.

6 La consommation

Nous avons appris au chapitre 3 que la consommation de biens et de services constitue la fonction principale des ménages.

Le présent chapitre définira la consommation et indiquera ses différentes formes.
Ensuite, les déterminants de la consommation des ménages seront exposés. À titre
d'exemple, nous présenterons l'analyse macroéconomique de J. M. Keynes et les approches sociologiques et psychologiques de J. S. Duesenberry et T. Brown. Pour conclure le chapitre, nous poserons la question de savoir comment la consommation est
enregistrée dans les comptes nationaux.

Questions

1. Qu'est-ce que la consommation ?
2. Qui sont les consommateurs ?
3. Quelles sont les différentes formes de la consommation ?
4. Quels sont les déterminants de la consommation des ménages ?
5. Quelles approches théoriques de la consommation y-a-t-il ?
6. Comment la consommation est-elle mesurée par la comptabilité nationale ?
7. Qu'est-ce que la consommation effective des ménages ?
8. Qu'est-ce que le coefficient budgétaire ?

Informations

Critères	Consommation		
(1) Utilisateur	- individuelle	- collective	
(2) Destination	- finale	- intermédiaire	- de capital fixe
(3) Mode d'échange	- marchande	- non marchande	- pour usage final propre
(4) Durabilité	- durable	- non durable	

Figure 6.1 : Les formes de consommation

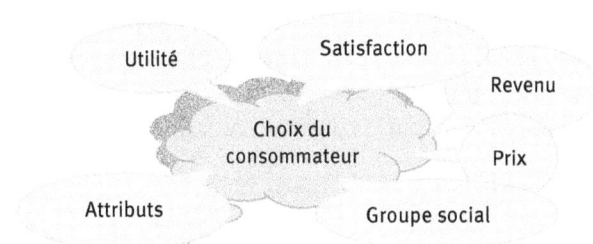

Figure 6.2 : Les déterminants de la consommation

Ouvrages

Bernier, Bernard/Simon, Yves, *Initiation à la macroéconomie*, 7ᵉ édition, Dunod Paris 1998

Bialès, Christian/Bialès, Michel/Leurion, Rémi/Rivaud, Jean-Louis, *Dictionnaire d'économie et des faits économiques et sociaux contemporains*, Foucher Paris 1999

Bialès, Michel/Leurion, Rémi/Rivaud, Jean-Louis, *Économie générale*, BTS 1, Foucher Paris 2004

Dupuy, Monique/Larchevêque, Frédéric/Nava, Claude, *Économie générale*, BTS 1, Hachette *Technique* Paris 2001

Nava, Claude/Larchevêque, Frédéric/Sauviat, Chantal, *Économie générale*, BTS 1, Hachette *Technique* Paris 1998

Internet

INSEE : http://www.insee.fr

L'essentiel

6.1 La définition de la consommation

Généralement, la consommation est définie comme l'utilisation, immédiate ou progressive, de biens ou de services pour satisfaire les besoins des agents économiques. Il s'agit d'une activité économique que l'on attribue tout d'abord aux ménages, car le consommateur est l'utilisateur final des biens et des services produits par les entreprises. Mais dans un sens plus élargi, la consommation est également à l'origine de la production de biens.[1] Ainsi, elle est aussi le fait des entreprises et des administrations publiques. Enfin, il convient de considérer que la consommation est directement liée à l'épargne, car elle constitue la partie du revenu qui n'est pas épargnée.[2]

6.2 Les formes de consommation

On peut classer les consommations selon quatre critères : la destination, l'utilisateur, le mode d'échange et la durabilité (fig. 6.1).[3]

Selon la destination, la consommation prend trois formes : la consommation finale*, la consommation intermédiaire* et la consommation de capital fixe*[4]. La consommation finale comprend les biens utilisés par le consommateur final. Ils satisfont

---

1 Voir Bialès et al. (1999), p. 124.

2 Voir Bernier/Simon (1998), p. 20.

3 Voir Nava et al. (1998), pp. 168s, Bialès et al. (2004), p. 128, Dupuy et al. (2001), pp. 136 et 142.

4 Voir aussi chap. 8 L'investissement, 8.4.1 La FBCF et l'amortissement.

directement un besoin par leur utilisation et leur destruction immédiate ou progressive. Les agents principaux de la consommation finale sont donc les ménages. La consommation intermédiaire[5], par contre, regroupe les biens et les services utilisés par les entreprises et qui disparaissent dans le cycle de production ou qui sont incorporés dans d'autres produits. La consommation de capital fixe[6] correspond à l'utilisation durable jusqu'à l'usure d'un bien de production. Les agents principaux des consommations productives de biens sont les entreprises. [1]

Selon l'utilisateur, on distingue la consommation individuelle* et la consommation collective*. La consommation individuelle regroupe toute utilisation de biens privés par une seule personne. Normalement, aucun autre individu ne peut les utiliser en même temps. La consommation collective, par contre, comprend les biens collectifs* utilisés par plusieurs individus et fournis par les administrations publiques. Contrairement aux consommations individuelles, les consommations collectives présentent deux caractéristiques spécifiques. Premièrement, le bien ou le service collectif ne peut pas être consommé individuellement, car il est en même temps disponible pour les autres. Deuxièmement, on ne peut pas empêcher que d'autres individus utilisent ce bien ou ce service. [2]

Selon le mode d'échange, on différencie la consommation marchande*, la consommation non marchande* et l'autoconsommation*. La consommation marchande englobe les biens et les services échangés sur un marché contre de l'argent. Le prix payé doit couvrir ou plutôt dépasser leur coût de production. La consommation non marchande est constituée des services collectifs* fournis par les seules administrations publiques (services collectifs purs) ou par les administrations et le marché (services collectifs mixtes). Le prix est généralement nul ou inférieur au coût de production. [3] Une forme particulière de la consommation est l'autoconsommation. Dans ce cas, le produit n'est pas échangé sur un marché mais consommée par le producteur lui-même.

Selon le critère de la durabilité du bien ou la durée de son utilisation, on distingue la consommation durable*, dont font partie les biens utilisés d'une manière répétitive pendant une longue durée (par ex. une télévision), et la consommation non durable* regroupant les biens qui disparaissent dès leur premier usage (par ex. un repas au restaurant).

Il faut noter que les différentes catégories de consommation ne sont pas disjointes, certaines consommations peuvent réunir plusieurs caractéristiques. ✍¹ En outre, nous nous contentons ci-après de décrire la consommation des ménages.

---

5 La consommation intermédiaire des entreprises est traitée au chapitre 4 La production.
6 La consommation des entreprises, la consommation de capital fixe, est abordée au chapitre 8 L'investissement, 8.4.1 La formation brute de capital fixe et l'amortissement.

6.3 Les déterminants de la consommation des ménages

Généralement, la consommation est fonction de la satisfaction que l'acheteur retire du bien ou du service consommé. Le bien ou le service doit être utile et ses attributs doivent être appréciés par le consommateur. Elle est aussi conditionnée par le prix, car, souvent, lorsque le prix baisse, la consommation augmente.[7] La consommation d'un individu doit également être en conformité avec celle du groupe social auquel il appartient (fig. 6.2). [8] ☺[1] 📠[1]

De nombreux théoriciens ont raisonné sur les fluctuations de la consommation des ménages. À titre d'exemples, nous citons ci-après l'analyse keynésienne ainsi que les approches de J. S. Duesenberry et de T. M. Brown.[9]

6.3.1 L'approche keynésienne de la consommation

Pour J. M. Keynes, une variable fondamentale de la dépense de consommation des ménages est leur revenu réel.[10] Ainsi, une augmentation du revenu se traduit par une hausse de la consommation. Une baisse du revenu, par contre, entraîne une baisse de la consommation. La relation entre la consommation et le revenu est exprimée par deux propensions : la propension moyenne à consommer* et la propension marginale à consommer*. La propension moyenne à consommer représente la part du revenu d'un ménage qui est consacrée en moyenne à la consommation et non à l'épargne. Elle est calculée en divisant le montant affecté à la consommation par le revenu. ✐[2] 📠[2]

$$\text{Propension moyenne à consommer} = \text{Consommation/Revenu}$$

La propension marginale à consommer exprime la part d'une augmentation du revenu affectée à la consommation. Selon Keynes, un ménage à faible revenu consacre près de la totalité du revenu supplémentaire à la consommation. Toutefois, la consommation n'augmente pas d'une manière linéaire avec la hausse du revenu, elle a plutôt tendance à diminuer. La propension marginale met en rapport la variation (Δ) de la consommation et la variation correspondante du revenu.[11] ✐[2] 💻[1] [4]

---

7 En ce qui concerne le rapport demande-prix, voir 2e partie Gestion d'entreprise, chap. 30 Le marketing IV, 30.2.3.2 La prix et la demande.
8 Voir les descriptions de Nava et al. (1998), pp. 170–176.
9 Le cycle de vie de Modigliani, une autre théorie qui étudie la fonction de consommation, est thématisé dans le chapitre 7 L'épargne, 7.3 Les déterminants de l'épargne.
10 Voir l'explication du « revenu disponible » des ménages, chap. 5 La redistribution des revenus.
11 Voir Bernier/Simon (1998), pp. 103ss.

Propension marginale à consommer = Δ consommation/Δ revenu

6.3.2 Les approches sociologiques et psychologiques de la consommation

D'autres théoriciens ont introduit des variables sociologiques et psychologiques et ainsi relativisé la prédominance du facteur revenu de l'analyse keynésienne.

J. S. Duesenberry[12] a émis l'hypothèse de « l'effet de l'imitation » ou de « l'effet de démonstration » selon laquelle la consommation d'un individu ne dépend pas simplement du niveau de revenu. Les individus cherchent à imiter le mode de consommation des groupes sociaux jugés supérieurs et à se différencier des catégories qu'ils jugent inférieures. C'est pourquoi, lorsque le revenu augmente, la part du revenu affectée à la consommation ne baisse pas forcément.

Selon T. M. Brown[13], le niveau de la consommation dépend également du niveau de revenu passé. En cas de diminution du revenu, la consommation ne baisse pas dans les mêmes proportions que le revenu. Les ménages utilisent d'abord leur épargne pour maintenir le niveau de vie atteint avant d'adapter leur consommation au revenu réduit. Ce phénomène est connu sous l'appellation « effet de mémoire » ou « effet de cliquet* ». [14] ☺[2]

6.4 La mesure de la consommation des ménages

La comptabilité nationale distingue deux notions de consommation : la dépense de consommation des ménages et la consommation effective* des ménages.

La dépense de consommation des ménages correspond à la consommation individuelle des ménages. Ce sont les dépenses que les ménages supportent directement lorsqu'ils achètent des biens de consommation. La consommation effective des ménages ajoute à leur consommation individuelle les consommations de services collectifs assurés par les administrations publiques et les institutions sans but lucratif. Cependant, seules les consommations dont les bénéficiaires peuvent être définis, font partie de la consommation effective. La part de la consommation de services collectifs

---

12 James S. Duesenberry, *Income, saving and the theory of consumer behaviour*, Harvard UP Cambridge Mass. 1949.
13 Thomas M. Brown, *Habit persistance and Lags in consumer behaviour*. In : Econometrica, vol. 20, n° 3 1953.
14 Voir Nava et al. (1998), p. 190.

qui est n'est pas « individualisable », c'est-à-dire que l'on ne peut pas attribuée à un individu, n'est pas considérée.[15] [5]

Pour déterminer la part de la dépense des ménages dans leur budget total, la comptabilité nationale utilise le terme de coefficient budgétaire*. Il est calculé en divisant la dépense dédiée à l'achat de certains produits par le budget total d'un ménage.[16]

Coefficient budgétaire de l'alimentation = Dépense pour l'alimentation/Budget total

Le coefficient budgétaire informe, souvent en pourcentage, sur l'évolution des dépenses selon certaines catégories de biens ou de services ainsi que selon la profession et la catégorie socioprofessionnelle (PCS)[17]. La consommation des ménages est habituellement regroupée en plusieurs grandes catégories (ex. alimentation, habillement), représentant les coefficients budgétaires. 💻[2]

Vocabulaire

Autoconsommation f	Utilisation d'un produit par le consommateur lui-même
Bien m collectif	Bien non marchand* utilisé collectivement et gratuitement par les agents économiques
Bien m marchand	Bien qui s'échange sur un marché et dont le prix se fixe par confrontation de l'offre et de la demande
Bien m non marchand	Bien qui n'est pas vendu sur un marché et qui est fourni (semi)gratuitement par les administrations publiques (voir bien collectif*)
Capital m fixe	Biens durables de production utilisés de manière répétitive au moins un an
Coefficient m budgétaire	Proportion d'un poste budgétaire ou d'une catégorie de biens par rapport au budget total
Consommation f collective	Utilisation de biens et de services collectifs* fournis par les administrations publiques
Consommation f durable	Utilisation répétitive de biens qui s'usent progressivement

---

15 Voir Dupuy et al. (2001), p. 144, INSEE, *Définition, méthodes et qualité. Consommation finale.* Disponible à l'URL : http://www.insee.fr/fr/methodes/default.asp?page=definitions/consommation-finale-menages.htm, ibidem. *Consommations effectives des ménages. Disponible à l'URL :* http://www.insee.fr/fr/methodes/default.asp?page=definitions/consom-effective-menages.htm, consultés le 18-4-2015.

16 Voir INSEE, *Définition, méthodes et qualité. Coefficient budgétaire.* Disponible à l'URL : http://www.insee.fr/fr/methodes/default.asp?page=definitions/coefficient-budgetaire.htm, consulté le 18-4-2015.

17 La nomenclature des professions et catégories socioprofessionnelles (PCS) de l'INSEE classe la population selon la profession, la position hiérarchique et le statut (salarié ou non). Voir ibidem, *Nomenclatures des Professions et Catégories Socioprofessionnelles (PSC). Disponible à l'URL :* http://www.insee.fr/fr/methodes/?page=nomenclatures/pcs2003/pcs2003.htm, consulté le 3-11-2015.

Consommation *f* effective	Ensemble des consommations individuelles* et des consommations collectives* des ménages
Consommation *f* finale	Utilisation et destruction immédiate ou progressive d'un bien ou d'un service par le consommateur final
Consommation *f* individuelle	Utilisation de biens marchands* par une seule personne
Consommation *f* intermédiaire	Utilisation productive de biens détruits dans le processus de production
Consommation *f* marchande	Utilisation de biens et services marchands
Consommation *f* non durable	Utilisation et destruction d'un bien dès son premier emploi
Consommation *f* non marchande	Utilisation de biens et services non marchands, notamment de services collectifs*
Dépense *f* de consommation	Consommations individuelles* des ménages (terme utilisé par la comptabilité nationale)
Effet *m* (de) cliquet	Tendance des ménages à vouloir maintenir leur niveau de consommation après une baisse du revenu disponible
Propension *f* moyenne à consommer	Part du revenu consacrée à la consommation
Propension *f* marginale à consommer	Part d'un revenu supplémentaire consacrée à un supplément de consommation
Service *m* collectif pur	Service fourni gratuitement ou semi-gratuitement par les administrations publiques
Service *m* collectif mixte	Service fourni gratuitement ou semi-gratuitement par les administrations publiques et le marché
Service *m* marchand	Service vendu à un prix qui couvre les coûts de production partiels ou totaux

Activités

📖 **Compréhension**

[1] Parmi les formes de consommation illustrées dans la figure 6.1, distinguez celles qui satisfont directement des besoins et celles qui produisent des biens.

[2] Citez des exemples de consommations individuelles et collectives.

[3] Comment sont financées les consommations non marchandes ?

[4] Dans quelle mesure la théorie de la consommation de Keynes explique-t-elle l'intervention de l'État par des mesures sociales.

[5] Citez des exemples de consommations «individualisables» et «non individualisables».

✍ Travail écrit

1. Classez les consommations indiquées ci-dessous (choix multiples possibles).

Consommations	mar-chande	non mar-chande	finale	intermé-diaire	de capital fixe
(1) Ordinateur	☐	☐	☐	☐	☐
(2) Soins à l'hôpital	☐	☐	☐	☐	☐
(3) Pétrole	☐	☐	☐	☐	☐
(4) Voiture	☐	☐	☐	☐	☐
(5) Émission à la télé	☐	☐	☐	☐	☐
(6) Réparation	☐	☐	☐	☐	☐
(7) Cours à l'université	☐	☐	☐	☐	☐
(8) Intervention de la police	☐	☐	☐	☐	☐

2. En 2015, la famille Dupont dispose d'un revenu mensuel de 5.000 € dont elle affecte 3.000 € à la consommation. En 2016, son revenu augmente de 6% et sa dépense consacrée à la consommation de 900 €. Calculez la propension moyenne à consommer et la propension marginale à consommer de la famille.

	Propension moyenne à consommer	Propension marginale à consommer
(1) Formule		
(2) Pourcentage		

☺ Discussion

1. Parmi les déterminants de la consommation indiqués dans la figure 6.2, quel est pour vous le plus important et lequel vous semble de moindre importance. L'évaluation varie-t-elle selon le produit consommé et/ou la personne concernée, son origine, son âge, sa culture, etc. ? Discutez.
2. Que pensez-vous des hypothèses de J. S. Duesenberry et T. M. Brown ? Y-a-t-il des exemples qui les soutiennent ou rejettent ? Discutez.

🏛 Thèmes d'exposé

1. L'évolution des modes de consommation en France, en Allemagne, etc.
2. Les théories de consommation : le débat entre J. M. Keynes et M. Friedman

🖥 Recherche

1. Recherchez des informations sur l'évolution de la consommation des ménages français.
2. Recherchez une statistique récente de l'INSEE qui indique les « coefficients budgétaires » de l'alimentation, l'habillement et du loisir selon la catégorie socioprofessionnelle. Recherchez aussi la signification de la « loi d'Engel » (Ernst Engel, statisticien).

7 L'épargne

Les revenus non consommés par les agents économiques sont épargnés ou investis. Le chapitre présent est dédié à l'étude de l'épargne. Nous commençons par définir l'épargne et les épargnants. Nous examinerons ensuite les formes et les déterminants de l'épargne des ménages. Enfin, nous mettrons en rapport le revenu et l'épargne afin de mesurer l'effort d'épargne d'une économie.

Questions

1. Qu'est-ce que l'épargne et qui sont les épargnants ?
2. Quelles sont les différentes formes de l'épargne ?
3. Quels sont les déterminants de l'épargne des ménages ?
4. Comment mesure-t-on l'épargne ?

Informations

Document 7.1 : Définition de l'épargne des ménages

La part du revenu disponible (ou du revenu disponible ajusté) des ménages qui n'est pas utilisée en dépense de consommation finale (ou en consommation finale effective) constitue leur épargne. La différence entre revenu disponible et revenu disponible ajusté, qui correspond aux transferts sociaux en nature, est aussi celle qui sépare la dépense de consommation finale de la consommation finale effective. Il n'y a donc qu'une seule notion d'épargne.[1]

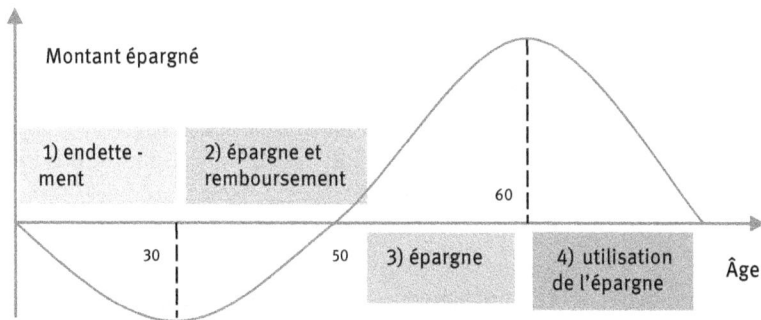

Figure 7.2 : La théorie du cycle de vie de Franco Modigliani (1954)[2]

---

1 Voir INSEE, *Définitions, méthodes et qualité. Épargne des ménages*. Disponible à l'URL : http://www.insee.fr/fr/methodes/default.asp?page=definitions/epargne-menages.htm, consulté le 8-2-2016.
2 Illustration propre selon la description du cycle de vie de Nava et al. (1998), pp. 192s.

Ouvrages

Bernier, Bernard/Simon, Yves, *Initiation à la macroéconomie*, 7ᵉ édition Dunod Paris 1998

Bialès, Christian/Bialès, Michel/Leurion, Rémi/Rivaud, Jean-Louis, *Dictionnaire d'économie et des faits économiques et sociaux contemporains*, Foucher Paris 1999

Bialès, Michel/Leurion, René/Rivaud, Jean-Louis, *Économie générale*, BTS 1, Foucher Paris 2004

Capul, Jean-Yves/Garnier, Olivier, *Dictionnaire d'économie et de sciences sociales*, Hatier Paris 1996

Dupuy, Monique/Larchevêque, Frédéric/Nava, Claude, *Économie générale*, BTS 1, Hachette Technique Paris 2001

Nava, Claude/Larchevêque, Frédéric/Sauviat, Chantal, *Économie générale*, BTS 1, Hachette Technique Paris 1998

Internet

INSEE : http://www.insee.fr

L'essentiel

!

7.1 La définition de l'épargne

D'une manière générale, l'épargne est définie comme la partie non consommée du revenu d'un agent économique.[3] La comptabilité nationale distingue trois catégories d'épargne : l'épargne nationale, l'épargne des ménages et l'épargne des entreprises.

L'épargne nationale correspond à la somme de l'épargne de tous les agents économiques pendant une certaine période, généralement une année. L'épargne des ménages constitue la part de leur revenu disponible[4] qui n'est pas dépensée. L'épargnant met de côté de l'argent et renonce à une satisfaction immédiate au profit d'une satisfaction future. [1] L'épargne des entreprises est constituée de leurs bénéfices non distribués aux actionnaires. Elle est mise en réserve et utilisée pour financer des investissements.

D'un point de vue global, les épargnants sont essentiellement les ménages qui disposent d'excédents et qui les mettent à disposition des entreprises et des administrations publiques qui, de leur côté, sont souvent en déficit de capitaux.[5]

---

3 Voir, entre autres, Bernier/Simon (1998), p. 20 et Dupuy et al. (2001), p. 136.

4 Voir chap. 5 La redistribution du revenu, 5.3 Le revenu disponible.

5 Voir Capul/Garnier (1996), pp. 177ss. Dans ce chapitre, nous nous préoccupons surtout de l'épargne des ménages. L'épargne nationale est abordée de nouveau à la fin de ce chapitre, voir 7.4 Le taux d'épargne. L'épargne des entreprises correspond à leur investissement lequel est thématisé au chapitre 8.

7.2 Les formes d'épargne des ménages

On peut regrouper l'épargne des ménages en deux grandes formes : l'épargne financière et non financière.

L'épargne financière des ménages sont tout d'abord les billets déposés sur un compte à vue*, dans une tirelire ou un coffre-fort. Dans ce cas, elle est affectée à la thésaurisation* et ne rapporte rien. Par contre, elle donne lieu à des intérêts, lorsque des sommes épargnées sont versées sur un livret d'épargne* ou lorsqu'elles sont utilisées pour alimenter un contrat d'épargne, comme par exemple une assurance-vie ou un plan d'épargne logement. ▭[1] L'épargne financière se compose aussi de titres de placement*. Ainsi, l'épargne est introduite dans le circuit économique. [2] L'épargne non financière des ménages est formée essentiellement par l'acquisition ou la réparation de biens immobiliers.

À côté de cette épargne « libre et individuelle », il existe une épargne « forcée et sociale » qui est, entre autre, due aux prélèvements obligatoires versées aux administrations publiques et à l'inflation diminuant le pouvoir d'achat des ménages.[6] [3]

7.3 Les déterminants de l'épargne des ménages

Les sommes dédiées à l'épargne par les ménages varient en fonction de plusieurs facteurs. Pour expliquer le comportement des ménages, les grands théoriciens de l'économie ont des raisonnements différents. ▭[1] ▭[2] Toutefois, on peut résumer quelques déterminants essentiels de l'épargne.[7]

Les ménages épargnent pour se créer un patrimoine* qui leur permet de financer, par exemple, un logement ou un projet onéreux futur. Ils réalisent également des épargnes par précaution afin de couvrir des risques potentiels de vie et faire face à des périodes de revenus faibles. Dans le but d'obtenir des revenus, certains épargnants font des placements financiers* en déposant les sommes non consommées sur des livrets d'épargne ou en les investissant en titres de placement lucratifs. De même, des facteurs environnementaux sont susceptibles d'influer sur la propension des ménages à épargner. Un taux d'intérêt* élevé, par exemple, favorisera les placements financiers. Par contre, un taux d'intérêt faible découragera l'épargne. [4] L'État est en mesure d'encourager l'épargne des ménages par l'octroi d'avantages fiscaux.[8] L'épargne est aussi déterminée par la situation monétaire d'un pays ; un taux d'inflation élevé peut freiner l'épargne. [5] ☺ Enfin, selon la théorie du cycle de vie de Franco

---

6 Voir Nava et al (1998), p. 176 et la classification de l'épargne d'après Bialès et al. (1999), p. 235.

7 Voir Capul/Garnier (1996), pp. 180s, Bialès et al. (1999) et p. 236, Nava et al. (1998), p. 178.

8 Concernant les avantages fiscaux liés à l'épargne, voir 2ᵉ partie Gestion d'entreprise, chap. 25 La gestion des ressources humaines I, 25.4 La rémunération, 25.4.3 Les paiements différés.

Modigliani (fig. 7.1), les comportements de consommation et d'épargne des individus varient selon l'âge.[9] ✍

7.4 La mesure de l'épargne

Pour connaître la part des revenus consacrée à l'épargne, l'INSEE calcule chaque année des taux d'épargne*, notamment ceux des ménages, des entreprises et de l'économie.[10] 💻²

Le taux d'épargne des ménages représente le rapport du montant épargné par les ménages au revenu disponible.

Taux d'épargne des ménages = épargne/revenu disponible

Le taux d'épargne des entreprises constitue le rapport de leur épargne à leur valeur ajoutée[11] créée.

Taux d'épargne des entreprises = épargne/valeur ajoutée

L'épargne nationale comprend l'épargne des agents économiques résidents. Elle inclut les ménages, les entreprises et les administrations publiques. Le taux d'épargne d'une économie est le taux d'épargne nationale. Il mesure le rapport de l'épargne nationale au PIB[12].

Taux d'épargne nationale = épargne nationale/PIB

Vocabulaire

Compte *m* à vue	Compte individuel utilisé pour déposer de l'argent immédiatement disponible, pour verser le revenu et régler les dépenses
Épargne *f*	Ensemble des sommes non consommées et mises en réserves ou utilisées pour créer des revenus
Livret *m* d'épargne	Compte de dépôt rémunéré à la banque
Patrimoine *m*	Ensemble de biens matériels ou immatériels qui appartiennent à un individu ou une société

---

9 Voir Nava et al. (1998), pp. 192s.
10 Voir Capul/Garnier (1996), pp. 178s. Voir aussi INSEE, *Définitions, méthodes et qualité. Taux d'épargne (comptabilité nationale)*, disponible à l'URL : http://www.insee.fr/fr/methodes/default.asp?page=definitions/taux-epargne-cn.htm, consulté le 8-4-2015.
11 Voir chap. 4 La production, 4.3.2 La valeur ajoutée et sa répartition.
12 Au sujet du PIB, voir chap. 4 La production 4.4 La mesure de la production.

Placement *m* financier	Épargne bloquée pendant une certaine période dans l'espoir de réaliser des gains
Taux *m* d'intérêt	Prix d'un emprunt ou rémunération d'un prêt exprimés en pourcentage
Taux *m* d'épargne (des ménages)	Indicateur économique mesurant le rapport de l'épargne totale (des ménages) au revenu disponible
Thésaurisation *f*	Constitution d'une épargne sans placement rémunéré
Titre *m* de placement	Certificat représentatif d'une valeur (action, obligation) détenue par un investisseur

Activités

📖 Compréhension

[1] Lisez le document 7.1. Formulez deux équations pour calculer l'épargne des ménages. Pourquoi n'y-a-t-il qu'une seule notion d'épargne ?

[2] Que signifie ici l'énoncé « l'épargne est introduite dans le circuit économique » ?

[3] Expliquez le concept de « l'épargne forcée ».

[4] Dans quelle mesure le taux d'intérêt influence-t-il le comportement des épargnants ?

[5] Expliquez pourquoi l'inflation peut freiner l'épargne des ménages.

✍ Travail écrit

En vous référant à la figure 7.1, retracez les thèses essentielles relatives au comportement des épargnants décrites dans le modèle du « cycle de vie » de Franco Modigliani.

☺ Discussion

Si vous gagniez 150.000 € au loto, comment affecteriez-vous la somme ? Discutez.

🎋 Thèmes d'exposé

1. L'approche (néo)classique de l'épargne
2. L'approche keynésienne de l'épargne

🖥 Recherche

1. Recherchez quelques formes d'épargne contractuelle en France, en Allemagne ou ailleurs.
2. Sur le Site Internet de l'INSEE, recherchez le taux d'épargne des ménages français, allemands ou autres de l'année précédente.

8 L'investissement

Le chapitre présent étudie l'investissement. Vous allez d'abord apprendre ce qu'est l'investissement et qui sont les investisseurs. Ensuite, nous étudierons les différentes formes et les déterminants de l'investissement. Enfin, seront expliquées trois notions spécifiques qui permettent de décrire l'effort d'investissement d'une économie : la formation brute de capital fixe, l'amortissement et le taux d'investissement.

Questions

1. Qu'est-ce que l'investissement et qui sont les investisseurs ?
2. Quelles formes d'investissement y-a-t-il ?
3. Quels sont les déterminants de l'investissement ?
4. Que signifie la formation brute de capital fixe ?
5. Qu'est-ce que l'amortissement ?
6. Que signifie le taux d'investissement ?

Informations

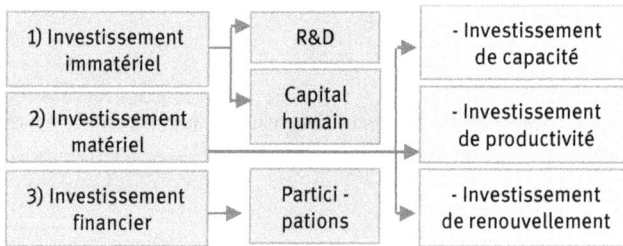

Figure 8.1 : Les formes d'investissement

Ouvrages

Bialès, Christian/Bialès, Michel/Leurion, Rémi/Rivaud, Jean-Louis, *Dictionnaire d'économie et des faits économiques et sociaux contemporains*, Foucher Paris 1999

Bialès, Michel/Leurion, Rémi/Rivaud, Jean-Louis, *Économie générale*, BTS 1, 3ᵉ édition, Foucher Paris 2004

Capul, Jean-Yves/Garnier Olivier, *Dictionnaire d'économie et de sciences sociales*, Hatier Paris 1996

Nava, Claude/Larchevêque, Frédéric/Sauviat, Chantal, *Économie générale*, BTS 1, Hachette *Technique* Paris 1998

Internet

INSEE : http://www.insee.fr

L'essentiel

8.1 La définition de l'investissement

L'investissement* est une opération qui consiste à accumuler des biens de production et à développer la capacité productrice de l'entreprise pour l'avenir.[1] En principe, ce sont les entreprises qui investissent dans l'acquisition de machines, de terrains ou de savoir-faire. En développant l'infrastructure du pays, les administrations publiques investissent également.[2] 🖳[1] [1]

8.2 Les formes d'investissement

Les investissements des entreprises peuvent être différenciés selon leur nature et selon leur intention (fig. 8.1).

Selon la nature de l'investissement, on distingue les investissements immatériels, matériels et financiers. Les investissements immatériels sont des activités de recherche et de développement (R&D) qui améliorent les techniques de production et le matériel. Ils peuvent aussi servir à communiquer avec les clients (investissement en marketing) ou bien à adapter ou améliorer les qualifications des salariés et leur bien-être (investissement en capital humain*). Les investissements matériels augmentent la production et/ou améliorent la productivité. Ils remplacent et renouvellent les équipements. Les investissements financiers ont pour but d'acquérir des titres d'autres sociétés, nationales ou étrangères, afin d'élargir la compétence ou le domaine d'activité. [2]

Selon l'intention de l'investisseur, on peut classer les investissements matériels en trois catégories. L'investissement de renouvellement consiste à remplacer le matériel usagé, déprécié ou obsolète. L'investissement de productivité a pour but de rationaliser la production et de réduire les coûts de production. L'investissement de capacité sert à augmenter la production. Il faut noter que les différentes catégories d'investissement ne sont pas disjointes, elles sont plutôt complémentaires.[3] [3] ☺[1] ✍

---

1 Voir Bialès et al. (1999), p. 320.
2 L'acquisition d'un bien immobilier par un ménage est parfois aussi considérée comme un investissement. Ici, la notion d'investissement se limite aux entreprises. L'investissement des ménages est défini comme une épargne non financière traitée au chapitre 7.
3 Voir Nava et al. (1998), pp. 96–98 et Bialès et al. (2004), p. 60.

8.3 Les déterminants de l'investissement

Le moteur de l'investissement est la perspective de retirer un profit. La décision d'investir est donc fonction des perspectives de débouchés et de la rentabilité attendus du projet.[4] Ainsi, l'anticipation d'une croissance de la demande encourage l'investisseur, car le résultat escompté sera supérieur aux dépenses engagées. La prévision d'une baisse de la demande, par contre, freinera son engagement. L'évolution du taux d'intérêt d'un crédit peut aussi déterminer la décision d'investir, car il constitue le coût du capital. Un taux d'intérêt faible encouragera l'investisseur, tandis qu'un taux d'intérêt élevé le retiendra. L'investissement est donc une fonction décroissante du taux d'intérêt d'un emprunt.[5] [4] De même la politique fiscale menée par le gouvernement d'un pays peut avoir un impact sur la propension à investir des entreprises. [5] ☺[2] 🖳[2]

8.4 La mesure de l'investissement d'un pays

Pour mesurer l'investissement d'une économie, la comptabilité nationale[6] utilise la notion de la formation brute de capital fixe et calcule le taux d'investissement.

8.4.1 La formation brute de capital et l'amortissement

La formation brute de capital fixe* (FBCF) correspond à la valeur des biens durables, le capital fixe, acquis par les agents économiques d'un pays qui sont utilisés pendant au moins un an de façon continue dans le processus productif.[7]

La FBCF est dite brute, parce qu'elle inclut les amortissements* qui représentent des consommations de capital fixe*.[8] L'amortissement est dû à l'usure physique du capital technique. Il a pour cause principale le progrès technique. Plus le progrès technique est rapide, plus l'amortissement est important. Ainsi, la FBCF comprend

---

4 Voir Bialès et al. (2004), p. 60 et Nava et al. (1998), pp. 98–100.
5 La fixation des taux d'intérêt est détaillée au chapitre 13 Le marché monétaire, 13.4.
6 Voir chap. 1 L'économie et son objet, 1.4 La comptabilité nationale.
7 Les biens durables sont constitués en grande partie de biens matériels. Les biens immatériels, sauf logiciels, sont comptabilisés comme consommations intermédiaires, voir Bialès et al. (1999), p. 320 et Capul/Garnier (1996), p. 254. Voir aussi chap. 4 La production, 4.1.1 Les facteurs de production. La définition plus large de l'INSEE inclut aussi les investissements immatériels tels que les dépenses de R&D et les logiciels. Voir INSEE, *Thèmes. La formation brute de capital fixe.* Disponible à l'URL : http://www.insee.fr/fr/themes/comptes-nationaux/default.asp?page=base_2010/comprendre-tableaux/513-cna-rebs-fbcfvs-pclt.htm, consultés le 28-9-2015.
8 Voir Bialès et al. (1999), p. 34. Pour la consommation de capital fixe, voir aussi chap. 6 La consommation, 6.2 Les formes de consommation.

les investissements nouveaux (ou nets) et les investissements de renouvellement des agents économiques.

$$\text{FBCF = investissements nouveaux + amortissements}$$

8.4.2 Le taux d'investissement

Le taux d'investissement* est calculée par l'INSEE. Il s'agit d'un coefficient qui indique la part de la valeur ajoutée[9] d'un pays (PIB) qui est consacrée à l'investissement dans un pays.[10]

$$\text{Taux d'investissement = FBCF/VA x 100}$$

Le taux d'investissement indique la capacité d'un pays à augmenter (investissements nouveaux) et à renouveler (amortissements) son équipement. Ainsi, il informe les agents économiques sur la baisse, la stagnation ou l'augmentation de l'investissement dans un pays et permet des comparaisons internationales. 🖳

Vocabulaire

Amortissement *m* économique	Perte de valeur d'un bien en raison de l'usure par son utilisation, ou du fait de son obsolescence au regard des nouvelles techniques utilisées
Capital *m* fixe	Ensemble des biens durables utilisés de manière répétitive dans le processus de production pendant au moins un an
Capital *m* humain	Ensemble des compétences et qualifications des individus qui déterminent leur capacité de produire et de générer des revenus
Consommation *f* de capital fixe	Dépréciation subie par le capital fixe* au cours d'une période par suite d'usure et d'obsolescence
Investissement *m*	Acquisition de biens de production utilisés pendant au moins un an
Formation *f* brute de capital fixe (FBCF)	Valeur des biens durables acquis par les entreprises d'une économie pour être utilisés pendant au moins un an dans le processus productif
Taux *m* d'intérêt	Prix d'un emprunt exprimé en pourcentage
Taux *m* d'investissement	Indicateur économique mesurant le rapport de l'investissement d'un pays à sa valeur ajoutée

---

9 Voir chap. 4 La production. 4.6 La mesure de la production.
10 Voir Bernier/Simon (1998), p. 119 et Bialès et al. (1999), p. 320.

Activités

📖 Compréhension

[1]   Citez des exemples d'investissements des administrations publiques.

[2]   Nommez des exemples d'investissement matériels, immatériels et financiers.

[3]   Expliquez pourquoi les différentes catégories d'investissement sont très souvent jointes ou complémentaires.

[4]   Que signifie l'énoncé « l'investissement est une fonction décroissante du taux d'intérêt d'un emprunt » ?

[5]   Quelle influence peut exercer la politique fiscale d'un pays/d'une communauté économique sur les décisions d'investissement ?

✍ Travail écrit

Indiquez quelles formes d'investissement correspondent aux objectifs susmentionnés.

Formes d'investissement ⇨ Objectifs ⇩	Investissement de renouvellement	Investissement de capacité	Investissement de productivité
(1) Réduire le coût salarial	☐	☐	☐
(2) Remplacer une machine usée	☐	☐	☐
(3) Accroître le capital	☐	☐	☐
(4) Améliorer la production	☐	☐	☐
(5) Augmenter la production	☐	☐	☐
(6) Réduire le coût unitaire	☐	☐	☐

☺ Discussion

1.   Qui profitera des investissements des entreprises? Les salariés sont-ils aussi les bénéficiaires des investissements ? Discutez.

2.   La situation économique actuelle, en France, Allemagne ou Europe, est-elle plutôt favorable ou défavorable à l'investissement ?

🎓 Thèmes d'exposé

1.   L'investissement expliqué comme un « détour de production » d'après Eugen Böhm-Bawerk

2.   L'approche keynésienne et l'approche classique de l'investissement

💻 Recherche

Recherchez la FBCF et le taux d'investissement des entreprises françaises (allemandes, autres) de l'année précédente et décrivez l'évolution du taux pendant les dernières années.

Section III : **La monnaie et les banques**

9 Les instruments de paiements

Pour satisfaire leurs besoins, les agents économiques doivent acquérir les biens ou les services qu'ils ne produisent pas eux-mêmes. Il est donc nécessaire d'organiser les échanges économiques. Les premières économies ont utilisé le troc pour réaliser l'échange. Dans les économies modernes, la monnaie, sous diverses formes, assume ce rôle important.

Le chapitre présent a pour objet de décrire l'évolution de la monnaie et de présenter les plus importants instruments de paiement utilisés de nos jours.

Questions

1. Qu'est-ce que le troc ? Quelles sont ses limites ?
2. Quelles sont les fonctions de la monnaie ?
3. Quelles sont les différentes formes de monnaie ?
4. Comment est effectué un virement ?
5. Comment fonctionne un paiement par chèque ? Quelles formes de chèques y-a-t-il ?
6. Qu'est-ce qu'un effet de commerce ? Quelles formes d'effets de commerce y-a-t-il ? Quelle est leur utilité ?
7. Qu'est-ce qu'une carte de paiement ? Comment se déroule le paiement par carte de paiement ?
8. Quelles sont les technologies modernes de paiement ?

Informations

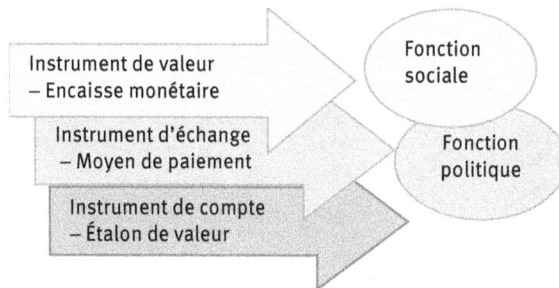

Figure 9.1 : Les fonctions de la monnaie

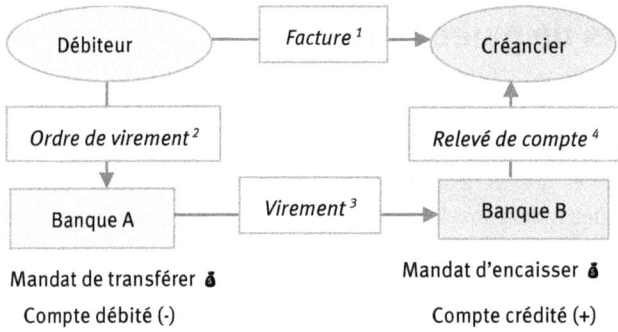

Figure 9.2 : Le virement

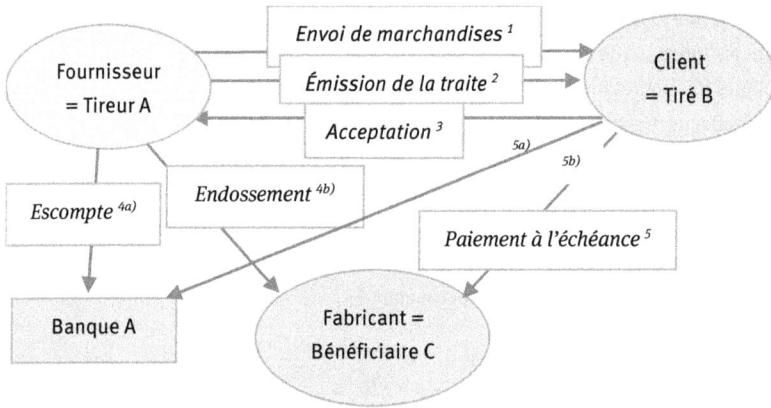

Figure 9.3 : La lettre de change

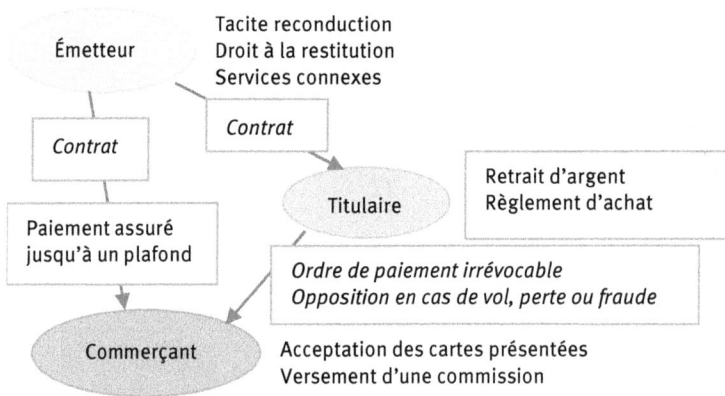

Figure 9.4 : La carte de crédit

Ouvrages

Bernier, Bernard/Simon, Yves, *Initiation à la macroéconomie*, 7ᵉ édition, Dunod Paris 1998

Bialès, Michel/Leurion. René/Rivaud, Jean-Louis, *Économie générale*, BTS 1, Foucher Paris 2004

Delaplace, Marie, *Monnaie et financement de l'économie,* Dunod Paris 2003

Dupuy, Monique/Larchevêque, Frédéric/Nava, Claude, *Économie générale*, BTS 1, Hachette *Technique* Paris 2001

Karyotis, Catherine, *L'essentiel de la banque*, 1ᵉ édition, Les Carrés, Gualino Paris 2013

Legeais, Dominique, *Droit commercial*, 10ᵉ édition, Dalloz Pari 1995

Monier, Pascal, *L'économie générale*, 7ᵉ édition, Les Zoom's, Gualino Paris 2013

Nava, Claude/Larchevêque, Frédéric/Sauviat, Chantal, *Économie générale*, BTS 1, Hachette *Technique* Paris 1998

Internet

Banque de France : http ://www.banque-France.fr

Bialès, Christian [en ligne] : http://www.christian-biales.net

Commission européenne : http://ec.europa.eu

Legifrance. Le service public de la diffusion du droit : http://www.legifrance.gouv.fr

Service-Public : http ://www.service-publique

L'essentiel

!

9.1 Le troc et ses limites

Les premiers échanges sont réalisés au troc*. Le troc est une opération d'échange qui consiste à céder un bien contre un autre bien. Une économie qui échange des biens contre des biens est une économie non monétaire.

Cependant, au fur et à mesure que les échanges évoluent, le troc fait apparaître des inconvénients, car les échanges exigent que tous les biens soient mis en relation à tous les autres biens. Ainsi, pour réaliser un échange, il faut qu'un acheteur désire acheter le bien cédé par le vendeur qui, quant à lui, doit aussi être intéressé à acquérir le bien de l'autre. Enfin, le partenaire commercial potentiel trouvé, il faut attribuer la même valeur au bien échangé ou trouver un moyen pour compenser les valeurs différentes. En plus, des coûts apparaissent, car les intervenants sont obligés de se déplacer pour se rencontrer afin de réaliser l'échange. Entretemps, il faut stocker les biens. En outre, ni vendeur, ni acheteur n'ont une satisfaction immédiate de leur désir, car la transaction est reportée à la date de la rencontre. ☺[1] Enfin, les besoins des consommateurs augmentent peu à peu et se différencient de plus en plus, ce qui exige des échanges plus fréquents pour leur satisfaction.

Tous ces inconvénients du troc poussent donc les hommes à inventer un moyen de paiement plus pratique : la monnaie.[1]

9.2 La monnaie et ses fonctions

Économiquement parlant, la monnaie* est l'ensemble des moyens de paiement permettant aux agents économiques de réaliser des transactions commerciales.[2]

Dans une économie monétaire, la monnaie assume plusieurs fonctions. Elle est un instrument de réserve de valeur que son détenteur peut conserver et utiliser de manière différée. Étant un moyen de paiement, elle sert à acquérir un bien ou un service quelconque. La monnaie est également une unité de compte du fait qu'elle permet d'exprimer la valeur d'un bien par rapport à un autre.

On lui confère aussi une fonction sociale, parce qu'elle lie les individus à une communauté et donne à ceux qui la possèdent un certain pouvoir. En outre, les individus s'en servent pour se procurer des biens qu'ils ne possèdent pas au lieu de recourir à la violence.[3] Certains disent même qu'elle remplit une fonction politique, dans la mesure où elle constitue un instrument politique et économique dans la main d'un État (fig. 9.1).[4] ☺[2]

9.3 Les différentes formes de monnaie

Depuis son apparition, la monnaie a pris plusieurs formes. Les premières monnaies ont été constituées de biens, puis de pièces métalliques et de billets. De nos jours, la monnaie peut circuler sans support matériel.

9.3.1 Les monnaies anciennes

La monnaie marchandise* est une monnaie dont la valeur équivaut à peu près à la valeur de la matière qu'elle contient. De nombreuses sociétés ont utilisé des biens matériels comme moyens de paiement. Mais, pour pouvoir servir d'instrument d'échange, certaines qualités sont requises. Il faut que la marchandise soit durable

---

1 Voir Delaplace (2003), pp. 3–6.
2 Voir Bernier/Simon (1998), p. 282.
3 Voir Delaplace (2003), pp. 14s, Bialès et al. (2004), pp. 144–146, Nava et al. (1998), pp. 228s.
4 Voir Bialès, Christian [en ligne], *Les fonctions de la monnaie* (publié le 5-3-2015), p. 4. Disponible à l'URL : http://www.christian-biales.net/documents/Mofifonction.PDF, consulté le 15-8-2015.

pour permettre des échanges différés. Elle doit être divisible pour admettre des règlements de différentes valeurs et être facilement vérifiable pour éviter des fraudes. Enfin, elle doit avoir une valeur intrinsèque* pour faire des échanges de valeur élevée.[5]

Au vu de ces exigences, les marchandises servant de monnaie sont remplacées par des pièces métalliques. La monnaie métallique est une monnaie qui, comme la monnaie marchandise, a une valeur intrinsèque. Sa valeur correspond à la valeur du métal qui la compose. Pendant longtemps, l'or et l'argent ont assuré des fonctions monétaires.[6] [1]

9.3.2 Les monnaies modernes

Progressivement les monnaies se présentent sous formes de plus en plus dématérialisées*. La monnaie métallique avec valeur intrinsèque disparaît. Les formes actuelles sont les pièces métalliques sans valeur intrinsèque, les billets de banque, les chèques, les avoirs en comptes auprès des institutions financières ainsi que les cartes de paiement. Le système monétaire moderne repose désormais sur la confiance des utilisateurs dans la monnaie. D'où la notion de la monnaie fiduciaire*. 🖳[1]

Dans la zone euro[7], la monnaie divisionnaire se compose des pièces de 1, 2, 5, 10, 20 et 50 centimes ainsi que des pièces d'un euro et de 2 euros. La monnaie divisionnaire et les billets de banque (de 5, 10, 20, 50, 100, 200 et 500 euros) constituent la monnaie fiduciaire. Alors que la monnaie fiduciaire est échangée directement comme monnaie manuelle, la monnaie scripturale* permet le transfert de fonds tenus dans des comptes par des banques sans utiliser de la monnaie manuelle. Elle correspond aux dépôts effectués par les agents économiques auprès des banques.[8]

L'évolution des techniques de la télécommunication et de l'informatique, la télématique*, a fait apparaître la monnaie électronique*. Dans un sens large, elle est définie « comme l'ensemble des techniques informatiques, magnétiques, électroniques et télématiques permettant l'échange de fonds sans support papier »[9]. En pratique, la monnaie électronique est une valeur monétaire qui est stockée sous une forme électronique dans une carte prépayée.[10] Il s'agit donc d'un moyen de paiement numérique équivalent de l'argent liquide qui permet le transfert d'argent sans support papier. La

---

5 Voir Nava et al. (1998), p. 23 et Delaplace (2003), pp. 19s.

6 Voir Bialès et al. (2004), pp. 146–148.

7 La zone euro regroupe les pays européens qui ont adopté l'euro comme monnaie unique, voir chap. 10 Les institutions financières, 10.4 Les institutions financières européennes.

8 Voir Bialès et al. (2004), pp. 150–152.

9 Voir Dominique Pithon, *La monnaie et ses mécanismes*, Collection Repères, La Découverte Paris 1999, cité d'après Dupuy et al. (2001), p. 12.

10 Voir Nava et al. (1998), pp. 28s.

monnaie électronique peut être chargée sur un porte-monnaie électronique, un télé-phone portable ou sur un compte de règlement en ligne (voir plus bas 9.4.5). Depuis quelques années, on constate l'apparition de la monnaie virtuelle. Il s'agit d'un sys-tème de paiement qui fonctionne en réseau.[11] 🖨[2]

La monnaie scripturale circule grâce à divers instruments dont les plus impor-tants sont décrits ci-après.

9.4 La circulation de la monnaie scripturale

Nous avons appris que la monnaie moderne circule sous forme matérialisée et sous forme dématérialisée. Toutefois, de moins en moins de transactions monétaires sont effectuées en espèces (pièces et billets). Aujourd'hui, c'est la monnaie scripturale qui représente la plus grande part de la monnaie en circulation.

9.4.1 Le virement

Le virement* est une opération par laquelle le titulaire d'un compte fait transférer une somme d'argent de son compte au compte d'un tiers.[12] Le paiement est effectué par un jeu d'écriture* illustré dans la figure 9.2. Ainsi, le virement met en présence quatre intervenants : le débiteur*, le créancier* et leurs banques respectives. Après avoir reçu la facture du créancier, le débiteur donne l'ordre de virement à son banquier. À la date d'échéance, ce dernier débite le compte du débiteur et transfère la somme due à la banque du créancier. Celle-ci encaisse la somme et crédite le compte du créancier. L'entrée de la somme au compte du créancier ainsi que la sortie de la même somme du compte du débiteur sont notifiées moyennant les relevés de compte.

Depuis 2014, les opérations de virement bancaire sont harmonisées au niveau eu-ropéen. Le paiement de factures en euros est effectué par le virement SEPA (*Single Euro Payments Area*). Le numéro de compte national est remplacé par le numéro de compte bancaire au format international appelé IBAN (*International Bank Account Number*) et le code bancaire international appelé BIC (*Business Identifier Code*). En France, ces informations figurent sur les relevés d'identité bancaire (RIB) et les rele-vés de compte. Le virement SEPA permet de payer des factures en euros entre un

---

11 Voir Monier (2013), p. 58.
12 Voir Karyotis (2013), p. 31.

créancier et un débiteur dont les comptes sont situés en France ou dans n'importe quel pays de la zone SEPA comprenant actuellement 34 pays.[13]

Une forme particulière du virement est le prélèvement automatique*. C'est une autorisation permanente donnée par le titulaire d'un compte à un organisme pour prélever sur son compte le montant dû et à sa banque pour débiter son compte. Le débiteur doit remplir et signer un mandat de prélèvement SEPA et le renvoyer au bénéficiaire. Les prélèvements peuvent aussi être effectués par voie télématique, par exemple par ordinateur (voir plus bas 9.4.6.1). Depuis 2014, le prélèvement SEPA remplace le prélèvement national. Il permet à un créancier résident en France ou dans un pays membre de la zone SEPA de prélever sur le compte du débiteur le montant de la facture.[14]

Le prélèvement automatique est un moyen de paiement utilisé pour régler des factures récurrentes et répétitives. Les sommes virées peuvent varier. L'autorisation de prélèvement peut être interrompue ou annulée à tout moment moyennant l'envoi d'une communication au bénéficiaire et à la banque mandatée. [2]

9.4.2 Le chèque

Malgré l'apparition de moyens de paiement électronique, l'utilisation du chèque* est toujours courante en France. 🖥️[2] Le paiement par chèque fait apparaître trois parties : le tireur, le tiré et le bénéficiaire.

Le tireur*, qui est le souscripteur, charge le tiré*, un établissement de crédit, de payer une certaine somme d'argent à un tiers indiqué par lui, le bénéficiaire ou le porteur.[15] Ils existent plusieurs types de chèques dont nous présentons ci-après cinq.[16]

Le chèque barré portant deux barres parallèles ne peut être payé qu'à une banque ou un CCP* qui créditera le compte du bénéficiaire du montant indiqué. Comme il n'est pas directement encaissable par le porteur, il a l'avantage de réduire le risque de perte et de vol. Le chèque non barré, par contre, peut, être transmis par endossement* (voir plus bas 9.4.3.1). En l'occurrence, le bénéficiaire du chèque peut s'en servir à son tour pour régler un tiers. Il doit inscrire au dos du chèque les coordonnées de cette personne, le dater et le signer. Cependant, le chèque non barré est taxé par l'État par voie du droit de timbre. Le chèque visé* est un chèque barré pourvu d'un

---

13 Voir Commission européenne, Banques et finances, *Espace unique de paiement en euros (SEPA)*, dernière mise à jour 27-11-2015. Disponible à l'URL : http://ec.europa.eu/finance/payments/sepa/index_ fr.htm, consulté le 21-1-2015. Les pays de la zone SEPA sont les 29 membres de l'Union européenne ainsi que l'Islande, le Liechtenstein, la Norvège, la Suisse et Monaco.
14 Voir Karyotis (2013), pp. 31s.
15 Voir Legeais (1995), p. 269.
16 Pour les différentes formes de chèque, voir ibidem, pp. 272s.

certificat (le visa) constatant l'existence d'une provision* au moment de son émission. La provision peut avoir deux origines, soit une somme disponible sur le compte bancaire soit un découvert* suffisant autorisé par la banque. Le chèque certifié est aussi un chèque barré. Il est pourvu de la signature de la banque qui constate l'existence de la provision et la bloque au profit du bénéficiaire. C'est une garantie très sûre de paiement. Enfin, il y a le chèque avalisé qui est garanti par un donneur d'aval* dont le nom figure sur le chèque et qui le signe. L'aval assure le paiement du montant indiqué en cas de non-paiement par le débiteur.

9.4.3 Les effets de commerce

Les effets de commerce* sont des instruments de paiement utilisés en règlement d'une transaction commerciale. Ils représentent une créance* détenue envers un débiteur. Sont présentées ici deux formes : la lettre de change et le billet à ordre.

9.4.3.1 La lettre de change

La lettre de change*, appelée aussi traite*, est un moyen de paiement et de crédit. C'est un écrit par lequel le créancier donne à un débiteur l'ordre de payer à une date déterminée une somme d'argent au bénéficiaire (fig. 9.3).[17] Ainsi, le paiement par lettre de change met en relation trois parties : le tireur, le tiré et le bénéficiaire.

Le tireur* est le créancier qui émet (ou tire) la traite. Le tiré* représente le débiteur sur qui la traite est tirée. Le bénéficiaire est la personne à qui la somme doit être versée. Il peut être soit le tireur lui-même soit un tiers auquel le tireur doit de l'argent. Si le bénéficiaire souhaite toucher son argent avant la date d'échéance*, il peut présenter la traite à sa banque, qui lui verse le montant de la traite moins un intérêt et des frais bancaires, appelé l'agio*. Cette opération est appelée escompte d'effets de commerce*[18]. Comme dit ci-dessus, le tireur peut également utiliser la lettre de change pour payer une propre dette par le biais de l'endossement. Pour ce faire, l'endosseur* n'a qu'à signer sur l'endos de l'effet et le transférer au nouveau bénéficiaire, l'endossataire*. Pour être valable une lettre de change doit comporter les mentions obligatoires citées ci-après (Art. L 511-1 du Code de commerce) :[19]

---

17 Voir Karyotis (2013), p. 31.

18 Voir aussi 2e partie Gestion d'entreprise, chap. 32 La gestion financière II, 32.3 Le financement de l'exploitation.

19 Voir Legeais (1995), p. 222 et Art. L-511-1 du Code de commerce, publié sur le site de Legifrance (version en vigueur au 21 septembre 2000, consolidée au 22 janvier 2016). Disponible à l'URL : http://www.legifrance.gouv.fr/affichCodeArticle.do;jsessionid=B8904F4E0A3BD61F64DA6EF8767 A0BFtpdila12v%20_%202?idArticle=LEGIARTI000006233040&cidTexte=LEGITEXT000005634379& dateTexte=20160122, consulté le 8-2-2016.

–   la dénomination « lettre de change »
–   le mandat (l'ordre de payer une somme déterminée)
–   le nom du tiré
–   l'échéance
–   le lieu où le paiement doit s'effectuer (= la domiciliation*)
–   le nom du bénéficiaire
–   la date et le lieu de la création
–   la signature du tireur (l'émetteur)

La lettre de change existe aussi sous forme complètement dématérialisée : la lettre de change relevé (LCR). C'est un modèle normalisé de la lettre de change classique qui transcrit toutes les informations sur un support informatique. [3]

9.4.3.2 Le billet à ordre

Un billet à ordre* est un effet de commerce qui, comme la lettre de change, existe sur support papier et sous forme informatique. Le billet à ordre papier est un écrit par lequel le débiteur (appelé le souscripteur) promet de payer à une date fixée une certaine somme d'argent à l'ordre d'un bénéficiaire. C'est un document qui a une valeur juridique et qui prouve l'existence d'une créance. Contrairement à la lettre de change, le billet à ordre ne met en présence que deux parties : le débiteur et le bénéficiaire. Le débiteur est en même temps le tireur et le tiré, car il émet le billet à ordre et il s'oblige de payer la dette. Le bénéficiaire est celui à qui la somme est due. [4]

9.4.4 Les cartes de paiement

La carte de paiement est une carte en plastique équipée d'une bande magnétique et/ou d'une puce électronique sur laquelle figurent les données du titulaire. Pour lire la carte, il faut un terminal* de paiement qui est connecté avec une banque. La carte de paiement permet d'effectuer le paiement d'achats et de prestations de services, les retraits aux distributeurs de billets* ainsi que le télépaiement par Internet (voir plus bas 9.4.5). Elle se distingue donc de la carte de retrait* qui ne peut être utilisée que pour des retraits de billets dans les distributeurs automatiques de billets (DAB). Ils existent plusieurs formes de cartes selon l'émetteur ou selon le moment du débit dont nous décrivons ci-dessous quatre.

   Selon l'émetteur, on distingue la carte bancaire et la carte privative. La carte bancaire* est un instrument de paiement et de crédit émise par une banque (par ex. la carte Maestro). Lorsque l'émetteur est une entreprise commerciale, il s'agit d'une carte privative*. Cette dernière est utilisée exclusivement dans des magasins déterminés (par ex. la carte *pass* de Carrefour). 🖥[3]

Selon le moment du débit, il y a la carte à débit immédiat et la carte de crédit. La carte à débit immédiat est une carte qui permet à son porteur d'effectuer des retraits d'espèces et/ou des paiements qui sont débités immédiatement après chaque utilisation. Ce délai peut être un débit immédiat. Elle se distingue donc de la carte à débit différée ou carte de crédit* qui accorde un crédit à son titulaire, car le montant des transactions n'est débité qu'une seule fois par mois. Généralement, un plafond est fixé par l'émetteur. Une carte de crédit met en présence trois intervenants dont les relations contractuelles sont visualisées dans la figure 9.4.[20] ☺[3]

9.4.5 Le télépaiement

Grâce à la technologie moderne, le paiement devient plus mobile. Il est possible de régler des factures à distance par télépaiement* en utilisant un moyen télématique: l'ordinateur, un *smartphone* ou une tablette. Les paiements en ligne s'effectuent par virement, avec ou sans carte bancaire.

Le télépaiement par carte bancaire exige la communication des coordonnées bancaires au créancier, notamment son numéro de carte et la date de validité. Pour effectuer un virement, le débiteur doit se connecter avec sa banque et s'identifier afin d'avoir accès à son compte.[21] Certains services de paiement proposent des règlements d'achat en ligne sans carte bancaire. Il suffit de communiquer une adresse *e-mail* et un mot de passe* (par ex. Paypal).[22]

Pour payer via *smartphone* ou tablette (le paiement mobile), il suffit de scanner un code avec le *smartphone* ou la tablette. Le consommateur doit introduire son nom et son numéro de carte. Les données du paiement sont confirmées sur le *smartphone* ou la tablette grâce au code confidentiel. ✍ Une autre variante moderne de paiement mobile est le paiement biométrique*, basé sur les empreintes digitales*. Pour s'inscrire, l'utilisateur passe l'index et le majeur au *scanner* biométrique. Puis, une carte de crédit est insérée dans le lecteur* afin de relier les données avec les empreintes de l'utilisateur. Après l'enregistrement du numéro de téléphone, le compte utilisateur est créé. 🖳[1]

---

20 Voir Legeais (1995), p. 284.

21 Voir Service-Public, *Virement, prélèvement et télépaie*ment (vérifié le 12-5-2015). Disponible à l'URL : http://vosdroits.service-public.fr/particuliers/F2384.xhtml#N101A6, consulté le 4-8-2015.

22 Voir ibidem, *Moyens de paiement en ligne* (vérifié le 13-1-2015). Disponible à l'URL : https://www.service-public.fr/particuliers/vosdroits/F32501, consulté le 21-1-2016.

9.4.6 Le paiement par monnaie électronique

La monnaie électronique n'existe plus sur le compte bancaire, elle circule sous forme de porte-monnaie électronique ou porte-monnaie virtuel.[23]

Le porte-monnaie électronique est une carte avec microprocesseur chargée d'une certaine somme d'argent et débité au fur et à mesure des transactions telles que les paiements d'appels téléphoniques ou de droits de stationnement. Il permet aussi de régler des achats de faibles montants auprès des commerces de proximité, des caisses rapides des grands distributeurs, des gestionnaires d'automates ou des sociétés de transports. Le porte-monnaie virtuel est une réserve de fonds qui est préalablement stockée sur ordinateur. Il permet des paiements à distance par Internet. La monnaie électronique peut aussi être stockée sur un téléphone portable et utilisée pour effectuer des paiements.[24] ☺[4] 🖳[2]

Vocabulaire

Agio *m*	Redevance (intérêts et frais) due à une institution financière pour escompter* un effet de commerce*
Aval *m*	Engagement donné par une personne (l'avaliste) de payer la somme due en cas de défaillance du débiteur
Billet *m* à ordre	Effet de commerce* par lequel le débiteur promet de payer à une date fixée une somme d'argent à l'ordre d'un bénéficiaire
Carte *f* bancaire	Carte de paiement émise par une banque
Carte *f* à débit différée (Carte de crédit)	Carte de paiement permettant d'effectuer des retraits et des paiements débités une fois par mois
Carte *f* à débit immédiat	Carte de paiement permettant d'effectuer des retraits et des paiements débités immédiatement après chaque achat
Carte *f* prépayée	Carte chargeable permettant de payer de petits montants
Carte *f* privative	Carte de paiement émise par une entreprise non bancaire
Chèque *m*	Document par lequel, le tireur* donne l'ordre au tiré* de payer à vue* un montant donné au bénéficiaire
Cheque *m* avalisé	Chèque* dont le paiement est garanti par un aval*
Chèque *m* barré	Chèque* encaissable uniquement par un établissement bancaire
Chèque *m* certifié	Chèque* sur lequel la banque certifie l'existence de la provision du tireur* et le blocage au profit du bénéficiaire
Chèque *m* visé	Chèque* sur lequel la banque certifie l'existence de la provision* du tireur au moment du tirage
Code *m* confidentiel	Code secret qui sert à l'identification du titulaire d'un compte
Créance *f*	Droit d'obtenir le remboursement d'une somme due

---

23 Voir Bialès et al. (2004), p. 153.

24 Voir Commission européenne, Banques et finances, *Monnaie électronique* (dernière mise à jour 27-11-2015). Disponible à l'URL : http://ec.europa.eu/finance/payments/emoney/index_fr.htm, consulté le 21-1-2016.

Créancier *m* (créditer *v tr*)	Personne à qui on doit de l'argent
Crypter *v* tr	Coder un message pour le protéger et rendre incompréhensible
Débiteur *m* (débiter *v tr*)	Personne qui doit de l'argent
Découvert *m*	Autorisation donnée par la banque à un client d'utiliser une somme d'argent malgré un compte débiteur
Domiciliation *f*	Définition de la banque où l'effet doit être payé
Échéance *f*	Date à laquelle expire un délai (de paiement)
Effet *m* de commerce	Titre négociable* qui donne droit au détenteur à être payé par le souscripteur à une date fixée
Empreinte *f* digitale	Marque laissée par les lignes de la peau des doigts et utilisée comme signature
Endossataire *m*	Personne au profit duquel un effet de commerce* est endossé*
Endossement *m* (endosser *v tr*)	Transmission d'un effet de commerce* à une tierce personne par signature sur l'endos
Endosseur *m*	Personne qui transmet un effet de commerce* à un propre créancier
Escompte *m* bancaire (escompter *v tr*)	Cession à une banque d'un effet de commerce* détenu par un créancier* (le tireur*) sur un débiteur* (le tiré*)
Jeu *m* d'écriture	Opération comptable par laquelle un compte est débité* et un autre est crédité* de la même somme
Lecteur *m* de cartes	Dispositif qui établit la connexion entre la carte de crédit* ou la carte bancaire* avec l'ordinateur
Lettre *f* de change	Effet de commerce* par lequel le tireur* (créancier*) demande à un tiré* (débiteur*) de payer une somme due à l'échéance*
Mandat *m* (être mandaté, e à faire *qch*)	Acte par lequel une personne donne le pouvoir de faire *qch* en son nom à une autre personne
Monnaie *f* divisionnaire	Pièces d'argent sans valeur intrinsèque*
Monnaie *f* électronique	Monnaie dématérialisée circulant par voie électronique
Monnaie *f* fiduciaire	Billets et pièces reposant sur la confiance des utilisateurs et non sur la valeur intrinsèque*
Monnaie *f* marchandise	Biens utilisés comme instrument de paiement
Monnaie *f* métallique	Pièces métalliques dotées d'une valeur intrinsèque*
Monnaie *f* scripturale	Monnaie dématérialisée qui circule par simple jeu d'écriture*
Négociable *adj*	Transférable à un tiers par cession ou par endossement*
Paiement *m* biométrique	Système de paiement mobile par empreinte digitale*
Paiement *m* à vue	Paiement à la première présentation
Prélèvement *m* automatique	Autorisation permanente donnée à une banque de prélever une somme au profit d'un bénéficiaire
Provision *f*	Dépôt sur un compte assurant le paiement d'une dette
Relevé *m* d'identité bancaire (RIB)	Écrit sur lequel sont notées les coordonnées de la banque et celles du titulaire d'un compte
Télématique *f*	Ensemble de techniques de télécommunication et de l'informatique
Télépaiement *m*	Paiement à distance par un moyen télématique (ordinateur, téléphone, *Smartphone*, *tablette*, etc.)
Terminal *m* de paiement	Station de travail reliée à un ordinateur
Tiré *m*	Personne qui doit régler une facture à l'échéance*

Tireur *m*	Émetteur d'un effet de commerce* ou d'un chèque*
Traite *f*	Lettre de change*
Troc *m*	Échange de biens contre des biens
Valeur *f* intrinsèque	Valeur qui provient de la nature propre du bien (ici : de la monnaie) et non d'une convention
Virement *m*	Transfert de fonds d'un compte à un autre par un jeu d'écriture*

Activités

📖 Compréhension

[1] Nommez quelques biens matériels utilisés par les sociétés antiques pour réaliser des échanges. Quel est l'avantage de la monnaie métallique par rapport à la monnaie marchandise ?

[2] Dans quels cas sont généralement utilisés les prélèvements automatiques ? Citez des exemples.

[3] En vous référant à la figure 9.3, décrivez le fonctionnement d'un paiement par lettre de change.

[4] Comparez la lettre de change et le billet à ordre concernant leurs émetteurs et leurs intervenants.

[5] En vous référant à la figure 9.4, retracez les intervenants dans le paiement par carte de crédit ainsi que leurs obligations et leurs droits respectifs.

✍ Travail écrit

Texte à trous. Insérez les mots suivants à la place appropriée du texte (*application mobile, BIC, carte de codes, code d'accès, connecter au site web, détectables, IBAN, effectuer, internet, l'identité, liste de numéros de transaction, mot de passe (2x), numéro personnel, sécurité, 7 jours sur 7, SMS, valider*).

Comment faire un virement par internet ?

Pour faire un virement en ligne, vous devez avoir accès à vos comptes par _____ ou par une _____. D'abord vous devez vous _____ de votre banque. Pour cela, vous devez introduire un _____ ainsi qu'un _____ que vous seul connaissez. Si vous n'en possédez pas encore, votre banque vous fera parvenir un _____. Lors du choix du _____, respectez les points suivants. N'utilisez pas des dates facilement _____. Afin d'obtenir une meilleure _____, mélangez des lettres et des chiffres. Pour _____ le virement, il est nécessaire d'avoir les codes _____ et _____ du bénéficiaire. Certaines banques vous remettent une _____. À chaque virement par internet, on vous demande un de ces numéros. D'autres banques vous adressent un code particulier par _____ afin de _____ le virement. Ainsi, elles s'assurent de _____ de la personne qui réalise l'opération. Le grand avantage du virement en ligne est que vous pouvez effectuer vous-même cette _____ à toute heure du jour et de la nuit et _____.

☺ Discussion

1. Y-a-t-il des formes modernes de troc ? Discutez.
2. De nos jours, la monnaie est-elle toujours une bonne réserve de valeur ? Que pensez-vous du rôle social et du rôle politique de l'euro ? Discutez.
3. Payer au comptant ou par carte de paiement ? Avantages et inconvénients. Discutez.
4. Avons-nous encore besoin de la monnaie manuelle ? Discutez.

♨ Thèmes d'exposé

1. Le télépaiement – une opération sécurisée ou dangereuse ?
2. La monnaie virtuelle – une monnaie d'avenir pour tous ?

🖥 Recherche

1. Recherchez des informations sur la conférence de *Bretton Woods* en 1944.
2. Recherchez l'usage des chèques et celui des autres moyens de paiement en France, en Europe.
3. Sur le site Internet de Carrefour, recherchez des informations sur le fonctionnement et les avantages de la « carte pass » (voir aussi 📖 [5]).

10 Les institutions financières

L'évolution de l'Union européenne (UE) ainsi que plusieurs réformes initiées par le gouvernement français ont modifié énormément l'environnement financier dans lequel la France se situe.

Ce chapitre est dédié aux différentes catégories d'institutions financières françaises, leurs missions générales et leurs opérations respectives. Comme la France est un des membres fondateurs de l'Union européenne participant à la zone euro, nous donnerons aussi un bref aperçu de quelques institutions financières européennes.

Questions

1. Qu'est-ce qu'un établissement de crédit ?
2. Quelles types de banques y-a-t-il ?
3. Quelles sont leurs opérations essentielles ?
4. Quelles sont les sociétés de financement et d'investissement et quel est leur rôle ?
5. Quelles sont les institutions financières d'ordre public et leurs missions ?
6. Quels sont les plus importants organismes et institutions financières européens ?

Informations

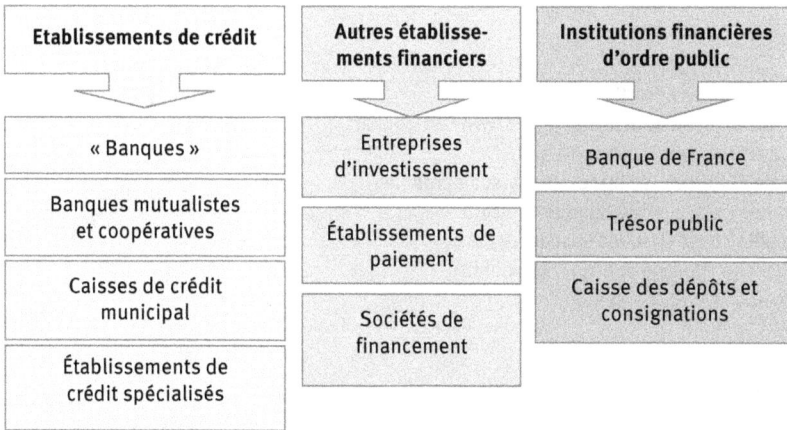

Etablissements de crédit	Autres établisse-ments financiers	Institutions financières d'ordre public
« Banques »	Entreprises d'investissement	Banque de France
Banques mutualistes et coopératives	Établissements de paiement	Trésor public
Caisses de crédit municipal	Sociétés de financement	Caisse des dépôts et consignations
Établissements de crédit spécialisés		

Figure 10.1 : Les institutions financières françaises

⇩ *Activités*   ⇩ *Clientèle*

Banque universaliste	← toutes opérations de banque	Banque de détail

↑ PME et particuliers

Banque de dépôt	← gestion des dépôts

Banque de financement et d'investissement	← placements de fonds	Banque d'affaires

↑ grandes entreprises

Propriétaires ⇨ | Banque commerciale | Banque coopérative |

↑ actionnaires   ↑ membres

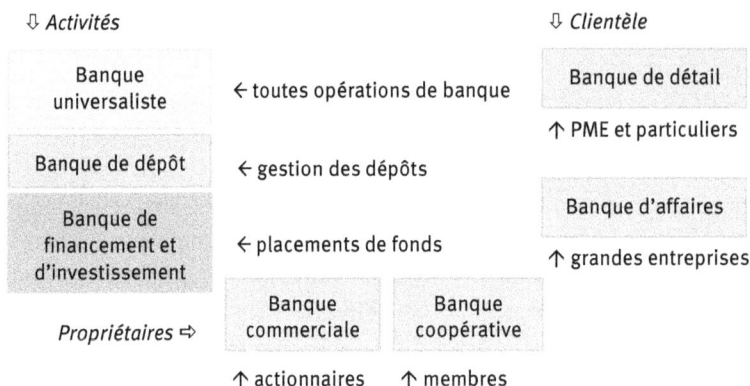

Figure 10.2 : Les types de banques classés selon leurs activités, leur clientèle et leurs propriétaires

Ouvrages

Delaplace, Marie, *Monnaie et financement de l'économie*, Dunod Paris 2003
Karyotis, Catherine, *L'essentiel de la banque*, 1ère édition, Les Carrés, Gualino Issy-les Moulineaux 2013
Monier, Pascal, *L'économie générale*, 7e édition, Les Zoom's, Gualino Paris 2013
Renaut-Couteau, Armelle, *L'essentiel de la gouvernance économique et monétaire de la zone euro*, Les Carrés, Gualino Paris 2013

Internet

ActuFinance : http //www.actufinance.fr
Agence française de développement : http://www.aft.gouv.fr
Agence France Trésor : http://www.aft.gouv.fr
Banque centrale européenne : https://www.ecb.europa.eu
Banque de France : http://www.banque-france.fr
Caisse des dépôts : http://www.caissedesdepots.fr
Fédération Bancaire Française : http://www.afd.fr
Union Européenne : http://europa.eu

L'essentiel

10.1 Les établissements de crédit

La loi bancaire de 1984, mise à jour en dernier lieu par la loi du 26 juillet 2013, définit les conditions et les règles d'exercice de l'activité des établissements de crédit. Les établissements de crédit* sont « des personnes morales[1] qui effectuent à titre de profession habituelle des opérations de banque »[2]. Ils peuvent également effectuer des opérations connexes à leurs activités, énumérées dans l'article L 331-2 du Code monétaire et financier (voir ci-après 10.1.1). Selon leur habilitation de faire ou non certaines opérations de banque, on distingue quatre catégories d'établissements de crédit : les banques proprement dites, les banques mutualistes et coopératives, les caisses de crédits municipales et les établissements de crédit spécialisés (fig. 10.1).[3]

10.1.1 Les banques

Les banques sont habilitées d'effectuer toutes les opérations de banque[4] (voir ci-après 10.1.2). Cependant, en pratique, les banques se spécialisent en fonction de leur métier, de leur clientèle particulière ou des propriétaires (voir fig. 10.2).

10.1.1.1 La typologie des banques

Une banque qui exerce toutes les activités bancaires sans se spécialiser sur un métier est appelée banque universelle ou généraliste. L'activité essentielle des banques de dépôt (banques de détail et banques d'affaires) est le recouvrement et la gestion des dépôts de leurs clients, entreprises ou particuliers, ainsi que l'octroi de crédits. Contrairement aux banques de dépôts, les banques de financement et d'investissement ne reçoivent pas les dépôts des particuliers. Elles se financent sur le marché des capitaux[5]. Parmi leurs activités principales, on peut citer le conseil en placements rentables, les émissions de titres financiers et l'organisation d'introductions en bourse. Généralement, les banques peuvent exercer plusieurs de ces activités.[6]

Les banques de détail ont une clientèle qui est constituée de particuliers et de PME. Leurs missions sont principalement l'offre de crédits et la gestion les moyens de paiement. Les banques d'affaires, par contre, ont pour clients les grandes entreprises

---

1 Pour une explication de la notion « personne morale », voir 2e partie Gestion d'entreprise, chap. 19 L'approche juridique de l'entreprise I, 19.1 Le statut juridique.

2 Voir ActuFinance, Les établissements de crédit. Disponible à l'URL : http://www.actufiance.fr/ guide-banque/ etablissements-credit.html, consulté le 25-1-2016.

3 Voir les descriptions de la Fédération Bancaire Française, *Organisation du système bancaire français* (publié le 30-9-2014). Disponible à l'URL : http://www.fbf.fr/fr/contexte-reglementaire-international/cadre-juridique/organisation-du-systeme-bancaire-francais, consulté le 25-1-2016.

4 Voir ibidem et Karyotis (2013), p. 42.

5 Le rôle des banques sur les marchés de capitaux est examiné dans la section IV.

6 Voir aussi le chap. 11 Les circuits de financement, notamment 11.4 La globalisation financière et 11.5 Le nouveau rôle des banques.

industrielles et commerciales. Généralement, elles servent d'intermédiaires pour effectuer des opérations financières telles que des fusions[7] ou des augmentations de capital[8]. Selon les propriétaires, on distingue les banques commerciales*, entreprises privées à but lucratif dont le capital est détenu par des actionnaires extérieurs à leur clientèle (par ex. BNP Paribas), les banques mutualistes et coopératives contrôlées par leurs membres (voir ci-après 10.1.2) et les banques publiques appartenant à l'État ou un organisme public (par ex. la banque postale).

10.1.1.2 Les opérations de banque

Les banques reçoivent des fonds du public, octroient des crédits et mettent à la disposition de la clientèle les moyens de paiement qu'elles gèrent pour elle[9]. Ainsi, elles mettent en rapport les épargnants qui déposent leur épargne et les investisseurs qui les empruntent. En faisant cela, elles jouent le rôle d'intermédiaires.[10] [1] En octroyant des crédits, elles peuvent créer de la monnaie.[11] En outre, les banques proposent des services divers, tels que le change de monnaies étrangères (les devises), la location de coffres forts et le commerce d'or. Le code monétaire et financier précise que les banques peuvent aussi effectuer les opérations connexes à leur activité telles que, entre autres, des opérations sur or, le placement et la gestion de valeurs mobilières[12] et les opérations de location de biens mobiliers ou immobiliers.[13]

10.1.2 Les banques mutualistes et coopératives

Placées sous la tutelle directe du Ministère de l'Économie et des Finances, les banques mutualistes et coopératives sont des établissements de crédit habilitées à exécuter toute opération de banque mais soumises à certaines limitations dues à leur statut juridique de mutuelle ou de coopérative.[14] À la différence des banques commerciales, les clients des banques mutualistes ou coopératives sont en même temps des membres. Elles regroupent, entre autres, les banques populaires et les caisses d'épargne et attirent essentiellement une clientèle artisanale et agricole.

---

7 Les fusions sont abordées dans la 2e partie Gestion d'entreprise, chap. 17 La vie de l'entreprise, 17.2.2 Les procédés de regroupement.
8 Voir 2e partie Gestion d'entreprise, chap. 32 La gestion financière II, 32.2.2 L'autofinancement.
9 Les différents moyens de paiement sont traités dans le chapitre 9 Les instruments de paiement.
10 L'intermédiation des banques est détaillée au chap. 11 Les circuits de financement, 11.2 Le financement indirect.
11 La création de monnaie fait l'objet du chapitre 12 La création monétaire.
12 Voir les chap. 14 Le marché financier, 14.2 Le marché des valeurs mobilières.
13 Voir Karyotis (2013), pp. 17s.
14 Les coopératives et les mutuelles sont traitées dans la 2e partie Gestion d'entreprise, chap. 21 L'approche juridique de l'entreprise III, 21.4 Le secteur de l'économie sociale.

10.1.3 Les caisses de crédit municipal

Les caisses de crédit municipal, aussi connues sous le nom de Mont-de-Piété, sont des établissements publics de crédit et d'aide sociale qui appartiennent à la commune où elles ont leur siège. Leur mission principale est l'octroi aux particuliers des prêts sur gage*. Elles effectuent aussi des opérations bancaires, telles que la collecte de fonds au public et la gestion des moyens de paiement.[15]

10.1.4 Les établissements de crédit spécialisés

Les établissements de crédit spécialisés (ECS) regroupent les anciennes sociétés financières et les sociétés financières spécialisées. Elles ne sont habilitées qu'à faire certaines opérations de crédit spécialisées. Selon leurs spécialités, on distingue les sociétés de crédit immobilier, les sociétés de crédit-bail et les sociétés d'affacturage.[16] Depuis 2014, pour fournir des services d'investissement, elles doivent opter pour le statut de la société de financement (voir ci-après 10.2). Les ECS comprennent aussi les anciennes institutions financières spécialisées qui ont des missions publiques particulières imposées par l'État comme, par exemple, l'Agence française de développement qui soutient des projets de développement durables et lutte contre la pauvreté.[17]

10.2 Les autres établissements financiers

Il existe d'autres établissements financiers qui se distinguent des établissements de crédit décrits ci-dessus par leur habilitation de pouvoir effectuer ou non certaines opérations bancaires. Nous présentons ci-après les entreprises d'investissement, les établissements de paiement et les sociétés de financement.

10.2.1 Les entreprises d'investissement

Au contraire des établissements de crédit, les entreprises d'investissement ne fournissent que des services d'investissement. Ainsi, par exemple, elles transmettent et exécutent des ordres pour le compte de clients, négocient pour leur propre compte et

---

15 Voir Karyotis (2013), p. 42.

16 Le crédit-bail et l'affacturage sont traités dans la 2e partie Gestion d'entreprise, chap. 32 La gestion financière II, voir les paragraphes 32.2.5 et 32.3.3.

17 Voir le site web de l'Agence française de développement, *Qui sommes-nous* ? Disponible à l'URL : http://www.afd.fr /home/AFD/presentation-afd, consulté le 25-1-2016.

donnent des conseils en investissement.[18] Les entreprises d'investissement sont tous soumis aux mêmes autorités d'agrément, de contrôle et de réglementation.

10.2.2 Les établissements de paiement

Les établissements de paiement sont des sociétés agréées par les autorités d'agrément. Comme les établissements de crédit, ils sont autorisés de fournir des services de paiement et des moyens de paiement, mais d'une manière plus restreinte. Leurs missions sont, entre autres, les opérations de paiement par virement, prélèvement ou carte de paiement ainsi que les versements et retraits de fonds.[19]

10.2.3 Les sociétés de financement

La crise financière a incité les responsables politiques à faire un débat sur la réforme du secteur bancaire, notamment sur une séparation et une régulation des activités bancaires et de celles de la spéculation. [2] En 2014, le statut d'établissement de crédit a été harmonisé au niveau européen. Depuis, les opérations de spéculation sont interdits aux établissements bancaires français. En même temps, un nouveau statut a été mis en place : la société de financement.[20] 🖥[1] Au contraire des établissements de crédit, les sociétés de financement ne sont pas autorisées à « collecter des dépôts au public ».[21] [3] Dans les limites fixées par leur agrément, elles peuvent accorder des prêts et apporter leur d'assistance en matière de gestion financière.[22]

10.3 Les institutions financières françaises d'ordre public

À côté des établissements de crédits et des autres établissements financiers mentionnés ci-dessus, le système financier français comprend trois institutions financières d'ordre public qui sont la Banque de France, le Trésor public et la caisse des dépôts et consignations.

---

18 Voir Karyotis (2013), p. 43.
19 Voir ActuFinance, *Les établissements de paiement*. Disponible à l'URL : http://www.actufinance. fr/guide-banque/etablissements-paiement.html, consulté le 22-1-2016.
20 Voir Monier (2013), p. 63.
21 Voir Karyotis (2013), p. 44.
22 Voir Fédération Bancaire Française, *Organisation du système bancaire français* (publié le 30-9-2014). Disponible à l'URL : http://www.fbf.fr/fr/contexte-reglementaire-international/cadre-juridique/organisation-du-systeme-bancaire-francais, consulté le 25-1-2016. Les opérations de paiement sont thématisées au chapitre 9 Les instruments de paiement.

10.3.1 La Banque de France

La Banque de France (BDF) est la banque centrale nationale française et dite « banque de premier rang »*. Jusqu'à 1993, elle a été sous l'autorité directe du gouvernement français ; depuis lors, elle est indépendante. Autorisée de la Banque centrale européenne (voir plus bas 10.4.3), elle est le seul organisme habilité à émettre les billets de banque. Comme toutes les banques centrales nationales, la BDF assure la mise en œuvre de la politique monétaire[23]. Depuis l'introduction de l'euro au 1er janvier 2000, c'est la BCE qui décide des mesures de politique monétaire dans la zone euro. Elle a aussi pour rôle d'assurer le bon fonctionnement des moyens de paiement et de réglementer et de superviser les opérations des autres banques, dites de second rang*.[24]

10.3.2 Le Trésor public

Placé sous l'autorité ministérielle, le Trésor public* est l'agent financier de l'État. Il perçoit les impôts et reçoit les dépôts à vue* collectés par les comptes chèques postaux (CCP) ainsi que les comptes des administrations publiques. Ses tâches essentielles sont la tenue de la caisse de l'État, l'établissement de la comptabilité de l'État et l'exécution de ses dépenses.[25] Depuis 2001, l'Agence France Trésor (AFT), placée sous l'autorité du directeur général du Trésor public, est chargée de la gestion de la dette de l'État et de la trésorerie.[26] [4]

10.3.3 La caisse des dépôts et consignations

La caisse des dépôts et consignations (CDC), aussi simplement appelée caisse des dépôts, est un établissement public autonome non soumis à la loi bancaire de 1984. Son rôle est, entre autres, de faire des investissements d'intérêt général et de financer le logement social, notamment les HLM gérés par les organismes publics. La CDC intervient également sur les marchés de capitaux et octroie des prêts au secteur public. Ses ressources découlent essentiellement des épargnes déposées aux caisses d'épargne et des liquidités des caisses de sécurité sociale. La CDC assure aussi la ges-

---

23 Le chapitre 13 Le marché monétaire traitera de la politique monétaire.
24 Pour des informations plus détaillées, voir Banque de France. *Missions et activités de la Banque de France.* Disponible à l'URL : https://www. banque-france.fr/la-banque-de-france/missions/missions-et-activites-de-la-banque-de-france.html, consulté le 8-8-2015.
25 Au sujet du Trésor, voir aussi les chap. 12 La création monétaire et 13 Le marché monétaire.
26 Voir la présentation de l'Agence France Trésor, *Qui sommes-nous ?* Disponible à l'URL : http://www.aft.gouv.fr/rubriques/presentation_68_lng1.html, consulté le 19-1-2016.

tion des dépôts détenus par les notaires, par exemple lors de la cession et de l'acqui-sition d'un bien immobilier, et des consignations*, par exemple des sommes d'argent faisant l'objet de litiges entre deux parties.[27] 🖥[1]

10.4 Les institutions financières européennes

Depuis la mise en place de l'union monétaire européenne et l'introduction de la mon-naie unique, le système financier français, comme celui de tout autre pays membre de l'union, a subi des modifications. Au niveau européen, on distingue trois orga-nismes et institutions financières : l'Eurosystème, le Système européen des banques centrales et la Banque centrale européenne.[28]

10.4.1 L'Eurosystème

En janvier 1999, les banques centrales nationales de onze États membres de l'Union européenne (UE) ont transféré à la Banque centrale européenne (BCE) leurs compé-tences en matière monétaire. C'est la création d'une nouvelle institution supranatio-nale appelée l'Eurosystème*. Il représente les pays qui ont adopté l'euro comme mon-naie unique. D'un point de vue politico-géographique, il s'agit de la zone euro*. En 2015, dix-neuf États membres de l'UE participent à la monnaie unique. 🖥[2] 🖥[2] ☺

10.4.2 Le Système européen des banques centrales

Le Système européen des banques centrales (SEBC) comprend la Banque centrale eu-ropéenne et les banques centrales nationales des 28 États membres de l'UE. Il s'agit de 19 pays membres (en 2015) qui ont adopté l'euro (voir ci-dessus) comme moyen de paiement et les 9 pays membres qui ne l'ont pas (encore) introduit.

Les banques centrales nationales des États membres qui ne participent pas à la zone euro, mais qui font partie du SEBC, ont un statut particulier. Elles sont habilitées à conduire une politique monétaire nationale et elles ne participent pas à la prise des décisions concernant la politique monétaire unique de la zone euro. [5] ✍

---

27 Voir Delaplace (2003), p. 196. Pour plus d'informations sur les consignations, voir le site web de la Caisse des dépôts, *L'essentiel sur les consignations* (modifié le 15-4-2014). Disponible à l'URL : http://consignations.caissedesdepots.fr/L-essentiel-sur-les-consignations.Html?lang=fr, consulté le 9-8-2015.

28 Voir Renaut-Couteau (2013), pp. 24s et le site web de la Banque centrale européenne, *La BCE, le SEBC et l'Eurosystème*. Disponible à l'URL : https://www.ecb.europa.eu/ecb/orga/escb/html/index.fr.html, consulté le 10-7-2015.

10.4.3 La Banque centrale européenne

La Banque centrale européenne (BCE) est la banque centrale des 19 pays de la zone euro. Son siège est à Francfort-sur-le-Main. Elle est dirigée par un président. Depuis novembre 2011, c'est l'Italien Mario Draghi qui en assume cette fonction. Assistée par les banques centrales nationales, la mission principale de la BCE est de mettre en œuvre la politique monétaire de la zone euro afin de maintenir la stabilité des prix au sein de la zone euro et de préserver le pouvoir d'achat de l'euro.[29] Dans cet objectif, le Traité de Maastricht impose à tout membre de l'UE qui souhaite adhérer à la zone euro des critères très stricts, appelés « critères de convergence ». 🖳[3] Pour limiter l'influence politique des gouvernements des pays membres, la BCE est un organe indépendant, au niveau politique, institutionnel et personnel. Elle peut exercer ses pouvoirs librement, sans accepter des instructions de la part d'autres institutions de l'UE.[30] 🖳[3]

Vocabulaire

Banque *f* centrale	Banque des banques d'un pays quelconque, émettrice de billets et chargée du contrôle du volume de la monnaie
Banque *f* centrale européenne (BCE)	Institution européenne d'émission de monnaie chargée de la politique monétaire de la zone euro*
Banque *f* de premier rang	Banque centrale en tant que «banque des banques»
Banque *f* de second rang	Banque placée sous la tutelle de la Banque centrale
Consignation *f*	Dépôt fait par un débiteur à la caisse des dépôts (CDC)
Crédit *m*	Remise d'une somme d'argent contre l'engagement de rembourser la dette et de payer des intérêts
Dépôt *m* à vue	Argent déposé à la banque et disponible immédiatement
Entreprise *f* d'investissement	Établissement financier, autre qu'un établissement de crédit, qui fournit des services d'investissement
Établissement *m* de crédit	Institution financière qui effectue, à titre professionnel, des opérations de banque définies par la loi bancaire
Eurosystème *m*	Organe de l'UE regroupant la BCE et les banques centrales nationales des états de l'UE
Prêt *m* sur gage	Prêt consenti par la remise d'un bien comme garantie
Système *m* européen des banques centrales (SEBC)	Union des banques centrales nationales des pays membres de l'UE et de la BCE
Trésor *m* public	Caissier de l'État français gérant ses recettes et dépenses
Zone *f* euro	Zone monétaire regroupant les pays membres de l'UE ayant adopté l'euro (19 en 2015)

---

29 Voir Union Européenne, *L'UE en bref* (mise à jour 16-10-2015). Disponible à l'URL : http ://europa.eu/about-eu/basic-information/about/index_fr.htm, consulté le 24-1-2016. Concernant le rôle de la BCE, voir aussi les chapitres 12 La création monétaire et 13 Le marché monétaire.
30 Voir Renaut-Couteau (2013), pp. 25s et 33s.

Activités

📖 Compréhension

1. Précisez le rôle intermédiaire des banques.
2. Pourquoi le législateur a-t-il décidé de faire une séparation entre établissements de crédit et sociétés de financement ?
3. Que signifie l'énoncé « collecter des dépôts au public » ?
4. Quelles sont les dépenses de l'État ? Qu'est-ce que la dette de l'État ?
5. Quelle est la différence entre l'Eurosystème et le SEBC ?

✍ Travail écrit

À quelle union/quel système font partie les pays indiqués ci-dessous ?

Pays	UE	Zone euro	SEBC
Allemagne	☐	☐	☐
Danemark	☐	☐	☐
Espagne	☐	☐	☐
France	☐	☐	☐
Grande-Bretagne	☐	☐	☐
Hongrie	☐	☐	☐
Luxembourg	☐	☐	☐
Pologne	☐	☐	☐
Suisse	☐	☐	☐
Turquie	☐	☐	☐

☺ Discussion

Quel est votre avis sur l'euro ? Discutez des avantages et inconvénients de la monnaie unique pour les particuliers et les entreprises de la zone euro.

🎐 Thèmes d'exposé

1. Les réformes bancaires depuis la crise financière de 2007 (Bâle II et Bâle III)
2. Les étapes essentielles de la mise en place de l'euro
3. Les critères de convergence à l'entrée dans la zone euro

🖥 Recherche

1. Recherchez le rôle de la Caisse des dépôts et consignations.
2. Recherchez les dates d'adhésion des membres de l'UE et celles des membres de la zone euro.
3. Faites une recherche sur l'organisation de la Banque centrale européenne.

11 Les circuits de financement

Dans le chapitre précédent, nous avons appris qu'une mission importante des banques est l'octroi de crédits pour financer les besoins en capitaux des entreprises et des particuliers.

Ce chapitre traitera du rôle des banques dans le financement de l'économie ainsi que de quelques évolutions récentes qui ont affectées les banques. Mais avant d'aborder ces thèmes majeurs, nous présenterons brièvement la situation financière des agents économiques et les voies de financement qui sont à leur disposition pour se procurer des capitaux.

Questions

1. Quelle est la situation financière des agents économiques ?
2. Qu'est-ce que le financement indirect ?
3. Qu'est-ce que le taux d'intermédiation ?
4. Qu'est-ce que le financement direct ?
5. Que signifie « globalisation financière » ?
6. Quel est le nouveau rôle des banques ?

Informations

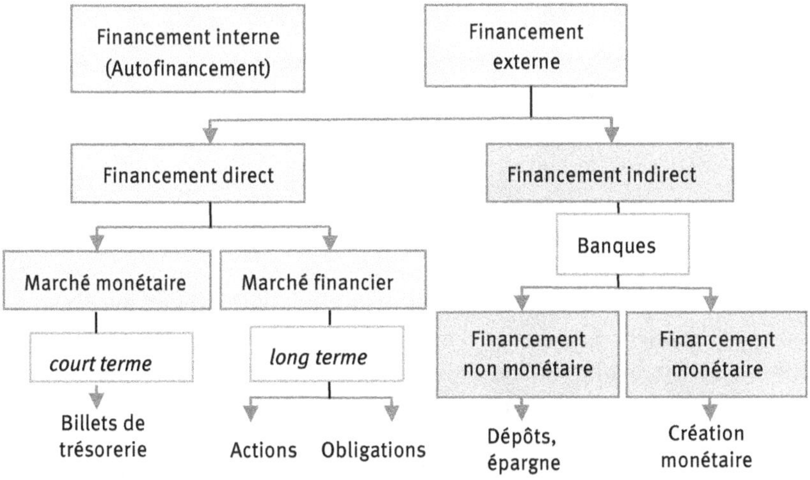

Figure 11.1 : Les circuits de financement d'une économie

Ouvrages

Bialès, Christian/Bialès, Michel/Leuron, Rémi/Rivaud, Jean-Louis, *Dictionnaire d'économie et des faits économiques et sociaux contemporains*, Foucher Paris 1999
Bialès, Michel/Leurion, Rémi/Rivaud, Jean-Louis, *Économie générale*, BTS 1, Foucher Paris 2004
Bernier, Bernard/Simon, Yves, *Initiation à la macroéconomie*, 7ᵉ édition, Dunod Paris 1998
Delaplace, Marie, *Monnaie et financement de l'économie*, Dunod Paris 2003

L'essentiel

11.1 Les agents économiques et leur situation financière

L'activité économique requiert la mobilisation de capitaux permettant aux agents économiques de satisfaire les besoins de consommation et d'investissement. Cependant, les agents économiques ne disposent pas nécessairement de moyens suffisants pour financer toutes les activités. À l'inverse, certains agents ont à leur disposition des excédents de ressources non employées. D'où l'existence de deux catégories d'agents économiques : les agents qui ont des capacités de financement et ceux qui ont des besoins de financement. À cet égard, nous regarderons de plus près la situation de trois agents économiques principaux : les ménages, l'État et les entreprises.

Certains ménages ont des besoins de financement. Mais, d'un point de vue macroéconomique[1], ils disposent de capacités de financement puisqu'ils n'ont pas ou peu de besoins d'investissement. Cette capacité de financement leur rend possible la constitution d'une épargne qui permet de financer les agents en situation de déficit de financement.[2] [1]

En comparant les ressources et les dépenses de l'État, on peut déterminer sa situation financière et établir son solde budgétaire*. Lorsque les recettes de l'État sont supérieures à ses dépenses, le budget de l'État est en excédent. Par contre, dans le cas inverse, et c'est le plus souvent le cas, le solde budgétaire est déficitaire et l'État a un besoin de financement. [2] 🖥[1]

Pour financer leur survie et leur développement économique, les entreprises sont dans l'obligation d'investir régulièrement. Face à ce besoin permanent, elles ne disposent pas nécessairement de ressources internes suffisantes. Les entreprises, d'un point de vue macroéconomique, ont donc des besoins de financement[3]. [3] Pour accéder aux capitaux nécessaires, elles utilisent des circuits de financement indirects et directs (fig. 11.1).

---

1 Voir chap. 1 L'économie et son objet, 1.3 Les méthodes d'approches en économie.
2 Voir chap. 7 L'épargne, 7.2 Les formes d'épargne des ménages.
3 Voir aussi 2ᵉ partie Gestion d'entreprise chap. 32 La gestions financière II, 32.1 Les besoins de financement.

11.2 Le financement indirect

Le financement indirect* de l'activité économique implique qu'il y ait un agent économique qui met en relation les divers agents économiques. Cette intermédiation* est le fait des banques[4] qui, d'une part, collectent l'épargne auprès des ménages et, d'autre part, prêtent aux entreprises les sommes nécessaires au financement de leurs activités. Tant que les sommes prêtées sont disponibles sous forme de dépôts, il s'agit d'un financement non monétaire. Cependant, les banques procèdent à un financement monétaire, lorsqu'elles créent de la monnaie pour accorder des crédits aux agents non financiers.[5] Une économie qui se finance majoritairement à partir de crédits est appelée une économie d'endettement*.

Pour connaître la part des financements apportés par les institutions financières résidentes dans le total des financements obtenu par les autres agents économiques résidents, on utilise le taux d'intermédiation*. Il se calcule en divisant les financements intermédiés par le total des financements externes obtenus, crédits et émissions de titres. [4] Le taux d'intermédiation financière mesure l'importance de l'intermédiation des banques.[6] Plus ce taux est élevé plus le rôle du secteur financier du pays est élevé et vice versa. 🖥[2]

11.3 Le financement direct

Au lieu de s'adresser aux banques dont le service d'intermédiation est payant, les agents économiques peuvent aussi entrer en contact entre eux par voie directe. Ainsi, pour financer leurs besoins en capitaux, elles émettent des titres financiers*, par exemple des actions, qui seront acquises directement par les agents économiques souhaitant placer leurs excédents de trésorerie. C'est le financement direct* qui passe par les marchés de capitaux (voir chap. 13 et 14). Une économie qui se finance en grande partie par le biais des marchés de capitaux correspond à une économie de marché*[7]. [5] ✍ ☺

---

4 Les banques sont traitées d'une manière détaillée au chapitre 10 Les institutions financières.
5 Voir Delaplace (2003), p. 200 et chap. 12 La création de monnaie.
6 Voir Bernier/Simon (1998), p. 278.
7 Voir aussi chap. 3 Les interdépendances économiques, 3.3 Les marchés.

11.4 La globalisation financière

La mondialisation de l'économie, qui se traduit, entre autres, par la libéralisation des échanges et par la naissance de firmes multinationales[8], a abouti à une globalisation financière*. Cette dernière est essentiellement due à trois phénomènes apparaissant dans les années 1980 et 1990 : la déréglementation, le décloisonnement des marchés et la désintermédiation financière.[9]

La déréglementation* consiste en la suppression de réglementations et de contrôles limitant la liberté des transactions financières, tels que l'encadrement du crédit[10] et les taux d'intérêt bonifiés consentis à certains secteurs (par ex. la sidérurgie). La déréglementation favorise la circulation internationale du capital et est suivie de quelques vagues de privatisation d'institutions financières (par ex. BNP-Paribas).

Le décloisonnement* met fin à la séparation stricte entre les différents types de banques[11] ainsi qu'entre divers types de marchés, notamment entre le marché monétaire et le marché financier.[12] Désormais, tout agent économique a accès aux marchés, peut proposer de nouveaux titres financiers et contracter des prêts à court terme ou à long terme. Le décloisonnement leur permet aussi d'accéder librement à n'importe quelle place financière mondiale.

La notion de désintermédiation* explique le fait que les entreprises accèdent directement aux marchés des capitaux au lieu de s'endetter auprès des banques. Pour financer leur développement, elles émettent des titres financiers, par exemple des actions. Ainsi, les banques perdent leur rôle prépondérant dans le financement de l'économie, ce qui les incite à chercher de nouvelles opportunités d'intervention. 🖳[1]

11.5 Le nouveau rôle des banques

Suite à la perte de leur rôle dans le financement de l'économie, les banques interviennent plus activement sur les marchés des capitaux. Pour collecter des fonds, elles émettent des titres financiers. Pour placer des fonds, elles achètent des titres émis par les entreprises.

La notion de marchéisation* exprime le recours des agents économiques, en particulier des banques, de manière plus soutenue aux marchés de capitaux. Ainsi, une

---

8 Au sujet de la mondialisation, voir aussi la 2ᵉ partie Gestion d'entreprise, chap. 17 La vie de l'entreprise, 17.4 L'internationalisation des entreprises.

9 Voir Bialès et al. (2004), pp. 184s.

10 La fixation par la Banque centrale d'une limite au volume de crédit.

11 Voir chap. 9 Les institutions financière, 10.1.1 Les banques et les opérations bancaires. Par exemple, les banques de dépôt ne se limitent plus à la collecte des dépôts et à l'octroi de crédit aux particuliers. Elles fournissent aussi des conseils en placement.

12 Voir chap. 13 Le marché monétaire et 14 Le marché financier.

nouvelle intermédiation naît qui se manifeste dans l'apparition de sociétés financières qui acquièrent elles-mêmes des titres auprès des entreprises et collectent
l'épargne des ménages pour la placer. De même, pour compenser la moindre activité
dans les opérations de crédit et de dépôt, les banques émettent, par conversion de
créances détenues, des titres qui sont négociés sur le marché financier. Ce phénomène est connu sous l'expression de titrisation*.[13] 🖥²

La crise financière a conduit à une réforme du secteur bancaire qui remet en place
une régulation des activités bancaires, notamment de celles de la spéculation.[14]

Vocabulaire

Circuit *m* de financement	Méthode utilisée par les entreprises pour trouver des capi-taux
Décloisonnement *m*	Ouverture des marchés de capitaux à tous les agents écono-miques
Déréglementation *f*	Suppression de règlementations et de contrôles limitant la liberté des agents économiques sur les marchés
Désintermédiation *f*	Accès direct des agents économiques aux marchés de capi-taux pour se procurer des fonds, sans recours aux banques
Économie *f* de marché	Économie dans laquelle le financement de l'activité écono-mique est largement réalisé par les marchés de capitaux
Économie *f* d'endettement	Économie dans laquelle le financement de l'activité écono-mique est principalement effectué à partir de crédits ban-caires
Financement *m* direct	Financement par les marchés de capitaux
Financement *m* indirect	Financement par l'intermédiation* des banques
Globalisation *f* financière	Constitution d'un marché financier mondial suite à la libéra-tion des transactions financières
Intermédiation *f*	Collecte de fonds par les banques et leur mise à la disposi-tion des agents économiques
Marchéisation *f*	Tendance d'utiliser de plus en plus les marchés de capitaux au détriment du financement traditionnel bancaire
Solde *m* budgétaire	Différence entre toutes les ressources et toutes les charges de l'État pour une année civile
Taux *m* d'intermédiation	Rapport des financements accordés par les intermédiaires fi-nanciers au total des financements obtenus
Titre *m* financier	Titre représentant une partie du capital d'une société (ac-tion) ou une partie de sa dette (obligation)

---

13 Voir Bialès et al. (2004), p. 186. Pour en savoir plus sur les banques, voir chap. 10 Les institutions
financières. Les différents titres financiers sont traités au chapitre 14 Le marché financier.
14 Au sujet de la réforme bancaire, voir aussi les explications du chapitre 10 Les institutions financières, 10.2 Les sociétés de financement de d'investissement.

Titrisation *f*	Transformation par une banque de créances qu'elle détient en titres négociables sur le marché financier

Activités

📖 Compréhension

[1]   D'où provient la capacité de financement des ménages ?

[2]   Quelles sont les plus importantes ressources de l'État ? Quelles sont les essentielles dépenses publiques (voir aussi chap. 10, Activités 📖 [4]) ?

[3]   Quelle est l'origine du besoin de financement (permanent) des entreprises ? Nommez des exemples d'activités à financer.

[4]   À l'aide de la figure 11.1, précisez la notion de « financement externe ».

[5]   Distinguez une économie d'endettement d'une économie de marché.

✍ Travail écrit

Indiquez les circuits de financement (fig. 11.1) utilisés par les entreprises mentionnées ci-dessous.

Opérations des entreprises A, B, C, D	Circuits de financement utilisés
A émet des actions	
B sollicite un crédit bancaire	
C utilise ses bénéfices importants	
D utilise ses bénéfices et s'endette	

☺ Discussion

Finance direct ou finance indirect ? Y-a-t-il un meilleur choix ? Discutez les avantages et les inconvénients respectifs en tenant compte de la situation politique et financière actuelle.

🏛 Thèmes d'exposé

1.   La libéralisation financière et son impact sur les banques

2.   La titrisation – mécanisme et effets

🖥 Recherche

1.   Recherchez le solde budgétaire actuel de l'État français, allemand, etc.

2.   Recherchez l'évolution du taux d'intermédiation financière en France, en Allemagne, etc.

12 La création monétaire

Comme nous l'avons appris au chapitre précédent, le financement de l'économie est en partie assuré par les ressources des agents économiques disposant d'excédents de capitaux : leur épargne. Mais le système financier peut aussi créer de la monnaie pour financer l'économie. Le présent chapitre a pour but d'expliquer les mécanismes de la création de monnaie et de montrer ses limites.

Questions

1. Que signifie « création de monnaie » ?
2. Qu'est-ce que la masse monétaire ? Comment est-elle mesurée ?
3. Qu'est-ce que la base monétaire ?
4. Qui peut créer de la monnaie ? Quelles sont les opérations de la création monétaire ?
5. Quelles sont les contreparties de la masse monétaire ?
6. Quelles sont les limites de la création de monnaie ?

Informations

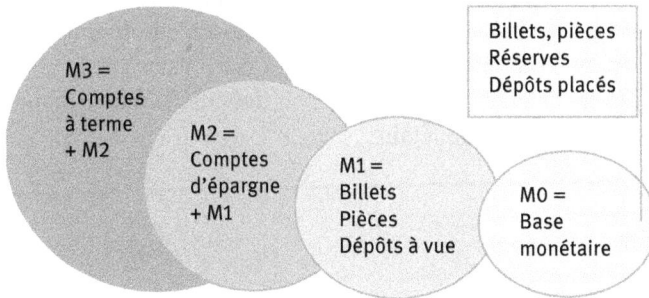

Figure 12.1 : Les agrégats monétaires et la base monétaire

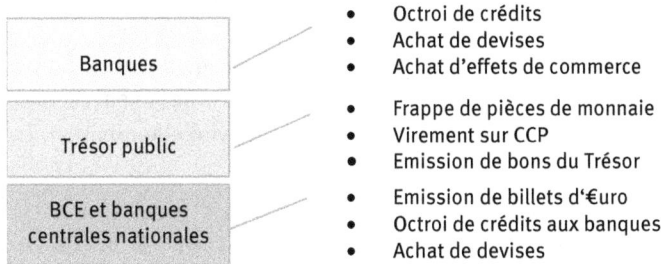

Figure 12.2 : Les acteurs et les opérations de la création de monnaie

Ouvrages

Bernier, Bernard/Simon, Yves, *Initiation à la macroéconomie*, 7ᵉ édition, Dunod Paris 1998
Bialès, Michel/Leurion, René/Rivaud, Jean-Louis, *Économie générale*, BTS 1, Foucher Paris 2004
Dupuy, Monique/Larchéveque, Frédéric/Nava, Claude, *Économie générale*, BTS 1, Hachette *Technique* Paris 2001
Karyotis, Catherine, *L'essentiel de la banque*, 1ᶦᵉʳᵉ édition, Les Carrés, Gualino Paris 2013
Monier, Pascal, *L'économie générale*, 7ᵉ édition, Les Zoom's, Gualino Paris 2013
Nava, Claude/Larchevêque, Frédéric/Sauviat, Chantal, *Économie générale*, BTS 1, Hachette *Technique* Paris 1998

L'essentiel

12.1 La définition de la création monétaire

Dans le chapitre 9 nous avons appris que la monnaie, sous plusieurs formes, permet de régler les opérations entre les agents économiques sur les marchés. Or, force est de constater que la quantité de monnaie en circulation dans un pays ou dans une communauté économique n'est pas constante, elle évolue continuellement.

Lorsqu'elle augmente, il y a création de monnaie, car les agents économiques ont des moyens de paiement supplémentaires à leur disposition. Lorsqu'elle diminue, on parle de destruction monétaire. Pour mieux comprendre les mécanismes de la création monétaire, il est nécessaire de préciser les sens de trois notions : la masse monétaire, les agrégats monétaires et la base monétaire.[1]

12.1.1 La masse monétaire

La masse monétaire* représente la quantité de monnaie à disposition des agents non financiers résidents circulant dans une économie, désignée dorénavant actifs monétaires*. Dans un sens étroit, elle comporte la monnaie divisionnaire, fiduciaire et scripturale[2] ainsi que les dépôts à vue*. Dans un sens plus large, elle comprend aussi les comptes d'épargne et les comptes à terme*.

Comme déjà dit précédemment, la masse monétaire est rarement stable. En période d'expansion, poussée par les dépenses et les investissements des agents économiques, elle augmente, tandis qu'en période de recul de l'activité elle diminue. La

---

[1] Voir Delaplace (2003), pp. 73–75, Bialès et al. (2004), pp. 168ss, Dupuy et al. (2001), p. 180 et Monier (2013), pp. 58s.

[2] Quant aux différentes formes de monnaie, voir chap. 9 Les instruments de paiement, 9.3.2 Les formes modernes.

masse monétaire est contrôlée et régulée par la Banque centrale (voir plus bas 12.4). Elle est mesurée grâce à des indicateurs statistiques appelés agrégats monétaires. 💻[1]

12.1.2 Les agrégats monétaires

Les agrégats monétaires* regroupent en catégories homogènes les différentes formes monétaires qui composent la masse monétaire. Dans la zone euro, il existe trois catégories de monnaies classées en fonction du degré de liquidité* des actifs monétaires qui les composent. Un actif monétaire est qualifié d'être liquide lorsqu'il peut être transformé en moyen de paiement en peu de temps. Cela signifie : plus un actif permet de faire un paiement rapidement, plus il est liquide.

Dans la zone euro, on distingue trois agrégats qui s'emboitent les uns dans les autres : M1 est inclus dans M2, qui lui-même est inclus dans M3 (fig. 12.1). ✍[1]

M1 = les pièces, les billets et les avoirs à vue en euro
M2 = M1 + la monnaie déposée sur des comptes d'épargne (livrets d'épargne)
M3 = M2 + la monnaie placée à court ou moyen terme et les OPCVM3 monétaires

Les composants de M1 sont la monnaie la plus liquide. C'est la masse monétaire au sens étroit. Les monnaies qui forment M2 et M3 ne sont pas immédiatement disponibles, mais transformables en peu de temps. Cependant, il importe de noter que seuls les placements sûrs entrent dans la masse monétaire. Sont donc exclus les placements financiers qui risquent d'entrainer une perte de valeur. ✍[2]

12.1.3 La base monétaire

Il ne faut pas confondre masse monétaire et base monétaire*. La base monétaire regroupe l'ensemble des formes monétaires émises par la Banque centrale. C'est pourquoi on l'appelle aussi « monnaie (Banque) centrale* ». Elle est constituée des billets et des pièces en circulation détenus par les agents non financiers, des réserves de monnaie dont disposent les banques auprès de la BC et des dépôts placés par les banques auprès de la BC (fig. 12.1).[4] De nos jours, la base monétaire est la monnaie dans laquelle les autres formes monétaires sont convertibles. Autrefois, c'était l'or qui constituait la monnaie de base du système monétaire international. 🖥[1]

---

3 Voir chap. 14 Le marché financier, 14.2.3 Les titres d'OPCVM.
4 Voir Delaplace (2003), p. 116, Monier (2013), p. 57. Karyotis (2013, p. 34) distingue « monnaie centrale, monnaies banque centrale et base monétaire », une différenciation qui n'est pas faites ici.

La base monétaire est à l'origine de la création monétaire parce que les banques, dites de second rang[5], disposant de la monnaie centrale, peuvent accorder des crédits qui, à leur tour, donneront de nouveaux dépôts. Plus la base monétaire est importante, plus le banques sont disponibles à accorder des crédits. Ainsi, un véritable processus multiplicateur est entamé.[6] 🖳[2]

12.2 Les acteurs et les opérations de la création monétaire

Trois acteurs peuvent créer de la monnaie : les banques, le Trésor public et la Banque centrale européenne (fig. 12.2).[7]

12.2.1 Les banques

Les banques, en principes les banques commerciales[8], créent de la monnaie par trois opérations : l'octroi de crédit, la conversion de devises et l'escompte bancaire.

Lorsqu'une banque octroie un crédit, elle émet des billets au profit de l'emprunteur. Pour alimenter le compte de celui-ci, elle utilise, en général, les dépôts des épargnants. Cependant, elle peut aussi accorder le crédit sans dépôt préexistant. Dans ce cas, la banque crée de la monnaie scripturale, car elle inscrit le montant prêté au crédit du compte à vue* de l'emprunteur. Le crédit se matérialise par un dépôt supplémentaire au compte de l'emprunteur, d'où l'expression « les crédits font les dépôts »[9]. Voici un exemple simplifié.

> **Exemple :** Une banque accorde un crédit de 100.000 € à un M. Dupont. Mais la banque ne possède pas la somme prêtée. Elle procède donc à la création de 100.000 € par un jeu d'écriture en transférant la somme au compte de M. Dupont qui peut en disposer. Désormais, les 100.000 € circulent dans l'économie, alors qu'ils n'existaient pas auparavant. Le crédit a augmenté les dépôts, il ne correspond pas aux dépôts préalables d'autres agents.

Cependant, le remboursement du crédit aboutira à une destruction de monnaie. [1]

Les entreprises exportatrices qui sont payées en monnaies étrangères, vont les échanger contre de la monnaie nationale. Lorsqu'un agent non financier résident reçoit des devises en contrepartie d'une livraison à l'étranger et qu'il les convertit contre

---

5 Voir chap. 10 Les institutions financières, 10.3.1. La Banque de France.

6 Voir Bialés et al. (2004), p. 166 et Nava et al. (1998), p. 244.

7 Au sujet de la création de monnaie, voir Monier (2013), pp. 57–60, Dupuy et al. (2001), pp. 176–178, Nava et al. (1998), pp.244-246 et Bialès et al. (2004), pp. 160–168. Voir aussi chap. 10 Les institutions financières.

8 Voir chap. 10 Les institutions financières, 10.1.1.1 La typologie des banques.

9 Voir Bialès et al. (2004), p. 161.

des euros, son compte est crédité du montant équivalent. Il y a donc création de monnaie scripturale. Inversement, la monnaie est détruite, lorsque le compte d'un importateur est débité pour payer une livraison en devises.

Création de monnaie = Achat de devises
Destruction de monnaie = Vente de devises

On peut dire alors qu'il y a création de monnaie dans une économie, lorsqu'un pays exporte plus qu'il n'importe.

Il y a également création de monnaie lorsqu'une banque escompte une lettre de change, car la banque avance à son client le montant de l'effet jusqu'à l'échéance.[10] La destruction de monnaie correspond au remboursement à la banque du montant par le débiteur.

Création de monnaie = Avance en compte par la banque
Destruction de monnaie = Remboursement à la banque du montant dû

La différence entre les opérations qui créent de la monnaie scripturale et celles qui en détruisent constitue la création nette de monnaie. [2]

12.2.2 Le Trésor public

Le Trésor public crée de la monnaie sous trois formes : l'émission de pièce de monnaie, le virement de fonds sur un compte qu'il gère et l'émission de titres financiers.

Premièrement, le Trésor a le monopole de l'émission de pièces de monnaie et il est habilité à les frapper. Il peut donc créer de la monnaie divisionnaire[11]. Deuxièmement, en tant que caissier de l'État, il crée de la monnaie scripturale lorsqu'il effectue un virement au profit d'un titulaire de comptes qu'il gère, à savoir les comptes chèques postaux (CCP)* et les comptes des collectivités locales. Le versement, par exemple du traitement d'un fonctionnaire ou le règlement d'un fournisseur de l'État, sur un de ces comptes augmente la masse monétaire de cette somme. La troisième forme de création monétaire par le Trésor est l'émission des titres financiers (les bons du Trésor) qui sont vendus aux banques. À l'inverse, il y a destruction de monnaie lorsque le titulaire d'un compte vire une somme au profit du Trésor et lorsque les bons du Trésor sont remboursés.[12]

---

10 Voir Bialès et al. (2004), p. 160. L'opération d'escompte d'effets de commerce est précisée au chapitre 9 Les instruments de paiement, 9.4.3 Les effets de commerce.
11 Voir chap. 9 Les instruments de paiement 9.3.2 Les monnaies modernes.
12 Voir Delaplace (2003), p. 70. Concernant les bons du Trésor, voir aussi chap. 13 Le marché monétaire, 13.3 Le marché des titres de créances négociables.

12.2.3 La Banque centrale

La Banque centrale (BC) intervient dans la création monétaire par les opérations de refinancement*. Voyons en détail le fonctionnement de cette opération.

Lorsqu'une banque n'a pas assez de monnaie disponible, par exemple pour satisfaire les demandes de retrait de ses clients, elle peut s'adresser directement à la BC. Celle-ci met à disposition de la banque de la monnaie centrale (voir plus haut 12.1.3) en prenant en pension[13] des titres de créances* en possession de la banque. Ainsi, la BC crée de la monnaie que la banque peut convertir en billets à tout moment.[14] Cependant, la monnaie ainsi créée disparaît à la fin de la prise en pension lorsqu'elle est remboursée à la BC. [3]

En cas de manque de monnaie sur le marché monétaire, la BC créent de la monnaie pour maintenir le fonctionnement du système bancaire. La crise des « *subprimes* » a ainsi amené les BC à refinancer massivement les banques. 📖[3]

12.3 Les contreparties de la masse monétaire

Lorsque les banques créent de la monnaie sans dépôt préalable, elles ne le font pas à partir de rien. La création de monnaie est issue d'une créance détenue sur l'emprunteur. On distingue trois contreparties de la création de monnaie qui rendent compte de son origine : les créances sur l'économie, sur l'État et sur l'étranger.[15]

Les créances sur l'économie sont constituées par les crédits accordés aux entreprises et aux ménages par les banques ainsi que par les titres émis par les entreprises et achetés par les banques. Les créances sur l'État comprennent les crédits accordés à l'État et l'achat de bons du Trésor par les banques. Ces deux contreparties forment le crédit interne. Les créances sur l'étranger comportent les devises reçues à la suite d'exportations dépassant les importations et leur conversion en monnaie nationale par la BC. Dans ce cas, il s'agit de créances « nettes » sur l'extérieur. [4]

12.4 Les limites à la création de monnaie

Les banques commerciales ne peuvent octroyer autant de crédits ni créer autant de monnaie qu'elles ne le souhaitent. La création de monnaie par les banques est contrainte par quatre facteurs.

---

13 Voir plus de détail sur le rôle de la Banque centrale et l'opération de prise en pension au chapitre 13 Le marché monétaire, 13.2.2 La Banque centrale.
14 Voir Bialès et al. (2004), p. 164.
15 Voir Karyotis (2013), p. 36 et Dupuy et al. (2001), p. 182.

Premièrement, elle est limitée par la demande de crédits des agents économiques. Lorsque la demande de consommation et d'investissement baisse, la demande de crédit diminuera également. La deuxième limite découle du besoin en monnaie centrale des banques. En cas de demande de retrait par les clients, les banques ont besoin de billets, car il faut convertir la monnaie scripturale en billets. En troisième lieu, avant d'octroyer des crédits qui augmenteront la masse monétaire, les banques doivent prendre en compte la solvabilité des clients et le risque de non-remboursement de la dette. La quatrième limite à la création monétaire vient de la politique monétaire de la BC. Nous avons appris que rôle de la BC est, entre autre, de gérer la quantité de monnaie en circulation dans l'économie de façon à ce qu'elle soit adaptée aux besoins des agents économiques. Par divers mesures, par exemple en augmentant les taux de réserves obligatoires* auprès de la BC ou par la politique d'*open market*[16], la BC peut contrôler les sources de création de monnaie et ainsi la masse monétaire.[17] [5] ☺

Vocabulaire

À terme *adv* (dépôt, compte)	(Argent) seulement disponible à l'échéance fixée
À vue *adv* (dépôt, compte, avoir)	(Argent) disponible immédiatement
Actif *m* monétaire	Actif immédiatement ou en peu de temps utilisable comme moyen de paiement (billets, dépôt à vue, certains placements à court terme)
Agrégat *m* monétaire	Grandeur statistique qui regroupe les moyens de paiement (au sens large) détenus par les agents non financiers
Base *f* monétaire	Ensemble des pièces et billets en circulation et des réserves détenues par les institutions financières à la Banque centrale, voir monnaie (Banque) centrale*
Bon *m* du Trésor	Titre de créance sur l'État émis par le Trésor
CCP *m* (compte chèque postal)	Compte courant auprès d'une filiale financière de la poste
Liquidité *f* (bancaire)	Capacité des banques commerciales à obtenir de la monnaie centrale*
Masse *f* monétaire	Ensemble des moyens de paiement circulant dans une économie détenu par les agents non financiers*
Monnaie *f* (Banque) centrale	Voir base monétaire*
Refinancer *v intr* (refinancement m)	Opération par laquelle la banque obtient de la monnaie centrale ou de la base monétaire
Réserves *f pl* obligatoires	Dépôts non rémunérés que les banques doivent effectuer sur leur compte auprès de la Banque centrale
Titre *m* de créance	Billet émis par une banque, une entreprise ou l'État contre un prêt d'argent fait par un particulier ou une entreprise

---

16 Les opérations d'*open market* sont exposées au chapitre 13 Le marché monétaire, notamment 13.3.3 La Banque centrale.
17 Voir Dupuy et al. (2001), pp. 178s et Nava et al. (1998), pp. 246–252 et p. 318.

Activités

📖 Compréhension

[1] Pourquoi le remboursement d'un crédit correspond-il à une destruction de monnaie ?

[2] Dans quelles situations a-t-on un accroissement de la masse monétaire nette ?

[3] Pourquoi l'opération de refinancement auprès de la BC accroît-elle la masse monétaire ?

[4] Dans quelle situation y-a-t-il des créances nettes sur l'étranger ?

[5] Comment une variation des réserves obligatoires se répercutent-elles sur la masse monétaire ?

✍ Travail écrit

1. Soient les agrégats monétaires suivants (en millions d'euros) : *Billets et pièces détenus par le public (50). Dépôts à vue auprès des banques commerciales (350). Dépôts à terme* auprès des banques commerciales (450). Masse monétaire M3 (1.850).*

   a) Calculez le montant de la masse monétaire M1.
   b) Extrayez le montant correspondant aux dépôts d'épargne auprès des banques.
   c) Calculez la valeur de la masse monétaire M2.

2. Regroupez les objets ci-dessous en deux catégories : ceux qui font partie de la masse monétaire et ceux qui n'en font pas partie. Justifiez votre décision.

Actifs	oui	non	Explications
(1) Pièce de 2 €	☐	☐	
(2) Billet de 10 €	☐	☐	
(3) Action	☐	☐	
(4) Ordinateur	☐	☐	
(5) Dépôt de 100 €	☐	☐	

☺ Discussion

En cas d'inflation, la BC vise-t-elle plutôt à freiner ou à encourager la création monétaire ?

🗻 Thèmes d'exposés

1. L'abandon de la convertibilité-or – les Accords de *Bretton Woods*
2. La théorie du multiplicateur de crédit et la théorie de la division de crédit
3. La crise des « *subprimes* » – origine et effets

🖥 Recherche

1. Recherchez la part des billets dans M1 et l'évolution de la masse monétaire dans la zone euro.
2. Recherchez la valeur des agrégats monétaires de la zone euro.

Section IV : **Les marchés de capitaux**

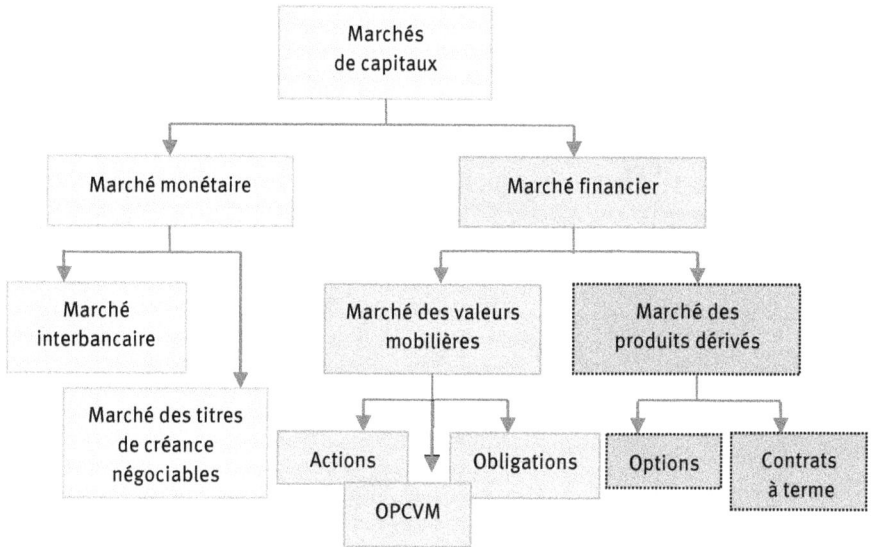

Figure 13.0 : Les marchés de capitaux

13 Le marché monétaire

Notre étude des marchés de capitaux commence par la description du marché moné-taire. Nous décrivons d'abord le rôle et l'organisation générale du marché monétaire. Ensuite, nous étudierons les intervenants de ce marché et les opérations qui s'y dé-roulent. Un autre paragraphe est dédié aux titres négociés sur le marché monétaire ainsi qu'à leur évaluation. Enfin, nous examinerons les taux issus des opérations qui sont effectuées sur le marché monétaire.

Questions

?

1. Quel est le rôle du marché monétaire ?
2. Quelle est l'organisation générale du marché monétaire ?
3. Quels sont les intervenants du marché interbancaire ?
4. Quelles sont leurs opérations effectuées sur le marché monétaire ?
5. Qu'est-ce qu'un titre de créance négociable ?
6. Qui intervient sur le marché des titres de créance négociable ?
7. Qu'est-ce que la notation financière ?
8. Quels sont les taux fixés sur le marché monétaire ?

Informations

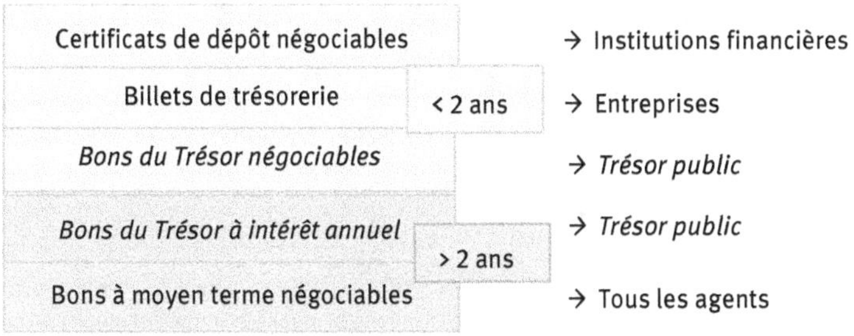

i

Certificats de dépôt négociables		→ Institutions financières
Billets de trésorerie	< 2 ans	→ Entreprises
Bons du Trésor négociables		→ *Trésor public*
Bons du Trésor à intérêt annuel	> 2 ans	→ *Trésor public*
Bons à moyen terme négociables		→ Tous les agents

Figure 13.1 : Les TCN et leurs émetteurs

Moody's	Standard & Poor's	Interprétations
Aaa	AAA	Risque quasi nul, meilleure note possible
Aa	AA	Similaire à la meilleure note, risque très fiable
A	A	Bonne qualité, mais un risque faible
Baa	BBB	Solvabilité moyenne
Ba	BB	Risque de non remboursement important
B	B	Risque assez fort, remboursement incertain
Caa	CCC	Risque très important de non remboursement
Ca	CC	Très spéculatif, risque de faillite de l'émetteur
C	D	Situation de faillite de l'emprunt

Tableau 13.2 : Les systèmes de notation[1]

Ouvrages

Bialès, Michel/Leurion, René/Rivaud, Jean-Louis, *Économie générale*, BTS 1, 3e édition, Foucher Paris 2004

Bourachot, Henri/Renouard, Gilles/Rettel, Jean-Luc, *100 fiches pour comprendre la bourse et les marches financiers*, directeur d'ouvrage : Marc Montoussé, 2e édition, Bréal Rosny 2006

Delaplace, Marie, *Monnaie et financement de l'économie*, Dunod Paris 2003

Dupuy, Monique/Larchevêque, Frédéric/Nava, Claude, *Économie générale*, BTS 1, Hachette *Technique* Paris 2001

Goux, Jean-François, *Économie monétaire & financière. Théories, institutions, politiques*, 2e édition, Economica Paris 1995

Karyotis, Catherine, *L'essentiel de la banque*, 1ère édition, Les Carrés, Gualino Paris 2013

Nava, Claude/Larchevêque, Frédéric/Sauviat, Chantal, *Économie générale*, BTS 1, Hachette *Technique* Paris 1998

Poulon, Frédéric, *Économie générale*, 7e édition, Dunod Paris 2011

Zambotto, Christian et Mireille, *Gestion financière. Finance de marché*, 2e édition, Dunod Paris 2000

Internet

ABC Bourse : http://www.abcbourse.com

IEFP – La finance pour tous : www.lafinancepourtous.com

---

1 Voir ABC Bourse, *Les agences de notation financière*. Disponible à l'URL : http://www.abcbourse.com/apprendre/1_agences_notation.html, consulté le 26-6-2015.

L'essentiel

!

13.1 Le rôle et l'organisation du marché monétaire

Le marché monétaire* est le marché des capitaux à court terme. Jusqu'aux réformes financières au milieu des années 1980, il a été réservé aux institutions financières qui s'y approvisionnaient en monnaie.[2] Désormais, il est ouvert aux agents non financiers qui s'y procurent ou qui y offrent de l'argent. Le marché monétaire est un marché non localisé, les transactions étant réalisées par les moyens télématiques modernes.[3]

Le marché monétaire comprend deux compartiments. Le premier compartiment est le marché interbancaire. Il est réservé aux institutions financières[4] qui prêtent ou empruntent des capitaux entre elles. Le deuxième compartiment, le marché des titres de créance négociables*, est ouvert à tous les agents économiques et leur permet de placer ou d'emprunter des capitaux à court et à moyen terme (fig. 13.0).[5]

13.2 Le marché interbancaire

Le marché interbancaire est un marché de gré à gré sur lequel les opérateurs traitent et négocient librement entre eux. [1] Les opérateurs du marché interbancaire sont les établissements de crédit, la Banque de France, le Trésor public et la caisse des dépôts et consignations.[6] Les sociétés non financières, les entreprises, n'y ont pas accès.[7] Ci-après, nous examinerons successivement les intervenants sur le marché monétaire et leurs rôles respectifs.

13.2.1 Les établissements de crédit

Les établissements de crédit interviennent sur le marché monétaire en tant que prê-teurs et emprunteurs. Comme les liquidités* déposées à la Banque centrale ne rap-portent aucun intérêt ou un intérêt faible, les banques, lorsqu'elles ont des excédents de trésorerie*, placent des capitaux à court terme auprès d'autres banques contre paiement d'un intérêt. Les banques qui ont des déficits de trésorerie interviennent

---

2 Voir aussi chap. 11 Les circuits de financement, 11.4 La globalisation financière.
3 Voir Nava et al. (1998), p. 268 et Goux (1995), pp. 87s.
4 Voir chap. 10 Les institutions financières.
5 Voir Poulon (2011), p. 174. Voir à ce propos aussi le chap. 11 Les circuits de financement, 11.4 La globalisation financière (décloisonnement).
6 Pour plus de détails sur ces opérateurs, voir chap. 10 Les institutions financières.
7 Voir Bourachot et al. (2006), p. 42.

donc en tant qu'emprunteurs. Ainsi, on peut dire que les opérations du marché interbancaire ont pour but de redistribuer entre les banques elles-mêmes leurs déficits et
leurs excédents de liquidité. Le taux d'intérêt varie en fonction de l'offre et de la demande. Les taux d'intérêt appliqués sur ce marché sont les taux du marché interbancaire (voir plus bas 13.4).[8] ☺

13.2.2 La Banque centrale

Nous avons déjà appris que la Banque centrale (BC) procure à l'économie la quantité
de monnaie nécessaire et assure ainsi la liquidité du marché*. Les institutions financières peuvent alors s'adresser à elle pour se refinancer.[9]

La BC intervient directement sur le marché interbancaire par sa politique monétaire*. Dans le but de veiller à la stabilité des prix et de contrôler la masse monétaire,
elle offre ou elle demande des capitaux. Lorsqu'elle offre des capitaux, le taux du
marché interbancaire diminue et les banques peuvent se refinancer à moindre coûts.
Lorsqu'elle emprunte des capitaux, la demande des capitaux sur le marché augmente
et, par conséquent, aussi le coût de l'emprunt. La BC peut aussi intervenir sur ce marché de manière indirecte en fixant les taux d'intérêt (voir plus bas 13.4).[10] Plusieurs
instruments d'intervention sont à sa disposition. 🖳[1] Nous n'abordons ici que les opérations d'*open market**.

L'opération d'*open market* consiste pour la BC soit de vendre soit d'acheter sur le
marché monétaire des titres de créance détenus par les institutions financières. Le
principe est le suivant : en vendant les titres, la BC restreint la liquidité bancaire* ce
qui exercera une pression à la hausse des taux d'intérêt. L'achat de titres, par contre,
augmente la liquidité bancaire et entrainera une baisse des taux d'intérêt. [2] Le taux
d'intérêt fixé par le BCE pour les opérations d'*open market* est le principal taux directeur (voir plus bas 13.4).[11] 🖥[1]

13.2.3 Le Trésor public et la caisse des dépôts et des consignations

Le Trésor public intervient normalement en tant qu'emprunteur. Il émet des titres de
créance négociables (voir plus bas 13.3) pour financer les dépenses de l'État. La caisse

---

8 Voir Zambotto (2000), pp. 8s.

9 Voir chap. 10 Les institutions financières, 10.4.3 La Banque centrale européenne. Au sujet du refinancement, voir aussi chap. 12 La création monétaire, 12.2.3 La Banque centrale.

10 Voir et IEFP – La finance pour tous, *Le marché interbancaire* (dernière mise à jour 6-3-2013). Disponible à l'URL : http://www.lafinancepourtous.com/Decryptages/Dossiers/Banque/La-banque-co
mment-ca-marche/Le-marche-interbancaire, consulté le 25-1-2016.

11 Voir Zambotto (2000), p. 9.

des dépôts et consignations (CDC) participe en tant que prêteur des fonds collectés par les caisses d'épargne.[12]

13.2.4 Les intermédiaires

Enfin, deux types d'intermédiaires opèrent sur le marché interbancaire en ajustant les offres et les demandes : les agents du marché interbancaire et les opérateurs principaux du marché.

Les agents du marché interbancaire (AMI), anciennes maisons de courtage, sont des entreprises d'investissement[13] chargées de la passation des ordres sur le marché monétaire. Les opérateurs principaux du marché (OPM), intermédiaires de la Banque centrale, sont constitués de grands établissements de crédit et de banques spécialisées dans les opérations de marché (par ex. PNB Paribas, la Banque française du commerce extérieur et la CDC). Ils interviennent aussi en empruntant à certains établissements et en prêtant à d'autres.[14]

13.3 Le marché des titres de créance négociables

Le deuxième compartiment du marché monétaire est ouvert, en principe, à tous les agents économiques, raison pour laquelle on l'appelle aussi parfois « marché monétaire élargi ». Tout comme le marché interbancaire, il est un marché de gré à gré sur lequel les agents se procurent ou placent des liquidités à court terme et à moyen terme.

13.3.1 Les titres de créance négociables

Les instruments financiers du marché monétaire élargi sont les titres de créance négociables* (TCN). Les TCN sont des titres émis au gré de l'émetteur d'une valeur égale ou supérieure à 150.000 €. Ils servent au financement de besoins à court terme. Les émetteurs sont les institutions financières, le Trésor public et les entreprises. Selon l'émetteur, on distingue trois produits principaux, les certificats de dépôts*, les billets de trésorerie*, les bons à moyen terme négociables (BMTN), ainsi que deux produits proches des trois précédents, les bons du Trésor négociables* à court terme et à des bons du Trésor à intérêt annuel (BTAN) à moyen terme (tab. 13.1).[15] [3]

---

12 Pour le rôle de la caisse des dépôts, voir chap. 10 Les institutions financières, 10.3.3.
13 Voir chap. 10 Les institutions financières 10.2.2 Les prestataires de services d'investissement.
14 Voir Delaplace (2003), p. 132.
15 Voir Bourachot et al. (2006), pp. 42s.

13.3.2 La notation financière

Les entreprises qui souhaitent émettre des billets de trésorerie se font évaluer par une agence de notation. L'évaluation, appelée notation* (angl. *rating*), est établie par des organismes indépendants, tels que *Standard & Poor's* et *Moody's*. Après l'évaluation, une note est attribuée à l'entreprise (tab. 13.2). La notation des billets de trésorerie n'est pas toujours obligatoire.[16] Cependant, dans la pratique, les entreprises ayant un programme de BT non noté sont rares, car beaucoup d'investisseurs refusent d'acheter des BT non évalués. La notation s'avère donc importante tant pour l'investisseur que pour l'entreprise. ✍

Pour l'investisseur, la notation permet de mesurer la solvabilité* de l'emprunteur. Elle lui offre une information fiable sur le risque de la créance. Pour l'entreprise, la notation détermine le coût auquel elle peut de se procurer des capitaux. Plus la note est élevée, plus les taux d'intérêt à payer sont faibles et vice versa. [2] Cependant, la note n'est pas fixée pour toujours, elle fait l'objet de révisions. Ainsi, chaque révision peut entraîner un changement de cours du titre concerné.[17] Les pays font également l'objet de la notation financière. 🖥²

13.4 Les taux fixés sur le marché monétaire

Nous avons vu plus haut (13.1), que sur le marché monétaire les banques se prêtent aussi des fonds entre elles. Les taux d'intérêt utilisés par les banques pour les prêts sont des taux à court terme. Leur montant dépend de la durée, de l'emprunteur et des capitaux empruntés. Dans la zone euro, le taux de référence* appliqué pour les prêts d'un jour est l'EONIA (*Euro Overnight Index Average*). C'est un taux moyen pondéré par les transactions de refinancement entre les plus grands établissements de crédit de la zone euro. Le taux moyen pour les prêts à plus long terme est l'EURIBOR (*Euro Interbank Offered Rate*). Il est calculé par une moyenne des taux des transactions pratiquées par un panel sélectionné de grandes banques de la zone euro.[18]

Dans le but d'influer sur les taux de la zone euro, la Banque centrale européenne (BCE) fixe des taux directeurs*. Ce sont les taux auxquels la BCE accorde des crédits à court terme aux banques, c'est-à-dire les taux auxquels les banques obtiennent de la monnaie centrale. On distingue trois formes principales de taux : le taux de refinancement, le taux de prêt marginal et le taux de rémunération des dépôts.[19] 🖥²

---

16 Voir Delaplace (2003), p. 211.

17 Voir ABC Bourse, *Les agences de notation financière*. Disponible à l'URL : http://www.abcbourse. com/apprendre/1_agences_notation.html, consulté le 26-6-2015.

18 Voir Karyotis (2013), p. 51.

19 Voir Delaplace (2003), pp. 155s et 123.

Le taux de refinancement (taux repo, taux refi) est le taux auquel les banques commerciales se procurent les capitaux auprès de la banque centrale lors d'une opération d'*open market* (voir plus haut 13.2). Le taux de prêt marginal (taux marginal, facilité marginale de prêt) est un taux plafond utilisé en dehors des opérations de refinancement pour les prêts à très court terme, un ou quelques jours. Le taux de rémunération des dépôts (taux de facilité de dépôt) est le taux plancher appliqué pour les placements des banques à court terme auprès de la banque centrale. [4] 🖥³.

Les taux directeurs de la BCE ont un impact direct sur les taux d'emprunt que les banques accordent à leurs clients. [5].

Vocabulaire

Billet *m* de trésorerie	Titre de créance négociable* émis par les entreprises sur le marché monétaire pour une durée inférieure à un an
Bon *m* du Trésor négociable	Titre de créance négociable* émis par le Trésor public pour répondre à ses besoins de financement à court terme
Certificat *m* de dépôts	Titre de créance négociable* émis par les établissements de crédit habilités
Liquidité *f* bancaire	Capacité d'une banque à faire face à ses obligations de trésorerie en fonction de leur échéance
Liquidité *f* du marché	Capacité du marché à acheter ou vendre rapidement les titres financiers sur les marchés des capitaux
Liquidités *f* pl	Sommes disponibles immédiatement sans perte de valeur
Marché *m* des TCN	Compartiment du marché monétaire sur lequel sont émis les TCN*, ouvert aux institutions financières et aux entreprises
Marché *m* interbancaire	Compartiment du marché monétaire ouvert aux institutions financières intervenant comme prêteurs et emprunteurs
Marché *m* monétaire	Marché des capitaux à court et moyen terme
Notation *f* financière	Appréciation du risque d'insolvabilité faite par une agence de notation (angl. *rating*)
Refinancement *m*	Opération par laquelle une banque obtient de la monnaie centrale pour faire face à ses engagements
Taux *m* directeur	Taux d'intérêt fixé par la banque centrale permettant de déterminer le coût du crédit dans une union monétaire
Taux *m* de rémunération des dépôts	Taux d'intérêt auquel sont rémunérés les dépôts des banques auprès de la banque centrale
Taux *m* de prêt marginal	Taux d'intérêt auquel les banques empruntent des liquidités* en apportant en garantie des créances détenues
Taux *f* de référence	Taux d'intérêt applicable pour le calcul des intérêts afférents à un prêt
Taux *m* de refinancement	Taux d'intérêt auquel les banques empruntent des liquidités auprès de la BC pour accorder des crédits
Titre *m* de créance négociable (TCN)	Titre émis par l'État, les institutions financières et les entreprises négociable sur le marché monétaire et représentant un droit de créance pour une durée jusqu'à 1 an
Trésorerie f	Sommes d'argent disponibles en caisse ou en banque

Activités

📖 Compréhension

[1] Précisez l'énoncé « le marché monétaire est un marché de gré à gré ».

[2] Expliquez pourquoi la vente de titres de créance par la BC entraînera une hausse des taux d'intérêt, tandis que leur achat par la BC conduira à une baisse des taux.

[3] Expliquez pourquoi une bonne note obtenue par une agence de notation diminue le coût d'un emprunt et vice versa.

[4] Que signifie concrètement l'énoncé suivant : « Le taux de prêt marginal est un taux plancher et le taux de rémunération des dépôts est un taux plafond » ?

[5] Quel est le lien entre le taux de crédit accordé par les banques aux ménages et aux entreprises et les taux directeurs ?

🖎 Travail écrit

En vous appuyant sur le tableau 13.2, précisez l'évaluation par les agences de notation des deux sociétés suivantes :

a) la société *Papier SA*, évaluée AAA par Moody's et par Standard & Poor's Aa

b) la société *Bois SA*, évaluée Ca et CC.

☺ Discussion

Quand les banques, à la suite d'une crise financière, ne se prêtent plus entre elles, il y a risque de pénurie de crédit (angl. *credit crounch*). Quels problèmes se posent dans ce cas pour les entreprises et pour les particuliers ? Discutez.

🖥 Thèmes d'exposé

1. Les instruments de la politique monétaire de la Banque centrale
2. La formation des taux sur le marché monétaire

🖥 Recherche

1. Dans un journal ou un magazine français, repérez des informations actuelles concernant la politique monétaire dans la zone euro.
2. Recherchez la notation actuelle de quelques sociétés internationales et de quelques pays.
3. Recherchez les montants des trois taux directeurs de la BCE en vigueur dans la zone euro.

14 Le marché financier

Après l'étude du marché monétaire, nous abordons dans le chapitre présent le deuxième marché formant les marchés de capitaux : le marché financier (fig. 13.0).

Nous commençons par une description du rôle général et de l'organisation du marché financier. Ensuite, nous étudierons les différents titres financiers qui y sont négociés et échangés. Un autre paragraphe est dédié aux marchés dérivés et leurs produits. Après avoir expliqué le fonctionnement de la bourse des valeurs, nous terminons ce chapitre par la présentation de quelques indicateurs boursiers qui permettent d'évaluer l'attrait d'un titre et l'évolution d'un marché.

Questions

1. Quel est le rôle et l'organisation générale du marché financier ?
2. Quelle est l'organisation du marché financier français ?
3. Quelles sont les titres financiers négociés sur le marché financier ?
4. Comment fonctionne la bourse des valeurs ?
5. Quels indicateurs boursiers y-a-t-il ?

Informations

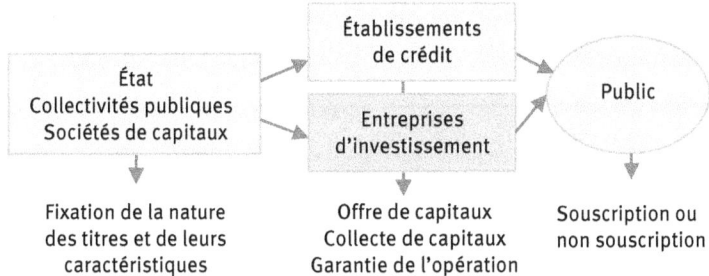

Figure 14.1 : Le rôle du marché primaire

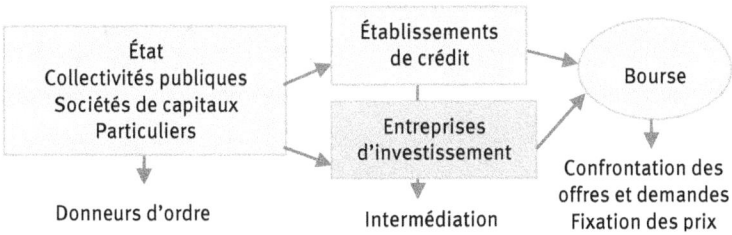

Figure 14.2 : Le rôle du marché secondaire

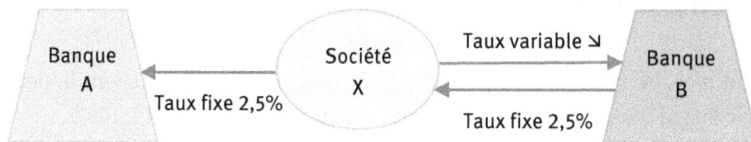

Figure 14.3 : Le fonctionnement d'un *swap* de taux d'intérêt[1]

Ouvrages

Bourachot, Henri/Renouard, Gilles/Rettel, Jean-Luc, *100 fiches pour comprendre la bourse et les marches financiers*, sous la direction de Marc Montoussé, 2ᵉ édition, Bréal Rosny 2006
Goux, Jean-François, *Economie monétaire & financière. Théories, institutions, politiques*, 2ᵉ édition, Economica Paris 1995
Merville, Anne-Dominique, *Droit des marchés financiers. Instrument financiers – Marchés financiers – Institutions – Intermédiaires financiers – Opérations de marché*, Gualino Paris 2006
Spieser, Philippe, *La bourse*, Vuibert Paris 2003
Zambotto, Christian et Mireille, *Gestion financière. Finance de marché*, 2ᵉ édition, Dunod Paris 2000

Internet

ABC Bourse. URL : http://www.abcbourse.com
Académie Limoges : http://bts-banque.nursit.com
Autorité des marchés financiers : http://www.amf-france.org
EasyBourse. Le courtier en ligne de la Banque postale : https://www.easybourse.com
Vernimmen.net. Lexique financier sur Les Echos : http://www.lesechos.fr/finance-marches/vernimmen/index.php
Enternet : https://www.enternext.biz/fr
Euronext : https://www.euronext.com

L'essentiel

!

14.1 Le rôle et l'organisation du marché financier

Par opposition au marché monétaire qui est le marché des capitaux à court et à moyen terme, le marché financier permet d'effectuer des transactions à long terme. Tous les agents économiques y sont présents et les produits financiers échangés sont très variés.

---

1 Illustration propre s'appuyant sur Bourachot et al. (2006), p. 144.

14.1.1 Le rôle du marché financier

Le marché financier est à la fois un lieu de financement et un lieu de placement. D'une part, les entreprises, l'État et les collectivités publiques y recherchent des capitaux pour compenser leurs déficits et financer leurs investissements. D'autre part, tous les agents économiques peuvent y placer leurs excédents et ainsi apporter des capitaux aux agents en situation déficitaire. Les apporteurs de capitaux sont principalement les ménages et les investisseurs institutionnels*, surnommés les « zinzins ». Ces derniers sont des organismes financiers (caisses de retraite, compagnies d'assurance, banques et OPCVM) qui collectent l'épargne des ménages et acquièrent des participations dans des entreprises cotées*.[2]

14.1.2 L'organisation générale

Le marché financier est divisé en deux sous-marchés : le marché primaire* et le marché secondaire*.

Le marché primaire organise la rencontre des deux catégories d'agents décrits plus haut. Ainsi, il met en relation les agents souhaitant émettre des titres financiers* et le public qui désire les acheter. Les émetteurs, l'État, les collectivités publiques et les sociétés, fixent la nature des titres (actions ou obligations) et leurs caractéristiques (prix, quantité, échéances, etc.). Les établissements de crédit et les entreprises d'investissement servent d'intermédiaires.[3] Ils collectent et offrent les capitaux et garantissent la bonne fin des opérations. Le public peut souscrire ou non (voir fig. 14.1). C'est le marché « du neuf », car les titres financiers sont nouvellement émis selon des conditions définies par l'émetteur. Le marché primaire permet donc aux agents à déficit de se procurer des capitaux nouveaux.

Le marché secondaire, décrit dans la figure 14.2, met en contact les différents investisseurs souhaitant acheter ou vendre les titres déjà émis sur le marché primaire. Il s'agit donc d'un marché « de l'occasion » sur lequel les titres sont échangés et cotés. Le marché secondaire correspond à ce qu'on dénomme habituellement la bourse des valeurs*.[4]

---

2 Voir Vernimmen.net [en ligne], *Investisseur institutionnel*. Disponible à l'URL : http:/www.les echos.fr/finance-marches/vernimmen/definition_investisseur-institutionnel.html, consulté le 17-4-2015.

3 Voir chap. 10 Les institutions financières, 10.1 Les établissement de crédit et 10.2.1 Les entreprises d'investissement.

4 Voir Bourachot et al. (2006), pp. 30s, Zambotto (2000), p. 33, Goux (1995), p. 77.

14.1.3 L'organisation du marché financier français

En 2000, après le krach boursier, les bourses de France, de Belgique, des Pays-Bas et, à partir de 2011, du Portugal ont fusionné pour créer la *holding* Euronext, une entreprise de marché* assurant le bon fonctionnement du marché. Après la fusion d'Euronext avec le *London International financial and option exchange* (Liffe), tous les marchés sont regroupés sous l'appellation EuronextLiffe. En 2006, EuronextLiffe et la Bourse de New York (*New York Stock Exchange*) se sont mis ensemble pour devenir NYSE EuronextLiffe, première bourse transatlantique. Mais l'achat de NYSE EuronextLiffe par *IntercontinantalExchange* (ICE) en 2013 aboutit à une scission en 2014.[5] Aujourd'hui, devenue indépendante, la bourse paneuropéenne Euronext opère sur quatre places européennes : Amsterdam, Bruxelles, Lisbonne et Paris.

Sur sa place de Paris, Euronext Paris SA gère Eurolist, un marché réglementé* composé de trois compartiments (voir ci-après 14.2.3.2), qui propose des produits variés tels que des actions, des obligations et des indices ainsi que des produits dérivés. Avec la création d'Alternext, un marché non réglementé, mais régulé, Euronext ouvre un marché aux entreprises de petite taille. Les conditions d'admission y sont moins strictes et la procédure de cotation est simplifiée (voir ci-après 14.4.2). Euronext organise aussi un marché libre qui est, en principe, ouvert à toute entreprise, sans considération de sa taille, de son activité et de ses performances.[6] Afin de positionner la bourse comme source de financement des PME et ETI[7], la filiale EnterNext a été créée. EnterNext est une initiative paneuropéenne qui réunit 750 PME-ETI cotées sur les marchés d'Euronext en Belgique, en France, aux Pays-Bas et au Portugal.[8] 🖥[1]

Depuis 2003, en France, les marchés réglementés sont surveillés par l'autorité des marchés financiers (AMF) qui fixe les conditions d'admission et contrôle les opérations effectuées.[9]

---

5 Voir Académie Limoges, *De la bourse de Paris à Euronext (1-9-2013)*. Disponible à l'URL : http://bts-banque.nursit.com/De-la-bourse-de-Paris-a-Euronext, consulté le 7-2-2016.
6 Voir Euronext, *Les marchés libres*. Disponible à l'URL : https://www.euronext.com/fr/listings/free-markets, consulté le 7-2-2016.
7 Petite et Moyenne Entreprise (PME) et Entreprise de Taille Intermédiaire (ETI), voir 2e partie Gestion d'entreprise, chap. 18 Les classifications économiques des entreprises.
8 Voir EnterNext, *Le partenaire des PME-ETI*. Disponible à l'URL : https://www.enternext.biz/fr, consulté le 7-2-2016.
9 Voir Merville (2006), p. 55. À propos du rôle de l'AMF, voir Autorité des Marchés Financiers. *Missions & compétences* (publié le 25-3-2013). Disponible à l'URL : http://www.amf-france.org/L-AMF/Missions-et-competences/Presentation.html, consulté le 26-1-2016.

14.2 Les marchés de valeurs mobilières

Les titres financiers négociés en bourse sont les valeurs mobilières*. Il s'agit de titres négociables* qui peuvent représenter soit une part du capital d'une entreprise, soit une part d'une créance, soit encore une combinaison de différentes caractéristiques.[10] Les principales valeurs mobilières sont les actions et les obligations. Cependant, il existe un grand nombre de valeurs basées sur ces premières telles que les OPCVM, les bons de souscription et les certificats d'investissement.[11]

Ci-après, nous étudierons les différents types de marché, les intervenants et les plus importants titres financiers qui y sont négociés (fig. 13.0).

14.2.1 Le marché des actions

Le marché des actions est le marché sur lequel des sociétés émettent des actions afin de trouver des financements. Les investisseurs qui achètent ces titres deviennent actionnaires de la société. Le marché des actions est pour un grand nombre de transaction un marché au comptant, l'achat et la vente de titres étant réglés immédiatement (voir plus bas 14.4.3). ⌨[2]

14.2.1.1 Les actions

Une action* est un titre représentant une part du capital de l'entreprise. Les actionnaires sont donc des copropriétaires de la société émettrice qui disposent, généralement, d'un droit de participer à la prise de décision. Les actions ont une rémunération sous forme de dividendes*. Le dividende est un revenu variable dont le montant dépend des résultats réalisés par la société. Il représente la part du bénéfice annuel qui est distribuée aux actionnaires. Lorsque le cours de l'action augmente, une plus-value* peut être réalisée à l'occasion de la cession de l'action. Cependant, le remboursement des actions n'est pas garanti ; en cas de faillite de la société, les actionnaires ne sont remboursés qu'après le désintéressement des créanciers. Il existe plusieurs types d'actions dont nous retenons trois : les actions ordinaires, les actions de préférence et les actions à bons de souscription d'actions.[12]

---

10 Il existe beaucoup de définitions des valeurs mobilières qui précisent la notion de manière plus ou moins large. Nous définissons les valeurs mobilières dans un sens étroit qui exclut les produits dérivés. Ces derniers seront traités séparément plus loin. Pour désigner les deux catégories, valeurs mobilières et produits dérivés, ainsi que d'autres formes qui ne sont pas thématisées ici, nous utiliserons les termes « titres » ou « instruments financiers ».

11 Ici, nous nous limitons à la présentation des OPCVM.

12 Voir Bourachot et al. (2006), pp. 32s et 72s, Merville (2006), p. 23.

Les actions ordinaires confèrent à tout actionnaire le droit aux dividendes et le droit de vote lors des assemblées générales[13]. C'est le type d'action le plus répandu. Selon la nature de l'apport, on distingue les actions de numéraire et les actions d'apport. Tandis que les premières représentent la contrepartie d'un apport d'argent (apport en numéraire), les secondes sont remises pour récompenser un apport de biens ou de travail (apports en nature ou en industrie[14]). Les titulaires d'actions de préférence disposent de droits particuliers librement définis dans les statuts de la société émettrice. Ces actions peuvent, par exemple, donner droit à des dividendes majorés ou à un siège au conseil d'administration de la société. Elles peuvent disposer ou non d'un droit de vote. [1]

Les actions à bons de souscription d'actions donnent à leurs acheteurs le droit à l'acquisition de nouvelles actions pendant une période limitée à un prix fixé d'avance. Elles sont généralement émises à l'occasion d'une augmentation de capital[15].

14.2.1.2 L'organisation du marché des actions

En 2005, le marché des actions de Paris a été entièrement réorganisé. Les différents compartiments de marché ont disparu.[16] Désormais, toutes les sociétés font partie du même marché réglementé Eurolist qui réunit l'ensemble des actions cotées à la Bourse de Paris (voir plus lois 14.4). Toutes les sociétés cotées ont les mêmes obligations de publication et d'introduction sur le marché financier.

Pour distinguer les différentes entreprises au sein d'Eurolist, les sociétés cotées sont identifiées suivant leur capitalisation boursière* qui indique la valeur de marché de l'ensemble des titres émis par une entreprise à un moment donné. ✍[1] Ainsi, on trouve quatre grands compartiments de capitalisation.[17]

---

13 Le fonctionnement des sociétés et leurs organes sont décrit dans la 2e partie Gestion d'entreprise, chap. 20 L'approche juridique de l'entreprise II, 20.3 Les sociétés commerciales.

14 Les apports sont traités de manière plus détaillée dans la 2e partie Gestion d'entreprise, chap. 19 L'approche juridique de l'entreprise I, 19.2 Les éléments constitutifs d'un contrat de société.

15 L'augmentation de capital est abordée dans la 2e partie Gestion d'entreprise, chap. 30 La gestion financière II, 30.2 Le financement des investissements, 30.2.2 L'augmentation de capital.

16 Jusqu'à 2005, les autorités de marchés ont divisé les valeurs suivant plusieurs compartiments : le Premier Marché (les très grandes entreprises), le Second Marché (les entreprises moyennes), le Nouveau Marché (les *start-up*). Les actions des différentes sociétés y étaient classées suivant leur taille et leur volume d'activité. Les conditions d'accès étaient plus ou moins contraignantes.

17 Voir Autorité des marchés financiers, *Marché financier et infrastructure. Marché réglementé* (publié le 3-6-2015). Disponible à l'URL : http://www.amf-france.org/Acteurs-et-produits/Marches-financiers-et-infrastructures/Marches-reglementes.html?, consulté le 17-4-2015.

Compartiment	Valeurs
Compartiment A :	Valeurs supérieures à 1 milliard d'euros *(blue chips)*
Compartiment B :	Valeurs moyennes entre 1 milliard et 150 millions d'euros
Compartiment C :	Petites valeurs inférieures à 150 millions d'euros
Compartiment « professionnel »	Valeurs admises sans offre préalable de titres au public

Tableau 14.4 : Les compartiments de capitalisation boursière

14.2.2 Le marché des obligations

Le marché des obligations, également appelé marché obligataire, est le marché sur lequel sont émises des obligations dont les caractéristiques sont décrites ci-après. Il permet à l'État, aux collectivités publiques et aux entreprises de se financer par des prêts à long terme hors circuit bancaire. Comme le marché des actions, le marché des obligations est, en principe, un marché au comptant.[18]

14.2.2.1 Les obligations

L'obligation* est un titre de créance qui représente une dette vis-à-vis de son détenteur. Le porteur de l'obligation est donc un créancier de l'émetteur de l'obligation. La société émettrice s'oblige à rembourser au prêteur le prêt à son échéance et à lui payer, pendant la durée de l'emprunt, un intérêt, appelé coupon*, sur la somme empruntée. Cette rémunération est calculée en fonction de la valeur nominale* de l'obligation et du taux d'intérêt. La valeur nominale de l'obligation correspond à la somme que l'émetteur s'engage à rembourser à l'échéance, appelée le nominal* ou le principal*. Il sert de référence pour le calcul de la rémunération. ✑²

> **Exemple** : Valeur nominale 500,00 € x Taux d'intérêt 3% = Coupon 15,00 €/an

14.2.2.2 La négociation d'une obligation

Il est possible d'acheter des obligations à un prix fixé par l'émetteur sur le marché primaire, le prix d'émission, dès le lancement d'un nouvel emprunt. L'investisseur peut également acquérir des obligations plus anciennes sur le marché secondaire réglementé d'Euronext au prix auquel s'échange l'obligation : c'est le cours de l'obligation. Les obligations sont cotées sur Euronext en pourcentage de leur valeur nominale. 💻³

---

18 Au sujet des obligations, voir aussi 2ᵉ partie Gestion d'entreprise chap. 32 La gestion financière II, 30.2.4 L'emprunt obligataire.

Exemple : Soit une obligation d'une valeur nominale de 500,00 € qui cote 95 %. Sa valeur de marché est de 500,00 € x 95 % = 475,00 €.

Cependant, le cours de l'obligation n'est pas toujours égal à sa valeur nominale. La valeur des obligations évolue chaque jour en fonction de plusieurs facteurs tels que le taux d'intérêt des marchés, la qualité de l'émetteur et la liquidité du marché[19]. Le cours d'une obligation à taux fixe évolue généralement en sens inverse des taux d'intérêt. Si le taux d'intérêt augmente, la valeur de l'obligation à taux fixe diminue. Inversement, dès lors que le taux d'intérêt diminue, la valeur de l'obligation augmente.[20] [2]

14.2.3 Les titres d'OPCVM

Au lieu d'investir directement en bourse par l'achat d'actions ou d'obligations, l'investisseur peut acquérir un portefeuille* de valeurs mobilières qui est détenu en commun avec d'autres investisseurs, des investisseurs institutionnels (les « zinzins ») ou des particuliers. Ce portefeuille est géré par un organisme professionnel, notamment une société de gestion de portefeuille[21] (banque, société de gestion, compagnie d'assurance). Les plus connus sont les organismes de placement collectif en valeurs mobilières (OPCVM) avec principalement les sociétés d'investissement à capital variable (SICAV) et les fonds commun de placement (FCP).[22] La plus grande différence entre les SICAV et les FCP est d'ordre juridique. Les détenteurs de SICAV sont actionnaires d'une société anonyme[23], tandis que les propriétaires de FCP reçoivent des parts et deviennent copropriétaires du fonds.[24]

14.2.3.1 La composition des OPCVM

L'épargnant en OPCVM peut investir dans un produit financier diversifié. Avec le soutien de spécialistes, il décide de la composition de son portefeuille selon une stratégie

---

19 Pour une explication du terme « liquidité du marché », consultez le chapitre 13.

20 Voir Bourachot et al. (2006), pp. 32 et 96ss, Merville (2006), pp. 23s et Autorité des marchés financiers, *Produits et supports d'investissement. Types de produits : Obligations* (publié le 26-6-2013). Disponible à l'URL : http://www.amf-france.org/Epargne-Info-Service/Produits-et-supports-d-investissements/Types-de-produits/Obligations.html?, consulté le 13-2-2016.

21 Voir chap. 10 Les institutions financières, 10.2.1 Le entreprises d'investissement.

22 On appelle OPCVM les organismes financiers qui gèrent les fonds d'investissement et aussi les titres émis par ceux-ci. Il en est de même pour les SICAV et FCP.

23 Voir 2ᵉ partie Gestion d'entreprise, chap. 20 L'approche juridique de l'entreprise II, 20.3.3 La société anonyme.

24 Voir ABC Bourse, *Connaître les OPCVM, partie 1*. Disponible à l'URL : http://www.abcbourse.Com /apprendre/3_les_opcvm1.html, consulté le 8-2-2016.

d'investissement fixée à l'avance. Il peut, par exemple, choisir des titres représentants une zone géographique particulière ou un secteur d'activité qui lui apparait prometteur. Ainsi, les OPCVM aident à répartir les risques de perte de valeur sur plusieurs titres. [3] En outre, l'investisseur ne doit pas nécessairement disposer d'un capital important pour investir. ☺

14.2.3.2 La valeur d'un titre d'OPCVM

Nous avons vu qu'avec ce type de produit, l'investisseur devient propriétaire d'une fraction d'un portefeuille composé de différentes valeurs mobilières dont les prix sont déterminés en bourse. Le prix d'une fraction d'OPCVM, par contre, n'est pas déterminé en bourse. La valorisation d'une part d'un FCP ou de l'action d'une SICAV se mesure grâce à la valeur liquidative* (VL) qui est communiquée régulièrement par la société de gestion de portefeuille. La VL s'obtient en divisant le montant global du portefeuille, évalué au prix du marché, par le nombre de parts (FCP) ou d'actions (SICAV) émises.[25] En conséquence, la valeur liquidative évolue en fonction du cours boursier des titres qui composent le portefeuille. 💻[4]

Pour obtenir le prix d'achat (prix de souscription) ou le prix de vente (prix de rachat) d'une action de SICAV ou d'une part de FCP, on utilise quatre variables : la valeur liquidative (VL) et les frais d'entrée, appelés commissions de souscription (CS), ou des frais de sortie éventuelles, appelés commissions de rachat (CR). L'investissement en OPCVM est donc calculé comme décrit ci-dessous.[26]

Prix d'achat = [VL + CS] x nombre de parts ou d'actions achetées
Prix de vente = [VL − CR] x nombre de parts ou d'actions vendues

14.3 Les marchés dérivés

Les marchés dérivés sont des marchés financiers organisés et réglementés sur lesquels on négocie des produits dérivés*. Euronext Paris SA gère deux marchés dérivés réglementés à Paris : MATIF et MONEP.

Sur le MATIF (Marché à terme des instruments financiers) sont cotés des contrats à terme* (*futures* et *forwards*). Le MONEP (Marché des options négociables de Paris)

---

25 Voir Delaplace (2003), p. 198.
26 Voir Autorité des marchés financiers, *La valeur liquidative d'un OPC (SIVAC et FCP)*, publié le 24-11-2013, p. 3. Disponible sur http://www.amf-france.org/Publications/Guides/Pedagogiques.html?docId=workspace%3A%2F%2FSpacesStore%2F5978b362-4ee0-4677-8861-c8d7f29c26b, consulté le 8-8-2015.

cote des options* négociables.[27] D'autres produits dérivés (*forwards, swaps*) se réalisent par des transactions de gré à gré (angl. *OTC, over the counter*) : ils sont traités directement entre les parties contractantes en dehors de la bourse.[28]

Les produits dérivés sont des instruments financiers conçus sur la base des produits classiques tels que les actions ou les obligations qui servent de supports. Nous présenterons ci-après trois produits dérivés : les contrats à terme, les options et les *swaps* de taux d'intérêt.[29] 🖳²

14.3.1 Les contrats à terme

Un contrat à terme (angl. *future*) est un contrat standardisé négocié sur un marché dérivé organisé, en France le MATIF. Le principe du contrat à terme consiste à vendre ou à acheter une quantité donnée d'un certain produit, appelé l'actif sous-jacent* (angl. *underlyings*). Le sous-jacent peut être une matière première (café, blé, pétrole, maïs, etc.) ou un produit financier (action, taux, indice). Le contrat prévoit que le vendeur doit fournir, à un prix convenu, un montant (ou une quantité) convenu d'un actif sous-jacent à une date convenue. L'acheteur, quant à lui, est tenu d'acheter ou de prendre livraison de l'actif sous-jacent au prix donné et à une date d'échéance fixée d'avance.

Les contrats à terme se terminent par une livraison ou un règlement à l'échéance. C'est pourquoi on les appelle parfois des contrats à terme « ferme ». Mais, comme l'échange du sous-jacent est décalé dans le temps, le contrat peut être revendu avant l'échéance évitant ainsi la livraison du sous-jacent. Dans ce cas, le détenteur du contrat procède au « dénouement » ou « débouclage » de sa position. Pour déboucler sa position, il doit prendre une position en sens inverse de celle prise initialement (une vente pour un achat, un achat pour une vente) avec le même nombre de contrats de la même échéance. S'il y a des pertes, l'investisseur doit payer la différence entre l'achat et la vente ou la vente et l'achat. Si l'opération réalise un gain, il encaissera la différence entre l'achat et la vente ou la vente et l'achat de ses contrats.

---

27 Voir Autorité des marchés financiers, *Marché financier et infrastructure. Marché réglementé* (publié le 3-6-2015). Disponible à l'URL : http://www.amf-france.org/Acteurs-et-produits/Marches-financiers-et-infrastructures/Marches-reglementes.html?, consulté le 17-4-2015.
28 Voir Bourachot et al. (2006), pp. 126ss et 132.
29 Les warrants, les stocks options et des produits dérivés spécifiques ne sont pas précisés ici. Les *stock* options sont abordées dans la 2ᵉ partie Gestion d'entreprise, chap. 25 La gestion des ressources humaines I, 25.4 La rémunération.

14.3.2 Les options

Une option* est un instrument financier négocié sur un marché organisé des produits dérivés du groupe EURONEXT (le MONEP) ou de gré à gré. Elle donne à son détenteur la possibilité d'acheter ou de vendre un actif sous-jacent à un prix prédéterminé, dénommé le prix d'exercice*, pendant la durée du contrat. Contrairement aux contrats à terme, une option confère un droit et non d'une obligation d'acheter ou de vendre un produit. Le seul engagement ferme de l'acheteur de l'option est le versement au vendeur d'une prime, appelée le premium*. Le vendeur de l'option, par contre, est obligé de vendre ou d'acheter l'actif sous-jacent, si l'acheteur exerce son droit. Le droit d'acheter ou de vendre l'actif sous-jacent est exerçable soit pendant une période fixe jusqu'à l'échéance (les options américaines*) soit seulement à la fin de la durée de vie de l'option (les options européennes*).[30]

Quatre types d'options sont possibles : l'achat et la vente d'une option d'achat (*call*) ainsi que l'achat et la vente d'une option de vente (*put*).[31]

14.3.2.1 L'option d'achat (angl. *call*)

L'investisseur peut décider d'acheter ou de vendre un *call*. L'achat d'un *call* lui ouvre la possibilité d'acheter la quantité d'actif support prévue pendant une durée déterminée au prix fixé au moment de l'achat (le prix d'exercice). Il n'a qu'à verser le prémium au vendeur. Lorsque les cours montent au-dessus du point mort*, c'est-à-dire le prix d'exercice augmenté du premium, l'acheteur réalise des gains potentiellement illimités. En cas de baisse des cours, ses pertes sont limitées au montant du prémium.[1]

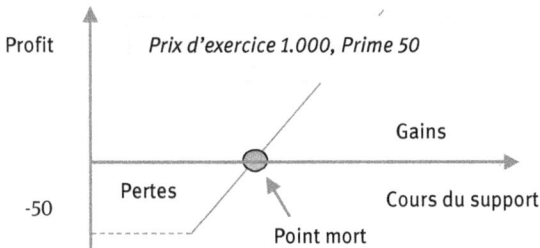

Figure 14.5 : L'achat d'une option d'achat (achat de *call*)

---

30 Voir Zambotto (200), p. 51.
31 Voir les définitions de Bourachot et al. (2006), pp. 132s et Zambotto (2000), pp. 53–58. Les illustrations simplifiées des différents types d'options sont alignées à celles de Zambotto.

Il en est différent pour le vendeur du *call*. La vente d'un *call* engage l'investisseur, sur la durée du contrat, à vendre l'actif sous-jacent si l'acheteur exerce son droit. Son gain est limité au premium, mais ses pertes sont potentiellement illimitées lorsque le cours de l'action monte.

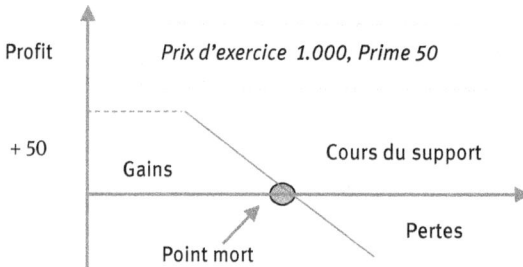

Figure 14.6 : La vente d'une option d'achat (vente de *call*)

14.3.2.2 L'option de vente (angl. *put*)

L'investisseur peut décider d'acheter ou de vendre un *put*. L'achat d'un *put* lui confère le droit de vendre un produit au prix d'exercice fixé d'avance. Il achète une option de vente et verse le premium au vendeur. Si le cours baisse, il a le droit de vendre le produit au prix d'exercice. Cependant, si le cours augmente, il abandonnera l'option et ne perdra que la prime.

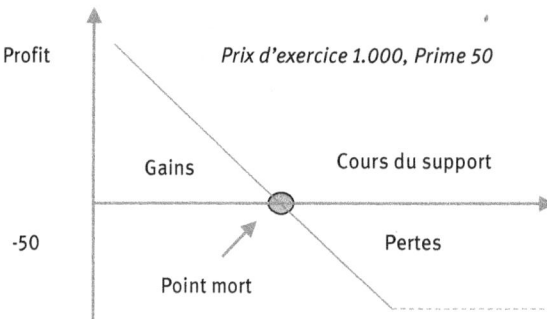

Figure 14.7 : L'achat d'une option de vente (achat d'un *put*)

Tout comme le vendeur du *call*, le vendeur du *put* n'a pas de choix, il est soumis à la décision de l'acheteur. Ses gains sont limités au prémium lorsque l'investisseur abandonne l'option, mais ses pertes sont immenses en cas d'une fausse anticipation de sa part. ☝¹ ✍³

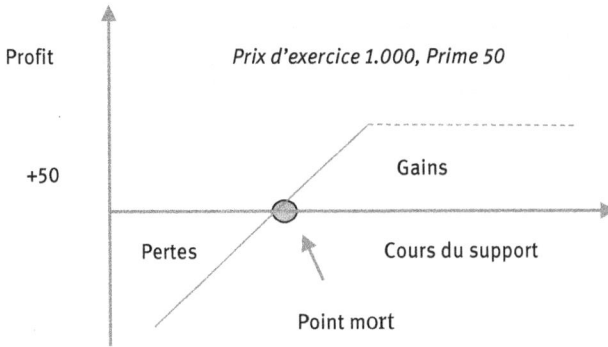

Figure 14.8 : La vente d'une option de vente (vente d'un *put*)

14.3.3 Le *swap* de taux d'intérêt

Le terme provient du mot anglais « *to swap* » *ce* qui signifie en français « échanger ». Il existe un grand nombre de *swaps*, par exemple les *swaps* de devises, d'actions ou sur matières premières. À titre d'exemple, nous décrirons le s*wap* de taux d'intérêt (angl. *Interest Rate Swap*), appelé aussi contrat d'échange de taux d'intérêt. 📇[3]

Un *swap* de taux d'intérêt est un contrat de gré à gré qui permet d'échanger un taux fixe contre un taux variable ou inversement.[32] Ainsi, une opération de *swap* peut être utilisée par une entreprise pour se couvrir contre le risque de taux. [4]

> **Exemple** : Supposons une entreprise, la Société *Grand SA*, anticipant une baisse des taux souhaite transformer un endettement à taux fixe (2,5 %) auprès de sa banque (banque A) en un endettement à taux variable (sur Euribor 3 mois). Pour ce faire, il lui suffit de trouver une contrepartie, par exemple une banque (banque B), qui acceptent de lui payer le taux fixe en échange du taux variable. La mise en place du *swap* ne modifie pas l'emprunt. La société *Grand SA* continue de payer à sa banque A les intérêts fixes de 2,5%. Mais à chaque échéance, les deux contreparties (société *Grand SA* et banque B) échangent le différentiel d'intérêts ; le montant du *swap* n'est pas échangé (fig. 14.3).

Si, au contraire, la société est endettée à taux variable et qu'elle anticipe une hausse des taux d'intérêt, elle conclura un *swap* par lequel elle échangera son taux variable contre un taux fixe. 📑[2]

Les *swaps* de taux sont également des instruments de spéculation. Ils permettent à un spéculateur*, anticipant une évolution inverse de celle prévue par la société qui souhaite se couvrir, de spéculer sur l'évolution des taux.

---

32 Voir Bourachot et al. (2006), p. 144.

14.3.4 L'utilité des marchés dérivés

Tous les instruments dérivés peuvent être utilisés dans les buts de couverture, de spéculation et d'arbitrage.

La stratégie de couverture (angl. *hedging*) vise à se couvrir contre la variation des prix d'une marchandise ou d'un cours. Le *hedger** anticipant une fluctuation défavorable du prix du sous-jacent acquiert un produit dérivé pour s'assurer contre le risque de perte d'argent. Ainsi, une opération de couverture peut consister à acheter des options de vente (*put*) pour se protéger d'une éventuelle baisse des actions détenues. Si le cours des actions baisse, le montant du *put* augmentera et permettra de compenser la baisse de la valeur des actions.

Cependant, pour qu'un *hedger* puisse se couvrir contre la variation des prix et des cours, on a besoin d'un spéculateur qui prend une position opposée. La spéculation est une stratégie qui vise à réaliser des gains. Un spéculateur qui anticipe une baisse des prix ou cours vend des contrats. En les rachetant moins chers quand la date d'échéance approche, il réalise une plus-value. À l'inverse, s'il anticipe une hausse des cours, il achète des contrats, ce qui lui permet de les revendre plus cher plus tard. La spéculation assure donc la liquidité des marchés et permet aux *hedgers* de trouver des contreparties.

L'arbitrage consiste dans des opérations financières sur un même titre réalisées soit sur différentes places boursières soit sur différents marchés (au comptant et à terme). Le but est de tirer profit des différences de cours du titre entre les différentes places boursières ou les différents marchés.[33]

14.4 Le fonctionnement de la bourse des valeurs

Nous avons appris que la bourse des valeurs est le lieu de négociations et d'échanges de valeurs mobilières entre offreurs et demandeurs de capitaux. Les échanges passent par des ordres boursiers. Suite à la confrontation de l'offre et de la demande, appelée la cotation*, un prix (le cours) est déterminé. Le règlement se fait en général au comptant mais, dans certains cas, un règlement de manière différée est possible.

14.4.1 La passation des ordres

L'ordre boursier correspond à une opération par laquelle un investisseur acquiert ou cède un titre. La transmission des ordres se fait par courrier, téléphone ou par Internet

---

[33] Voir Bourachot et al. (2006), p. 129.

et est adressé à une société de bourse*. Les ordres sont entrés dans le système informatique de la Bourse de Paris et sont confrontés entre eux. Pour acquérir des titres, il faut transmettre des ordres d'achat. Pour les vendre, on doit passer des ordres de vente. Pour que les ordres soient valables, certaines indications sont obligatoires : [34]

- la date de l'opération
- le sens de l'opération (achat ou vente)
- le nom de la société cotée en bourse et/ou son code ISIN[35]
- la nature du titre (action, obligation, etc.)
- la quantité de titres
- le type d'ordre de bourse et sa limite
- la durée de validité

On distingue généralement cinq ordres boursiers différents que nous présenterons brièvement ci-après.[36]

(1) L'ordre au prix du marché (ou à tout prix) est exécuté sans limite de prix tant qu'il y a des titres à vendre et à acheter. Le facteur déterminant est la quantité de titres et non le cours. Cet ordre a la priorité sur les autres ordres et est exécuté immédiatement. (2) L'ordre à cours limité fixe le cours d'achat maximum et/ou le cours de vente minimum. C'est l'un des ordres les plus utilisés. L'ordre ne sera pas exécuté, si le prix de marché est supérieur (pour un ordre d'achat) ou inférieur (pour un ordre de vente) à la limite fixée. (3) L'ordre à la meilleure limite ne connaît aucune indication de prix. Il est exécuté à la meilleure offre (pour un ordre d'achat) ou la meilleure demande (pour un ordre de vente). (4) L'ordre tout ou rien fixe la quantité et le cours d'exercice. Il doit toujours trouver sa contrepartie exacte en quantité et en cours d'exécution. S'il est impossible de l'exécuter, l'ordre est mis en réserve dans l'attente d'une exécution ultérieure. Cet ordre est pratiqué lorsque le volume des titres échangés est faible.

(5) L'ordre à déclenchement comporte deux catégories. Premièrement, l'ordre à seuil de déclenchement : l'investisseur définit un niveau de prix à partir duquel l'achat ou la vente est déclenché. Dès lors que ce cours est dépassé, l'ordre devient un ordre du marché. Deuxièmement, l'ordre à plage de déclenchement : l'investisseur fixe deux prix : un seuil de déclenchement et une limite de prix. L'ordre est déclenché dès que le seuil indiqué par l'investisseur est atteint. Il n'est plus exécutable lorsque le prix du titre atteint la limite fixé par l'investisseur.

---

34 Voir Spieser (2003), pp. 212s.

35 Il s'agit d'un code international attribué à un titre financier permettant de le distinguer des autres titres. Il a remplacé l'ancien code SICOVAM qui était un code national français.

36 Pour les définitions des ordres boursiers, voir Bourachot et al. (2006), p. 79 et Spieser (2003), pp. 214–217.

Les ordres sont introduits dans un carnet d'ordres* qui permet aux investisseurs de visualiser la confrontation entre les acheteurs et les vendeurs d'un titre, en indiquant, sous forme de tableau, les meilleures demandes (les acheteurs) et les meilleures offres (les vendeurs). ⌨³ 💻⁵

14.4.2 La cotation

Lors de son admission sur un marché financier, un titre est coté. La cotation* (angl. *listing*) est la fixation d'un prix (le cours) sur un marché. Le cours d'une action est réglé par la loi de l'offre et de la demande[37]. À un instant donné, il est égal au prix auquel le plus grand nombre de titres pourra être échangé. On distingue deux catégories de cotation : la cotation en continu et la cotation au *fixing*.

La cotation en continu est utilisée pour les valeurs dont les transactions dépassent les 2500 par an. La cotation s'effectue de manière continue de 9 h à 17 h 35. Car les contreparties sont nombreuses, il n'existe aucun problème de liquidité. En fin de journée, il y a un *fixing* qui donne le cours de clôture*. Ce cours sera à nouveau affiché le lendemain en ouverture de séance.

La cotation au *fixing* est une cotation pour les titres moins liquides. Il est donc particulièrement difficile d'obtenir une contrepartie qui souhaite vendre ou acheter un titre. Pour les sociétés cotées sur Euronext, il y a deux *fixing* par jour. Pour les sociétés négociées sur Alternext, il y a un seul *fixing* par jour.[38]

14.4.3 Le règlement des transactions boursières

Deux types de règlements coexistent à la Bourse de Paris : le règlement au comptant et le règlement différé.

Depuis 2000, le règlement au comptant* constitue la norme, c'est-à-dire le règlement des titres et leur livraison sont simultanés. Ainsi, lorsque l'investisseur décide d'acheter des actions, il les paie et les reçoit instantanément. Pourtant, certaines grandes valeurs peuvent être payées de manière différée. Le service de règlement différé (SRD) qui remplace l'ancien système du règlement mensuel, permet aux investisseurs d'acheter de titres à terme et à crédit. Ainsi, un investisseur peut acheter et vendre des titres sans avoir à les régler ou à les livrer immédiatement, car le règlement et la livraison n'interviennent qu'à la fin du mois boursier.

---

[37] Pour ce qui concerne la loi de l'offre et de la demande, voir aussi chap. 3 Les interdépendances économiques, 3.3 Les marchés et la figure 3.1.

[38] Voir Euronext, *Questions fréquentes - La cotation de valeurs*. Disponible à l'URL : https://www.euronext.com/fr/content/questions-fr%C3%A9quentes-%E2%80%93-la-cotation-de-valeurs, consulté le 12-2-2015.

Cette possibilité permet à l'investisseur d'effectuer des opérations dites « à découvert ». On parle de vente à découvert lorsqu'un investisseur vend des titres qu'il ne possède pas le jour de la vente, mais qu'il envisage d'acquérir à une date prévue. Anticipant une baisse des cours, il les vend au prix de marché pour les racheter à un prix inférieur au prix d'achat avant le terme. Lorsque l'anticipation se réalise, la différence entre le prix de vente et le prix de rachat formera son bénéfice. [5] Lorsqu'un investisseur parie à la hausse d'un titre, il effectue un achat à découvert, c'est-à-dire il achète des titres pour les vendre plus chers après.

Le vendeur à découvert a une position dite courte (angl. *short position*), contrairement à l'acheteur d'un titre qui détient une position longue (angl. *long position*). Les transactions en découvert ne demandent que le paiement d'une commission et le dépôt d'une couverture au compte du donneur d'ordres, c'est-à-dire une garantie se situant entre 20% et 40% de la valeur des titres concernés. Ainsi, le SRD permet de bénéficier d'un effet de levier*. 🖥[4] Cependant, seulement les principales sociétés françaises et étrangères négociées à Paris (par ex. *Air France-KLM*) peuvent utiliser le règlement différé.[39] 🖥[6]

14.5 Les indicateurs de la bourse

Les indicateurs de la bourse permettent de déterminer la compétitivité d'un titre ou d'une entreprise (ratios boursiers) et la performance générale d'un marché (indices boursiers). Deux indicateurs, la plus-value (voir ci-dessus 14.2.1.1) et la capitalisation boursière (voir ci-dessus 14.2.1.2), ont déjà été mentionnées plus haut dans ce chapitre. Nous présenterons ci-après quatre autres indicateurs importants : le bénéfice net par action, le *Price Earning Ratio*, le rendement et les indices boursiers.

14.5.1 Le bénéfice net par action

Le bénéfice net par action (BPA, angl. *Earnings per share*) correspond au montant qu'un actionnaire pourrait obtenir pour chaque action à un moment donné. Il est calculé en divisant le total des profits de l'entreprise par le nombre d'actions.[40]

---

39 Voir ABC Bourse, *Le Service de Règlement Différé (SRD), partie 1*. Disponible à l'URL : http://www.abcbourse.com/apprendre/1_le_fonctionnement_du_srd1.html avec une liste des sociétés éligibles au SRD. ABC Bourse, *La vente à découvert (VAD)*. Disponible à l'URL http://www.abc bourse.com/apprendre/1_vad.html, consultés le 12-2-2015. Voir aussi Bourachot et al. (2006), pp. 76s.
40 Calcul simplifié du ratio, voir EasyBourse, *Les ratios boursiers*. Disponible à l'URL : https://www.easybourse.com/bourse/pedagogie/fiche/les-ratios-boursiers-143, consulté le 30-8-2015.

$$BPA = \text{résultat net/nombre d'actions}$$

Un BPA élevé signifie une valeur élevée de l'action. Un BPA bas indique une faible valeur de l'action. Lorsque, par exemple à la suite d'une augmentation de capital[41], le nombre des actions en circulation augmente et que le résultat reste le même, le BPA baissera et peut avoir pour conséquence une diminution de la valeur d'une action.

14.5.2 Le *Price Earning Ratio*

Le *Price Earning Ratio** (PER), parfois appelé « multiple de capitalisation* », est un ratio qui permet d'évaluer le prix d'une action et de comparer sa valeur par rapport aux autres valeurs du même secteur. Il se calcule par les relations suivantes :

$$PER = \text{Cours de l'action à une date donnée/bénéfice net par action attendu}$$
$$PER = \text{Capitalisation boursière/Résultat net de l'entreprise}$$

De manière générale, on peut dire, si le PER est élevé, l'action est chère et des profits énormes sont probables. Cependant, elle peut aussi être jugée surcotée et faire craindre une baisse du cours. Un PER bas, par contre, signifie que l'action est bon marché et que l'entreprise risque de tomber en difficulté. Toutefois, il peut aussi signaler la sous-évaluation du titre et inciter les investisseurs à l'acheter.

> **Exemple :** Une société affiche un cours boursier de 10.000,00 € au 31/12. Elle a réalisé un bénéfice net par action de 1.000,00 €. Le PER de la société sera 10.000,00/1.000,00 = 10.

Le PER a pour but d'étudier la cherté du prix d'une action en indiquant ce que l'investisseur est prêt à payer pour toucher un euro de bénéfice. Un PER de 10 signifie que le cours de l'action est égal à 10 fois le bénéfice par action ou que la capitalisation boursière est égale à 10 fois le bénéfice net annuel. Cela veut dire que les investisseurs sont prêts à payer pour une action 10 fois le bénéfice généré par action ou que la société vaut en bourse 10 fois son bénéfice estimé pour cette année. [42]

---

41 Voir 2ᵉ partie Gestion d'entreprise, chap. 32 La gestion financière II, 32.2.2 L'augmentation de capital.
42 Voir Bourachot et al. (2006), pp. 60 et 87. EasyBourse, *Les ratios boursiers*. Disponible à l'URL : https://www.easybourse.com/bourse/pedagogie/fiche/les-ratios-boursiers-143 et ABC Bourse, *Le Price Earning Ratio (PER)*. Disponible à l'URL : http://www.abcbourse.com/apprendre/12_lecon_af_9_partie2.html, consultés le 30-8-2015.

14.5.3 Le rendement boursier

Le rendement est le revenu que procure un titre à son détenteur à un moment donné.[43] Il est calculé en mettant en rapport les dividendes annuels obtenus par action et les cours d'achat et de vente.

Rendement = Dividende + (Prix de revente – Prix d'achat)/Prix d'achat

Exemple : Une action achetée au cours de 100,00 € au 1/1/2015 et revendue à 120,00 € à la fin de l'année a procuré un dividende de 5,00 €. Son rendement a été 25%

Le rendement, exprimé en pourcentage, permet de calculer l'attrait des différentes valeurs pour l'investisseur et de comparer l'attractivité d'une action par rapport à d'autres placements (par ex. un compte d'épargne, des obligations, etc.). 💻[4]

14.5.4 Les indices boursiers

Les indices boursiers* sont des indicateurs qui permettent d'évaluer l'état du marché d'un pays, d'une zone économique et financière ou d'un secteur et de mesurer l'évolution générale des cours sur un marché. Pour obtenir la valeur d'un indice, on prend un certain nombre de titres représentatifs d'un marché et calcule la moyenne de leur évolution. Voici les indices de la place de Paris.

Le CAC 40 (cotation assistée en continue) est déterminé à partir des cours de 40 actions des sociétés les plus importantes cotées en continu sur EUROLIST. Ces valeurs reflètent la tendance globale des grandes entreprises françaises. Il est mis à jour toutes les 30 secondes pendant la journée. Le CAC 40 est également utilisé comme support pour les options et les contrats à terme. L'indice SBF 120 et l'indice SBF 250 portent respectivement sur des échantillons de 120 et 250 entreprises cotées sur le marché boursier. En 2014, Euronext a créé un indice spécialement dédié aux PME, le CAC PME. Ce dernier est composé de 20 à 40 sociétés françaises cotées de valeurs petites ou moyennes. 💻[7]

Les indices européens ont été créés lors du passage à l'euro des bourses de la zone euro. Le plus utilisé est l'EuroStoxx 50 (DJS 50) qui regroupe 50 valeurs significatives cotées sur différentes places boursières de la zone euro.

Enfin, vous trouverez ci-après les principaux indices boursiers à l'étranger. Le DAX 30 est l'indice des 30 actions les plus importantes de la Bourse de Francfort. Le Dow Jones est l'indice de la Bourse de New York. Il repose sur 30 valeurs industrielles les plus importantes. Le FTST 100 (ou FOOTSIE) représente l'indice de la Bourse de Londres comprenant 100 sociétés représentatives en volume du marché londonien.

---

43 Voir Spieser (2003), p. 54.

Le Nasdaq mesure toutes les valeurs américaines et étrangères cotées à New York. Le Nikkei 225 est établi d'après les cours de 225 valeurs cotées à Tokyo.[44] 💻8

Vocabulaire

Action *f*	Titre financier qui représente une part du capital d'une société et confère des droits à son détenteur
Autorité des marchés financiers *f* (AMF)	Organisme chargé de contrôler les marchés de capitaux français
Bourse *f* des valeurs	Lieu où s'échangent les valeurs mobilières*
Call *m* (angl.)	Option d'achat
Carnet *m* d'ordres	Liste affichant les ordres du marché pour un produit coté en bourse
Capitalisation *f* boursière	Indicateur qui évalue la valeur de la société cotée en bourse à un moment donné
Clôture *f*	Ici : fermeture de la cotation* des valeurs mobilières*
Contrat *m* à terme (angl. *future*)	Engagement ferme d'acheter ou de vendre une quantité convenue d'un actif à un prix convenu et à une date future convenue
Cotation *f* (coter *v tr*)	Fixation du prix d'une transaction boursière
Cotation *f* en continu	Cotation* se déroulant en continu avec un fixing* à la clôture*
Cotation *f* au fixing	Cotation* avec un fixing* à des heures fixes
Cote *f*	Bourse des valeurs*
Entreprise *f* de marché	Société qui assure le fonctionnement d'un marché réglementé
Fonds commun de placement *m pl* (FCP)	Part d'un portefeuille* de titres diversifiés et l'organisme émetteur des titres
Fixing *m* (angl.)	Technique de calcul du cours d'un titre financier par confrontation des ordres d'achat et de vente
Hedger *m* (angl.)	Intervenant en bourse qui souhaite s'assurer contre les risques de fluctuation de prix ou de cours ou change
Indice *m* boursier	Indicateur qui mesure l'évolution d'un marché boursier
Investisseur *m* institutionnel (« zinzin »)	Institution financière qui place une grande partie de ses ressources en valeurs mobilières* et influe ainsi sur l'évolution des cours boursiers
Marché *m* financier	Marché de capitaux à long terme
Marché *m* primaire	Marché « du neuf » où sont émis les titres
Marché *m* réglementé	Marché soumis à des règles strictes concernant la diffusion et la transparence des informations qui constituent des protections pour les investisseurs
Marché *m* secondaire	Marché « de l'occasion » où sont négociés les titres déjà émis
Marché *m* dérivé	Marché sur lequel sont négociés des produits dérivés*
Nominal *m*	Somme que l'émetteur d'une obligation s'engage à rembourser (aussi appelé le principal*)
Obligation *f*	Titre financier qui représente une créance sur l'entreprise et procure à son détenteur des intérêts

---

44 Voir Bourachot et al. (2006), pp. 80s.

OPCVM m	Organisme de placement collectif de valeurs mobilières et les produits financiers émis par celui-ci (voir SICAV* er FCP*)
Option f	Instrument financier représentant le droit d'exercer l'achat ou la vente d'un actif sous-jacent*
Option f américaine	Option* exerçable pendant la durée du contrat
Option f européenne	Option* exerçable uniquement à l'échéance
Point m mort	Seuil de rentabilité à partir duquel les recettes reçues dépassent les dépenses d'un investisseur
Plus-value f	Différence entre le prix de vente et le prix d'achat d'un titre
Portefeuille m	Ensemble des valeurs mobilières* détenu par un investisseur
Premium m	Prime payée par l'acheteur d'une option* au vendeur
Price Earning Ratio m (angl.)	Indicateur boursier qui permet d'évaluer le prix d'une action, appelé aussi « multiple de capitalisation »
Principal m	Voir nominal*
Prix m d'exercice	Prix auquel une transaction financière (achat ou vente d'un titre) sera exercée à l'échéance
Produit m dérivé	Contrat par lequel deux parties fixent à l'avance le prix auquel ils peuvent acheter ou vendre un actif sous-jacent*
Put m (angl.)	Option* de vente
Règlement m au comptant	Système de règlement des transactions boursières où le paiement et la livraison des titres sont exécutés simultanément
Service m de règlement différé (SRD)	Système de règlement des transactions boursières où le paiement est exécuté après la livraison des titres
Société d'investissement à capital variable f pl (SICAV)	Part d'un portefeuille* de titres diversifiés ainsi que la société émettrice
Société f de bourse	Intermédiaire financier agrée par l'AMF* chargé de mettre en relation les acheteurs et les vendeurs sur le marché financier
Sous-jacent m et adj	Actif support sur lequel porte un produit dérivé
Spéculateur m	Personne anticipant une évolution du cours d'un titre qui l'achète ou le vend afin de réaliser des gains
Swap m (angl.)	Opération d'échange d'un taux fixe contre un taux variable
Valeur f mobilière	Titre financier négociable sur un marché boursier (action*, obligation*, OPCVM*)

Activités

📖 Compréhension

[1] Quelle est l'utilité des actions de préférence pour l'entreprise et l'investisseur ?

[2] Expliquez pourquoi le cours d'une obligation augmente lorsque le taux d'intérêt diminue.

[3] Pourquoi dit-on que les OPCVM réduisent les risques des épargnants ?

[4] Décrivez le fonctionnement du *swap* de taux illustré dans la figure 14.3. Quels sont les flux d'intérêt en cas d'une baisse à 2%.

[5] Quels sont les avantages de la vente à découvert pour un vendeur ? Qu'est-ce qui se passe si l'anticipation du vendeur ne se réalise pas ?

✍ Travail écrit

1. Calculez la capitalisation boursière des entreprises indiquées ci-dessous.

   a) La société Dupont SA a été créée avec 10.000 actions. L'action vaut 400,00 €.

Capitalisation boursière =

   b) La société Fox SA a été créée avec 20.000 actions. L'action vaut 200,00 €.

Capitalisation boursière =

2. Comparez les caractéristiques des actions et des obligations.

Caractéristiques	Actions (ordinaires)	Obligations
(1) Type de titre		
(2) Statut de l'apporteur		
(3) Rémunération		
(4) Droit de participation		

3. Le vocabulaire des options. Trouvez les synonymes des termes indiqués ci-après.

Vocabulaire	Synonymes
(1) Produit support	
(2) Option d'achat	
(3) Option de vente	
(4) Prix de l'option	
(5) Prix de vente fixé à l'avance	
(6) Fin de la durée du contrat	

4. Calculez les PER de l'action X, cotée 1.000,00 €, pour les bénéfices /action attendus.

Bénéfice/action X	20,00 €	50,00 €	100,00 €
PER			

▶ Études de cas

1. Un investisseur achète, le 5 mai, une option d'achat sur 100 actions X à échéance fin juillet. Le prix d'exercice est de 1.000,00 €. Le premium est de 100,00 €. L'action est coté 980,00 €.

   a) Quels deux scénarios sont possibles ?

   b) Quels seraient les résultats en cas de vente du *call* ?

2. Soit une société Petit SA endettée à taux variable sur Euribor 3 mois. Anticipant une hausse des taux d'intérêt, elle conclut avec une autre banque un *swap* de taux par lequel elle échange le variable contre un taux fixe de 2,5 %. Quels deux scénarios sont possibles ?

3. Monsieur Rouge a placé un ordre d'achat de 30 actions avec une limite de 9,510 €. Son ordre sera-t-il exécuté ? Quel ordre d'achat devrait-il passer pour être sûr qu'il sera exécuté ? Voici le carnet d'ordre après la passation de l'ordre.

	Achat		Vente		
Nombre	Quantité de titres	Prix	Prix	Quantité de titres	Nombre
1	30	9,510	9,632	25	1
4	1.000	9,321	9,660	20	1
1	5	9,152	9,713	500	1
20	1.200	9,074	9,810	650	1
3	150	8,988	9,825	220	1

4. Madame Fort a acheté une action au prix de 100,00 € en début de l'année qui lui a procuré un dividende de 3,00 €. Elle l'a revendue à 110,00 € à la fin de l'année. Quel est le rendement ?

Rendement =

☺ Discussion

Le choix des épargnants en faveur d'un titre de placement est fonction de la pondération de quatre critères : la sécurité, le rendement ou la plus-value, la liquidité et la fiscalité. Discutez les avantages et les inconvénients d'un investissement en actions, obligations et OPCVM en fonction de ces critères.

🏛 Thèmes d'exposé

1. Une introduction en bourse – déroulement et raisons
2. Les *hedge funds* – fonctionnement et risques
3. Les contrats de garantie de taux : CAP et COLLAR
4. L'effet de levier offert par le SRD

🖳 Recherche

1. Sur le site Internet d'Eurolist, recherchez des entreprises nouvellement introduites en bourse.
2. Pendant huit jours, suivez l'évolution de deux sociétés cotées en continu sur Eurolist et présentez les résultats de votre recherche.
3. Recherchez la valeur et l'évolution des obligations de trois grandes sociétés françaises.
4. Recherchez la valeur liquidative de quelques OPCVM sur le site de l'AFM.
5. Recherchez le carnet d'ordres actuel (les ordres d'achat et de vente) d'une société française cotée en bourse.
6. Recherchez quelques sociétés (françaises, autres) cotées au SRD.
7. Recherchez l'évolution récente du CAC 40.
8. Recherchez l'évolution des plus importants indices du monde.

2ᵉ partie : **Gestion d'entreprise**

Par opposition à l'économie générale qui étudie les opérations se déroulant à l'intérieur d'une communauté économique, la gestion d'entreprise s'intéresse essentiellement aux phénomènes qui concernent directement une entreprise et son fonctionnement. La deuxième partie, intitulée « Gestion d'entreprise », est subdivisée en quatre autres sections (V à VIII) et en dix-huit autres chapitres (15 à 32).

La cinquième section est dédiée à la **présentation de l'entreprise** (V). Elle donnera des <u>définitions de l'entreprise</u> dans l'optique productive, sociologique et sociale et exposera deux <u>approches théoriques de l'entreprise</u> : l'école classique et l'école des relations humaines (15). L'entreprise est en contact permanent avec les autres acteurs économiques et influencée par des facteurs qui l'entoure. C'est pourquoi, le seizième chapitre sera consacré à l'<u>environnement de l'entreprise</u> (16). Comme l'entreprise n'est pas un organisme statique, mais plutôt un projet en mouvement, nous suivrons dans un prochain chapitre la <u>vie de l'entreprise</u> (17).

Après avoir présenté les caractéristiques communes ou assez similaires de toutes les entreprises, la sixième section mettra en évidence la **diversité des entreprises** (VI). Pour ce faire, nous procéderons à des <u>classifications des entreprises</u> selon certains critères <u>économiques</u> (18), tels que la taille et le chiffre d'affaires, et selon des critères <u>juridiques</u> (19 et 21), notamment la forme juridique.

La septième section présentera la **direction et la politique générale de l'entreprise** (VII). Comme la direction d'une entreprise suppose la mise en place d'une structure organisationnelle, nous commencerons par décrire l'<u>organisation d'une entreprise</u> (22) avant d'examiner, dans un prochain chapitre, la fonction importante de la <u>direction d'entreprise</u> (23). Un autre chapitre fournira une introduction dans la <u>stratégie d'entreprise</u> (24), notamment les méthodes d'analyse stratégique et les plus importants choix stratégiques.

La huitième section portera sur trois **activités de l'entreprise** (VIII).[1] Dans les deux premiers chapitres, nous étudierons la <u>gestion des ressources humaines</u> (25 et 26). Les prochains quatre chapitres traiteront du <u>marketing</u> (27 à 30). Nous présenterons les termes basiques du marketing, les principaux outils de l'analyse de marché et les quatre composantes du marketing-mix. Les deux derniers chapitres sont dédiés à la <u>gestion financière</u>. Nous exposerons les notions de base de la comptabilité (31) et détaillerons les plus importants moyens de financement de l'entreprise (32).

---

1 Tout en sachant que les activités des entreprises sont beaucoup plus nombreuses, nous nous limitons ici à trois fonctions importantes de l'entreprise. Les thèmes ont été choisis parce qu'une grande majorité d'étudiants se spécialisent dans les domaines de la gestion des ressources humaines, du marketing et de la gestion financière.

Section V : **La présentation de l'entreprise**

15 Les définitions et les approches théoriques de l'entreprise

La deuxième partie de ce manuel commence par une description générale des entreprises. Nous allons d'abord fournir des définitions de l'entreprise selon différentes optiques. Ensuite, nous résumerons les réflexions en partie différentes de quelques théoriciens au sujet de l'entreprise, notamment celles de l'école classique et de l'école des relations humaines.

Questions

1. Du point de vue économique, comment peut-on définir l'entreprise ?
2. Quelle est l'optique sociologique de l'entreprise ?
3. Quel est l'aspect social de l'entreprise ?
4. Quelle est la conception de l'entreprise diffusée par l'école classique ?
5. Quelle est la conception de l'entreprise prônée par l'école des relations humaines ?

Informations

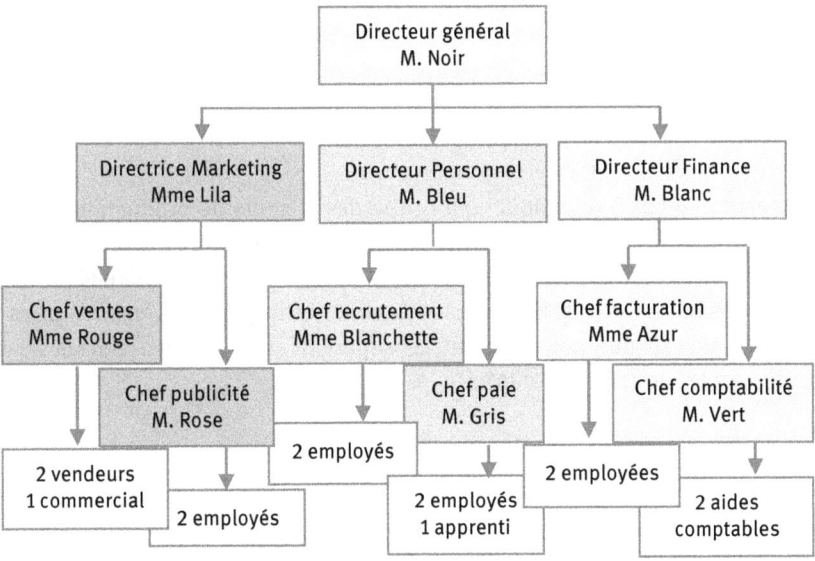

Figure 15.1 : Organigramme simplifié d'une entreprise fictive

Ouvrages

Alberto, Tony/Combemale, Pascal, *Comprendre l'entreprise. Théorie, gestion, relations sociales*, 4ᵉ
    édition, Colin Paris 2004
Bressi, Guiseppe, *Organisation et gestion d'entrepri*se, Foucher Paris 2002
Caillat, Alain/Kéradec, Hervé/Larue, Dominique/Pelletier, Chantal, *Économie d'entreprise*, BTS 1,
    Hachette Technique Paris 1998
Darbelet, Michel/Izard, Laurent/Scaramuzza, Michel, *Notions générales de gestion d'entreprise,
    Organisation, fonctions et stratégie*, Foucher Paris 1995
Darbelet, Michel/Izard, Laurant/Scaramuzza, Michel, *Économie d'entrepris*e, BTS 1, 3ᵉ édition, Fou-
    cher Paris 2004
Foglierini-Caneiro, I., *Organisation et gestion des entreprise*s, 3ᵉ édition, Dunod Paris 1995

L'essentiel

!

15.1 Les définitions de l'entreprise

Selon l'optique adoptée, la notion d'entreprise donne lieu à des interprétations différentes. Du point de vue économique, elle se présente comme un lieu de production et
de répartition des revenus. Examinée sous l'angle sociologique, l'entreprise apparaît
comme une structure organisée où sont prises des décisions de différente ampleur.
Sur le plan social, elle est un endroit qui permet aux individus de communiquer et de
s'épanouir.[1]

15.1.1 L'entreprise – un lieu de production

L'entreprise est un agent économique[2] qui utilise des facteurs de production[3] (matières premières, travail, capital technique et financier) pour produire des biens et des
services. Afin de réaliser des gains, elle cherche à les combiner de manière efficace.
Généralement, les biens et les services produits sont destinés à être vendus sur les
marchés avals* à un prix qui, normalement, est supérieur aux coûts des biens et services procurés sur les marchés amonts*. [1]

---

1 Voir les descriptions de l'entreprise d'après Darbelet et al. (2004), pp. 6, 10 et 64, Caillat et al.
(1998), pp. 20–26 et Darbelet et al. (1995), pp. 6s.
2 Pour la notion d'agent économique, voir 1ᵉʳᵉ partie Économie générale, chap. 3 Les interdépendances économiques, 3.1 Les secteurs institutionnels.
3 Voir 1ère partie Économie générale, chap. 4 La production, 4.1.1. Les facteurs de production.

15.1.2 L'entreprise – un centre de répartition

L'entreprise produit de la valeur ajoutée[4], une valeur supérieure à celle des biens et services nécessaires pour fabriquer. La valeur supplémentaire créée lui permet de rémunérer les fournisseurs du travail et du capital et de continuer la production. L'entreprise est donc un centre de répartition de revenus, car elle répartit la valeur ajoutée entre différents bénéficiaires. Ainsi, le personnel reçoit un revenu qui lui permet de vivre. Les apporteurs de capitaux sont rémunérés pour avoir fourni les ressources financières à l'entreprise. L'État et les administrations publiques prélèvent une part de la valeur ajoutée pour financer, entre autres, l'infrastructure. Enfin, ce qui n'est pas distribué est réinvesti dans l'entreprise.

15.1.3 L'entreprise – une organisation

L'entreprise se présente aussi comme une organisation dans la mesure où elle constitue un ensemble d'individus regroupés au sein d'un organisme structuré. Chaque collaborateur occupe une place bien définie et à chacun sont confiées des tâches différentes. Les individus n'agissent pas indépendamment, mais sont reliés par des liens hiérarchiques et fonctionnels. Souvent, un organigramme* sert à représenter la structure organisationnelle d'une entreprise (fig. 15.1).[5] [2]

15.1.4 L'entreprise – un centre de décision

Pour fonctionner, l'entreprise doit prendre des décisions. Une typologie des décisions souvent utilisée est celle d'Igor Ansoff[6] qui classe les décisions en trois grandes catégories : les décisions stratégiques, tactiques et opérationnelles.

Les décisions stratégiques* sont de long terme. Il s'agit de décisions occasionnelles et d'importance majeure qui portent sur les grandes orientations de l'entreprise : sa production et ses investissements. Elles sont prises par la direction générale et les cadres supérieurs. Les décisions tactiques* sont de moyen terme et plus fréquentes. Elles concernent la réalisation concrète des décisions stratégiques, par exemple le choix d'un partenaire commercial. Elles sont prises par les directeurs de

---

4 Pour plus de détails sur la valeur ajoutée et ses bénéficiaires, voir 1ère partie Économie générale, chap. 4 La production, 4.3 La mesure de la production d'une entreprise.

5 Les structures organisationnelles ainsi que les liens hiérarchiques et fonctionnels sont décrits en plus de détails au chap. 22 L'organisation de l'entreprise.

6 Harry Igor Ansoff, *Stratégie du développement de l'entreprise*, Édition Hommes et Techniques, Puteaux 1968.

services, les chefs d'équipe ou les contremaîtres. Enfin, il y a des décisions opération-nelles* qui sont de court terme et comprennent des décisions très fréquentes telles que l'achat de matières premières. Étant des décisions routinières, elles sont prises par le personnel exécutant (techniciens, vendeurs ou secrétaires). [3] 🖳[1]

15.1.5 L'entreprise – un groupement humain

Outre sa fonction économique de procurer un revenu aux salariés, l'entreprise remplit une fonction sociale, car elle leur permet de se rencontrer, de communiquer et de s'épanouir. ☺[1] Ainsi, elle est un endroit qui réunit différents collaborateurs aux com-pétences et aux attentes différentes, mais qui sont orientés vers un but commun : le développement de l'entreprise. Cependant, les objectifs et attentes des différentes ca-tégories de collaborateurs peuvent diverger et, parfois, être source de frustrations et de conflits. [4] Pour mieux unir le personnel et pour se distinguer des concurrents, les entreprises mettent souvent en place une « culture d'entreprise » qui correspond aux pratiques et aux valeurs partagées par ses collaborateurs. 🖳[2]

15.2 Les approches théoriques de l'entreprise

Selon le contexte socio-culturel de l'époque respective, les perceptions de l'entre-prise, de son organisation et de sa gestion sont divergentes. Ainsi, chaque courant de pensée préconise une conception différente de l'entreprise et des hommes qui y tra-vaillent. Les premiers courants de la pensée économique[7] remontent à la fin du 19e et au début du 20e siècle, l'époque de la révolution industrielle. 🖳[1] De façon exemplaire nous étudierons deux approches théoriques de l'entreprise de cette ère : l'école clas-sique et l'école des relations humaines.

15.2.1 L'école classique

Pour les adhérents de l'école classique, l'entreprise est une unité de production ra-tionnelle. Afin de réaliser un profit maximum, il faut organiser le travail. L'école clas-sique suppose que les hommes aient une aversion naturelle contre l'effort et le travail. Ils cherchent à travailler le moins possible et à gagner le plus possible. Il faut donc les contraindre à travailler et les pousser moyennant le salaire. La vue matérialiste de

---

7 Les courants économiques sont examinés dans la 1ère partie Économie générale, chap. 2 Les théories économiques et politiques, 2.1 Les grands courants de la pensée économique.

l'homme au travail a inspiré Frederick W. Taylor d'organiser le travail d'une manière plus efficace et Henry Fayol de standardiser le processus d'organisation.

15.2.1.1 L'organisation scientifique du travail

Dans le but de rationaliser la production, l'ingénieur américain Frederick Winslow Taylor (1856–1915) a développé l'organisation scientifique du travail (OST)*. Son principe essentiel est la division du travail* grâce à une forte spécialisation.

Au niveau vertical et social, on trouve d'un côté les ingénieurs, responsables de la conception et, de l'autre côté, les ouvriers exécutant les ordres donnés par ces premiers. Au niveau horizontale et technique, la division est réalisée par la décomposition du travail en tâches élémentaires ce qui aboutit à un fractionnement, voire une parcellisation* de la fabrication. À la recherche du *«one best way»**, Taylor réalise une analyse scientifique et détaillée du temps et des mouvements nécessaires pour accomplir une opération. Par le chronométrage* des mouvements ainsi que par la standardisation des gestes, réduites à un minimum, il arrive à diminuer le temps de travail et à éviter le gaspillage de temps.

L'effet positif de cette façon de travailler se traduit par l'augmentation des gains de productivité* et des rendements l'entreprise résultant de la diminution des coûts de production. Cependant, les gestes toujours répétés et le travail fatigant augmentent les accidents de travail, les grèves et l'absentéisme*. En plus, le manque d'initiative et de responsabilité mène à la démotivation des salariés.[8]

15.2.1.2 Henry Fayol et les fonctions de l'entreprise

Tandis que Taylor se préoccupe de la production, l'ingénieur français Henry Fayol (1841–1925) s'intéresse particulièrement à l'organisation administrative du travail. Il regroupe les principales fonctions* d'une entreprise en six catégories et les subdivise en tâches.[9]

La fonction administrative, la direction, est pour lui la fonction la plus importante. Les tâches qu'elle assume sont la prévoyance, l'organisation, le commandement, la coordination et le contrôle. Fayol définit 14 principes pour une bonne gestion sur lesquels les dirigeants doivent s'appuyer.[10]

> Autorité, Centralisation, Discipline, Division du travail, Équité, Hiérarchie, Initiative, Ordre, Rémunération du personnel, Stabilité du personnel, Subordination de l'intérêt individuel à l'intérêt général, Union du personnel, Unité de commandement et Unité de direction.

---

8 Voir Bressi (2002), pp. 18–20.

9 Les fonctions de l'entreprise sont traitées d'une manière plus détaillée au chapitre 22 L'organisation de l'entreprise, 22.1 Les fonctions et les services.

10 Voir Foglierini-Caneiro (1995), pp. 18s.

La fonction technique comprend l'approvisionnement, le stockage et la fabrication des produits. L'achat, la vente et la distribution des produits forment la fonction commerciale. La fonction financière englobe la recherche et la gestion des capitaux. Les collaborateurs responsables de la fonction comptable enregistrent les comptes et analysent les mouvements de capitaux. Enfin, la fonction de sécurité concerne la protection des biens et des personnes qui travaillent dans l'entreprise.[11]

15.2.2 L'école des relations humaines

La vision classique de l'entreprise, qui exige l'adaptation de l'homme au processus de travail, fait surgir la critique des contemporains. Inspirés des idées socialistes et encadrés de la crise économique de 1929, les adhérents de l'école des relations humaines préconisent la conception de l'homme social, attaché aux besoins multiples allant au-delà de la simple satisfaction des besoins primaires. Ainsi, pour définir l'entreprise, ils mettent en lumière des aspects sociologiques et psychologiques. Ci-après, nous présentons brièvement les idées de quatre représentants de l'école : Elton Mayo, Abraham Maslow, Douglas Mac Gregor et Frederick Herzberg.[12] 🖳[3]

15.2.2.1 Elton Mayo

Elton Mayo (1880–1949), psychologue et sociologue australien, focalise ses recherches sur les conditions de travail et leur influence sur la productivité des ouvriers. Lors des expériences faites à l'usine d'*Hawthorne* de la *Western Electric Company*, il constate que la productivité dépend non seulement des conditions de travail mais aussi des « relations amicales » entre les collègues et les supérieurs.[13] Il en déduit que les dirigeants doivent montrer aux salariés qu'ils sont utiles. D'après Mayo, dans une entreprise, les bonnes ou les mauvaises relations entre les collaborateurs ont une répercussion directe sur la productivité. 🖳[2]

15.2.2.2 Abraham H. Maslow

Le psychologue américain Abraham Maslow (1908–1970) a défini une pyramide des besoins comprenant cinq niveaux hiérarchiques.[14]

---

11 Voir Bressi (2002), pp. 20s.

12 La plupart des descriptions au sujet de l'école des relations humaines s'inspirent des manuels de Darbelet et al. (2004), p. 10, Caillat et al. (1998), pp. 32–33 et Bressi (2002), pp. 25–28.

13 Voir Alberto/Combemale (2004), p. 21.

14 Voir l'illustration de la pyramide des besoins dans la 1ère partie Économie générale, chap. 1 L'économie et son objet, fig. 1.2.

Pour Maslow, il est important d'analyser les besoins et les aspirations de l'individu à un moment donné, car la satisfaction d'un besoin ne peut être réalisée que si les besoins de niveau inférieur sont eux-mêmes satisfaits. La pyramide des besoins peut servir dans l'entreprise pour mieux comprendre les comportements des individus au travail et pour en tirer les conséquences. ✐[1]

15.2.2.3 Douglas A. Mac Gregor

Le professeur américain et l'ancien colonel Douglas Mac Gregor (1906–1964) décrit deux conceptions opposées de l'homme au travail : la théorie X et la théorie Y.

La théorie X correspond à l'approche de Taylor selon laquelle les ouvriers sont considérés comme paresseux. Par conséquent, la gestion des ouvriers exige des règles strictes de comportement et un contrôle permanent. La théorie Y, cependant, s'oriente aux idées de Mayo et de Maslow qui veulent attribuer davantage d'initiative et une plus grande responsabilité aux salariés. Mac Gregor en conclut, que l'ouvrier de la théorie X, démotivé, travaille le moins possible. Par contre, l'ouvrier de la théorie Y sentant qu'on lui fait confiance est motivé. Il ne faut donc ni contrôles ni sanctions. Mac Gregor finit par favoriser la théorie Y. [5]

15.2.2.4 Frederick Herzberg

Le psychologue américain Frederick Herzberg (1923–2000) a classé les sources de satisfaction des individus en deux grandes catégories de facteurs : les factures d'insatisfaction et les facteurs de motivation.

Les facteurs d'insatisfaction (ou d'hygiène) sont des facteurs extrinsèques, notamment la rémunération, les conditions de travail et la sécurité. Ils sont liés à l'environnement du travail et n'influencent que temporairement la motivation. Cependant leur non satisfaction peut engendrer des conflits. Les facteurs de motivation (ou de satisfaction) tels que la responsabilité, l'autonomie, la possibilité de promotion et le climat social représentent des facteurs intrinsèques. Ils sont attachés au contenu du travail et susceptibles d'influencer durablement la motivation au travail. Leur satisfaction a un effet positif sur la motivation des salariés. Son appel en faveur d'un enrichissement des tâches est diamétralement opposé au concept de la parcellisation de Taylor. ✐[2] ☺[2] 🖳[4]

Vocabulaire

Absentéisme *m*	Absence fréquente des salariés au travail
Chronométrage *m*	Mesure du temps de travail nécessaire pour effectuer une tâche
Décision *f* opérationnelle	Décision fréquente et prévisible de court terme prise par les exécutants
Décision *f* stratégique	Décision occasionnelle de long terme prise par les dirigeants
Décision *f* tactique	Décision peu fréquente de moyen terme prise par les chefs de fonction
Division *f* du travail	Répartition du travail entre plusieurs exécutants et sa décomposition en tâches élémentaires et répétitives
Fonction *f*	Ici : regroupement d'activités d'une entreprise ayant un même but (ex. fonction de production)
Enrichissement *m* des tâches	Fait d'attribuer à un poste de travail des tâches plus diversifiées et qualifiées
Gain *m* de productivité	Augmentation des rendements due à un rapport favorable entre les résultats obtenus et les moyens utilisés pour produire
Marché *m* amont	Marché se situant avant la production, constitué des fournisseurs de biens et de services
Marché *m* aval	Marché se situant après la production, constitué de consommateurs finals et de distributeurs
One best way *m* (angl.)	Ici : manière la plus rapide et la moins coûteuse de produire
Organigramme *m*	Représentation graphique des liens hiérarchiques et fonctionnels d'une entreprise
Organisation *f* scientifique du travail (OST)	Ensemble des procédés d'organisation du travail favorisant la rationalisation et la productivité du travail
Parcellisation *f* des tâches	Fait de diviser une tâche à accomplir en très petites unités

Activités

Compréhension

[1] À l'aide d'un exemple (un constructeur d'automobiles, etc.), précisez ce que sont « le marché amont » et « le marché aval ».

[2] En vous référant à la figure 15.1, relevez les liens de supériorité et de subordination entre les niveaux hiérarchiques. Décrivez la position hiérarchique des collaborateurs mentionnés.

[3] Nommez des exemples de décisions stratégiques, tactiques, opérationnelles d'une entreprise.

[4] Expliquez, à l'aide d'exemples, pourquoi les attentes et les objectifs des différents collaborateurs d'une entreprise peuvent être conflictuels.

[5] Décrivez l'attitude des salariés envers le travail et le comportement d'un supérieur hiérarchique envers ses subordonnés dans la théorie X et dans la théorie Y.

✍ Travail écrit

1. D'après la théorie des besoins de Maslow (voir 1ère partie Économie générale, chap. 1 L'économie et son objet), quels niveaux de besoin sont touchés dans les cas suivants ?

Cas	Niveau de besoin
(1) Un collaborateur n'a pas bien dormi	
(2) Il ne se sent pas intégré dans l'équipe	
(3) Il est victime de harcèlement	
(4) Il se sent sous-exploité	
(5) Il a un contrat de travail temporaire	

2. D'après la théorie de F. Herzberg, indiquez si les besoins mentionnés ci-après sont les facteurs d'insatisfaction ou des facteurs de motivation.

Besoins	Facteurs d'insatisfaction	Facteurs de motivation
(1) Salaire	☐	☐
(2) Reconnaissance	☐	☐
(3) Responsabilité	☐	☐
(4) Avantages sociaux	☐	☐
(5) Avancement	☐	☐
(6) Enrichissement de tâches	☐	☐

☺ Discussion

1. Pensez-vous que l'entreprise est un lieu qui permet aux salariés de se réaliser ? Ou est-elle seulement un lieu qui leur procure un revenu ? Discutez.
2. Formez deux groupes de travail : (A) partisans de l'école classique et (B) partisans de l'école des relations humaines. Discutez des conceptions des deux écoles (aspiration des individus, conduite des hommes, organisation du travail favorisée, idées partagées ou controverses).

🏛 Thèmes d'exposé

1. La typologie des décisions d'Herbert Simon et son concept de la rationalité limitée
2. La culture d'entreprise - définition, objectif, exemples
3. Kurt Lewin et la dynamique des groupes
4. Le concept de l'enrichissement et de l'élargissement des tâches

🖥 Recherche

1. Recherchez des informations sur l'époque de la révolution industrielle et la production de masse.
2. Recherchez des détails sur l'expérience d'Elton Mayo faite à l'usine d'Hawthorne.

16 L'environnement de l'entreprise

L'entreprise est n'est pas une organisation isolée, elle entretient des relations permanentes avec son environnement. Ainsi, pour maintenir et pour développer son activité, elle doit s'adapter aux changements environnementaux.

Le chapitre présent commence par une définition de l'environnement de l'entreprise. Ensuite, nous traiterons de l'impact des différents facteurs environnementaux sur son activité et décrirons leurs influences positives et négatives sur l'entreprise.

Questions

1. Qu'est-ce que l'environnement de l'entreprise ?
2. Quel est l'impact du micro et du macro-environnement ?
3. Quelles sont les contraintes et les opportunités résultant de l'environnement ?

Informations

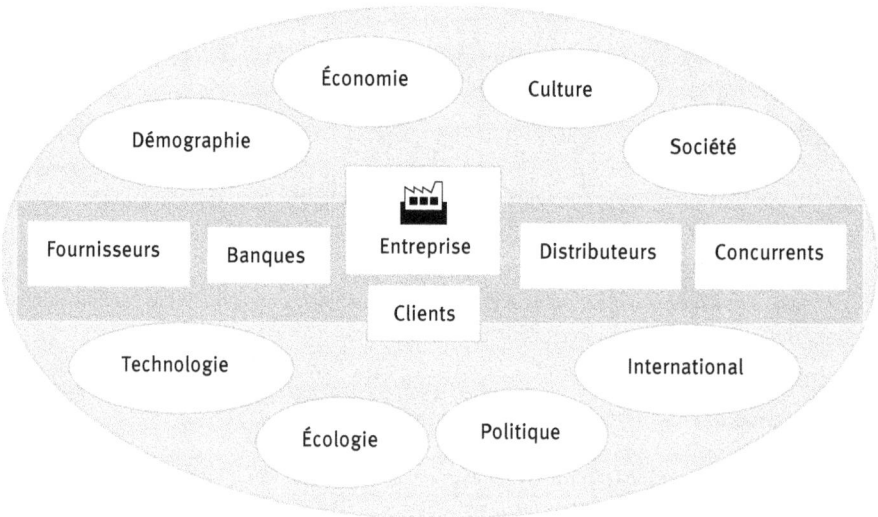

Figure 16.1 : L'environnement de l'entreprise[1]

---

1 Illustration propre inspirée de Derray/Lusseault (2008), p. 12. Elle présente les composantes de l'environnement retenues dans les ouvrages cités.

Ouvrages

Caillat, Alain/Kéradec, Hervé/Larue, Dominique/Pelletier, Chantal, *Économie d'entreprise*, BTS 1, Hachette *Technique* Paris 1998

Darbelet, Michel/Izard, Laurant/Scaramuza, Michel, *Économie d'entreprise*, BTS 1, 3ᵉ édition, Foucher Paris 2004

Derray, Alain/Lusseault, Alain, *Management de l'entreprise,* Ellypses Paris 2008

Senaux, Philippe/Soret-Catteau, Dorothée, *Économie générale, Économie d'entreprise, Droit*, retenir l'essentiel, BTS, Hachette Paris 2004

L'essentiel

16.1 La définition de l'environnement

L'environnement* de l'entreprise est l'ensemble des éléments externes peu ou non contrôlables entourant l'entreprise et influençant ses activités ainsi que son comportement. On distingue habituellement le micro-environnement, environnement proche ou spécifique, et le macro-environnement, environnement global ou général (fig. 16.1).[2]

Le micro-environnement* comprend des acteurs avec lesquels l'entreprise est en relation d'affaires comme les clients, les distributeurs, les banques, les fournisseurs ainsi que les concurrents. Le macro-environnement* est constitué de facteurs externes qui ont un impact direct sur l'activité de l'entreprise, notamment la démographie, l'économie, la technologie, la société, la culture, la politique, la législation*, l'écologie et l'international.

L'analyse du micro et du macro-environnement permet de mettre en évidence les forces et les faiblesses de l'entreprise ainsi que les contraintes et les opportunités.[3]

16.2 L'impact de l'environnement

Au niveau du microenvironnement, l'influence des clients sur l'entreprise concerne leurs exigences en termes de qualité, de sécurité et de services attachés au produit. Il faut donc que l'entreprise réponde à leurs attentes. Quant aux fournisseurs, ils imposent à l'entreprise des conditions de ventes, comme par exemple des délais de paiement et de livraison des produits. Les distributeurs, par leur pouvoir de négociation,

---

[2] Voir Darbelt et al. (2004), pp. 20s et Caillat et al. (1998), p. 38.

[3] Les outils d'analyse de l'environnement sont détaillés au chapitre 24 La stratégie d'entreprise, 24.3.2 L'analyse de l'environnement.

sont en mesure d'exercer des pressions sur l'entreprise.[4] Les concurrents peuvent proposer des produits similaires à moindre prix au détriment de l'entreprise. [1] Les banques interviennent significativement dans le financement de l'entreprise.

Comme dit plus haut, le macro-environnement intègre des éléments démographiques, économiques, technologiques, sociaux, culturels, politiques et juridiques. Il intervient à l'échelle nationale et internationale. Voici quelques facteurs environnementaux qui influent sur l'activité de l'entreprise.

L'environnement démographique des pays industrialisés est caractérisé par une augmentation de la part des personnes âgées due à l'espérance de vie* plus élevée et à la baisse du taux de natalité*. De même, les flux migratoires* modifient la composition de la population des pays. 🖥[1] La situation économique d'un pays se définit, entre autres, par l'évolution du revenu des consommateurs ainsi que par l'évolution des prix et du pouvoir d'achat des ménages. L'environnement social est touché par une modification des revenus et par les conflits sociaux qui peuvent en résulter. L'évolution technologique fait apparaître de nouveaux produits et de nouvelles méthodes de production et de commercialisation. 🖥[1] Les facteurs culturels ont aussi un impact sur l'entreprise dans la mesure où leur évolution modifie l'attitude des consommateurs vis à vis d'un produit, les habitudes de consommation et leur style de vie. 🖥[2] L'environnement politique et juridique change en permanence. Il y a des interdictions ou des restrictions du législateur au niveau national et mondial. Quant aux entreprises implantées à l'UE, elles sont contraintes d'appliquer les nouvelles normes européennes. 🖥[2] Les mouvements écologiques influencent le comportement des consommateurs et la politique du gouvernement de sorte qu'ils exercent une pression sur les entreprises. Enfin, au niveau international, la concurrence ne cesse pas d'augmenter et la situation politique des partenaires étrangers peut changer d'un jour à l'autre.[5]

16.3 Les contraintes et les opportunités de l'environnement

Les facteurs environnementaux susmentionnés donnent lieu, d'une part, à des contraintes qui forcent l'entreprise à agir ou à réagir. D'autre part, elles peuvent lui ouvrir de nouvelles opportunités de marché. L'environnement modifie la demande et agit sur l'offre. Ci-après, nous exposerons quelques exemples de contraintes et d'opportunités.[6]

---

4 Voir chap. 28 Le marketing II, 28.4.7 Les relations entre producteurs et distributeurs.

5 Voir Caillat et al. (1998), p. 46 et Darbelet et al. (2004), pp. 20s.

6 Les exemples sont tirés en partie de Caillat et al. (1998), pp. 40–42.

Une diminution de la demande, due à une population en baisse et vieillissante, peut être compensée par de nouveaux débouchés*. Pendant que des marchés pour certains produits disparaissent, une nouvelle demande est créée. [2] Dans une situation économique difficile, la diminution de la demande, causée par une baisse du pouvoir d'achat, peut faire apparaître des produits de substitution*. Elles sont une alternative à l'offre existante et répondent au même besoin, mais de manière différente. Souvent, l'incertitude et la menace du chômage incitent les consommateurs à acheter des produits moins chers. [3] De même, le changement de valeurs culturelles peut entraîner une baisse de la demande pour certains produits. Cependant, il peut aussi être à l'origine de la création de nouveaux marchés.

L'augmentation du coût de travail à la suite d'une nouvelle législation du travail peut forcer l'entreprise à augmenter ses prix et à licencier du personnel. La législation fiscale peut modifier les impôts et les taxes en vigueur. [4] Une nouvelle loi obligeant les entreprises à recycler leurs produits peut créer des emplois dans un nouveau domaine. L'interdiction de certains produits pour des raisons écologiques peut encourager le développement de produits bio. [5]

En cas de guerre, l'entreprise peut perdre un marché important. Mais la réduction des entraves au commerce international peut lui offrir l'opportunité de conquérir de nouveaux marchés. ✍ ☺

Vocabulaire

Débouché *m*	Ici : pour une entreprise, la possibilité de vendre ses produits
Environnement *m*	Ensemble des éléments externes peu ou non contrôlables qui entourent l'entreprise et influencent ses activités ainsi que son comportement.
Espérance *f* de vie	Grandeur statistique qui mesure l'état de santé d'une population et sa durée moyenne de vie
Flux *m* migratoire	Déplacement d'individus (d'immigrants et d'émigrants) d'un pays à l'autre
Législation *f* (du travail, fiscale, sociale)	Ensemble des règles juridiques (relatives au travail, à la fiscalité, à la protection sociale)
Macro-environnement *m*	Environnement global de l'entreprise comprenant des facteurs économiques, sociaux, politiques, juridiques, technologiques et culturels
Micro-environnement *m*	Environnement spécifique de l'entreprise constitué des clients, fournisseurs, concurrents et intermédiaires
Substitution *f* (produit de)	Produit qui peut être consommé au lieu d'un autre et qui satisfait le même besoin
Taux *m* de natalité	Rapport entre le nombre de naissances d'enfants vivants et la population totale exprimé en pourcentage

Activités

📖 Compréhension

[1] Expliquez l'impact de la concurrence sur l'entreprise (par ex. dans le secteur de transport de passagers : compagnies aériennes, trains et bus).

[2] Nommez des secteurs en hausse et ceux en baisse résultant du changement de l'environnement démographique, notamment le vieillissement de la population.

[3] Nommez des exemples de produits de substitution susceptibles de remplacer des produits chers.

[4] Quels changements environnementaux en matière de la fiscalité et de législation sociale peuvent exercer une influence sur les entreprises ? Citez des exemples.

[5] Comment le mouvement écologique agit-il sur l'offre des entreprises ?

✍ Travail écrit

Indiquez l'environnement spécifique et des facteurs environnementaux correspondants qui sont susceptibles d'entraîner les contraintes mentionnées ci-dessous.

Contraintes	Environnement spécifique : facteurs environnementaux
(1) Baisse du pouvoir d'achat des consommateurs	
(2) Augmentation du coût de production	
(3) Perte de marchés	

☺ Discussion

Nommez quelques facteurs macro-environnementaux actuels qui affectent l'activité des entreprises. Discutez si ce sont des menaces ou des opportunités.

Thèmes d'exposé

1. Le changement de l'environnement technologique – le défi de l'internet pour le commerce
2. Les valeurs culturelles et leur impact sur les habitudes de consommation

🖥 Recherche

1. Recherchez des statistiques récentes qui informent sur le taux de natalité, l'espérance de vie, l'immigration en France, Allemagne ou dans un autre pays.
2. Recherchez des exemples récents de normes européennes, en vigueur ou en cours de planification.

17 La vie de l'entreprise

Nous venons d'apprendre qu'au cours de sa vie l'entreprise est exposée à un environnement en permanente évolution qui influence son développement et menace sa survie. Ainsi, après sa création, elle peut être tenue de modifier, d'accroître, de réduire ou même de cesser ses activités.

Le chapitre présent étudie les différentes phases de vie d'une entreprise, notamment la création, les modes de croissance, les formes de coopérations, les formes d'internationalisation ainsi que les causes et les conséquences de sa disparition.

Questions

1. Quelles sont les étapes de la création d'une entreprise ?
2. Pourquoi les entreprises cherchent-elles à croître ?
3. Quels sont les procédés de regroupement des entreprises ?
4. Quelles sont les formes de coopération entre entreprises ?
5. Pourquoi les entreprises s'internationalisent-elles ?
6. Quelles sont les formes et quels sont les degrés d'internationalisation ?
7. Quelles sont les causes de la défaillance et de la disparition des entreprises ?
8. Quelles sont les conséquences juridiques de la défaillance ?

Informations

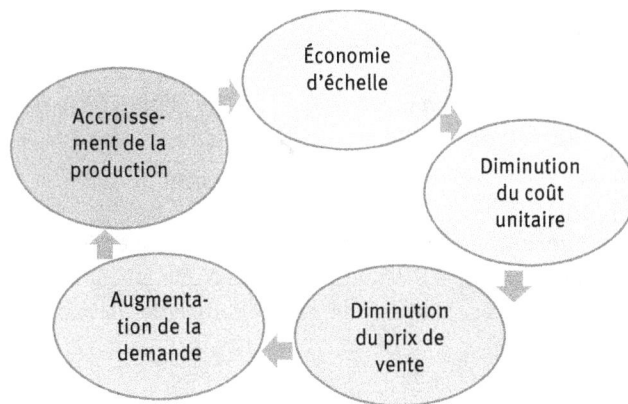

Figure 17.1 : Les effets d'une économie d'échelle[1]

---

1 Illustration d'après Lorriaux (1991), p. 38.

Ouvrages

Alberto, Tony/Combemale, Pascal, *Comprendre l'entreprise. Théorie, gestion, relations sociales*, 4ᵉ édition, Colin Paris 2004

Bourgoin, Jocelyne/Revah, Michel/Rouaix, Françoise/Toptzian-Revah, Méline, *Droit des sociétés et autres groupements. Droit de l'entreprise en difficulté*. Épreuve n° 1 DECF, Foucher Paris 2002

Caillat, Alain/Kéradec, Hervé/Larue, Dominique/Pelleter, Chantal, *Économie d'entreprise*, BTS 1, Hachette *Technique* Paris 1998

Darbelet, Michel/Izard, Laurent/Scaramuzza, Michel, *Notions fondamentales de gestion d'entreprise. Organisation, fonctions et stratégie*, Foucher Paris 1995

Darbelet, Michel/Izard, Laurent/Scaramuzza, Michel, *Notions fondamentales de gestion d'entreprise. Organisation, fonctions et stratégie*, 4ᵉ édition, Foucher Paris 2004

Grandguillot, Béatrice et Francis, *L'essentiel du droit des sociétés. Sociétés commerciales. Autres sociétes – Groupements*, Les Carrés, Gualino Paris 2003

Grosclaude, Laurent, *Droit des sociétés*, 3ᵉ édition, Dunod Paris 2009

Lorriaux, Jean-Pierre, *Économie d'entreprise. Fonctions – Structures – Environnement*, Dunod Paris 1991

Pastré, Olivier, *Économie d'entreprise*, Economica Paris 2013

Internet

Service-Public : http://vosdroits.service-public.fr

L'essentiel

!

17.1 La création d'entreprise

Pour créer une entreprise, il faut d'abord un créateur. Le créateur d'entreprise doit posséder des qualités particulières. Il doit, entre autres, être curieux, motivé, ambitionné et polyvalent. Il doit également aimer prendre des risques, savoir négocier et convaincre.

Cependant, la création d'une entreprise exige aussi une bonne idée et des capitaux suffisants. Ci-après, nous retraçons les étapes essentielles d'une création d'entreprise qui sont la recherche d'une idée, la recherche de capitaux et les démarches administratives.[2]

---

[2] Au sujet de la création d'entreprise, voir Caillat et al. (1998), pp. 50–55 et Darbelet et al. (1995), pp. 48–54.

17.1.1 La recherche d'une idée

La première étape est la recherche d'une idée. Le créateur peut trouver une idée originale, par exemple, en observant son entourage privé et professionnel. Une fois l'idée trouvée, une étude de faisabilité* doit être menée. Elle vise à informer sur l'existence d'un marché pour le produit ainsi que sur les moyens financiers et la technologie nécessaire. Les résultats de l'étude peuvent conduire à modifier l'idée initiale, à l'améliorer ou même à l'abandonner.

Le créateur d'entreprise peut aussi utiliser une idée déjà existante. Dans ce cas, plusieurs possibilités s'offrent à lui. L'achat d'un brevet* ou d'une licence (voir plus bas 17.3.2) permet d'exercer une activité inventée par un tiers et en général protégée. La franchise (voir plus bas 17.3.1) confère au créateur le droit d'exploiter une marque[3] concédée par un autre entrepreneur. On peut aussi acquérir une entreprise que le propriétaire actuel ne veut ou ne peut pas maintenir, comme dans le cas d'une reprise d'entreprise*. 📇[1]

17.1.2 La recherche de capitaux

Pour se procurer les capitaux nécessaires, le créateur construit un *business plan** destiné aux apporteurs potentiels de capitaux. Ce plan d'affaires (ou plan d'activités) comprend la présentation du créateur, de l'idée et de l'activité envisagée ainsi que les résultats de l'étude de faisabilité. Il est complété par un plan de financement informant sur les ressources et les besoins en capitaux. [1]

En cas de manque de moyens financiers personnels, le créateur peut procéder à la recherche de partenaires[4] ou solliciter des aides à la création auprès de l'État et des crédits à taux bonifié* accordés par des organismes publics. 💻[1]

17.1.3 Les démarches administratives

La loi Madelin du 12 février 1994[5] a largement réduit les formalités de création d'entreprise. Désormais, un seul formulaire est à déposer auprès du Centre des formalités des entreprises (CFE) qui transmet les informations aux organismes compétents. De nos jours, toutes les démarches peuvent être effectuées en ligne.

---

3 La notion de marque est détaillée au chapitre 30 Le marketing IV, notamment 30.1.3.

4 La recherche de partenaires est directement liée au choix de la forme juridique de l'entreprise que nous ne détaillerons pas ici. Ce thème est approfondi au chapitre 20 L'approche juridique de l'entreprise II, 20.2 Les entreprises du secteur privé.

5 La Loi n° 94-126 du 11 février 1994 relative à l'initiative et à l'entreprise individuelle et ses multiples modifications visent à simplifier les formalités administratives imposées aux entreprises.

Pour informer sur son état civil et son activité, la nouvelle entreprise est immatriculée au Registre du commerce et des sociétés* (RCS) auprès du greffe* du Tribunal de commerce* (entreprise commerciale) ou au Répertoire des métiers* (entreprise artisanale) du département dans lequel l'activité est exercée.[6] L'immatriculation à l'URSSAF[7] et auprès du Pôle emploi (fusion de l'ASSEDIC et de l'ANPE[8]) est nécessaire pour le paiement des cotisations sociales des salariés ainsi qu'une déclaration à l'inspection de travail[9]. Le commerçant est aussi immatriculé au régime social des indépendants (RSI). Enfin, les services fiscaux sont informés pour le recouvrement des taxes et des impôts. S'il s'agit de la création d'une société, d'autres formalités sont à accomplir telles que l'établissement de statuts et la publication d'un avis de constitution.[10]

Après l'immatriculation de l'entreprise, sa création est publiée au Bulletin officiel des annonces civiles et commerciales (BODACC). Pour justifier l'existence (juridique) de la nouvelle entreprise commerciale, le créateur doit se procurer un extrait K (commerçant) ou Kbis (société) auprès du Tribunal de commerce. Les artisans doivent présenter un extrait D1 qu'ils obtiennent auprès de l'URSSAF.[11] Ces documents informent sur l'entreprise et son activité.

17.2 La croissance des entreprises

Il y a des entreprises qui disparaissent peu de temps après leur création, d'autres atteignent plus ou moins rapidement une taille importante. La croissance d'une entreprise est un processus qui aboutit à une augmentation de sa taille en termes d'effectifs, de chiffre d'affaires et de capitaux investis.[12]

---

6 La différence entre commerçant et artisan est décrite au chapitre 20 L'approche juridique de l'entreprise II, 20.1 Le commerçant et l'artisan.

7 Union pour le Recouvrement des Cotisations Sociales et d'Allocations Familiales.

8 Association pour l'emploi dans l'industrie et le commerce et Agence nationale pour l'emploi.

9 L'inspecteur du travail sera thématisé au chap. 26 La gestion des ressources humaines II, 26.4 Les relations sociales.

10 Le fonctionnement des sociétés est détaillé au chapitre 20 L'approche juridique de l'entreprise II, notamment 20.3. Les sociétés commerciales.

11 Voir Service-Public-pro, *Ouverture d'un commerce* (vérifié le 7-10-2015). Disponible à l'URL : https://www.service-public.fr/professionnels-entreprises/vosdroits/F22 632 et ibidem, *Déclaration d'activité d'un artisan* (vérifié le 17-11-2015). Disponible à l'URL : https://www.service-public.fr/professionnels-entreprises/vosdroits/F23887, consultés le 29-12-2015. Les différentes sociétés sont traités dans le chapitre 21 L'approche juridique de l'entreprise II, 21.1 Le commerçant et l'artisan.

12 Voir aussi chap. 24 La stratégie d'entreprise, 24.5.6 Les modes de croissance.

17.2.1 Les raisons de la croissance des entreprises

Une grande taille confère à une entreprise deux avantages compétitifs : la réduction des coûts unitaires et l'augmentation du pouvoir de marché. Ainsi, les entreprises de grande taille peuvent augmenter leur production et réaliser des économies d'échelle* (fig. 17.1). ✍ En raison du pouvoir de marché accru, elles sont également en situation de domination par rapport aux partenaires commerciaux et financiers. Vis-à-vis de la concurrence, les grandes entreprises peuvent imposer les prix. Auprès des banques, elles obtiennent plus facilement des crédits. Elles sont aussi en mesure d'agir sur le comportement d'achat des clients, par exemple par la publicité.[13] En engageant des lobbyistes*, elles peuvent même exercer une pression sur les décideurs politiques afin d'obtenir des subventions ou des avantages fiscaux. ☺[1]

17.2.2 Les procédés de regroupement des entreprises

Dans le but d'agrandir leur taille, les entreprises regroupent leurs activités. Les mouvements de regroupement se traduisent par des prises de participation* dans d'autres entreprises et par la création de groupes*. On parle d'une participation lorsqu'une entreprise acquiert un nombre significatif d'actions (supérieur à 10% et inférieur à 50 % du capital) dans une autre société. Il s'agit d'une filiale* lorsque la société détient plus de 50% du capital. Un groupe* est un ensemble de filiales indépendantes les unes des autres et coordonnées par une société-mère*.[14] Il existe plusieurs procédés de regroupement entraînant une transformation des activités d'une entreprise et/ou de la forme juridique. Nous examinerons ci-après la fusion, l'absorption et la scission.[15]

La fusion* est l'opération par laquelle deux ou plusieurs sociétés (A + B) disparaissent pour former une seule société nouvelle (C) qui reçoit l'intégralité du patrimoine des sociétés fusionnées.

$$A + B = C \rightarrow \text{A et B disparaissent pour créer C}$$

L'absorption*, aussi appelée fusion-absorption, est l'opération par laquelle deux ou plusieurs sociétés se réunissent pour ne former plus qu'une seule. Au contraire à la fusion, l'absorption entraîne, d'une part, la disparition d'une société (B) ou sa prise de contrôle et, d'autre part, l'accroissement de la société absorbante (A) qui reprend tous les biens de la société absorbée ainsi que ses dettes.

---

13 Voir Alberto/Combemale (2004), pp. 52s et 68.
14 Voir Darbelet et al. (2004), p. 54 et Caillat et al. (1998), p. 94.
15 Voir les définitions de Darbelet et al. (2004), pp. 432s.

$$A + B = A \rightarrow B \text{ transmet tout à A}$$

Il s'agit d'une scission* lorsque le patrimoine d'une société (A) est partagé en plusieurs fractions et transmis à plusieurs sociétés nouvelles (B + C), souvent spécialisées dans des métiers précis. La société scindée disparaît. Il se peut aussi que la société scindée soit incorporée dans une société déjà existante dans le but de l'accroître. Les titres de la société scindée sont échangés contre les titres des sociétés bénéficiaires, nouvelles ou existantes.

$$A = B + C \rightarrow A \text{ répartit son patrimoine entre B et C}$$

Les entreprises procèdent à des regroupements dans le cadre de leurs décisions stratégiques.[16] 💻[2]

17.3 Les coopérations entre entreprises

Pour assurer leur développement et atténuer les effets de la concurrence, les entreprises sont amenées à coopérer. Les coopérations prennent plusieurs formes. Ci-après, nous exposerons la franchise, la concession et la licence, la sous-traitance ainsi que le groupement d'intérêt économique.[17]

17.3.1 La franchise

La franchise* ou le franchisage (angl. *franchising*) est un contrat de commercialisation de produits, de services ou de technologies. Elle est basée sur une collaboration étroite et continue entre un franchiseur*, propriétaire d'un concept, et un ou plusieurs franchisés*, utilisateurs du concept. Les parties contractantes sont juridiquement et financièrement distinctes et indépendantes. Le franchiseur, qui possède un concept d'entreprise testé avec succès, accorde au franchisé le droit d'exploiter une entreprise en conformité avec son concept. De son côté, il s'engage à apporter une assistance commerciale et/ou technique. Le franchisé acquiert le droit d'utiliser l'enseigne, la marque, le savoir-faire, les méthodes commerciales et les techniques développées par le franchiseur. En échange, il paie un droit d'entrée* et des redevances*. Il existe trois formes principales de franchises. [2]
– Franchise de distribution ⇨ la vente de produits fabriqués par le franchiseur
– Franchise de services   ⇨ la vente de services conçus par le franchiseur
– Franchise de production ⇨ la production selon le savoir-faire du franchiseur

---

16 Voir chap. 24 La stratégie d'entreprise, 24.5 Les choix stratégiques.
17 Voir Darbelet et al. (2004), pp. 428–431. Les alliances et partenariats sont thématisés au chapitre 24 La stratégie d'entreprise, 24.5.6.3.

17.3.2 La concession et la licence

La concession* est un contrat signé pour une durée déterminée par lequel une entreprise, le concédant, permet à une autre entreprise indépendante, le concessionnaire, de distribuer ses produits sur un territoire déterminé. Les modalités de fonctionnement et les obligations des parties sont décidées par les contractants. Ainsi, par exemple, un concessionnaire peut s'engager à fournir son assistance technique, tandis que le concédant s'oblige à offrir le service après-vente. La concession est une forme de coopération utilisée, entre autres, dans l'industrie automobile.

La licence* confère à une entreprise indépendante, le licencié, le droit d'utiliser la marque d'un propriétaire dans certaines conditions. Au contraire de la concession, la licence ne prévoit pas le soutien de la part du concédant de licence. [3]

17.3.3 La sous-traitance

La sous-traitance* est un contrat par lequel une entreprise, le sous-traité (ou donneur d'ordres), confie l'exécution d'un travail à une autre entreprise, appelée le sous-traitant. Ce dernier s'engage envers le sous-traité à accomplir ce travail à sa place. On trouve cette forme de coopération dans l'industrie et dans le service.[18]

17.3.4 Le groupement d'intérêt économique

Le groupement d'intérêt économique (GIE) est un regroupement d'entreprises dont le but est « de faciliter ou de développer l'activité économique de ses membres ». La réalisation de bénéfices pour lui-même n'est pas son objectif principal. Un GIE n'est pas une entreprise autonome, car elle n'a pas d'activité propre. Son activité est complémentaire à celles de ses membres et souvent temporaire. Ainsi, par exemple, les commerçants d'une rue piétonnière se groupent sous forme de GIE.[19] [4]

Au niveau européen, il existe le groupement européen d'intérêt économique (GEIE). Pour la créer, il faut au moins deux sociétés établies dans deux différents États membres de l'Union européenne.[20]

---

18 Voir aussi chap. 24 La stratégie d'entreprise, 24.5.4 L'impartition.
19 Voir aussi Grandguillot (2003), pp. 121s et Grosclaude (2009), pp. 306–309.
20 Voir Bourgoin et al. (2002), pp. 266–269 et 273.

17.4 L'internationalisation des entreprises

Déjà dans l'antiquité, les commerçants ont dépassé les frontières pour faire des affaires (la route de la soie). Cependant, depuis la deuxième moitié du 20ᵉ siècle, nous
observons une évolution de différents facteurs qui favorisent et qui renforcent l'internationalisation des entreprises.

17.4.1 Les causes de l'internationalisation

Les causes de l'expansion internationale sont d'ordre technologique, politique, économique et sociodémographique.[21]
     Au niveau technologique, le développement de moyens de transport plus rapides
et plus spacieux ainsi que l'amélioration des moyens de communication ont facilité
et accéléré le commerce avec les pays lointains. Sur le plan politique, la réduction
permanente de restrictions douanières, une législation plus favorable et la mise en
place de zones de libres échanges*, encouragent les entreprises à s'orienter vers
l'étranger. 🖥²Économiquement, on constate une saturation de la demande dans les
pays développés d'une part, et un accroissement de la demande dans les pays émer-
geants* d'autre part. Voyant diminuer les risques économiques et politiques, les entreprises s'apprêtent à produire dans les pays étrangers. Dans un contexte de compé-
tition accrue, l'accès aux matières premières et le niveau des salaires deviennent des
facteurs déterminants de l'internationalisation. S'ajoutent à tous ces éléments, des
facteurs sociodémographiques comme l'uniformisation de la consommation et la mobilité croissante des hommes. ☺²

17.4.2 Les formes et degrés d'internationalisation

L'internationalisation peut prendre plusieurs formes et degrés dont nous mentionnons ici quatre.[22]
     Un premier degré d'internationalisation est l'exportation qui consiste à vendre à
l'étranger une partie de la production, tandis que la production est maintenue dans
le pays d'origine. L'exportation peut être directe, c'est à dire qu'elle est effectuée par
l'entreprise elle-même, ou indirecte en passant par un intermédiaire. Elle peut se faire
en partenariat avec une entreprise nationale déjà implantée à l'étranger, ce que l'on
appelle le portage*, ou avec un partenaire étranger sous la forme d'une filiale commune ou *joint-venture**. 🖥³

---

21 À ce sujet, nous nous référons en grande partie aux réflexions de Darbelet et al. (2004), pp. 416s.
22 Voir Alberto/Combemale (2004), pp. 74s et Darbelet et al. (2004), pp. 418–420.

La constitution d'un réseau de distribution à l'étranger est une deuxième étape d'internationalisation. La vente peut être réalisée par la création d'une filiale à l'étranger ou par une franchise (voir plus haut 17.3.1) internationale.

Lorsque la production et la vente sont situées à l'étranger, on parle de délocalisation* de la production. C'est la phase dans laquelle l'entreprise élargit sa présence sur les marchés étrangers. 💻[3]

La mondialisation* reflète la nouvelle économie mondiale où tous les produits sont échangés dans le monde entier et où tous les pays sont des clients et des concurrents. Elle se caractérise par la création de firmes multinationales, la délocalisation entière de la production ainsi que la commercialisation dans plusieurs pays.[23] 😊[3]

17.5 Le déclin des entreprises

Les entreprises qui disparaissent sont nombreuses. Dans le cas où l'entrepreneur cesse son activité pour des raisons non financières, la disparition est volontaire. Cependant, lorsque l'entreprise n'est plus capable de faire face à ses engagements, elle se trouve « en difficulté ». Dans ce cas, on parle d'une entreprise défaillante.

17.5.1 Les causes de la défaillance

La défaillance* d'une entreprise se traduit par le fait qu'elle ne respecte plus les délais de paiement ou qu'elle a complètement cessé ses paiements. Son déclin a plusieurs causes dont nous résumons ci-après quelques-unes.

Souvent, la maladie ou le décès du propriétaire aboutit à des problèmes de gestion ou de succession. La vulnérabilité de l'entreprise, due à une forte dépendance vis-à-vis d'un partenaire commercial, risque d'avoir des conséquences importantes pour elle. Ainsi, la perte d'un client important ou la défaillance d'un fournisseur peut la mettre en difficulté financière. L'apparition d'une forte concurrence tend à obliger l'entreprise à baisser ses prix et ainsi à diminuer ses marges bénéficiaires. En outre, une crise économique accompagnée d'une hausse du chômage et d'une baisse du pouvoir d'achat peut forcer l'entreprise à réduire ses activités. Le manque de capitaux pour réaliser les investissements nécessaires engendre généralement la perte de sa compétitivité. Enfin, l'incapacité des dirigeants est susceptible d'entraîner des erreurs de gestion qui peuvent déboucher sur la défaillance. [24] 💻[4]

---

23 L'internationalisation des entreprises est aussi thématisée au chapitre 24 La stratégie d'entreprise, 24.5.5.
24 Voir Pastré (2012), p. 25.

17.5.2 Les conséquences de la défaillance

L'entreprise défaillante peut être soumise à plusieurs procédures. Avant la cessation des paiements, une procédure de sauvegarde peut être ouverte. Elle a pour objet principal la prévention de la cessation des paiements de l'entreprise en difficulté. Lorsque la situation ne s'améliore pas et que l'entreprise ne peut plus rembourser ses dettes, elle est obligée de « déposer son bilan » auprès du Tribunal de commerce (TC) compétent. 🖥⁵ Le TC peut alors décider soit d'une liquidation judiciaire* immédiate soit d'un redressement judiciaire*.

La procédure de redressement judiciaire permet à l'entreprise défaillante de poursuivre son exploitation. Pendant cette phase, elle est assistée et surveillée par un administrateur judiciaire. Le but est d'organiser la continuation de l'entreprise ou de procéder à sa cession. Si le plan ne s'avère pas réalisable, le TC prononcera la liquidation judiciaire de l'entreprise. Tous les biens sont vendus pour rembourser les créanciers. Pour être réhabilité, il faut que les dettes (ou une partie) soient remboursées et que les créanciers y consentent. [5] La liquidation judiciaire peut avoir des conséquences juridiques pour l'entrepreneur. Lorsque l'entrepreneur est jugé coupable pour comportement frauduleux (par ex. pour détournement de fonds), il a commis un délit* et peut être poursuivi pénalement.[25]

Vocabulaire

Absorption *f*	Transmission du patrimoine d'une société (absorbée) à une autre société (absorbante)
Brevet *m*	Titre de propriété conféré à l'auteur d'une invention industrielle
Business plan *m (angl.)*	Plan d'affaires décrivant en détail le projet d'entreprise
Concession *f*	Contrat de collaboration entre une entreprise (le concessionnaire) qui revend les produits d'une autre entreprise (le concédant) qui assure une assistance technique et commerciale
Défaillance *f* (défaillant *adj*)	Non-exécution, au terme fixe, d'un engagement ferme
Délit *m*	Acte illicite jugé par un tribunal et passible de sanctions
Délocalisation *f*	Transfert de la production à l'étranger
Droit *m* d'entrée	Somme payée par un franchisé* au franchiseur* pour entrer dans le réseau de franchise* de ce dernier
Économie *f* d'échelle	Baisse des coûts unitaires grâce à l'augmentation des quantités produites
Faillite *f*	Situation d'un entrepreneur (le failli) qui a cessé ses paiements, constatée par un jugement du Tribunal de commerce*
Filiale *f*	Entreprise juridiquement indépendante dont le capital social est possédé pour plus de 50% par la société-mère*

---

25 Voir Pastré (2012), pp. 25–27 et Bourgoin et al. (2002), pp. 397–406.

Franchise *f* (ou Franchisage *m*)	Contrat qui donne à un franchisé* le droit d'utiliser la marque ou l'enseigne d'un franchiseur* moyennant le paiement de re-devances* et de droits d'entrée*
Franchisé *m*	Entreprise qui exploite la marque d'un franchiseur*
Franchiseur *m*	Entreprise qui met sa marque à la disposition d'un franchisé*
Fusion *f*	Réunion de deux entreprises aboutissant à la création d'une nouvelle entreprise plus grande
Greffe *m* (du tribunal)	Bureau où l'on garde des documents de procédures
Groupement *m* d'intérêt économique (GIE)	Forme sociétaire qui a pour but de faciliter et de développer l'activité de ses membres
Groupe *m*	Ensemble de sociétés contrôlées par une société-mère*
Joint-venture *f* (angl.) ou co-entreprise, filiale commune *f*	Société (filiale) créée en coopération avec une entreprise si-tuée à l'étranger
Licence *f*	Autorisation accordée par une personne à une autre d'utiliser sa marque
Liquidation *f* judiciaire	Procédure judiciaire appliquée à une entreprise en faillite con-sistant en la vente des biens pour permettre le paiement des créanciers
Mondialisation *m*	Processus d'ouverture des économies nationales sur un mar-ché devenu mondiale
Participation *f* (financière)	Détention d'une part inférieure à 50% dans une autre entre-prise
Pays *m* émergeant	Pays en voie de développement qui connait un fort taux de croissance
Pôle *m* emploi	Institution nationale publique chargée de l'emploi
Portage *m (angl.* Piggy back)	Coopération d'une entreprise avec une entreprise déjà im-plantée à l'étranger qui met à disposition son réseau interna-tional
Redevance *f*	Ici : somme payée périodiquement pour rémunérer les ser-vices du franchiseur
Redressement *m* judiciaire	Procédure judiciaire permettant temporairement à une entre-prise en défaillance* de poursuivre son exploitation
Registre *m* du commerce et des sociétés	Répertoire qui regroupe les informations relatives aux per-sonnes qui exercent une profession commerciale
Répertoire *m* des métiers	Répertoire qui regroupe les informations relatives aux entre-prises artisanales
Reprise *f* d'entreprise	Rachat d'une entreprise (défaillante*) dans le but de mainte-nir son activité
Scission *f* (scinder *v tr*)	Partage d'une entreprise en deux ou plusieurs pour constituer des sociétés nouvelles et/ou les intégrer dans des sociétés déjà existantes
Société-mère *f*	Société qui possède et contrôle plusieurs filiales*
Sous-traitance *f*	Contrat par lequel une entreprise (le sous-traité) confie l'exé-cution d'une tâche à une autre (le sous-traitant)
Taux *m* bonifié	Taux d'intérêt allégé, réduit
Tribunal *m* de commerce	Juridiction chargée de juger les litiges entre commerçants et relatifs aux actes de commerce (voir chap. 20.1)

Activités

ℹ️

📖 Compréhension

[1]   Quelles sont les ressources potentielles et quels sont les besoins financiers d'un créateur d'entreprise ?

[2]   Citez des exemples pour chaque forme de franchise.

[3]   Retracez les similarités et les différences entre la franchise, la concession et la licence.

[4]   Quel est le but poursuivi par les commerçants d'une zone piétonne qui s'organisent sous forme de groupement d'intérêt économique ?

[5]   Quelle est la différence entre une liquidation judiciaire et un redressement judiciaire ?

📝 Travail écrit

En vous référant à la figure 17.1, décrivez les conséquences d'une économie d'échelle.

🔬 Thèmes d'exposé

1.   La reprise d'entreprise – concept et formes de reprises

2.   Les zones de libres d'échange – utilité et accords récents

3.   Les procédés de portage (*piggy back*) et de *joint-venture* – définition, fonctionnement, utilité

☺ Discussion

1.   Une grande entreprise peut-elle vraiment influencer le comportement d'achat des clients et les décisions des dirigeants politiques ? Discutez.

2.   De nos jours, peut-on parler d'une uniformisation culturelle des pays ? Qu'est-ce que cela signifie ? Discutez.

3.   La mondialisation est-elle une bénédiction ou une malédiction pour les entreprises ? Discutez.

🖥 Recherche

1.   Recherchez des informations sur les aides financières de l'État à la création d'entreprise.

2.   Recherchez des exemples de fusions ou d'absorptions effectuées pendant les dernières années.

3.   Recherchez des exemples d'entreprises qui ont délocalisé leur production. On parle aujourd'hui également de « co-localisation ». Recherchez la signification du terme.

4.   Recherchez des statistiques récentes indiquant le nombre de créations et de défaillances d'entreprises françaises, allemandes, etc.

5.   Recherchez la signification de l'expression symbolique « déposer le bilan ».

Section VI : **La diversité des entreprises**

18 Les classifications économiques des entreprises

Le chapitre présent aborde la diversité des entreprises dans une optique économique. Nous allons d'abord classer les entreprises selon la taille, critère qui permet de les regrouper en matière d'effectifs, de chiffre d'affaires, de valeur ajoutée et de capitaux. Ensuite, nous examinerons les secteurs d'activité auxquels les entreprises appartiennent. À la fin du chapitre, nous présenterons les classifications économiques utilisées par l'INSEE dont la connaissance est indispensable pour comprendre des données statistiques portant sur les entreprises.

Questions

1. Quelle est l'importance de la taille comme critère de classification ?
2. Quels sont les trois secteurs d'activité traditionnels ?
3. Comment l'INSEE regroupe-t-il les activités économiques des entreprises ?

Informations

Catégories	Effectifs	CA en euros	Bilan en euros
(1) Microentreprise	0 à 9	< 2 millions	< 2 millions
(2) Petite et moyenne entreprise (PME)[1]	0 à 249	< 50 millions	< 43 millions
(3) Entreprise de taille intermédiaire (ETI)	250 à 4.999	< 1,5 milliards	< 2 milliards
(4) Grande entreprise	> 5.000	> 1,5 milliards	> 2 milliards

Tableau 18.1 : La classification économique des entreprises d'après l'INSEE[2]

Nomenclature d'activités française			
A	Agriculture, sylviculture et pêche	K	Activités financières et d'assurance
B	Industries extractives	L	Activités immobilières
C	Industrie manufacturière	M	Activités spécialisées, scientifiques, techniques
D	Production et distribution d'électricité, de gaz, de vapeur et d'air conditionné	N	Activités de services administratifs et de soutien
		O	Administration publique
E	Production et distribution d'eau ; dépollution, assainissement, déchets	P	Enseignement
		Q	Santé humaine et action sociale
F	Construction	R	Arts, spectacles et activités récréatives

---

1 Les PME incluent les micro-entreprises.
2 Voir INSEE, *Définitions, méthodes et qualité. Microentreprise.* Ibidem, *Petite et moyenne entreprise (PME).* Ibidem, *Entreprise de taille moyenne (ETI).* Ibidem, *Grande entreprise.* Disponibles à l'URL : htm://www.insee.fr/fr/methodes/default.asp?page=definitions/(...)htm, consultés le 28-1-2016.

G	Commerce, réparation d'autos et de motocycles	S	Autres activités de services
H	Transports et entreposage	T	Activités des ménages en tant qu'employeurs ou en tant que producteurs pour usage propre
I	Hébergement et restauration		
J	Information et communication	U	Activités extraterritoriales

Tableau 18.2 : La nomenclature d'activité française (NAF) d'après l'INSEE[3]

Ouvrages

Bussenault, Chantal/Prétet, Martine, *Économie de l'entreprise*, Vuibert Paris 1995

Caillat, Alain/Kéradec, Hervé/Larue, Dominique/Pelleter, Chantal, *Économie d'entreprise*, BTS 1, Hachette *Technique* Paris 1998

Darbelet, Michel/Izard, Laurant/Scaramuza, Michel, *Économie d'entreprise*, BTS 1, 3e édition, Foucher Paris 2004

Dupuy, Monique/Larchevêque, Frédéric/Nava, Claude, *Économie générale*, BTS 1, Hachette *Technique* Paris 2001

Internet

INSEE : http://www.insee.fr

L'essentiel

!

18.1 La classification selon la taille

La taille d'une entreprise peut être déterminée par le nombre de salariés, le chiffre d'affaires, la valeur ajoutée, les capitaux propres et le résultat obtenu.[4]

La distinction selon les effectifs* permet de classer les entreprises en quatre catégories : les micro-entreprises, les petites et moyennes entreprises (PME), les entreprises de taille intermédiaire (ETI) et les grandes entreprises (doc. 18.1).[5] Le nombre d'effectifs détermine, entre autre, la législation applicable (le Code du travail, le Code de la sécurité sociale) précisant les obligations et les droits spécifiques de l'entreprise. 🖥[1] Cependant, le nombre de salariés ne semble pas satisfaisant pour comparer les

---

3 Liste des sections (niveau 1) de l'INSEE, voir INSEE, *Définitions. Méthodes et qualité. NAV, rév. 2, 2008, édition 2005 – Niveau 1 – Liste des sections*. Disponible à l'URL : http://www.insee.fr/fr/ method es/default.asp?page=nomenclatures/naf2008/liste_n1.htm, consulté le 28-1-2016.

4 Voir Darbelet et al. (2004), p. 32 et Caillat et al. (1998), pp. 76–78.

5 Les indications sur le nombre d'effectifs employés dans chaque catégorie varient selon l'auteur consulté. Nous nous référons à la définition de l'INSEE décrites dans la figure 18.1.

entreprises. Il faudrait également prendre en considération d'autres critères tels que le domaine d'activité, la qualification du personnel ou l'équipement. [1]

La taille d'une entreprise est aussi déterminée par son chiffre d'affaires (CA). Ce critère permet la comparaison d'entreprises fabriquant des biens différents, car la mesure est effectuée en unités monétaires. Toutefois, le CA n'informe pas sur les richesses réellement créées par l'entreprise ; malgré un CA élevé, les résultats peuvent être faibles. Selon leur activité, les entreprises nécessitent plus ou moins de consommations intermédiaires. Pour comparer les entreprises, il s'avère donc plus intéressant de comparer la valeur ajoutée (VA).[6] Elle permet de mesurer la richesse réelle qu'une entreprise a créée au cours d'un exercice. [2]

Enfin, on peut classer les entreprises selon les capitaux qui leur appartiennent ou selon le résultat obtenu. Pourtant, ces critères sont imprécis, car les entreprises choisissent, par exemple, différentes méthodes de constitution de réserves.[7] [3] ✍ ▭[2]

18.2 La classification selon le secteur d'activité

Au milieu du siècle dernier, l'économiste Colin Clark[8] (1905–1989) a défini trois secteurs d'activité : les secteurs primaire, secondaire et tertiaire.

Les activités du secteur primaire sont l'agriculture, l'extraction de matières primaires, la pêche et la sylviculture. Le secteur secondaire* regroupe les activités industrielles, la transformation des matières premières en biens de production ou de consommation. Le secteur tertiaire comprend toutes les prestations de services marchands et non marchands[9], notamment le commerce.[10] [4]

Vu l'essor de la télécommunication et de l'Internet à partir des années soixante-dix, certains économistes ont évoqué un secteur quaternaire* regroupant les nouvelles activités de services liées à l'information.[11] ▣[1]

---

6 Voir 1ère partie Économie générale, chap. 4. La production, 4.5 La mesure de la production.

7 Les réserves (comptables) sont décrites au chapitre 31 La gestion financière I, notamment 31.2.1 Le bilan comptable.

8 Colin Clark, *The Conditions of Economic Progress*, 1947. Cette classification des entreprises a été popularisée en France par l'économiste Jean Fourastié (1907–1990).

9 Pour une explication des notions « marchand » et « non marchand », voir 1ère partie Économie générale, chap. 4 La production, 4.2 Les types de production.

10 Voir, entre autres, Dupuy et al. (2001), p. 94 et Caillat et al. (1998), p. 80.

11 Voir, par exemple, J. P. Helfer, *L'entreprise et son environnement*, Vuibert Paris 1989, cité d'après Bussenault/Prétet (1995), p. 13.

18.3 Les classifications selon l'INSEE

En France, les entreprises sont classées selon leur activité principale dans les classes de la Nomenclature d'activités françaises (NAF) comprenant cinq niveaux : sections, divisions, groupes, classes et sous-classes (voir tab. 18.2). Dans le cadre de la comptabilité nationale[12], l'INSEE les utilise pour définir les secteurs d'activité* auxquels les entreprises enregistrées appartiennent. « Un secteur regroupe les entreprises de fabrication, de commerce ou de service qui ont la même activité principale (...) ».[13] 🖥️²

Dans le but de préciser les activités des entreprises, l'INSEE distingue aussi des branches d'activité*. La branche est composée d'unités de production qui fabriquent les mêmes produits ou rendent des services de la nomenclature d'activité économique considérée.[14] Selon ces définitions, une entreprise appartient toujours à un seul secteur, mais peut éventuellement être liée à plusieurs branches.

> **Exemple :** La société Renault est classée dans le secteur de la «construction de véhicules automobiles» parce que c'est son activité prédominante. Fabriquant également des camions, des tracteurs et des bus, Renault appartient aussi aux branches « fabrication de camions, de tracteurs et d'autobus ».

Pour analyser l'ensemble des activités, en amont et en aval, qui produisent des biens à partir d'une certaine matière, l'INSEE utilise la notion de la filière*. Elle décrit les différentes étapes de la production qui permettent de passer d'une matière première brute (par ex. le bois) à un produit fini (par ex. la table). La filière peut donc intégrer plusieurs secteurs et branches.[15] [5]

Vocabulaire

Branche f d'activité	Regroupement d'unités de production homogènes définies par référence à une nomenclature de produits (voir NAF*)
Effectif m	Ensemble de personnel d'une entreprise
Entreprise f de taille intermédiaire (ETI)	Entreprise qui occupe entre 250 et 4999 employés et réalise moins de 1,5 milliards d'euros par an
Filière f	Ensemble des activités productrices partant d'une même matière de base et alimentant un marché final

---

12 Voir 1ère partie Économie générale, chap. 1 L'économie et son objet, 1.3.4. La comptabilité nationale.

13 Voir INSEE, *Définitions, méthodes et qualité. Secteur d'activité* (dernière mise à jour 22-1-2016). Disponible à l'URL : http://www.insee.fr/fr/methodes/default.asp?page=definitions/secteur-d-activite.htm, consulté le 8-2-2016.

14 Voir ibidem. *Branche* (dernière mise à jour 22-1-2016). Disponible à l'URL : http://www.insee.fr/fr/methodes/default.asp?page=definitions/branche.htm, consulté le 8-2-2016.

15 Voir ibidem. *Filière* (dernière mise à jour 22-1-2016). Disponible à l'URL : http://www.insee.fr/fr/methodes/default.asp?page=definitions/filiere.htm, consulté le 8-2-2016.

Micro-entreprise *f*	Entreprise qui occupe moins de 10 employés et réalise moins de 2 millions d'euros par an
Nomenclature *f* d'activité et de produits français (NAF)	Ensemble de termes utilisés en France pour dénommer les activités productrices et les produits fabriqués
Petite et moyenne entreprise *f* (PME)	Entreprise qui occupe moins de 250 employés et réalise moins de 50 millions d'euros par an
Secteur *m* d'activité (selon l'INSEE)	Ensemble des établissements de fabrication, de commerce ou de service qui ont la même activité principale
Secteur *m* primaire	Regroupement d'activités agricoles, d'extraction, de pêche et de sylviculture
Secteur *m* secondaire	Regroupement d'activités industrielles et de transformation de matières premières
Secteur *m* tertiaire	Regroupement d'activités de prestation de services et de commerce
Secteur *m* quaternaire	Regroupement d'activités de services liées à l'information (télécommunication, Internet, multimédia)

Activités

📖 Compréhension

[1] Pourquoi dit-on que le nombre de salariés n'est pas un critère satisfaisant pour classer les entreprises ?

[2] Expliquez pourquoi un chiffre d'affaires élevé n'indique pas forcément une valeur ajoutée élevée ou même un résultat important.

[3] De quelle manière la méthode de constitution de réserves influence-t-elle le montant des capitaux propres ?

[4] Nommez des activités économiques exercées dans les trois secteurs (primaire, secondaire et tertiaire).

[5] Citez des activités économiques de la filière « bois ». À quels secteurs d'activité (d'après C. Clark) appartiennent-elles ?

✍ Travail écrit

Décrire une statistique.[16] Retirez les informations essentielles fournies sur les entreprises et leurs tailles respectives et commentez-les par écrit.

Entreprises	Chiffre d'affaires[1] (en millions d'euros)	Résultat net[1] (en millions d'euros)	Effectifs en EQTP[2] (en milliers)
GDF Suez [3]	74.686	2.440	150,6
EDF	72.874	3.701	148,0
Airbus Group [4]	60.713	2.343	138,6
Peugeot SA [4]	53.607	-706	189,8
Renault [4]	41.055	1.890	117,4
Orange	39.445	925	151,6
SNCF [4]	27.243	605	245,8
Air France - KLM	24.912	-198	94,7
La Poste	22.462	513	257,9
Safran	15.044	-126	68,9

(1) au 31 décembre, (2) en équivalent plein-temps, (3) effectif en moyenne annuelle, (4) effectif au 31 décembre. Champs : France. Source : Agence des participations de l'État.

🏛 Thèmes d'exposé

1. La part des emplois dans les trois grands secteurs d'activité (primaire, secondaire et tertiaire) – une comparaison entre la France et en Allemagne
2. La répartition des entreprises françaises et allemandes (ou autres) par secteur d'activité – une comparaison

🖥 Recherche

1. Recherchez des exemples démontrant la corrélation entre la taille d'une entreprise et l'application d'une loi, les droits et obligations respectifs.
2. Recherchez des informations sur la taille, la performance, le secteur, les branches, les produits des entreprises suivantes : France Télécom, Mac Donald, Carrefour, Airbus.

---

16 Statistique raccourcie tirée de l'INSEE, *Principales entreprises à participation publique selon le chiffre d'affaires en 2014.* Disponible à l'URL : http://www.insee.fr/fr/themes/tableau.asp?reg_id=0 &refid=nattef09306, consulté le 28-1-2016.

19 L'approche juridique de l'entreprise I – Les fondements

On peut aussi différencier les entreprises selon le statut juridique qu'elles ont adopté.

Le chapitre présent introduit à la terminologie juridique. Nous expliquerons les notions juridiques de base dont la connaissance est indispensable pour comprendre le fonctionnement des entreprises détaillées dans les prochains chapitres.

Questions

1. Qu'est-ce que le statut juridique d'une entreprise ?
2. Quels sont les éléments constitutifs d'un contrat de société ?
3. Qu'est-ce qu'une personne morale ? Quels sont ses effets de la personnalité morale ?
4. En quelles grandes catégories peut-on classer les sociétés ?

Informations

Entreprises du secteur privé	Entreprises du secteur public	Entreprises du secteur de l'économie sociale
Entreprises commerciales	Entreprises publiques	Coopératives
		Mutuelles
Entreprises civiles	Etablissements publics (EPIC)	Associations
But lucratif Personnes privées	Intérêt général État, collectivités	But non lucratif Adhérents

Figure 19.1 : Les types d'entreprises classés selon la finalité et la propriété

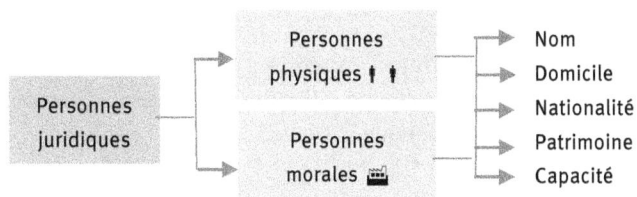

Personnes juridiques → Personnes physiques ♀ ♂ / Personnes morales 🏭 → Nom, Domicile, Nationalité, Patrimoine, Capacité

Figure 19.2 : Les personnes juridiques

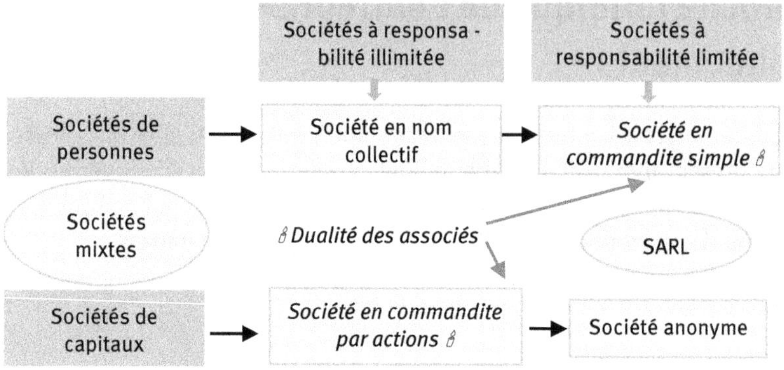

Figure 19.3 : Les catégories de sociétés commerciales

Ouvrages

Caillat, Alain/Kéradec, Hervé/Larue, Dominique/Pelletier, Chantal, *Économie d'entreprise*, BTS 1, Hachette *Technique* Paris 1998

Grandguillot, Béatrice et Francis, *L'essentiel du droit des sociétés. Sociétés commerciales. Autres sociétes – Groupements*, 3ᵉ édition, Les Carrés, Gualino Paris 2003

Grosclaude, Laurent, *Droit des sociétés*, Dunod Paris 2009

Magnier, Véronique, *Droit des sociétés*, 2ᵉ édition, Dalloz Paris 2008

L'essentiel

19.1 Le statut juridique

À sa création, toute entreprise doit adopter un statut juridique. Le statut juridique* d'une entreprise (aussi nommé structure ou forme juridique) définit « l'ensemble des règles relatives à la propriété des moyens de production, au partage des bénéfices, à la responsabilité à l'égard des tiers et à la gestion de l'entreprise »[1]. [1]

Le choix du statut juridique a donc des répercussions directes sur le fonctionnement, les droits et les obligations de l'entreprise et de ses propriétaires. Selon le nombre de propriétaires, on distingue les statuts d'entreprise individuelle et d'entreprise sociétaire qui seront détaillés plus bas. Selon leur finalité et leurs propriétaires, les entreprises peuvent appartenir à trois différents secteurs : le secteur privé, le secteur public et le secteur de l'économie sociale (fig. 19.1).

---

1 Voir Callait et al. (1998), p. 80.

19.2 Les éléments constitutifs d'un contrat de société

La société est un acte juridique basé sur un contrat. Par ce contrat, deux ou plusieurs personnes conviennent de mettre en commun leurs biens ou leur savoir-faire dans le but de partager le bénéfice et/ou de profiter de l'économie qui pourra en résulter. La constitution d'une société suppose trois éléments : la réalisation d'apports*, la participation aux bénéfices et la contribution aux pertes ainsi que la volonté de tous les associés d'y consentir.[2] 🖳[1]

19.2.1 Les apports

Les apports sont des biens que les associés mettent à la disposition de la société lors de sa constitution. Ils forment le capital social* qui permet de financer les investissements et qui sert de garantie pour les prêteurs. En contrepartie, les associés reçoivent des parts sociales* qui leur confèrent des droits, appelés droits sociaux*. On distingue trois types d'apports : les apports en numéraire, en nature et en industrie.

Les apports en numéraire* sont les sommes d'argent versées par les associés. Selon le statut juridique de l'entreprise, la libération* des apports, c'est-à-dire la date à laquelle les apports sont effectivement versés, peut être différée. Les apports en nature* sont les biens corporels (machines) ou incorporels (brevets) cédés par un associé soit en pleine propriété ou soit en jouissance. Dans le premier cas, la société devient propriétaire du bien apporté, et dans le deuxième cas, elle peut utiliser le bien apporté, mais l'associé demeure le propriétaire. Les apports en nature sont évalués par un commissaire aux apports*. Les apports en industrie* sont le travail ou le savoir-faire apporté par un associé. Ces apports ne sont pas autorisés dans toutes les sociétés. Comme ils n'ont pas de valeur patrimoniale*, ils n'entrent pas dans le capital social d'une société. [2]

19.2.2 Le partage des bénéfices et la contribution aux pertes

Les signataires du contrat de société s'engagent à partager les bénéfices réalisés et à contribuer aux pertes éventuelles. Lorsque la société réalise des bénéfices, les associés en reçoivent une quote-part. Cette rémunération est, sauf dérogation*, proportionnelle au montant de l'apport réalisé par l'associé. Lorsque le résultat de l'exercice est négatif, les associés doivent contribuer aux pertes. Selon la forme juridique de la société, ils y contribuent indéfiniment ou proportionnellement à leurs apports.[3] 🖳[1]

---

2 Voir les définitions de Grosclaude (2009), p. 14 et Magnier (2004), pp. 27ss.
3 Au sujet de la responsabilité, voir chap. 20 L'approche juridique II, 20.3 Les sociétés commerciales.

19.2.3 L'*affectio societatis*

L'*affectio societatis* ou l'esprit sociétaire correspond à l'expression de la volonté des associés de travailler ensemble dans un but commun. Elle suppose le consentement des associés ainsi que l'égalité précisant que tous les associés ont les mêmes droits.

19.3 La personnalité morale et ses effets

Le contrat de société donne naissance à un être juridique nouveau. La société est une personne juridique* même si elle n'est pas une personne vivante que l'on peut voir physiquement. Elle a une personnalité indépendante de ses créateurs. Comme elle n'est pas une personne physique*, elle est considérée comme personne morale*. [3] La personnalité morale est attribuée dès que la société est constituée et que ses statuts sont déposés au greffe du Tribunal de commerce.[4] La personnalité morale confère à la société des droits et des obligations. Comme pour les êtres humains, elle permet à la société d'avoir un nom, un domicile, une nationalité, d'acquérir un patrimoine ainsi que de disposer d'une capacité juridique (fig. 19.2).[5]

Les associés sont tenus de choisir pour leur société un nom qui doit figurer dans les statuts. L'appellation sous laquelle la société commerciale exerce son activité est la dénomination sociale*, celle d'une société civile est la raison sociale*. ⌨¹ Le nom de la société est protégé par le dépôt en tant que marque à l'Institut national de la protection industrielle (INPI). Le domicile de la société est son siège social*. C'est le lieu où la société a son principal établissement dans lequel se situe son administration. Il est librement choisi lors de la constitution de la société et doit être indiqué dans les statuts. Il peut être modifié en cours de sa vie sociale. Le siège social détermine l'imposition* de la société, l'assignation en justice* et l'obligation de publicité légale*. Dans le but de déterminer la loi applicable, la société est rattachée juridiquement à un État. En principe, c'est le siège social qui détermine la nationalité d'une société. ⌨² La société dispose d'un patrimoine social qui lui est propre et qui est distinct de celui des associés. Par conséquent, ces derniers n'ont aucun droit sur le patrimoine social. À partir du moment où la société a une personnalité morale, elle est titulaire de droits tels que le droit de propriété, le droit de contracter et le droit d'agir en justice*. C'est ce qu'on appelle la capacité juridique de la société ; elle est limitée par l'objet social*. Comme la société ne peut pas exercer ces droits elle-même, ce sont ses représentants légaux qui agissent en son nom et pour son compte. [4]

---

4 Certaines sociétés existent sans personnalité morale, par exemple la société de fait et la société en participation. Cette dernière est traitée au chapitre 20 L'approche juridique II, 20.4.2.
5 Voir Grandguillot (2003), pp. 21s.

19.4 Les catégories de sociétés

Une première classification des sociétés peut être faite selon l'objet de la société. Ainsi, on distingue les sociétés commerciales et les sociétés civiles.

Les sociétés commerciales peuvent être classées en fonction de l'importance des personnes ou des capitaux ou en fonction de la responsabilité des associés. Les sociétés de personnes sont celles qui reposent sur la cohésion entre les associés. La création de la personne morale est fondée sur des qualités humaines telles que la confiance réciproque. Pour les sociétés de capitaux, ce n'est pas la personnalité des associés qui est primordiale, mais l'importance des capitaux apportés. C'est le cas par exemple de la société anonyme. Les sociétés à responsabilité illimitée sont celles où les associés sont indéfiniment et solidairement responsables des dettes de l'entreprise. Il en va ainsi dans les sociétés en nom collectif. Dans les sociétés à responsabilité limitée, les associés ne sont financièrement responsables que jusqu'à hauteur de leurs apports. Certaines sociétés combinent les caractéristiques en accordant à leurs associés différents statuts, comme dans le cas d'une société en commandite (fig. 19.3). [5] On peut aussi classer les sociétés selon les propriétaires. La société est commerciale ou civile lorsqu'elle appartient à des associés du secteur privé. Lorsque le propriétaire est l'État, il s'agit d'une entreprise publique. Enfin, les sociétés qui appartiennent à leurs adhérents sont des coopératives (fig. 19.1). ✍

Vocabulaire

Apport *m*	Concours matériels, immatériel ou financier d'un associé à la constitution d'une société
Apport *m* en industrie	Savoir-faire ou travail qu'un associé donne à la société
Apport *m* en nature	Bien ou matériel donné par l'associé à la société
Apport *m* en numéraire	Somme d'argent donnée à la société par un associé
Assignation *f* en justice	Attribution à l'entreprise du tribunal compétent
Capacité *f* juridique	Aptitude à agir en justice pour soi-même
Capital *m* social	Capitaux apportés à une société par les associés
Commissaire *m* aux apports	Expert-comptable chargé d'évaluer les apports en nature*
Dénomination *f* sociale	Nom sous lequel une société commerciale exerce son activité
Dérogation *f*	Le fait de ne pas appliquer une loi, de s'écarter d'une règle
Droits *m pl* sociaux	Ici : ensemble de titres reçus en contrepartie d'un apport*
Imposition *f*	Ici : endroit où la société doit payer ses impôts
Objet *m* social	Activité de la société indiquée lors de son immatriculation
Part *f* sociale	Titre représentatif d'une partie du capital social* d'une société attribué à un associé en contrepartie d'un apport
Patrimoine *m*	Ensemble des biens et des créances d'une personne juridique*
Personne *f* juridique	Terme juridique désignant une personne ou une société titulaire de droits et d'obligations
Personne *f* morale	Terme juridique désignant des groupements (sociétés) qui détiennent des droits et des obligations

Personne *f* physique	Personne vivante dotée de droits et d'obligations
Publicité *f* légale	Obligation de publier les comptes annuels, par ex. le bilan
Raison *f* sociale	Nom sous lequel une société civile exerce son activité
Responsabilité *f* financière	Pour un associé, l'obligation de répondre vis-à-vis d'un créancier aux dettes engagées par sa société
Siège *m* social	Lieu où la société a son administration
Société *f*	Acte par lequel plusieurs personnes décident de mettre en commun leurs moyens dans le but de partager le bénéfice
Société *f* de capitaux	Catégorie de sociétés fondées sur l'importance des capitaux
Société *f* de personnes	Catégorie de sociétés fondées sur la connaissance et la confiance entre les associés
Statut *m* juridique	Ensemble de règles qui fixent les droits et les obligations d'un individu ou d'un associé (la forme juridique)
Valeur *f* patrimoniale	Valeur de marché que la société pourrait obtenir lors de la vente d'un bien apporté

Activités

📖 Compréhension

[1] Que signifie la « responsabilité envers les tiers » ?

[2] Pourquoi les apports en industrie n'ont-ils pas de valeur patrimoniale ?

[3] Comparez les notions personne juridique, personne physique et personne morale (fig. 19.2).

[4] Qu'est-ce qu'on entend par « les représentants légaux d'une société » ?

[5] Décrivez trois critères qui déterminent le choix du statut juridique d'une société commerciale.

✐ Travail écrit

En vous référant à la figure 19.1, précisez la finalité et la propriété des entreprises des trois secteurs.

Critères	Secteur privé	Secteur public	Secteur de l'économie social
Finalité			
Propriété			

📒 Thèmes d'exposé

1. Les formalités de constitution d'une société
2. La nationalité des entreprises multinationales

🖥 Recherche

1. Recherchez l'origine et la signification de l'expression « clause léonine » en droit.
2. Recherchez les dénominations et les raisons sociales de quelques grandes sociétés.

20 L'approche juridique de l'entreprise II –
Le secteur privé

Entreprendre seul ou à plusieurs ? C'est une question qui se pose à tout créateur d'entreprise. Le choix dépend de plusieurs critères qui seront développés dans le présent chapitre.

Ce chapitre commence par la définition du statut de commerçant, indispensable pour comprendre les formes juridiques présentées ci-après. Après avoir fait la distinction entre celui-ci et l'artisan, nous exposerons les caractéristiques générales d'une entreprise individuelle. Ensuite, les traits principaux des plus importantes sociétés commerciales seront traités. Enfin, nous détaillerons trois autres sociétés du secteur privé qui se distinguent des précédentes par certains critères spécifiques.

Questions

1. Qu'est-ce qu'un commerçant ? Qu'est-ce qui le distingue d'un artisan ?
2. Quelles sont les caractéristiques d'une entreprise individuelle ?
3. Quelles sont les caractéristiques des sociétés commerciales suivantes ?
    (1) La société en nom collectif
    (2) La société en commandite simple
    (3) La société anonyme
    (4) La société en commandite par actions
    (5) La société par actions simplifiée
    (6) La société à responsabilité limitée et l'EURL
4. Qu'est-ce qu'une société civile ?
5. Quelles sont les particularités d'une société en participation ?
6. Comment est créée et gérée une société européenne ?

Informations

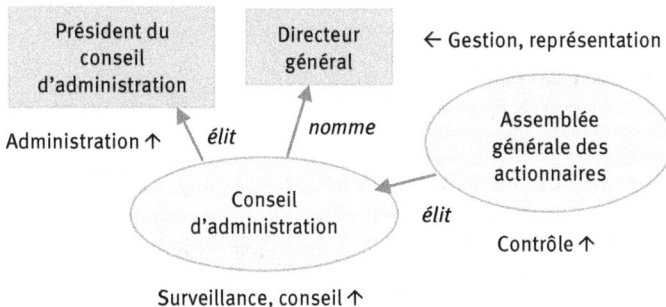

Figure 20.1 : La gérance de la SA – type classique (moniste)

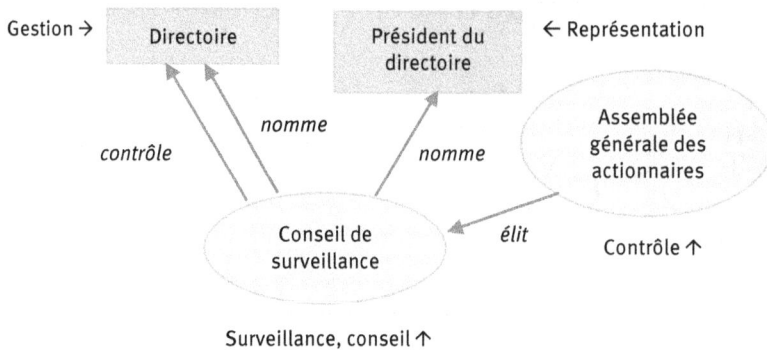

Figure 20.2 : La gérance de la SA – type moderne (dualiste)

Ouvrages

Giron, Patrice, *Droit commercial*, sous la direction de Jean-Claude Masclet, 7ᵉ édition, Sup'Foucher Paris 2013

Grandguillot, Béatrice et Francis, *L'essentiel du droit des sociétés. Sociétés commerciales. Autres sociétés – Groupements*, 3ᵉ édition, Les Carrés, Gualino Paris 2003

Grosclaude, Laurent, *Droit des sociétés,* Dunod Paris 2009

Kacimi, Y.,/Pieulle, V./Tardif, S., *Droit,* BTS 1, Hachette *Technique* Paris 1998

Magnier, Véronique, *Droit des sociétés*, 2ᵉ édition, Dalloz Paris 2004

Salgado, Maria Beatriz, *Droit des sociétés*, 2ᵉ édition, Bréal Clamecy 2008

Internet

INSEE : http://www.insee.fr
Service-Public.pro : http://vosdroits.service-public.fr

L'essentiel

20.1 Le commerçant et l'artisan

Dans certains cas, la création d'une entreprise commerciale ou l'acquisition d'un fonds de commerce* nécessite de la part du créateur ou de l'acheteur l'adoption d'un statut professionnel particulier : celui de commerçant. ▦¹ Pour devenir commerçant, le créateur d'entreprise doit s'inscrire au Registre du commerce et des sociétés (RCS). Le Code de commerce (CC Art. L 121-1) précise deux éléments pour acquérir le statut de commerçant : faire des actes de commerce* et les pratiquer à titre habituel. La définition du commerçant repose donc sur la notion d'acte de commerce. On en distingue trois types : les actes de commerce par nature, les actes de commerce par la forme et les actes de commerce par accessoire.

Les actes de commerce par nature sont considérés comme commerciaux en raison de leur objet. Ils peuvent être isolés ou réalisés dans le cadre d'une entreprise. Il en existe trois grands types : l'achat pour revendre, les opérations de banque et de change et les opérations d'intermédiaires, notamment le courtage*. Les actes de commerce par la forme sont qualifiés de commerciaux à cause de leur forme. Y sont compris tous les actes qui concernent la lettre de change[1], ceux réalisés dans le cadre d'une société commerciale (SARL, SA, voir plus bas 20.2) et les actes énumérés dans le Code de commerce, par exemple la location de meubles, les transports, etc. Les actes de commerce par accessoire sont constitués par tous les actes qui sont en principe civils mais qui deviennent commerciaux du fait des personnes impliquées ou de l'activité concernée. C'est le cas, lorsque l'auteur de l'acte est commerçant, lorsqu'un commerçant accomplit un acte mixte, c'est-à-dire un acte de commerce avec un non commerçant, et lorsque l'acte est accompli pour les besoins de l'activité commerciale.[2] ✍[1]

Au contraire du commerçant, l'artisan vend essentiellement des produits issus de son propre travail. Il est immatriculé au Registre des Métiers tenu par les Chambres des Métiers. La distinction entre artisan et commerçant est parfois difficile à faire, notamment lorsqu'il vend également des produits qu'il ne fabrique pas. Dans ce cas, l'artisan acquiert également le statut de commerçant.[3]

20.2 L'entreprise individuelle

L'entreprise individuelle est créée par une seule personne physique. La création se réalise sans trop de formalités, il suffit de s'immatriculer au registre compétent. L'entrepreneur individuel peut avoir le statut professionnel de commerçant ou d'artisan (voir plus haut 20.1). Il peut aussi être agriculteur ou exercer une profession libérale (avocat, médecin).[4] Pour fonder une entreprise individuelle, un capital minimum n'est pas exigé. L'entreprise individuelle n'a pas de patrimoine propre. Par conséquent, le propriétaire unique répond des dettes et des obligations reliées à son entre-

---

1 Voir 1ère partie Économie générale, chap. 9 Les instruments de paiement, 9.4 La circulation de la monnaie scripturale.
2 Voir Giron (2013), pp. 47–49 et Kacimi et al. (1998), pp. 222–226.
3 Voir Kacimi et al. (1998), pp. 226–228.
4 Voir INSEE, *Définitions, méthodes et qualité. Entreprise individuelle*. Disponible à l'URL : http://www.insee.fr/fr/methodes/default.asp?page=definitions/entreprise-individuelle.htm, consulté le 9-2-2016.

prise sur ses biens professionnels et privés. Cependant, afin d'atténuer les effets négatifs de la responsabilité illimitée, le régime d'entrepreneur individuel à responsabilité limitée (EIRL) a été mis en place il y a quelques années. 🖥[2]

L'entrepreneur individuel prend toutes les décisions et apporte seul les capitaux. Il reçoit tous les profits, mais il subit aussi toutes les pertes. En outre, la transmission par testament ou la vente de l'entreprise sont coûteuses. L'entrepreneur individuel est soumis à l'impôt sur le revenu* au titre des bénéfices réalisés.[5] 🖥[1]

20.3 Les sociétés commerciales

Bien que le statut juridique d'entreprise individuelle présente certains avantages, la difficulté de mobiliser des capitaux limite ses possibilités de développement. Dans le but d'accroître l'activité, la création d'une société s'avère donc parfois indispensable.

Parmi les sociétés commerciales, on distingue six formes juridiques essentielles. Pour faciliter leur comparaison, elles seront étudiées successivement selon les mêmes dix critères énumérés ci-dessous.

(1) Catégorie de société[6]
(2) Nombre d'associés requis et leur statut professionnel
(3) Capital social minimum exigé à la création
(4) Apports admis
(5) Responsabilité des associés
(6) Titres reçus en contrepartie des apports
(7) Cession des parts
(8) Gérance/direction
(9) Contrôle interne et externe
(10) Statut fiscal des associés et/ ou de la société

20.3.1 La société en nom collectif

La société en nom collectif (SNC) est une société de personnes. Pour la créer, il faut au moins deux associés qui ont le statut de commerçant. La loi n'exige pas de capital minimum à la création d'une SCN. Le capital social est divisé en parts sociales, contrepartie des apports fournis. Ils confèrent aux associés le droit de prendre part à la vie de la société et le droit de participer aux bénéfices. Toutes sortes d'apports sont possibles. Cependant, les apports en industrie n'entrent pas dans le capital social. Chaque associé est personnellement responsable de toutes les dettes et obligations de l'entreprise, sa responsabilité vis-à-vis des créanciers étant indéfinie et solidaire.

---

5 Voir Kacimi et al. (1998), p. 274.
6 Nous distinguons trois catégories de sociétés : les sociétés de personnes, de capitaux et mixtes. Voir chap. 19 L'approche juridique I, 19.4 Les catégories de sociétés.

La cession* des parts sociales exige l'accord de tous les associés. Un ou plusieurs gérants associés ou non assument la gestion de l'entreprise. Tous les associés disposent d'un droit de contrôle et d'information. Tant que la société ne dépasse pas une certaine taille, le contrôle par un commissaire aux comptes* n'est pas obligatoire (voir plus bas 20.3.6). ⚞³ La société n'est pas imposée, sauf si elle a opté pour l'imposition sur les sociétés. Ce sont les associés de la SNC qui sont soumis à l'impôt sur le revenu au titre des bénéfices industriels et commerciaux.[7] ✐²

20.3.2 La société en commandite simple

Comme la SNC, la société en commandite simple (SCS) est une société de personnes. Pour la créer, il faut au moins deux associés de statut différent : un commandité et un commanditaire. Les associés commandités doivent acquérir le statut de commerçant, tandis que les associés commanditaires ne sont pas commerçants. À la création d'une SCS, un capital minimum n'est pas requis. En contrepartie des apports, les associés reçoivent des parts sociales non négociables*. Pour les commandités toutes sortes d'apports sont possibles. Ils sont indéfiniment et solidairement responsables de toutes les dettes et obligations de l'entreprise. Les commanditaires, par contre, ne sont responsables des dettes de la société que dans la limite de leurs apports en numéraire et en nature. Ils ne peuvent pas apporter leur industrie. La cession de parts sociales doit obligatoirement être décidée à l'unanimité* des associés. Les commandités se partagent la gestion de l'entreprise ou la confèrent à un gérant associé ou non. Les commanditaires ne sont pas autorisés à diriger et à représenter la société. Ils ont le droit de participer dans les décisions collectives, d'être informés et de poser des questions par écrit. Comme dans la SNC, le contrôle externe par un commissaire aux comptes n'est pas obligatoire. Les commandités sont soumis à l'impôt sur le revenu au titre des bénéfices industriels et commerciaux réalisés. La part du bénéfice revenant aux associés commanditaires est soumise à l'impôt sur les sociétés*.[8] [1]

20.3.3 La société anonyme

La société anonyme (SA) est une société de capitaux. Elle se crée avec un minimum de sept associés, personnes physiques ou morales, non commerçants, appelés actionnaires. Pour créer une SA, il faut un capital minimum de 37.000 euros. La SA peut « faire appel public à l'épargne » et introduire ses titres en bourse. 🖥² Les apports en

---

7 Voir Giron (2013), pp. 154–166, Grandguillot (2003), pp. 39–42 et Salgado (2008), p. 25.
8 Voir Magnier (2004), pp. 167–170 et Grandguillot (2003), pp. 43–46.

industrie sont interdits. Le capital social est divisé en actions* dont la valeur est librement fixée. La responsabilité des actionnaires est limitée aux apports. Les actions sont librement cessibles* et négociables[9], sauf stipulation contraire dans les statuts. Les créateurs d'une SA peuvent choisir entre deux systèmes de gestion : le système classique et le système moderne.

Dans le système classique (fig. 20.1), la gérance est assurée par le président du conseil d'administration (PCA), élu par les administrateurs, et le directeur général (DG). Le PCA assume les fonctions administratives. Le DG, nommé par le conseil d'administration* parmi ses membres ou non, assure les fonctions de gestion et de représentation. Dans les sociétés dont le capital est inférieur à 150.000 euros, le cumul des fonctions est possible. Dans ce cas, le PCA est en même temps le DG. Le conseil d'administration est un organe collégial. Il est composé d'un maximum de 18 personnes désignées par l'assemblée générale* des actionnaires. Il a un rôle de surveillance, de conseil et d'aide au PCA. Il agit aussi comme intermédiaire entre l'assemblée générale des actionnaires et le PCA.

Dans le système moderne (fig. 20.2), la direction est assumée par un directoire*, nommé par le conseil de surveillance*. Le directoire est composé de deux à cinq personnes physiques, nommées par le conseil de surveillance. Le président du directoire, aussi désigné par le conseil de surveillance, est le représentant physique de la société. Le conseil de surveillance est un organe collégial dont le rôle est essentiellement le contrôle de la gestion et des comptes.

Les actionnaires ont un droit général d'information sur la « vie » de leur société. C'est pourquoi la SA a l'obligation de tenir régulièrement des assemblées générales d'actionnaires. On distingue deux types d'assemblées : l'assemblée générale ordinaire et l'assemblée générale extraordinaire.

L'assemblée générale ordinaire (AGO) doit se tenir au moins une fois par an. Elle a pour objet d'examiner et d'approuver (ou non) les comptes de l'exercice, de donner (ou non) quitus* à la gérance, de nommer, prolonger ou révoquer les administrateurs. Les décisions sont prises à la majorité absolue. L'assemblée générale extraordinaire (AGE) est convoquée à l'initiative des membres ou des dirigeants. Elle décide de la modification des statuts de l'entreprise, du changement de la forme juridique ou d'une augmentation de capital[10]. Les décisions sont prises à la majorité absolue. Le contrôle externe de la société est effectué par un ou plusieurs commissaires aux

---

9 Seules les actions des sociétés de capitaux sont négociables en bourse. La cessibilité, soumise aux règles du droit civil, par contre, concerne aussi bien les actions que les parts sociales. Les actions sont sont traitées dans la 1ère partie Économie générale, chap. 14 Le marché financier, 14.2.1.1.
10 Voir chap. 30 La gestion financière II, 30.2.2. L'augmentation de capital.

comptes, obligatoires pour les sociétés anonymes.[11] La SA est soumise à l'impôt sur les sociétés dont le taux normal s'élève en France à 33,33 % du bénéfice net.[12] ✍²

20.3.4 La société en commandite par actions

La société en commandite par actions (SCA) est une société de capitaux. Comme la société en commandite simple (voir plus haut 20.3.2), elle est composée de deux catégories distinctes d'associés : commandités et commanditaires. Il faut au moins un commandité et trois commanditaires pour la créer. Les associés peuvent être des personnes physiques ou morales. Les associés commandités ont la qualité de commerçants, les associés commanditaires sont des actionnaires. La loi fixe le capital minimum à 37.000 euros pour créer une SCA. Le capital social est divisé en actions. Les apports des commanditaires ne peuvent se faire qu'en numéraire et en nature. Les commandités, par contre, peuvent effectuer tous les apports. Comme la SA, la SCA peut faire appel public à l'épargne.

Les commandités sont indéfiniment et solidairement responsables des dettes de la société. Les associés commanditaires ne supportent les pertes de la société qu'à concurrence de leurs apports. La cession des actions des commandités exige l'accord de tous les associés commandités et commanditaires. Les commanditaires ont des actions librement cessibles et négociables.

La SCA est gérée par un ou plusieurs gérants choisis parmi les commandités ou des tiers. Les gérants sont désignés par l'assemblée générale ordinaire avec l'accord de tous les associés commandités. Les associés commanditaires ne peuvent être gérants dans une SCA. Le conseil de surveillance assume le contrôle permanent de la gestion de la société. Ses membres sont obligatoirement des commanditaires. Un commandité ne peut être membre du conseil de surveillance. La désignation de commissaires aux comptes est obligatoire. La SCA est soumise au régime fiscal de l'impôt sur les sociétés.[13]

20.3.5 La société par actions simplifiée

Depuis 1994, une forme juridique moins rigide entre en concurrence avec la société anonyme : la société par actions simplifiée (SAS).

---

11 Voir Giron (2013), pp. 169–189 et Grandguillot (2003), pp. 55–70.
12 Voir Salgado (2008), pp. 24 et Service-Public.pro, *Impôts sur les sociétés : entreprises concernées et taux d'imposition* (vérifié le 30-3-2015). Disponible à l'URL : http://vosdroits.service-public.fr/professionnels-entreprises/F23575.xhtml#N1 0147, consulté le 13-6-2015.
13 Voir Salgado (2008), pp. 22–24 et 230–232, Grandguillot (2003), pp. 71–76.

Pour créer une SAS, il ne faut que deux associés non commerçants. Depuis 2008, aucun capital minimum n'est exigé à la création. Le capital social est divisé en actions, mais la société ne peut pas faire appel à l'épargne publique. La responsabilité des associés est limitée aux apports. Depuis 2008, les apports en industrie sont également admis. La gestion est librement choisie par les actionnaires et votée en assemblée générale. La SAS est gérée soit par un président soit par un directoire. Un commissaire aux comptes est obligatoire. La cession des actions est réglementée dans les statuts pouvant prévoir des clauses d'agrément ou d'exclusion. 🖳³ La SAS est soumise au régime d'imposition sur les sociétés.¹⁴ [3]

La société par actions simplifiée unipersonnelle (SASU) permet à un seul créateur, personne physique ou morale, de fonder une société par actions.

20.3.6 La société à responsabilité limitée

La société à responsabilité limitée (SARL) est parfois appelée société « mixte » ou « hybride », car elle relève à la fois des caractéristiques des sociétés de personnes et celles des sociétés de capitaux.

La SARL est constituée d'au moins deux personnes et d'un maximum de 100 personnes. Les associés peuvent être des personnes physiques ou morales. Les associés de la SARL n'ont pas la qualité de commerçants. Depuis 2003, le montant du capital social est librement fixé par les associés en fonction de la taille, de l'activité et des besoins en capitaux de la société. Les apports en industrie sont également autorisés, mais n'entrent pas dans la constitution du capital social. Toutefois, ils permettent à l'associé de participer au vote en assemblée générale et lui ouvrent le droit au partage des bénéfices. Les associés d'une SARL ne supportent les pertes de la société qu'à concurrence du montant de leurs apports. La responsabilité des gérants est plus étendue. 🖳⁴ Les parts sociales, contrepartie des apports, sont librement cessibles entre associés. Cependant, la cession envers des tiers, nécessite l'accord d'une majorité des associés représentant au moins la moitié des parts sociales.¹⁵

La SARL est gérée par un ou plusieurs gérants, personnes physiques, associés ou non, nommés soit dans les statuts (gérant statutaire) soit par une délibération ultérieure. Les gérants peuvent être révoqués par les associés représentant plus de la moitié des parts sociales ou par la justice. Comme dans les sociétés de capitaux, une assemblée générale ordinaire doit se tenir au moins une fois par an pour approuver les comptes ou modifier les statuts. En principe, il n'y a pas de commissaires aux comptes

---

14 Voir Giron (2013), pp. 197–199, Salgado (2008), pp. 22 et Grandguillot (2003), pp. 77–80.
15 Art. L. 223-14 du Code de commerce, voir Giron (2013), p. 205.

dans une SARL en raison de la taille plutôt modeste. Toutefois, sa nomination devient obligatoire si deux des trois critères suivants sont réunis.[16]
– Total du bilan supérieur à 1.550.000 euros
– Chiffre d'affaires hors taxes supérieur à 3.100.000 euros
– Nombre de salariés supérieur à 50

En principe, la société acquitte elle-même son impôt sur les sociétés. Mais les associés peuvent opter pour le régime des sociétés de personnes. Dans ce cas, la société n'est pas imposée et les associés sont soumis à l'impôt sur le revenu.[17] [4] ✍²

Depuis 1985, la création d'une SARL unipersonnelle est possible, appelée entreprise unipersonnelle à responsabilité limitée (EURL). Il suffit d'un seul associé, personne physique ou morale. L'associé unique n'a pas le statut de commerçant. L'EURL peut se constituer avec seulement un euro symbolique de capital. Contrairement à l'entreprise individuelle, les biens affectés à l'exercice de l'activité appartiennent à la société. La responsabilité de l'associé unique se limite aux apports. Il peut librement céder ses parts. L'EURL peut être gérée par l'associé unique ou par une tierce personne. La présence d'un commissaire au compte est facultative. Elle devient obligatoire lorsque deux des trois seuils classiques seront dépassés (voir SARL). Si l'associé unique est une personne physique, il peut choisir son statut fiscal : impôt sur le revenu ou impôt sur les sociétés. L'associé, personne morale, est soumis à l'impôt sur les sociétés.[18] ☺¹

20.4 Autres sociétés

Les trois formes sociétaires suivantes ont des caractéristiques particulières soit par l'objet (la société civile), soit par le statut des associés (la société en participation), soit par la nationalité (la société européenne).

20.4.1 La société civile

La société civile (SC) est une société de personnes. Contrairement aux sociétés commerciales, elle a une activité civile. Les principaux secteurs d'activité de la société civile sont l'immobilier (les sociétés civiles immobilières), la gestion de patrimoine et les professions libérales. Pour la créer, il faut au minimum deux associés, personnes physiques ou morales. La loi ne fixe aucun capital minimum à la création. Les apports

---

16 Voir Giron (2013), p. 190. Cette règle s'applique aussi aux sociétés de personnes mentionnées.
17 Voir Salgado (2008), p. 23.
18 Voir Grandguillot (2003), pp. 52s et Salgado (2008), p. 26.

peuvent être affectés en numéraire, en nature et en industrie (hors capital social). Les droits sociaux* sont représentés par des parts sociales cessibles avec l'accord de tous les associés. Un ou plusieurs gérants, associés ou non, assurent la gérance. Les associés sont conjointement responsables des dettes sociales, tout associé n'étant responsable des dettes qu'à proportion de sa part détenue dans le capital social. Mais l'obligation aux dettes sociales est aussi indéfinie, c'est-à-dire que l'associé peut être tenu de payer les dettes sociales au-delà de son apport [5]. La présence d'un commissaire aux comptes devient obligatoire lorsque la société dépasse deux des seuils indiqués plus haut (voir 20.3.6). La société n'est pas imposée. L'associé, personne physique, paie l'impôt sur le revenu, tandis que l'associé, personne morale, est soumis à l'impôt sur les sociétés.[19]

20.4.2 La société en participation

La société en participation (SEP) s'apparente aux sociétés de personnes. Cependant, elle n'a pas de personnalité morale et, en tant que telle, elle n'est pas immatriculée au registre du commerce et des sociétés. [5] Sa création n'exige que l'enregistrement des statuts auprès des administrations fiscales afin que les bénéfices éventuels soient imposés. Il faut au moins deux associés, personnes physiques ou morales, pour la fonder. Elle n'a pas besoin de capital social, ni de dénomination sociale, ni de siège social. Son fonctionnement et la répartition des bénéfices sont organisés librement dans le contrat social. Vis-à-vis des tiers, fournisseurs et clients, seul le gérant apparaît, les autres associés sont inconnus (SEP occulte). Il reçoit les bénéfices et les partage au sein de la société selon les règles convenues. L'activité est exercée en son nom propre puisque la société est inconnue par des tiers, c'est à dire occulte. Selon la nature de son objet, la SEP peut être civile ou commerciale.[20]

Mais, la société en participation peut aussi adopter un nom, fixer un capital social et révéler aux tiers son existence ainsi que l'identité des associés. Dans ce cas, elle est devient ostensible. La responsabilité des associés varie selon le type de société, occulte ou ostensible. Dans une société en participation occulte seul l'associé connu est responsable de son patrimoine privé. Lorsqu'elle est ostensible, la responsabilité des associés est indéfinie et solidaire si l'objet est commercial. Si l'objet est civil, la responsabilité est indéfinie et conjointe. Sur le plan fiscal, l'associé connu est soumis à l'impôt sur le revenu. Toutefois, la société peut aussi opter pour son assujettissement à l'impôt sur les sociétés.[21] ☺[2]

---

19 Voir Grandguillot (2003), p. 105–108 et Giron (2013), pp. 161–163.
20 Voir Giron (2013), pp. 152s.
21 Voir Salgado (2008), pp. 26–28 et Grandguillot (2003), pp. 111s.

20.4.3 La société européenne

La société européenne (SE) est une société de capitaux dotée de la personnalité morale et ouverte aux marchés financiers. Soumise à une législation applicable dans tous les États membres de l'Union européenne, elle ne prend pas la nationalité du pays dans lequel elle a son siège social. La SE n'est pas créée *ex nihilo*, elle est constituée par quatre modes : à la suite d'une fusion, par création d'une *holding**, par création d'une filiale commune ou par transformation d'une société déjà existante. [22]

La SE est créée suite à la fusion de deux de ou plusieurs SA situées dans au moins deux États membres différents. Elle peut naître de la création d'une société *holding*, par l'association d'une SA ou d'une SARL situées dans au moins deux États membres différents. La SE peut également résulter de la constitution d'une filiale commune par des sociétés situées dans au moins deux États membres différents. Enfin, elle peut provenir de la transformation d'une SA nationale possédant une filiale dans un autre État membre depuis au moins deux ans. Le capital social minimum est de 120.000 euros, divisé en actions, en principe, librement cessibles. La responsabilité des actionnaires est limitée au montant du capital apporté. La société européenne est gérée comme les SA soit par un organe de direction et un organe de surveillance, soit par un organe d'administration (voir plus haut 20.3.3). Au plan fiscal, elle est soumise au régime fiscal de la législation nationale applicable. [23] 🖳 [4]

Vocabulaire

Acte *m* de commerce	Toute opération commerciale (revente, courtage*, etc.) effectuée par un commerçant dans l'exercice de sa profession
Action *f*	Titre de propriété représentant une part du capital social
Artisan *m*	Personne qui fabrique des biens par ses mains et les vend pour son propre compte
Assemblée *f* générale (AG)	Réunion de tous les associés d'une société pour approuver les comptes et prendre des décisions
Cessible *adj*	Transmissible à un tiers (parts sociales et actions)
Cession *f*	Transmission d'une part sociale ou d'une action à un tiers
Commerçant *m*	Personne qui fait habituellement les actes de commerce*
Commissaire *m* aux comptes	Professionnel indépendant extérieur chargé de contrôler les comptes d'une société
Conseil *m* d'administration	Réunion d'actionnaires d'une SA de type classique élus par l'AG* pour administrer la société
Conseil *m* de surveillance	Réunion d'actionnaires d'une SA de type moderne élus par l'AG* pour contrôler le directoire*

---

22 La fusion et la filiale commune sont abordées au chapitre 17 La vie de l'entreprise. Voir les paragraphes 17.2.2 Les procédés de regroupement des entreprises et 17.4.2 Les formes et degrés d'internationalisation.
23 Voir Grosclaude (2009), pp. 198s et Giron (2013), pp. 200s.

Courtage *m*	Commission rémunérant le service d'intermédiaire d'un courtier
Directoire *m*	Dans la SA de types moderne, organe collégial de gestion nommé par le conseil de surveillance
Donner quitus à *qn*	Admettre que la gestion de la société a été régulière et correcte
Droits *m pl* sociaux	Parts ou actions reçues par un associé lors de son apport
Entreprise *f* individuelle	Entreprise créée et gérée par un propriétaire unique
Holding *m* ou *f*	Société qui possède des participations dans d'autres sociétés afin de les diriger et contrôler
Impôt *m* sur le revenu	Impôt perçu sur les associés personnes physiques
Impôt *m* sur les sociétés	Impôt prélevé auprès des sociétés personnes morales
Négociable *adj*	Transmissible par vente (souvent sur un marché de capitaux) à un tiers (actions ou titres de créance)
Responsabilité *f* conjointe	Obligation d'un associé de rembourser les dettes de la société dans la limite de sa part détenue
Responsabilité *f* limitée	Obligation d'un associé de rembourser les dettes de la société jusqu'à la hauteur de ses apports
Responsabilité *f* solidaire	Obligation d'un associé de rembourser toutes les dettes de la société au-delà des apports
Unanimité *f* (à l'unanimité)	Accord de tous les associés votants

Activités

📖 Compréhension

[1] Comparez les statuts de commandités et de commanditaire.

[2] Relevez les différences entre une société anonyme et une société par actions simplifiée.

[3] Parmi les caractéristiques d'une société à responsabilité limitée, quelles sont celles qui la rapprochent d'une société de capitaux ?

[4] Distinguez la responsabilité conjointe des associés d'une société civile de la responsabilité solidaire des associés d'une société en nom collectif.

[5] Dans une société en participation, quels sont les effets de l'absence de la personnalité morale ?

✍ Travail écrit

1. Indiquez si les actes suivants sont des actes de commerce.

Actes	oui	non
(1) Achat d'une voiture de livraison par un fabricant	☐	☐
(2) Vente de marchandises par un commerçant	☐	☐
(3) Location d'un immeuble par un particulier	☐	☐
(4) Émission d'une lettre de change	☐	☐
(5) Achat d'un logement par un particulier	☐	☐

2. Comparez les sociétés figurant dans le tableau ci-après selon les critères indiqués.

Critères	SNC	SARL	SA
(1) Catégorie de société			
(2) Associés : nombre et statut professionnel			
(3) Capital minimum exigé à la création			
(4) Nature des apports			
(5) Responsabilité financière des associés			
(6) Titres acquis en contrepartie des apports			
(7) Cession des titres			
(8) Gérance			
(9) Contrôle interne et externe			
(10) Imposition			

☺ Discussion

1. Entreprendre seul ou chercher des associés ? Débattez des avantages et des inconvénients.
2. Devenir associé d'une société en participation ? Discutez le pour et le contre.

🏛 Thèmes d'exposé

1. Le fonds de commerce - définition et éléments
2. L'entreprise individuelle à responsabilité limitée (EIRL)
3. Le commissaire aux comptes – désignation et rôle
4. La responsabilité civile et pénale des gérants de SARL

🖥 Recherche

1. Recherchez le nombre d'entreprises individuelles créées récemment en France.
2. Recherchez la signification de la locution « faire appel public à l'épargne » ou « faire appel à l'épargne publique ».
3. Recherchez des clauses d'agrément et d'exclusion d'un contrat de société.
4. Recherchez des sociétés qui ont adopté le statut juridique de société européenne.

21 L'approche juridique de l'entreprise III – Le secteur public et l'économie sociale

À côté du secteur privé qui regroupe les entreprises commerciales et civiles ayant pour but principal de réaliser des profits, les entreprises du secteur public et du secteur de l'économie sociale ont des finalités bien différentes.

Dans le chapitre présent, nous allons retracer les caractéristiques essentielles des entreprises de ces deux secteurs. Nous commençons par décrire le secteur public et son évolution. Ensuite, nous présenterons les spécificités des entreprises du secteur public. Enfin, afin de mieux comprendre l'économie sociale, nous préciserons les caractéristiques des coopératives, des mutuelles et des associations.

Questions

1. Qu'est-ce que le secteur public ? Quelle est l'évolution du secteur public ?
2. Qu'est-ce une administration publique ?
3. Qu'est-ce qu'une entreprise publique ?
4. Quelles sont les caractéristiques d'une coopérative ?
5. Qu'est-ce une mutuelle ?
6. Qu'est-ce qu'une association ?

Informations

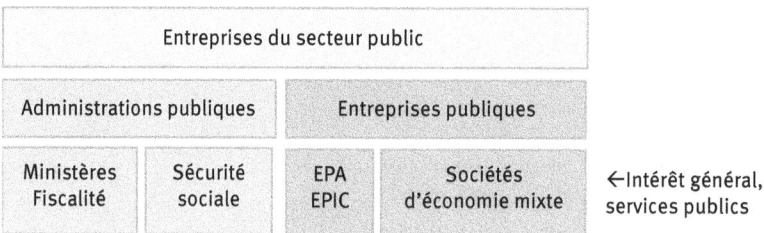

Figure 21.1 : Les entreprises du secteur public

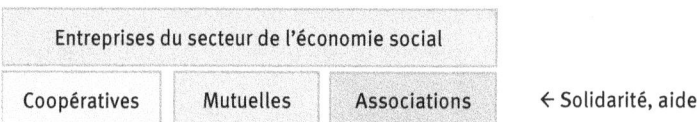

Figure 21.2 : Les entreprises de l'économie sociale

Ouvrages

Grandguillot, Béatrice et Francis, *L'essentiel du droit des sociétés. Sociétés commerciales. Autres sociétés – Groupements*, 3ᵉ édition, Les Carrés, Gualino Paris 2003
Grosclaude, Laurent, *Droit des sociétés*, Dunod Paris 2009
Pastré, Olivier, *Économie d'entreprise*, Economica Paris 2012
Salgado, Maria Beatriz, *Droit des sociétés*, 2ᵉ édition, Bréal Clamecy 2008

Internet

INSEE : http://www.insee.fr
Vie publique : http://www.vie-publique.fr

L'essentiel

21.1 Le secteur public et son évolution

Le secteur public* regroupe toutes les activités économiques et sociales prises en charge par les entreprises publiques, les administrations publiques de l'État et des collectivités locales ainsi que les organismes publics de la sécurité sociale (fig. 21.1).

Le secteur public français s'était accru par plusieurs vagues de nationalisations* opérées en trois grandes étapes entre 1936 et 1985. Ainsi, par exemple, la Banque de France, les sociétés d'armement et les sociétés ferroviaires ont été transférées à l'État. Après la Seconde Guerre mondiale, l'État a acquis la majorité dans le capital de Renault, des sociétés de distribution du gaz et de l'électricité, des houillères et de certaines grandes banques de dépôts. Au début des années 1980, les banques moyennes et autres grandes sociétés industrielles ont été mises sous le contrôle de l'État par le gouvernement de gauche. Depuis le milieu des années 1980, sous la présidence de Jacques Chirac, on constate en France une régression du secteur public du fait des privatisations*. ⌨¹ Elles servaient, entre autres, à réduire le déficit budgétaire de l'État et à améliorer la situation financière des entreprises concernées.¹ [1] La privatisation d'entreprises publiques a largement modifié le poids du secteur public en France, notamment au niveau des emplois. 🖥¹

---

1 Voir Vie publique, *L'évolution du périmètre du secteur public d'entreprises* (19-8-2013). Disponible à l'URL : http://www.vie-publique.fr/decouverte-institutions/institutions/approfondissements/evolution-du-perimetre-du-secteur-public-entreprises.html, consulté le 9-2-2016.

21.2 Les administrations publiques

Les administrations publiques comprennent les administrations de l'État et des collectivités locales (par ex. les mairies, les ministères) ainsi que les administrations de la sécurité sociale. Elles exercent des activités administratives ou à caractère social. Elles produisent des services non marchands ou effectuent des opérations de redistribution de revenu.[2] C'est pourquoi, il ne faut pas les confondre avec les entreprises publiques.

21.3 Les entreprises publiques

Les entreprises publiques assument les activités commerciales et industrielles qui incombent aux administrations. L'entreprise publique est une personne morale de droit privé « sur laquelle l'État peut exercer directement ou indirectement une influence dominante du fait de la propriété ou de la participation financière, en disposant soit de la majorité du capital, soit de la majorité des voix attachées aux parts émises »[3]. Lorsque l'État est le seul actionnaire, on parle d'une société nationale* (par ex. la SNCF et la Poste). Il y a également un grand nombre d'entreprises publiques dans lesquelles l'État détient des participations minoritaires. 🖳[2]

Il existe de formes différentes d'entreprises publiques qui se différencient selon le nombre de parts que l'État détient dans le capital, selon le droit applicable et les règles de fonctionnement. Nous décrivons ci-après la société d'économie mixte et l'établissement public.

21.3.1 La société d'économie mixte

La société d'économie mixte* (SEM) est une forme particulière d'entreprise publique, car le capital est apporté par des sociétés privées et par l'État ou les collectivités locales. Dans les SEM locales, la collectivité locale doit détenir plus de 50 % du capital social et plus de la moitié des voix dans les organes de délibération. Elle a la forme juridique d'une société anonyme et fonctionne selon les dispositions applicables à

---

2 Voir INSEE, *Définitions, méthodes et qualité. Administrations publiques.* Disponible à l'URL : http://www.insee.fr/fr/methodes/default.asp?page=definitions/administrations-publiques.htm, consulté le 9-2-2016. La notion d'administration publique est utilisée par l'INSEE pour désigner un secteur institutionnel. Pour plus de détails, voir 1ère partie Économie générale, chap. 3 Les interdépendances économiques, 3.1 Les secteurs institutionnels et chap. 5 La redistribution des revenus.
3 Voir ibidem, *Entreprise publique.* Disponible à l'URL : http://www.insee.fr/fr/methodes/default.asp?page=definitions/entreprise-publique.htm, consulté le 9-2-2016.

celle-ci.[4] Les champs d'intervention sont souvent des activités d'intérêt général*, entre autres, le logement et les transports en commun. [2] ✍ 🖥²

21.3.2 L'établissement public

Les établissements publics sont des sociétés de droit public qui appartiennent entiè-rement à l'État ou à une collectivité locale. Ils fournissent des services publics d'inté-rêt général. Ils interviennent essentiellement dans le domaine de la santé, de l'ensei-gnement, de la culture ou de l'économie. Ils se financent, en partie, par les redevances des usagers du service fournis. Selon leur activité, on distingue deux ré-gimes juridiques : des établissements publics à caractère industriel et commercial* (EPIC) et les établissements publics à caractère administratif (EPA).

Les EPIC produisent et commercialisent des biens et des services appartenant, souvent, aux secteurs sensibles tels que les transports ou l'énergie (par ex. la SNCF, RATP). Les EPA ont des missions sociales, culturelles et d'intérêt général, par exemple Pôle emploi, les hôpitaux publics et les musées nationaux.[5] ☺

21.4 L'économie sociale

À côté du secteur privé et du secteur public, l'économie sociale* constitue le troisième secteur. Comme les entreprises du secteur privé, celles de l'économie sociale exercent des activités économiques productrices de biens ou de services. Cependant, elles poursuivent une finalité sociale plutôt que de profit et s'appuient sur la solidarité entre les membres. Le secteur de l'économie sociale comprend les sociétés coopéra-tives, les (sociétés) mutuelles et les associations (fig. 21.2).[6]

21.4.1 La coopérative

Les coopératives* sont des sociétés dont l'objet essentiel est l'amélioration et la pro-motion des activités économiques ou sociales de leurs membres. Ainsi, la coopération vise, par exemple, à obtenir des réductions de prix de certains produits ou services

---

4 Voir Grandguillot (2003), p. 115.

5 Voir Vie publique, *Qu'est-ce qu'un établissement public* (19-8-2013). Disponible à l'URL : http://www.vie-publique.fr/decouverte-institutions/institutions/administration/organisation/structures-administratives/qu-est-ce-qu-etablissement-public.html, consulté le 13-6-2015.

6 Voir Pastré (2012), pp. 10s. On peut aussi attacher les fondations à l'économie sociale. Elles sont à but non lucratif et créées par un ou plusieurs donateurs, personnes physiques ou morales, pour ac-complir une œuvre d'intérêt général.

ou une amélioration de la qualité des produits. Lorsque les coopératives réalisent des excédents, ils ne sont pas versés sous formes de dividendes aux membres. Ils sont affectés soit à des réserves soit aux participations des salariés ou bien attribués à des œuvres d'intérêt général ou professionnel. Selon la conception démocratique, chaque associé, appelé sociétaire* ou coopérateur*, dispose d'une voix lors de l'assemblée générale (AG) indépendamment du nombre de parts qu'il détient dans le capital. Le coopérateur a un double statut. Il est à la fois apporteur de capital et utilisateur exclusif des produits ou des services de la société. Toutefois, depuis 1992, les coopératives sont autorisées d'admettre comme associés des personnes physiques ou morales qui n'utilisent pas les produits ni les services, mais qui contribuent à l'apport des capitaux. Cependant, ils ne peuvent détenir plus de 35% du total des droits de vote.[7]

Les coopératives fondées sous la forme juridique de société anonyme (SA) ont besoin d'un capital minimum égal à la moitié du capital minimum des sociétés par actions. [3] Dans le cas de la société à responsabilité limitée (SARL), aucun capital n'est exigé à la création. Le capital social des coopératives est divisé en parts sociales. Les dirigeants sont nommés par l'assemblée générale (AG) et sont révocables par elle. Les coopérateurs détiennent une voix à l'AG, qui se réunit au moins une fois par an. Ils ont, en principe, le droit de se retirer librement de la société. En cas de retrait, ils ont droit au remboursement de leur apport, sous déduction de leur contribution aux pertes sociales. Ils peuvent également être exclus par la société et, à titre de sanctions, être privés du droit de remboursement. [4] Selon la forme choisie, les dirigeants sont soit des gérants (SARL), soit un Président du conseil d'administration avec conseil d'administration ou les membres du directoire avec conseil de surveillance (SA). Selon l'activité poursuivie, on distingue quatre types de sociétés coopératives : les coopératives de consommateurs, les coopératives ouvrières de production, les coopératives de commerçants détaillants et les coopératives agricoles.[8] 🖥[3]

21.4.2 La mutuelle

Les mutuelles*, appelées également sociétés mutualistes, sont des personnes morales à but non lucratif qui n'apportent leurs services qu'à leurs propres membres. Leur objectif est l'entraide et la solidarité entre les membres, la prévention de risques sociaux et la réparation de leurs conséquences. Elles se financent par des cotisations versées par leurs membres qui sont en même temps les clients. Les mutuelles se distinguent donc des coopératives dans la mesure où l'adhésion d'un individu à une mutuelle a pour but de se prémunir contre un risque, tandis qu'un coopérateur souhaite

---

7 Voir Grandguillot (2003), p. 116.
8 Salgado (2008), pp. 257–259.

optimiser les avantages qu'il tire comme membre de la société et en tant qu'usager du service fourni.

En France, les sociétés mutuelles agissent en complément de la sécurité sociale obligatoire en proposant, entre autre, des complémentaires* de santé. Elles remboursent la partie des frais de santé qui n'est pas prise en charge par la sécurité social obligatoire, c'est-à-dire le ticket modérateur*.[9] 🖳[3]

21.4.3 L'association

Une association* est un regroupement de personnes qui poursuivent un but commun non lucratif. Les buts peuvent être divers (sportif, humanitaire, etc.). Pour créer une association les fondateurs doivent rédiger des statuts qui précisent l'objet, nommer les organes dirigeants et le représentant de l'association et indiquer le siège social ou l'adresse. Lorsque l'association est déclarée en préfecture, elle a la personnalité juridique. Elle peut donc posséder un patrimoine et agir en justice.

Certaines associations disposent du statut particulier « reconnues d'utilité publique ». Leur objet est jugé d'intérêt général. En contrepartie, elles doivent présenter des garanties et sont soumises à un contrôle administratif plus strict. Les associations se financent en grande partie par les cotisations des membres, par des subventions publiques et des dons. Lorsqu'elles réalisent des bénéfices, ceux-ci ne sont pas distribués aux membres, mais doivent être réinvestis pour développer l'activité.[10] [5]

Vocabulaire

Administration *f* publique	Unité institutionnelle (État, collectivités locales et sécurité sociale) qui fournit des services collectifs (voir. chap. 3)
Association *f*	Regroupement de personnes qui poursuivent un but commun non lucratif
Coopérateur *m*	Associé ou membre d'une coopérative*, voir sociétaire*
Coopérative *f*	Modèle d'entreprise démocratique fondé sur des valeurs de solidarité et d'entraide
Complémentaire *f* (santé, retraite)	Assurance qui complète les prestations versées par les régimes obligatoires d'une caisse d'assurance
Économie *f* sociale	Secteur regroupant des activités économiques et sociales à but non lucratif se basant sur la solidarité entre les membres

---

9 Voir Grandguillot (2013), pp. 205 et 237s.
10 Voir Grosclaude (2009), pp. 302–305 et Vie publique, *Qu'est-ce qu'une association* (9-10-2013). Disponible à l'URL : http://www.vie-publique.fr/decouverte-institutions/citoyen/participation/association/qu-est-ce-qu-association.html, consulté le 30-4-2015.

Entreprise *f* publique	Entreprise contrôlée majoritairement par l'État ou une collectivité publique
Établissement *m* public à caractère administratif (EPA)	Entreprise publique* qui fournit des services publics administratifs
Établissement *m* public à caractère industriel et commerciale (EPIC)	Entreprise publique* qui fournit des services publics industriels et commerciaux
Intérêt *m* général (activité d')	Activité jugée bénéfique pour l'ensemble de la société
Mutuelle *f*	Personne morale à but non lucratif qui mène des actions de solidarité et de prévoyance (santé, retraite) au profit de ses membres
Nationalisation *f*	Transfert de plus de 50% de la propriété d'une entreprise à l'État
Privatisation *f*	Transfert de plus de 50% de la propriété d'une entreprise détenue par l'État au secteur privé*
Société *f* nationale	Société appartenant en totalité à l'État
Sociétaire *m*	Ici : membre d'une coopérative*, voir coopérateur*
Secteur public *m*	Secteur regroupant les activités économiques et sociales prises en charge par les entreprises publiques, les administrations publiques de l'État et des collectivités locales ainsi que les organismes publics de la sécurité sociale
Secteur *m* privé	Secteur d'activité constitué d'entreprises qui ne dépendent pas directement de l'État
Société *f* d'économie mixte	Société dans laquelle le capital est apporté par des sociétés privées et par l'État ou les collectivités locales
Ticket *m* modérateur	Partie des frais de santé qui n'est pas payée par la sécurité sociale et qui reste à la charge de l'assuré

Activités

📖 **Compréhension**

[1] Expliquez les notions « nationalisation » et « privatisation ». Comment le changement de propriété se déroule-il ?

[2] Du point de vue de l'État, qu'elle est l'avantage d'une société d'économie mixte par rapport à une entreprise publique dont il est le seul propriétaire ?

[3] Quel est le montant de capital exigé pour créer une coopérative sous forme de société anonyme (voir chap. 20 L'approche juridique de l'entreprise II, 20.3.3 La société anonyme) ?

[4] Distinguez les droits et obligations d'un coopérateur de ceux d'un actionnaire de la SA.

[5] Quelles sont les différences entre une association et une société en ce qui concerne l'objet, le but, l'affectation des bénéfices et le financement ?

✍ **Travail écrit**

Relevez les différences principales entre les entreprises du secteur public et celles du secteur privé selon les critères indiqués.

Critères	Entreprise du secteur public	Entreprise du secteur privé
(1) Apporteurs de capitaux		
(2) But		
(3) Objet		
(4) Droit applicable		
(5) Contrôle		

☺ **Discussion**

Nommez des services d'intérêt général fournis par les entreprises publiques. À votre avis, l'État ne ferait-il pas mieux de les laisser au secteur privé ? Discutez.

📕 **Thèmes d'exposé**

1. Les vagues de privatisation et de nationalisation en France
2. L'intérêt général – origine et conceptions
3. Le système de santé français – les complémentaires

🖳 **Recherche**

1. Recherchez des statistiques récentes qui informent sur l'évolution des emplois dans le secteur public.
2. Recherchez des entreprises dans lesquelles l'État français (allemand ou autres) détient des participations.
3. Recherchez des informations sur l'importance du secteur de l'économie sociale en France (en Allemagne ou dans un autre pays).

Section VII : **L'organisation et la politique générale de l'entreprise**

22 L'organisation de l'entreprise

Pour fonctionner efficacement, tout organisme doit disposer d'une structure organisationnelle claire. Il faut répartir les pouvoirs et les responsabilités, diviser les tâches et mettre en place des circuits d'information et de coordination pour supporter le développement de l'entreprise.

Le chapitre présent expose les principes qui permettent de comprendre l'organisation d'une entreprise. Nous commençons par la présentation des unités fonctionnelles d'une entreprise : les fonctions et les services. Après avoir expliqué la notion de la structure organisationnelle, nous détaillerons les différents types de structures organisationnelles. Ensuite, la représentation graphique des structures formelles sous forme d'organigramme sera décrite. Nous terminerons ce chapitre en menant quelques réflexions sur les structures informelles qui existent au sein des entreprises.

Questions

1. Quelles sont les fonctions et les services dans une entreprise ?
2. Qu'est-ce qu'une structure organisationnelle ?
3. Quels sont les différents types de structures organisationnelles ?
4. Qu'est-ce qu'un organigramme ? Quelles informations fournit-il ?
5. Quelles sont les relations informelles entre les acteurs d'une entreprise ?

Informations

Direction	Finance	Production	Personnel	Approvisionnement	Commercialisation	R&D
État-major	*Compta-*	*Fabrica-*	*Recrute-*	*Achats*	*Publicité*	*Études*
Stratégie	*bilité*	*tion*	*ment*	*Gestion*	*Études de*	*Recherche*
Secrétariat	*Contrôle*	*Contrôle*	*Rémunéra-*	*des stocks*	*marché*	*de mé-*
Conten-	*de ges-*	*de qua-*	*tion*	*Com-*	*Vente*	*thodes*
tieux	*tion*	*lité*	*Formation*	*mandes*	*SAV*	*Nouvelles*
Organisa-	*Finance-*	Maintien	*Évaluation*	*Transports*		*technolo-*
tion	*ment*		*Relations*			*gies*
			sociales			

Figure 22.1 : Les fonctions et les services (mis en italique) dans une entreprise

Document 22.2 : La définition de la structure d'entreprise

La structure d'une organisation peut être définie simplement comme la somme totale des moyens employés pour diviser le travail entre tâches distinctes pour ensuite assurer la coordination nécessaire entre ces tâches. (Henry Mintzberg, *Structure et dynamique des organisations*, édition d'organisation Paris 1984)

```
┌─────────────────────────┐
│    Direction générale   │
└─────────────────────────┘
```

Direction marketing   Direction personnel   Direction financière

Etudes de marché   Recrutement   Facturation

Publicité   Administration du personnel   Comptabilité

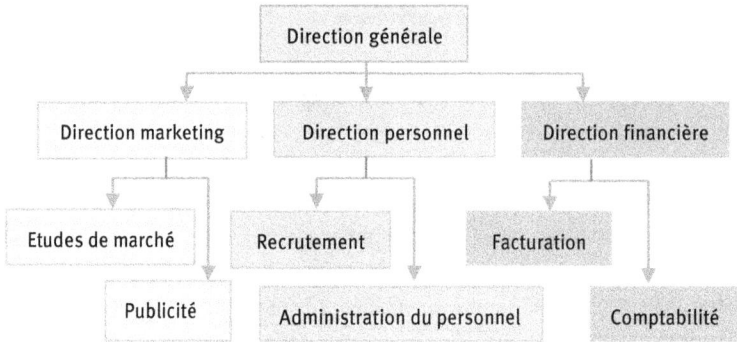

Figure 22.3 : L'organigramme simplifié d'une entreprise commerciale[1]

Tête
Sommet straté-
gique - fixe la
stratégie

Bras
Techno-
structure

Ingénieurs -
conception,
planification,
contrôle

Corps
Ligne hiérarchique -
assure la liaison entre le
sommet stratégique et le
centre opérationnel
(directeurs des fonctions)

Bras
Supports

Unités spé-
cialisées -
conseils,
relations
publiques,
paie

Jambes
Centre opérationnel (acheteurs, vendeurs, magasiniers ...)

Figure 22.4 : La dynamique structurelle d'après Mintzberg[2]

Ouvrages

Alberto, Tony/Combemale, Pascal, *Comprendre l'entreprise. Théorie, gestion, relations sociales*, 4ᵉ édition, Colin Paris 2004
Bressi, Guiseppe, *Organisation et gestion d'entreprise*, Épreuve n° 3 DEFC, Foucher Paris 2002
Charpentier, P., *Organisation et gestion de l'entreprise*, Colin Paris 2004

---

1 Voir aussi la figure 15.1 au chap. 15 Les définitions et les approches théoriques de l'entreprise.
2 Illustration d'après Bressi (2002), p. 59.

Darbelet, Michel/Izard, Laurent/Scaramuzza, Michel, *Notions fondamentales de management. Organisation, fonctions et structures*, 4ᵉ édition, Foucher Vanves 2004

Derray, Alain/Lusseault, Alain, *Management de l'entreprise*, Ellipses Paris 2008

Duizabo, Sébastien/Roux, Dominique, *Gestion et management des entreprises,* Hachette *Supérieur* Paris 2005

Foglierini-Carneiro, I., *Organisation et gestion des entreprises. La conception moderne du management*, 3ᵉ édition, Dunod Paris 1995

Soparnot, Richard, *Management des entreprises. Stratégies, organisation, structu*res, Dunod Paris 2009

L'essentiel

!

22.1 Les fonctions et les services

L'approche fonctionnelle découpe les activités de l'entreprise en fonctions*. Une fonction est un ensemble d'activités ayant un même objectif. Elle est assumée par un directeur qui a sous sa responsabilité des collaborateurs auxquels sont confiées des tâches spécifiques. Selon l'activité de l'entreprise, les fonctions et leur importance varient. Dans l'ensemble, malgré une terminologie parfois différente, on peut distinguer sept grandes fonctions dont les plus importantes tâches sont décrites ci-dessous (fig. 22.1).[3]

Les responsables de la fonction de direction doivent, entre autres, définir la stratégie, donner des directives, coordonner les activités, vérifier et analyser les écarts par rapports aux objectifs. La fonction financière et comptable consiste à choisir les moyens de financement, faire les prévisions financières, établir les comptes annuels et analyser les coûts. La fonction de personnel, connue aussi sous l'appellation « gestion des ressources humaines », a pour rôle principal de recruter, rémunérer, former, évaluer et motiver le personnel. L'objet essentiel de la fonction d'achat et d'approvisionnement est de fournir les moyens matériels nécessaires à la production et de gérer les stocks. La fonction de production consiste principalement à fabriquer des biens et à en assurer la qualité. La fonction commerciale (le *marketing)* assure la commercialisation des produits et gère les relations avec les clients. Enfin, plus moderne, la fonction de recherche et de développement comprend les études et la recherche de nouvelles méthodes dans le but d'améliorer la production. [1]

Pour exécuter les fonctions, il faut des moyens humains, c'est-à-dire des ouvriers, employés et cadres, et des moyens matériels, tels que des locaux et des mobiliers, regroupés dans des unités désignées services, bureaux, divisions, usines ou points de

---

3 Voir, par exemple, Foglierini-Carneiro (1995), p. 51 et Duizabo/Roux (2005), p. 15. Voir aussi les fonctions définies par Henry Fayol au chap. 15 Les définitions et les approches théoriques de l'entreprise, 15.2.1.2 Henry Fayol et les fonctions de l'entreprise.

vente.[4] Les fonctions se répartissent donc entre diverses unités administratives, appelées désormais services*, et entre différents postes de travail* qui définissent les tâches à accomplir (fig. 22.1). 🖥[1]

22.2 La structure organisationnelle

La structure organisationnelle* d'une entreprise est constituée des fonctions et des services de l'entreprise, décrits ci-dessus, ainsi que des relations entre eux. Ainsi, la structure d'une entreprise montre non seulement la répartition des tâches, mais aussi la répartition des pouvoirs et des responsabilités. D'après Mintzberg (voir doc. 22.2), toute activité organisée doit répondre à deux questions élémentaires : comment diviser le travail entre les différentes tâches et comment coordonner les activités nécessaires à réaliser ces tâches ? Pour décrire les relations formelles entre les fonctions et les services, on peut utiliser trois types de relations : les relations hiérarchiques, fonctionnelles et de conseil.[5]

Les relations hiérarchiques*, représentent les relations d'autorité et permettent la transmission des ordres du haut vers le bas. Les relations fonctionnelles* sont les relations entre les différents spécialistes et nécessaires pour transmettre des informations entre les fonctions. Les relations de conseil indiquent l'assistance de spécialistes et rendent possible la transmission de conseils, de recommandations et d'études. Les différentes relations entre les divers collaborateurs sont définies par la structure organisationnelle qu'une entreprise a adoptée.

22.3 Les types de structures organisationnelles

Suivant les entreprises, leur taille, le secteur d'activité ou le style de direction[6] adopté, la structure se présente plus ou moins complexe. Dans une petite entreprise, la structure est souvent très simple. Le patron prend les décisions, il s'occupe de la gestion, du recrutement, du financement, des clients, etc. Les ouvriers et employés assurent l'exécution des activités d'exploitation. Cependant, à partir d'une certaine taille, l'entreprise doit répartir les responsabilités et déléguer le pouvoir. Différents types de structures peuvent être adoptés, dont nous précisons ci-dessous cinq modèles de

---

4 Voir Alberto/Combemale (2004), p. 103.
5 Voir Charpentier (2004), p. 146 et Foglierini-Caneiro (1995), p. 191.
6 Voir chap. 23 La direction de l'entreprise, 23.2.2 Les styles de direction.

base : les structures fonctionnelle, hiérarchique, hiérarchico-fonctionnelle, divisionnelle et matricielle.[7]

Dans une entreprise à structure fonctionnelle, les responsabilités sont claires et
bien définies. Les subordonnés reçoivent des ordres des chefs des fonctions concernées. L'efficacité de cette structure repose en grande partie sur le principe de la spécialisation préconisé par Frederick W. Taylor[8]. Toutefois, la multiplicité du commandement peut engendrer des conflits entre les différentes fonctions (fig. 22.5). [2]

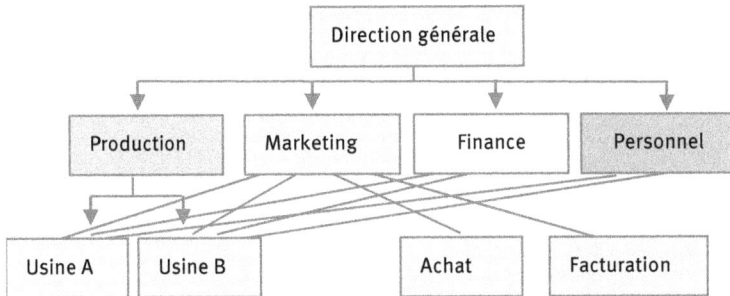

Figure 22.5 : La structure fonctionnelle

Dans une structure hiérarchique, un collaborateur n'est en relation qu'avec un seul
supérieur hiérarchique. L'unicité du commandement simplifie la prise de décision,
mais peut entraver la circulation des informations d'une fonction à une autre. [3]
Cette structure s'oriente aux propositions d'Henry Fayol[9] (fig. 22.6).

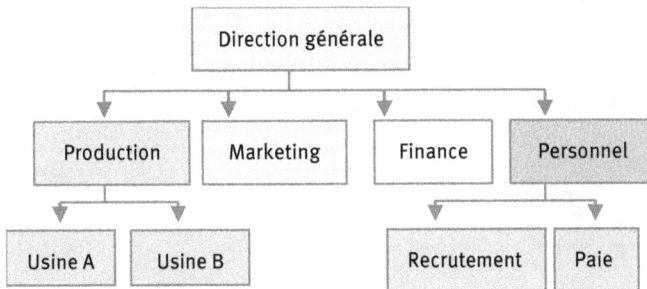

Figure 22.6 : La structure hiérarchique

---

7 Voir les descriptions des structures et les illustrations de Foglierini-Carneiro (1995), pp. 198–201,
Derray/Lusseault (2008), pp. 123–126, Bressi (2002), pp. 52–56, Darbelet et al. (2004), pp. 35–38, Charpentier (2004), pp. 156–159 et Soparnot (2009), pp. 103–114.
8 Voir chap. 15 Les définitions et les approches théoriques de l'entreprise, 15.2.1.1 L'organisation
scientifique du travail.
9 Voir ibidem, 15.2.1.2 Henry Fayol et les fonctions de l'entreprise.

La structure hiérarchico-fonctionnelle (angl. *staff and line*) combine le principe de la spécialisation et le principe hiérarchique. Des conseillers spécialisés dans des domaines précis (*staff*) sont attachés aux chefs hiérarchiques (*line*). La hiérarchie décide, les spécialistes aident à la décision. Pourtant, il peut y avoir des conflits entre décideurs et conseillers. ✍¹

Fig. 22.7 : La structure *staff and line*

La structure divisionnelle (par produit ou géographique) décentralise le pouvoir et les décisions en découpant l'activité de l'entreprise en plusieurs divisions (angl. *business unit*), soit par marché, soit par produit. Chaque division est autonome et a sa propre structure fonctionnelle ce qui lui permet d'élaborer des politiques spécifiques adaptées au produit ou à la zone géographique respectifs. Cependant, la « multiplication des fonctions » engendre des coûts supplémentaires (fig. 22.8). [4]

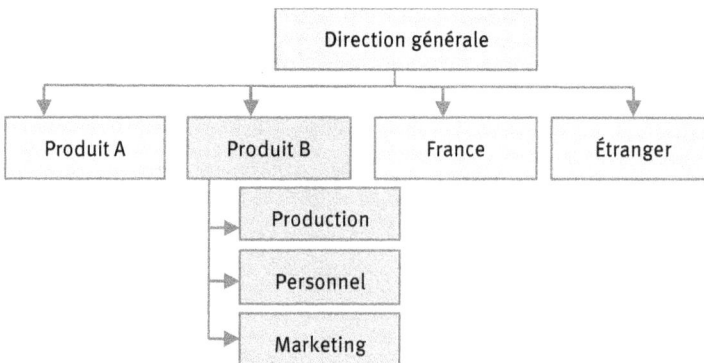

Figure 22.8 : La structure divisionnelle

La structure matricielle combine le découpage des responsabilités par fonction et par projet. Chaque individu a donc deux supérieurs : un supérieur permanent au niveau fonctionnel et un chef de projet temporaire au niveau opérationnel. Cette structure est bien adaptée à une gestion par produit ou par marché, car elle permet de profiter des compétences de plusieurs responsables. Toutefois, l'existence de deux supérieurs hiérarchiques, d'un côté le directeur de la fonction et de l'autre côté le directeur du projet, peut compliquer la prise de décision. ☺¹ 🖳¹

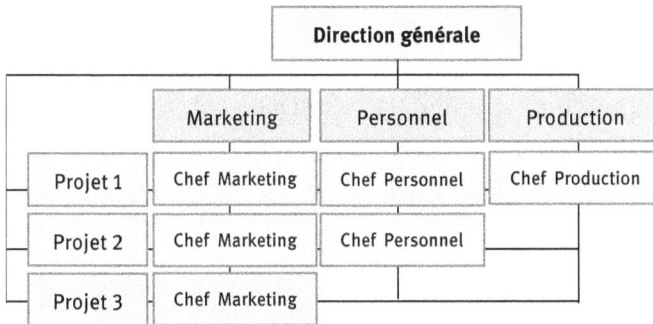

Figure 22.9 : La structure matricielle

22.4 L'organigramme

Les structures organisationnelles peuvent être représentées sous forme d'un graphique appelé organigramme* (fig. 22.3). L'organigramme indique les fonctions et services existants dans l'entreprise ainsi que les relations hiérarchiques entre ceux-ci. On y voit les positions qu'occupent les collaborateurs et les liens de subordination.[10] Selon les organigrammes, on retrouve les services présentant les noms et les positions des responsables fonctionnels ainsi que ceux des autres personnes qui y travaillent. [5] 🖳²

La richesse des renseignements dépendra de la complexité de l'organigramme et de ses destinataires. Henry Mintzberg propose une autre représentation de la structure d'une entreprise sur la base de quatre composantes rappelant l'anatomie humaine (fig. 22.4). ✎² 🖳²

---

[10] Voir Charpentier (2004), p. 146.

22.5 Les relations informelles

Outre les structures formelles représentées dans l'organigramme, il existe des relations informelles* au sein des entreprises. Il s'agit de relations non prévues, spontanées ou habituelles, en dehors des relations de travail formalisées. Elles permettent d'établir des liens sociaux entre les collaborateurs et améliorent la communication entre eux. Ainsi, elles peuvent générer un environnement de travail favorable qui est susceptible d'augmenter le rendement au travail. Cependant, lorsqu'elles créent des tensions et divisent le personnel, elles peuvent perturber le fonctionnement de l'entreprise. L'étude des relations informelles de l'entreprise peut fournir des renseignements sur la formation de groupes, sur la perception des postes de travail par les concernés, sur les supérieurs et leur style de direction[11] ainsi que sur les relations entre les hiérarchies.[12] ☺[2]

Vocabulaire

Fonction *f*	Regroupement des tâches réalisées par l'entreprise selon leurs objectifs (direction, production, R&D, finance, etc.)
Organigramme *m*	Représentation graphique des relations hiérarchiques et fonctionnelles d'une organisation
Poste *m* de travail	Emploi que le salarié occupe dans une entreprise et les moyens matériels dont il dispose pour exécuter les tâches confiées
Relation *f* fonctionnelle	Relation liée aux activités (fonctions*) permettant la transmission d'informations et de conseils d'une fonction à l'autre
Relation *f* hiérarchique	Relation d'autorité permettant la transmission d'ordres du haut vers le bas et vice versa
Relation *f* informelle	Relation non prévue, spontanée ou habituelle, en dehors des relations de travail formalisées
Service *m*	Unité administrative subordonnée à une fonction* constituée par plusieurs personnes chargées de tâches précises (par ex. la paie ou le recrutement)
Structure *f* organisationnelle	Ensemble des dispositifs par lesquels une entreprise répartit les tâches et les responsabilités et coordonne ses activités

---

11 Les styles de direction sont étudiées au chapitre 23 La direction de l'entreprise, 23.2.2.
12 Voir Darbelet et al. (2004), p. 43.

Activités

📖 Compréhension

[1] Comparez les fonctions décrites au paragraphe 22.1 et illustrées dans la figure 22.1 avec celles définies par Fayol (voir chap. 15 Les définitions et les approches théoriques de l'entreprise, 15.2.1.2 Henry Fayol et les fonctions de l'entreprise. Quelles différences constatez-vous ?

[2] Que signifie « multiplication du commandement » ? Expliquez pourquoi elle peut engendrer des conflits ?

[3] En vous référant à la figure 22.3, décrivez des exemples de relations fonctionnelles et hiérarchiques dans une entreprise.

[4] Précisez les avantages et inconvénients de la structure divisionnelle résultant de la « multiplication des fonctions ».

[5] Quelle est l'utilité d'un organigramme ? Pour qui est-il utile ?

✍ Travail écrit

1. En vous référant à la figure 22.6, construisez un schéma représentant une structure *staff and line*. Insérez-le dans l'espace prévue à cet effet (fig. 22.7).

2. À l'aide de la figure 22.4, décrivez le concept de la structure organisationnelle d'après Henry Mintzberg. Formulez des phrases complètes.

☺ Discussion

1. À votre avis, quel est le type de structure adapté à une très petite entreprise artisanale (3 ouvriers), une PME du bâtiment (100 employés et ouvriers), une multinationale opérant dans plusieurs pays.

2. Donnez des exemples de conflits potentiels dans une entreprise. Discutez de l'impact des relations informelles sur le fonctionnement ou le dysfonctionnement d'une entreprise.

🏛 Thèmes d'exposé

1. L'impact de la culture sur la structure organisationnelle d'une entreprise
2. La structure organisationnelle d'après Peter F. Drucker

🖥 Recherche

1. Recherchez des postes de travail qui correspondent aux différents services indiqués dans la figure 22.1 et aux tâches décrites dans le paragraphe 22.1.

2. Recherchez l'organigramme d'une société (française, allemande, etc.) sur son site Internet. Relevez les fonctions et les services ainsi que les relations hiérarchiques.

23 La direction de l'entreprise

Traditionnellement, la direction représente la tête d'une organisation qui prend les décisions, commande et contrôle les activités. De nos jours, face à la mondialisation, elle se voit confrontée à des défis exigeants du fait de l'apparition de structures de plus en plus complexes et d'équipes multiculturelles opérant dans le monde entier.

Ce chapitre commence par une définition de la direction et une description de son rôle. Ensuite, nous nous poserons la question de savoir comment la direction peut légitimer son pouvoir. À ces fins, nous étudierons l'approche de Max Weber qui distingue trois types d'autorité. Ensuite, nous continuerons par décrire les différents styles de directions et des modèles traditionnels de répartition du pouvoir. Évidemment, nous porterons aussi un regard sur le rapport entre culture et style de direction. À la fin du chapitre, nous mènerons quelques réflexions sur le contrôle du pouvoir de la direction.

Questions

1. Qu'est-ce que la direction ? Quel est son rôle ?
2. Quels sont les types d'autorité décrits par Max Weber ?
3. Quels sont les différents styles de direction adoptés par les dirigeants ?
4. Quelle est l'influence de la culture sur le style de direction ?
5. Quels sont les modèles de répartition du pouvoir dans une entreprise ?
6. Qui contrôle la direction ?

Informations

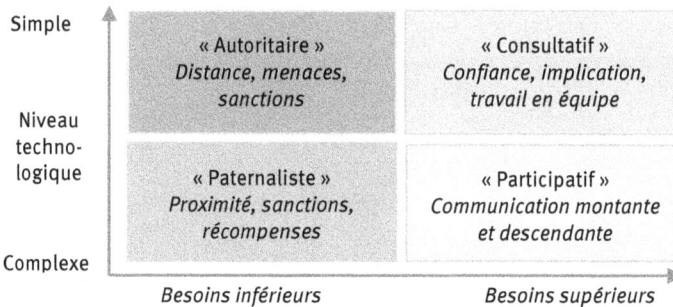

Figure 23.1 : Les styles de direction d'après Likert[1]

---

[1] Rensis Likert, *Le gouvernement participatif de l'entreprise*, Gauthier Villar Paris 1974. Illustration propre s'appuyant sur Foglierini-Canereiro (1995), p. 183.

7 Styles de direction (D = Dirigeant)						
centré vers le supérieur ←————————→ centré vers le subordonné						

Autorité du supérieur						Liberté d'action du subordonné

D. prend les décisions seul	D. «vend» ses décisions	D. présente ses idées, demande l'avis de chacun	D. propose sa décision, se déclare prêt à la changer	D. demande des idées, prend sa décision seul	D. demande de prendre une décision à l'intérieur d'une limite	D. fixe les règles et laisse le groupe décider

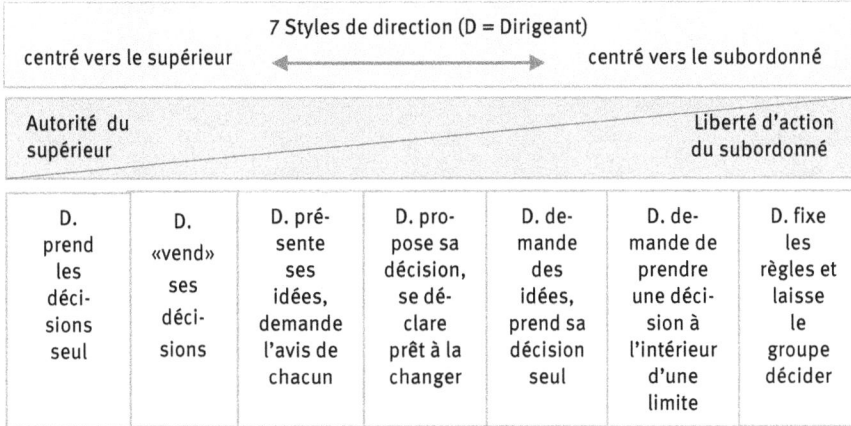

Figure 23.2 : Les styles de direction d'après Tannenbaum et Schmidt[2]

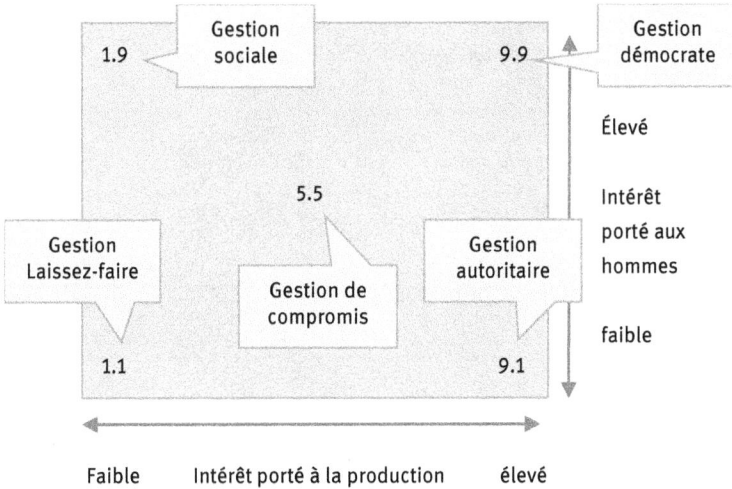

Figure 23.3 : La grille managériale d'après Robert Blake et Jane Mouton[3]

---

2 Robert Tannenbaum et Warren H. Schmidt, *How to choose a leadership pattern*, Harward Business Review, march-april 1958. Illustration d'après Darbelet et al. (1995), p. 236.

3 Robert R. Blake et Jane S. Mouton, *Les deux dimensions du management*, Éditions d'organisation Paris 1975. Ils existent plusieurs versions de la grille managériale de Blake et Mouton. Voici une représentation propre qui s'oriente aux ouvrages cités dans ce chapitre.

Pays/culture	Distance hiérarchique	Individualisme	Masculinité	Contrôle de l'incertitude
Afrique de l'Ouest	77	20	48	54
Allemagne	35	67	66	65
Danmark	18	74	16	23
États-Unis	40	91	62	46
France	**68**	**71**	**43**	**86**
Grande-Bretagne	35	89	66	35
Japon	54	46	95	92
Pays-Bas	36	80	14	53
Russie	95	47	40	75

Tableau 23.4 : Les dimensions culturelles d'après Geert Hofstede[4]

Limitation à certaines **personnes**	Limitation à certaines **décisions**	Limitation à certaines **phases de décision**
Verticale : *Transfert du pouvoir du haut en bas*	Globale : *Transfert du pouvoir intégral à un centre*	Exhaustive : *Contrôle intégrale du processus de décision*
Horizontale : *Transfert du pouvoir aux fonctionnels*	Sélective : *Transfert du pouvoir pour certaines décisions*	De phase : *Contrôle de certaines phases du processus de décision*

Tableau 23.5 : Les formes de décentralisation du pouvoir[5]

Ouvrages

Bussenault, Chantal/Prétet, Martine, *Économie et gestion de l'entreprise*, EDUCAPôle gestion, Vuibert Paris 1995

Bressi, Guiseppe, *Organisation et gestion de l'entreprise*, Épreuve n° 3 DECF, Foucher Paris 2002

Darbelet, Michel/Izard, Laurent/Scaramuzza, Michel, *Notions fondamentales de management. Organisation, fonctions et stratégie,* 4ᵉ édition, Foucher Vanves 2004

Derray, Alain/Lusseault, Alain, *Management de l'entreprise*, Ellipses Paris 2008

Foglierini-Carneiro, I., *Organisation et gestion des entreprises. Épreuve n° 3 DECF*, 3ᵉ édition, Aengde Dunod Paris 1995

Hounounou, Albéric, *100 fiches pour comprendre le management*, Bréal Rosny 2008

Meier, Olivier, *Management interculturel. Stratégie, Organisation, performance*, Dunod Paris 2004

---

4 Geert Hofstede, *Cultures ad organizations; Software of the mind*, McGraw Hill New York 1991, cité d'après Meier (2004), p. 38.

5 Les formes de décentralisation d'après Mintzberg, citées d'après Darbelet et al. (2004), pp. 316s.

Rabassó, Carlos A./Rabassó, Fco. Javier, *Introduction au management interculturel*, Ellipses Paris 2007

Soparnot, Richard, *Management des entreprises. Stratégies, organisation, struct*ures, Coll. Gestion sup, Dunod Paris 2009

L'essentiel

!

23.1 La définition et le rôle de la direction

La littérature pertinente connaît plusieurs termes pour décrire cette fonction essentielle dans l'entreprise. Actuellement, trois termes, en partie similaires et en partie divergents, sont utilisés dans les ouvrages traitant de la fonction : la direction, le *management*, la gestion.[6]

23.1.1 Direction, *management* et gestion

La direction en tant que « gouvernement » de l'entreprise constitue le niveau auquel sont prises les décisions stratégiques qui engagent l'entreprise à long terme. Le *management* désigne la manière de diriger une entreprise, de prendre des décisions et de les déléguer. La gestion fait penser au fonctionnement quotidien de l'entreprise : on parle de gestion financière ou de gestion des ressources humaines.[7] Malgré cette différence conceptuelle, les termes sont parfois utilisés comme synonymes. C'est pourquoi, dans ce chapitre, nous aussi nous ne faisons pas de distinction entre les trois mots.

23.1.2 Le rôle de la direction

Pour répondre à la question de savoir quel est le rôle de la direction, nous allons résumer les idées de deux spécialistes du management : Henry Fayol et Henry Mintzberg.

D'après Henry Fayol, l'un des précurseurs du management, l'entreprise doit accomplir six fonctions dont la plus importante est la direction. Les tâches de la direc-

---

6 L'organisation et le commandement font aussi partie de cette famille sémantique. L'organisation suppose la manière dont l'entreprise est structurée et hiérarchisée, visualisée par son organigramme (voir chap. 20). La notion de commandement est plutôt liée à l'exercice de l'autorité et du pouvoir.

7 Voir Bressi 2002, p. 12.

tion sont bien définies. Elle doit prévoir, organiser, commander, coordonner et contrôler. Pour Fayol, diriger est « commander aux hommes pour obtenir que les objectifs préalablement définis soient atteints »[8].

Henry Mintzberg[9] distingue dix rôles de la direction, répartis sur trois niveaux : les personnes, l'information et la décision.

Le premier niveau désigne le contact avec les personnes, c'est-à-dire, les clients, les subordonnés, les partenaires, etc. Ainsi, la direction représente l'entreprise devant le public. Elle dirige et coordonne les tâches des subordonnés. En tant qu'agent de liaison, elle interagit à l'intérieur et à l'extérieur de l'entreprise. L'information constitue le deuxième niveau. La direction est toujours à la recherche d'informations qu'elle distribue au personnel. Elle communique aussi les informations vers l'extérieur. Le troisième niveau concerne la prise de décision.[10] La direction décide, développe l'entreprise et incite de nouveaux projets. Elle règle les conflits et négocie avec les clients, les fournisseurs, les salariés, les actionnaires, les pouvoirs publics et les syndicats.[11] [1]

23.2 L'exercice du pouvoir de direction

Dans toute organisation existent des dirigeants occupant des postes hiérarchiques qui leur confèrent du pouvoir de direction, voire une certaine autorité, qui leur permet de contrôler, sanctionner ou récompenser les subordonnés. À cet égard, nous allons d'abord aborder la question de savoir si la détention du pouvoir de direction est reconnue par les subordonnés ou, en d'autres termes, comment l'autorité des dirigeants est légitimée.

23.2.1 Les types d'autorité selon Max Weber

Max Weber (1874–1920), sociologue allemand, s'intéresse à la légitimation du pouvoir des dirigeants ou *leaders** dans les organisations. C'est pourquoi il cherche à savoir «pourquoi les individus obéissent aux ordres». Son étude conclut qu'en principe

---

8 Henry Fayol, *Administration industrielle et générale*, Dunod Paris 1976. Voir aussi chap. 15 Définition et approches théoriques de l'entreprise, 15.2.1.2 Henry Fayol et les fonctions de l'entreprise et chap. 22 L'organisation de l'entreprise, 22.3 Les types de structures organisationnelles.

9 Henry Mintzberg, *Le manager au quotidien*. Éditions d'organisation Paris 1984. Voir aussi son concept de la structure dynamique illustrée au chap. 22 L'organisation de l'entreprise, figure 22.4.

10 La prise de décision n'est pas thématisée dans le cadre du présent chapitre. Elle est abordée aux chapitre 15 Les définitions et les approches théoriques de l'entreprise, 15.1.4 L'entreprise – un centre de décision.

11 Voir Soparnot (2009), p. 8 et Derray/Lusseault (2008), p. 36.

les subordonnés acceptent les ordres parce qu'ils les croient légitimes. Dans son analyse sur les formes historiques de domination, Max Weber identifie trois types d'autorité qui reposent sur la qualité du *leader* : l'autorité charismatique, l'autorité statutaire et l'autorité bureaucratique.[12]

L'autorité charismatique possède des qualités intrinsèques, telles que le prestige, le savoir ou la confiance en soi, qui sont jugées supérieures à celles des membres de l'organisation. C'est pourquoi on suit ses ordres. L'autorité traditionnelle est acceptée par les membres d'une organisation, par tradition ou par coutume. Ainsi, par exemple, un leader est légitimé parce qu'il est le fils de l'ancien patron ou qu'il détient la majorité du capital de l'entreprise[13]. L'autorité bureaucratique (légale-rationnelle) est basée sur les qualifications et les compétences professionnelles du leader acquises par sa formation et son expérience. Marqué par la pensée classique, Max Weber préconise cette dernière, car la bureaucratie est un mode d'organisation rationnel, fondé sur la division du travail et la hiérarchie. [2]

23.2.2 Les styles de direction

Plusieurs théoriciens ont réfléchi sur les styles de direction ou le *leadership** pratiqués par les managers. Nous citerons ci-après trois concepts : les styles de *management* de Rensis Likert, la typologie de Robert Tannenbaum et Warren Schmidt ainsi que la grille managériale de Robert Blake et Jane S. Mouton.

Rensis Likert (1961) distingue quatre styles de direction selon l'attitude du dirigeant à l'égard de l'emploi et envers les employés ainsi qu'au niveau des besoins du personnel[14] et de la complexité de la technologie (fig. 23.1). Tannenbaum et Schmidt (1958) définissent sept styles de direction en fonction de l'orientation soit vers le supérieur soit vers le subordonné (fig. 23.2). La grille de Robert Blake et Jane S. Mouton (1964) visualise une certaine quantité de modes de gestion selon deux dimensions, notamment l'intérêt pour la production et l'intérêt pour le personnel (fig. 23.3).[15] [3]

Bien que les variables retenues et la terminologie utilisée soient parfois différentes, les styles de direction peuvent être classés en cinq catégories : les styles autoritaires, paternalistes, consultatifs, participatifs et laissez-faire.

Le style autoritaire (ou despotique, directif) : Le dirigeant décide de tout et contrôle tout. Il n'a pas confiance dans les compétences de ses subordonnés. Il menace

---

12 Voir Bussenault/Prétet (1995), p. 25 et Darbelet et al. (2004), pp. 69.
13 Voir Bressi (2002), pp. 22ss, qui parle d'autorité statutaire.
14 Les besoins inférieurs correspondent aux trois premiers niveaux de la pyramide de Maslow, les besoins supérieurs aux deux derniers niveaux. La pyramide des besoins de Maslow est détaillée dans la 1ère partie Économie générale, chap. 1 L'économie et son objet, 1.1.1 Les besoins et leur satisfaction.
15 Voir Darbelet et al. (1995), pp. 235s, Hounounou (2008), pp. 226s et Foglierini-Caneiro (1995), pp. 180–184.

et sanctionne ceux qui contestent son autorité. La communication est très réduite et surtout descendante. Le style paternaliste (ou bien viellant) : Le dirigeant considère ses collaborateurs comme ses enfants auxquels il ne confère pas de véritables responsabilités. Il demande parfois leur avis, mais prend les décisions seul. Il octroie des sanctions et des récompenses. Le style consultatif (ou persuasif) : Le dirigeant ne décide qu'après avoir consulté les subordonnés. Les tâches sont déléguées et le travail en équipe est favorisé. Le style participatif (ou démocrate, coopératif) : Le dirigeant motive ses collaborateurs en leur demandant de participer activement au choix des objectifs qu'ils vont poursuivre. Il assume la responsabilité finale, mais accepte la critique constructive. Le style laissez-faire (ou délégatif) : Le dirigeant n'a qu'un faible intérêt qu'il s'agisse de l'entreprise ou du personnel. Il laisse ses collaborateurs sans directives, ne les encourage pas quand ils réussissent et ne les sanctionne pas lorsqu'ils échouent. ☺

23.2.3 La direction et la culture

L'internationalisation croissante des entreprises renforce la diversité culturelle en leur sein. L'entreprise est confrontée à une multiplicité d'individus et d'organisations dont les systèmes de valeurs, les comportements et les attentes sont hétérogènes. Il devient donc indispensable de connaître et de comprendre les différences culturelles entre les pays. Plusieurs chercheurs ont analysé les différences culturelles entre les pays et leur impact sur la gestion. 🖳[1] 🖳[2] À titre d'exemple, nous mentionnons les travaux de Geert Hofstede[16]. Il distingue cinq dimensions culturelles qui permettent de montrer le lien entre la culture d'un pays et le style de *management* adopté : la distance hiérarchique, l'individualisme/le collectivisme, la masculinité/la féminité, le contrôle de l'incertitude et l'orientation à long/à court terme (fig. 23.4).[17] 🖳[1]

La distance hiérarchique (forte ou faible) mesure le degré d'acceptation culturelle des inégalités de statuts et de pouvoir entre les individus. Dans les pays à forte distance hiérarchiques, la répartition inégale du statut et du pouvoir est attendue et acceptée. Dans les cultures à faible distance hiérarchiques, les individus sont considérés comme égaux. La dimension individualisme/collectivisme (fort ou faible) exprime le degré de liberté que les individus d'une société demandent ainsi que le degré d'attachement aux valeurs telles que l'amitié ou la famille. Dans les sociétés individualistes, chacun s'occupe de lui-même et de sa famille proche ; il ne craint pas le conflit. Dans les sociétés collectivistes, par contre, les individus veulent appartenir à un groupe. Ils évitent les conflits directs et cherchent le consensus. La dimension mas-

---

16 Geert Hofstede, *Culture's Consequences*, Sage Publications Newbury Park 1982.
17 Voir Meier (2004), pp. 32–37 et Rabassó/Rabassó (2007), pp. 32–51.

culinité/féminité (forte ou faible) mesure l'importance accordée aux valeurs masculines par rapport aux valeurs féminines. Les valeurs privilégiées d'une société masculine sont le succès matériel, la compétitivité et la réussite. À l'inverse, les valeurs dominantes dans une culture féminine sont la solidarité, la justice, la qualité de vie et l'environnement. Le contrôle de l'incertitude (forte ou faible) est une dimension qui mesure le degré d'aversion d'une société pour les risques et les événements imprévisibles. Dans une société à fort contrôle de l'incertitude, les gens ont peur de l'inconnu et du changement. Contrairement à cela, dans une culture à faible contrôle de l'incertitude, les gens acceptent les incertitudes qui font partie de la vie. L'orientation à long terme et à court terme décrit l'attitude des individus d'un pays vis-à-vis du futur et du présent. Les cultures orientées long terme accordent beaucoup d'importance au futur, celles orientées à court terme s'intéressent plutôt au présent. Dans son analyse comparative de plus de 50 pays, Geert Hofstede attribue à chaque pays des indices culturels de 0 à 100 (fig. 23.4). Plus le chiffre se rapproche de 100 plus l'attribut (1–5) est considéré comme caractéristique d'une culture. [4] 🖳[3]

23.3 La répartition du pouvoir

La répartition du pouvoir dans l'entreprise est directement liée au style de direction pratiqué. Elle est également fonction d'autres facteurs tels que la taille de l'entreprise et la structure organisationnelle adoptée. On distingue deux principaux modes : la direction centralisée et la direction décentralisée.[18]

Une organisation est centralisée quand tous les pouvoirs de décision sont concentrés au sein des mains d'une personne ou d'un groupe de personnes. La direction décide, les subordonnés obéissent et exécutent les ordres. C'est le principe prôné par les théoriciens de l'OST[19] et par les modèles de direction autoritaire et paternaliste.

Une organisation est décentralisée lorsque le pouvoir de décision est réparti entre de nombreux acteurs ou centres de pouvoir autonomes. La décentralisation se présente sous plusieurs formes en fonction de la limitation du pouvoir de décision. Elle peut être verticale ou horizontale, globale ou sélective, exhaustive ou de phase (fig. 23.5). 🖉 Les différentes formes de décentralisation se concrétisent par plusieurs pratiques de décentralisation dans les entreprises dont nous présentons ci-après quatre : la direction par objectif, la direction participative par objectif, la cogestion et l'autogestion.

La direction par objectifs (DPO), proposée par Peter Drucker (1954), met l'accent sur les objectifs à atteindre et non sur les tâches à accomplir. Les objectifs, fixés par

---

18 Voir les modes de direction décrits par Foglierini-Carneiro (1995), pp. 185–188 et Darbelet et al. (2004), pp. 317s.
19 Voir chap. 15 Les définitions et les approches théoriques de l'entreprise, 15.2.1.1 L'organisation scientifique du travail.

la direction générale, doivent être acceptés par les responsables. En cas de refus, total ou partiel, ils peuvent être modifiés. La direction participative par objectifs (DPPO) est un modèle élargi de la DPO, car elle donne aux responsables la possibilité de participer à la fixation des objectifs. En Allemagne, le système de la cogestion (ou codétermination) est utilisé. Il consiste en une participation indirecte du personnel à travers les organes de représentation du personnel, tels que le conseil d'entreprise[20] allemand ou le conseil d'administration d'une société anonyme[21]. C'est un modèle basé sur le consensus social. L'autogestion suit le principe de la décentralisation totale. La gestion est assurée par le personnel, soit directement soit par l'intermédiaire de représentants élus. On trouve ce modèle dans les coopératives[22] et les rachats ou reprises d'entreprises par les salariés (RES). [5] 💻²

23.4 Le contrôle de la direction

Le pouvoir de la direction est très étendu, il doit donc être contrôlé. Dans les sociétés, les associés ou les actionnaires se réunissent régulièrement en assemblées générales pour approuver ou non le rapport de gestion des dirigeants. Dans les sociétés anonymes, par exemple, le contrôle du directoire est assumé par le conseil de surveillance.[23]

De nos jours, le concept de la gouvernance d'entreprise (angl. *Corporate Governance*) est utilisé pour décrire les relations entre la direction et les autres acteurs impliqués. La gouvernance d'entreprise désigne « (...) l'ensemble des mécanismes qui ont pour effet de délimiter les pouvoirs et d'influencer les décisions des dirigeants, (...) »[24]. Ainsi, de nombreux acteurs, appelés parties prenantes*, sont intégrés dans le processus de décision et de contrôle. Les parties prenantes (angl. *stakeholders*) comprennent les actionnaires (angl. *shareholders**), les salariés, les fournisseurs, les clients, les banquiers, les collectivités locales ou d'autres acteurs qui peuvent entrer en relation avec l'entreprise. Il existe plusieurs modèles de gouvernance de l'entreprise. Nous précisons ci-après les modèles de type *shareholder* et de type *stakeholder*.

---

20 Le conseil d'entreprise (all. *Betriebsrat*) a des compétences plus importantes que le comité d'entreprise, organe de représentation du personnel en France. Voir chap. 26 La gestion des ressources humaines II, 26.4.3 Le comité d'entreprise.

21 Le rôle du conseil d'administration est décrit au chap. 20 L'approche juridique de l'entreprise II, 20.3.3. La société anonyme.

22 Voir chap. 21 L'approche juridique de l'entreprise III, 21.4.1 La coopérative.

23 Les organes de contrôle des sociétés sont détaillés au chapitre 20 L'approche juridique de l'entreprise II, notamment au paragraphe 20.3.3 La société anonyme.

24 Voir Derray/Lusseault (2008), p. 46 qui se réfèrent aux travaux de Gérard Charreau. *Le Gouvernement des entreprises, Corporate Governance, théorie et faits*, Economica Paris 1997.

Le modèle de type *shareholder* privilège les intérêts des actionnaires. La direction agit uniquement dans l'intérêt des actionnaires en maximisant sa valeur et sa richesse. Ce modèle est établi plutôt dans les pays orientés vers les marchés financiers où le capital de firmes est dispersé entre les actionnaires dont le but principal est la recherche de profit, par exemple au Royaume-Uni. Le modèle de type *stakeholder* repose sur l'idée que l'activité de l'entreprise affecte non seulement les actionnaires, mais également les autres parties prenantes. Toutes ces parties doivent coopérer et entretenir de bonnes relations pour défendre les intérêts de l'entreprise. Ce modèle est appliqué par exemple en Allemagne où le partenariat entre les différents acteurs a une longue tradition.[25] 🖳[4] Les deux modèles se trouvent au cœur du débat sur la responsabilité sociale de l'entreprise. 🖳[5]

Vocabulaire

Autogestion *f*	Gestion de l'entreprise par ses salariés
Centralisation *f*	Réunion de tout le pouvoir de décision en un centre unique
Cogestion *f*	Gestion de l'entreprise exercée communément par le chef d'entreprise et les salariés
Décentralisation *f*	Transfert du pouvoir de décision vers plusieurs centres compétents en dehors de la direction
Direction *f* par objectif (DPO)	Mode de direction qui consiste à faire participer les responsables de projet à la définition des moyens d'action utilisés pour atteindre un objectif donné
Direction *f* participatif par objectif (DPPO)	Mode de direction qui consiste à faire participer les responsables de projet à la définition des objectifs à atteindre
Leader *m* (angl.)	Chef d'une organisation ou d'un groupe qui se distingue par ses capacités spécifiques, son charisme ou par d'autres qualités
Leadership *m* (angl.)	Capacité d'un dirigeant d'orienter et d'influencer les hommes dans une organisation ou dans un groupe
Partie *f* prenante (angl. stakeholder)	Tout acteur participant à l'activité de l'entreprise et concerné par sa prise de décision (actionnaire, salarié, fournisseur, créancier, etc.)
Shareholder m (angl.)	Actionnaire, propriétaire de l'entreprise
Style *m* de direction	Manière d'exercer le pouvoir et d'établir les relations avec ses subordonnés

---

25 Voir Hounounou (2008), pp. 12s.

Activités

📖 Compréhension

[1] À partir du texte 23.1.2, relevez les tâches de la direction selon Fayol et selon Mintzberg.

[2] Selon la typologie de Max Weber, comment devrait-on classer les *leaders* suivants : *Mahatma Gandhi, Queen Elizabeth, Bill Gates (Microsoft), Nelson Mandela, les héritiers d'une société, Mère Teresa de Calcutta, les présidents et les directeurs des administrations d'universités publiques, Steve Jobs (Apple)*.

[3] En vous référant aux figures 23.1, 23.2 et 23.3, décrivez les modèles de Likert, Tannenbaum et Schmidt et Blake et Mouton et les styles de directions qui en découlent.

[4] À partir du tableau 23.4, caractérisez les cultures de la France et de l'Allemagne ou d'un autre pays mentionné.

[5] Centralisation versus décentralisation. Retracez les avantages et les inconvénients des deux modes de direction.

✍ Travail écrit

Dérivez par écrit les trois catégories et six types de décentralisation en utilisant les termes et les explications données dans le tableau 23.5. Formulez des phrases entières.

☺ Discussion

À votre avis, y-a-t-il un style de direction optimal ? De quoi dépend le style de direction adopté ? Discutez.

🏛 Thèmes d'exposé

1. Le modèle d'analyse à sept dimensions de F. Trompenaar
2. E.T. Hall et les temps monochronique et polychronique
3. L'impact de la culture nationale sur le style de direction
4. *Shareholder value* vs. *stakeholder value*
5. La responsabilité sociale/sociétale de l'entreprise

🖥 Recherche

1. Recherchez des définitions de la culture nationale, régionale, professionnelle.
2. Recherchez des informations sur le fonctionnement d'une reprise d'entreprise par les salariés (RES).

24 La stratégie d'entreprise

Toute entreprise doit déterminer ses finalités et ses objectifs à long terme lui permettant d'affronter la concurrence et de faire face aux défis environnementaux.

Le but visé de ce chapitre est de présenter une initiation aux principes fondamentaux de la stratégie d'entreprise. Après avoir donné une définition de la stratégie, nous expliquerons la notion de la segmentation stratégique. Ensuite nous détaillerons quelques outils et modèles d'analyse permettant de faire un diagnostic stratégique. Une grande partie du chapitre sera dédiée à l'étude des stratégies générales de positionnement ainsi que des différentes options stratégiques disponibles.

Questions

1. Qu'est-ce que la stratégie d'entreprise ?
2. Qu'est-ce la segmentation stratégique ?
3. Comment repérer les forces et les faiblesses de l'entreprise ?
4. Comment détecter les menaces et les opportunités émanant de l'environnement ?
5. Quels modèles permettent d'analyser de portefeuille d'une entreprise ?
6. Quelles sont les stratégies de base de positionnement ?
7. Quelles sont les options stratégiques de développement ?
8. Quels sont les modes de croissance ?

Informations

	Favorable	Défavorable	
Interne /niveau fonctions	(+) Forces 1. 2. 3.	(-) Faiblesses 1. 2. 3.	Capacités de l'entreprise « *Chaîne de valeur* »
Externe /environnement	(+) Opportunités 1. 2. 3.	(-) Menaces 1. 2. 3.	Attractivité de l'environnement « *5 forces concurrentielles* » « *PESTEL* »

Figure 24.1 : La méthode SWOT[1]

1 Illustration personnelle d'après Bouglet (2001), p. 66.

Figure 24.2 : La chaîne de valeur de l'entreprise d'après Michael Porter[2]

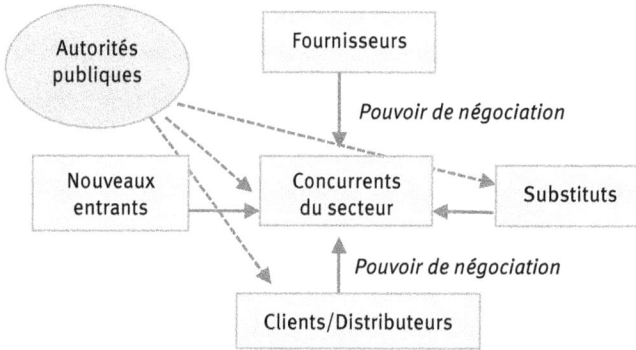

Figure 24.3 : Les cinq forces concurrentielles de Michael Porter et la 6e force[3]

---

2 Illustration basée sur les modèles de Derray/Lusseault (2008), p. 72, Bouglet (2011), p. 54 et Sopar-not (2009), p. 23.
3 Illustration d'après Derray/Lusseault (2008), p. 66.

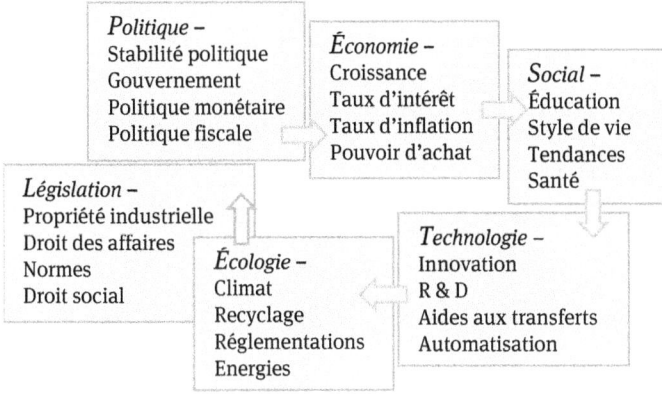

Figure 24.4 : Les facteurs PESTEL[4]

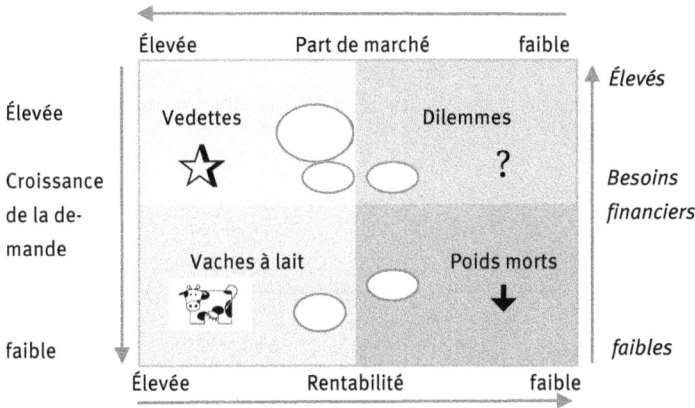

Figure 24.5 : La matrice du BCG[5]

---

4 Il s'agit juste de quelques exemples de facteurs d'environnements. Chaque entreprise doit choisir les facteurs qui la concernent.

5 Les illustrations des matrices 24.5, 24.6 et 24.7 s'appuient sur les modèles d'Hounounou (2008), pp. 182–185.

Cycle de vie ⇨	Démarrage	Croissance	Maturité	Déclin
Position concurrentielle ⇩	↗	↑	→	↘
Dominante				
Forte	Développement naturel			
Favorable			Développement sélectif	
Défavorable				
Marginale		Réconversion		Abandon

Figure 24.6 : La matrice d'Arthur D. Little

Attrait du DAS ⇨	Elevé	Moyen	Faible
Position concurrentielle ⇩	↗	→	↘
Forte	Investir + croître	Croissance sélective	Rentabilser
Moyennne	Croissance sélective	Rentabiliser avec prudence	Désinvestir
Faible	Dilemme	Désinvestir	Abandonner

Figure 24.7 : La matrice de McKinsey

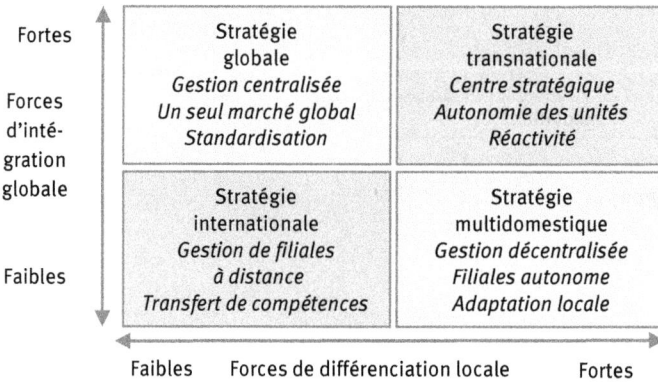

Figure 24.8 : Les stratégies d'internationalisation selon Bartlett et Ghoshal[6]

---

6 Christopher A. Bartlett et Sumantra Ghoshal, *Managing across borders. The transnational solution*, Boston 1989. Illustration propre inspirée de Bouglet (2011), p. 168.

Ouvrages

Bouglet, Johan, *Stratégie d'entreprise*, 2ᵉ édition, Les Zoom's, Gualino Paris 2011

Claret, Nathalie/Sergot, Bertrand, *Stratégie*, Nathan Paris 2012

Derray, Alain/Lusseault, Alain, *Management de l'entreprise*, Ellipses Paris 2008

Hounounou, Albéric, *100 fiches pour comprendre le management*, Bréal Rosny 2008

Senaux, Philippe/Soret-Catteau, Dorothée, *Économie générale – Économie d'entreprise – Droit*, Top'fiches BTS, Hachette Education Paris 2004

Soparnot, Richard, *Management des entreprises. Stratégies, organisation, structu*res, Dunod Paris 2009

L'essentiel

!

24.1 La stratégie et la segmentation stratégique

Étymologiquement, le terme stratégie vient du mot grec « stratêgia ». Dans un premier temps, il a été utilisé dans le domaine militaire pour désigner l'art de conduire une guerre et de défendre un pays.[7] Dans le contexte de l'entreprise, « élaborer la stratégie de l'entreprise, c'est choisir les domaines d'activité dans lesquels l'entreprise entend être présente et allouer des ressources de façon à ce qu'elle s'y maintienne et s'y développe »[8]. Autrement dit, la stratégie d'entreprise consiste à déterminer des objectifs à long terme et comprend l'ensemble des décisions relatives aux actions et aux ressources qui lui permettent de les atteindre.

Une des premières réflexions à mener lors d'une analyse stratégique est donc de décider du métier* que l'on va exercer. Le métier correspond au savoir-faire de l'entreprise, à ses compétences distinctives qui lui permettent de proposer une offre spécifique et d'être compétitive.[9] Une fois le métier défini, une tâche primordiale de l'analyse stratégique est de discerner les domaines d'activité dans lesquels l'entreprise souhaite opérer et qui constituent des facteurs clés de succès*. C'est pourquoi l'entreprise procède à découper ses activités en unités homogènes et pertinentes. Cette segmentation stratégique* fait apparaître des segments appelés domaines d'activité stratégiques* (DAS), angl. *Strategic Business Units (SBU)*. Un DAS intègre des activités homogènes, c'est-à-dire des activités qui demandent les mêmes compétences et tech-

---

7 Voir Claret/Sergot (2012), p. 1.

8 Voir J.-P. Détrie, *Stratégor, stratégie, structure, décision, identité*, InterEdition Paris 1992, cité d'après Derray/Lusseault (2008), p. 62.

9 Voir Senaux/Soret-Catteau (2004), fiche 39.

nologies, qui s'adressent aux mêmes marchés, qui utilisent les mêmes réseaux de distribution et qui rencontrent les mêmes concurrents. Un DAS peut alors être un produit, une marque ou un ensemble de produits satisfaisant un besoin.[10]

La segmentation stratégique a pour but de repérer les concurrents et la compétitivité de l'entreprise sur le segment. L'analyse de la situation concurrentielle et de l'attractivité du DAS est menée au niveau du secteur d'activité (angl. *business*). La stratégie *business* est une stratégie concurrentielle mise en œuvre à l'intérieur de chaque DAS (voir ci-après 24.3). La segmentation stratégique doit également faciliter des décisions stratégiques de l'entreprise, notamment celles de son engagement dans un secteur d'activité ou de son retrait. Cette analyse est menée au niveau du portefeuille d'activités* de l'entreprise (angl. *corporate*). La stratégie *corporate* vise à assurer la survie de l'entreprise et à décider comment leurs ressources seront allouées aux différents DAS (voir plus bas 24.4).[11] 🖥[1]

L'objectif global de la stratégie est de surpasser la concurrence par l'obtention d'un avantage concurrentiel*. C'est pourquoi, avant de faire les choix stratégiques, une analyse interne et externe est requise.

24.2 L'analyse stratégique interne et externe

Pour identifier la situation concurrentielle de l'entreprise, on peut utiliser la méthode SWOT (*Strenghts, Weaknesses, Opportunities, Threats*) ou encore appelée MOFF (Menaces, Opportunités, Forces, Faiblesses). Elle met en évidence les facteurs internes et externes ayant un impact sur l'entreprise et permet ainsi d'obtenir une évaluation positive ou négative de sa situation.

L'analyse interne décèle les forces et les faiblesses de l'entreprise en examinant successivement ses fonctions[12]. L'analyse externe porte sur l'étude de l'environnement. Elle fait apparaître les opportunités et les menaces. Les résultats de l'analyse sont recensés moyennant une matrice présentant quatre cases et deux axes (fig. 24.1). ✐[1]

---

10 Voir Derray/Lusseault (2008), pp. 9s.

11 Voir ibidem, pp. 63ss. Claret/Sergeot (2012, p. 10) mentionnent un troisième niveau de stratégie qui analyse chacune des fonctions de l'entreprise. Il s'agit de stratégies opérationnelles telles que la stratégie marketing, la stratégie des ressources humaines, etc.

12 Les fonctions de l'entreprise sont décrites au chap. 20 L'organisation de l'entreprise, 20.1 Les fonctions et les services.

24.2.1 L'analyse interne des forces et faiblesses

L'analyse interne met en évidence les capacités et les limites de l'entreprise. Les caractéristiques actuelles de l'entreprise, vues comme des forces ou des faiblesses, sont recensées selon les activités exploitées, généralement les ressources humaines, les capacités de production, les capacités financières et les savoir-faire détenus. Les forces confèrent un avantage concurrentiel, les faiblesses font apparaître le manque d'un facteur clé de succès.

Pour faire cette analyse, on peut utiliser le concept de la chaîne de valeur* proposé par Michael Porter[13]. Pour lui, l'avantage concurrentiel provient de la capacité de l'entreprise de créer de la valeur. C'est pourquoi il propose une analyse systématique des ressources de l'avantage concurrentiel par la chaîne de valeur. Celle-ci décrit les différentes activités principales ou de soutien de l'entreprise qui sont impliquées dans la création de valeur. L'analyse consiste, entre autres, à déterminer la structure des coûts de l'entreprise au niveau des différentes activités. Ainsi, elle indique celles qui sont créatrices de valeur et celles qui, au contraire, n'apportent rien, voire qui détruisent de la valeur. La marge correspond à la différence entre la valeur créée et les coûts liés. L'analyse de la chaîne de valeur permet l'identification des compétences fondamentales de l'entreprise et facilite la détermination des activités qui génèrent des coûts (fig. 24.2).[14] [1]

24.2.2 L'analyse de l'environnement

L'environnement de l'entreprise est l'ensemble des éléments externes peu ou pas contrôlables par l'entreprise mais qui influencent ses activités et son comportement. On distingue, généralement, l'environnement proche et l'environnement global.[15]

Un outil d'analyse de l'environnement proche est le modèle des cinq forces concurrentielles proposé par Michael Porter[16]. Ce modèle permet d'identifier l'intensité concurrentielle dans un secteur d'activité. Le modèle d'origine de Porter ne prend pas en compte l'État qui intervient par ses mesures macroéconomiques et par ses réglementations. C'est pourquoi un modèle postérieurement modifié ajoute les pouvoirs publics comme sixième force. La figure 24.3 illustre les six forces qui menacent l'entreprise. Leur évaluation met en évidence la position de l'entreprise face aux concurrents, le risque de nouveaux entrants et de produits de substitution ainsi que le pouvoir de négociation des clients et des fournisseurs ou distributeurs. [2] Une forte

---

13 Michael Porter, Choix stratégiques et concurrence. Techniques d'analyse des secteurs et de la concurrence dans l'industrie, Economica Paris 1982.
14 Voir Hounounou (2008), pp. 192s.
15 L'environnement de l'entreprise est défini au chapitre 16.
16 Michael Porter, *L'avantage concurrentiel*, InterÉdition Paris 1986.

intensité de forces aura un effet négatif sur la rentabilité du secteur et vice versa. Pour lutter contre ces forces, l'entreprise doit adapter une stratégie lui permettant d'obtenir un avantage concurrentiel.[17]

Au niveau de son environnement global, l'analyse des opportunités et des menaces peut être réalisée par de la méthode PESTEL, acronyme créé à partir des différents domaines de l'environnement à étudier : Politique, Économie, Socioculturel, Démographie, Technologie, Écologie et Législation.[18] Les informations à propos des différents domaines sont classées en opportunités ou en menaces. Elles permettent à l'entreprise d'anticiper des tendances négatives et de prendre des mesures pour s'adapter et tirer parti des nouvelles situations (fig. 24.4).

24.3 L'analyse du portefeuille d'activités

Le portefeuille d'activités d'une entreprise constitue l'ensemble de ses activités et de ses produits. Son analyse vise à préparer la décision comment les ressources seront allouées aux différents DAS. Dans ce but, les entreprises recourent habituellement à des matrices mises au point par des cabinets de consultants. Les matrices ont pour objectif d'évaluer la compétitivité des DAS d'une entreprise sur ses marchés. Les modèles classiques d'analyse sont ceux de trois cabinets de conseil américains : le Boston Consulting Group (BCG), Arthur D. Little et McKinsey.[19]

24.3.1 La matrice du *Boston Consulting Group*

La matrice du *Boston Consulting Group* (BCG) détermine l'attractivité des DAS en fonction de la part de marché par rapport au *leader** du marché et par rapport au taux de croissance de la demande en retenant deux positions : élevée ou faible. Ainsi, elle affiche quatre types de situations possibles : les vedettes (ou étoiles), les vaches à lait, les dilemmes et les poids morts. Les différents segments stratégiques de l'entreprise sont représentés sur la matrice par des cercles dont la taille correspond à leur part dans son chiffre d'affaires (fig. 24.5).

Les vedettes sont les DAS à forte part de marché sur un marché en croissance. Pour maintenir sa position concurrentielle et pour bénéficier de profits futurs l'entreprise doit investir. Les vaches à lait sont les activités pour lesquelles l'entreprise détient une part de marché relativement élevée. Elles contribuent fortement au profit,

---

17 Voir (2009), pp. 11s et Derray/Lusseault (2008), p. 66.

18 La méthode SPECTRED utilise une terminologie différente : environnement sociale, politique, économique, culturelle, technologique, réglementaire, écologique, démographique.

19 Pour la description des matrices, voir Derray/Lusseault (2008), pp. 68–71 et d'Hounounou (2008), pp. 182–185.

ce qui permet de financer d'autres DAS. Les dilemmes détiennent des parts de marché faibles sur un marché à forte croissance. L'entreprise doit décider si elle veut investir pour améliorer sa position concurrentielle ou si elle abandonne l'activité. Les poids morts ne contribuent ni à la croissance ni aux profits. L'entreprise les conserve tant qu'ils ne causent pas de pertes, auquel cas elle les abandonne. Pour assurer un succès durable, il faut un équilibre du portefeuille d'activités. [3] ✍²

24.3.2 La matrice d'Arthur D. Little

La matrice d'Arthur D. Little est un modèle d'analyse concurrentielle qui analyse le portefeuille d'activités de l'entreprise en fonction de deux variables : la position concurrentielle de l'entreprise sur les DAS et sa position dans son cycle de vie[20] (fig. 24.6). En combinant les facteurs de compétitivité (ressources et compétences productives, financières et commerciales) et de maturité (attrait du marché), on parvient à une grille sur laquelle peuvent être positionnés les DAS de l'entreprise. En fonction de la zone dans laquelle l'activité se positionne sur la matrice, on obtient les quatre grandes orientations stratégiques suivantes : le développement naturel, le développement sélectif, la réorientation et l'abandon.

Le développement naturel signifie que l'entreprise occupe une position de *leader* sur un marché en croissance. Pour maintenir sa position dominante, elle doit investir. Le développement sélectif indique que l'entreprise est en position de *challenger** sur un marché qui ne croît plus.[21] Il est donc recommandé de se focaliser sur les activités les plus compétitives. Située dans la zone de réorientation (ou de reconversion), l'entreprise détient une position défavorable sur un marché en croissance. Elle devrait réorienter ses activités sur ses compétences principales vers un marché plus profitable. L'abandon d'une activité, devenue peu rentable, est conseillé lorsque l'entreprise est en position concurrentielle marginale sur un marché qui ne croît plus.

La matrice d'Arthur D. Little permet de connaître la position concurrentielle à chaque phase du cycle de vie dans laquelle se trouve le produit. Ainsi, l'entreprise saura à quel type de développement elle appartient et comment elle doit réagir.

---

20 Pour plus de détails sur les phases du cycle de vie, voir chap. 30 Le marketing IV, 30.1.2 Le cycle de vie d'un produit.
21 Pour en savoir un peu plus sur les positions concurrentielles (*leader, challenger*, etc.), voir chap. 30 Le marketing IV, 30.2.3.2 Le prix et la demande.

24.3.3 La matrice de Mc Kinsey

La matrice de McKinsey situe les produits d'une entreprise sur une matrice à neuf cases où les DAS sont analysés à partir de deux dimensions : la position concurrentielle (les atouts de l'entreprise) et l'attrait du secteur (fig. 24.7). La position concurrentielle est définie, entre autres, par la profitabilité, la technologie, la part de marché, la qualité des produits vendus, la fidélité des clients, la marge bénéficiaire, la force de distribution, la capacité de production et la structure des couts. L'attrait du DAS dépend de sa taille, de sa croissance, de sa rentabilité, des barrières à l'entrée, de l'intensité de la concurrence, de la tendance des prix, de la variabilité de la demande et du développement des technologies.

Chaque critère fait l'objet d'une note selon la performance de l'entreprise. Ces notes sont ensuite pondérées (fort, moyen ou faible) pour déterminer un positionnement global. Sur la base des résultats obtenus, chaque activité est positionnée dans l'une des neuf cellules de la matrice auxquelles correspondent différentes options d'investissement et de stratégie : investir et se développer, désinvestir et rentabiliser l'investissement ou bien se retirer du marché. [4]

24.4 Les stratégies de base

À la recherche d'un avantage concurrentiel, l'entreprise peut adopter trois stratégies de base ou générique, menées au niveau *business*, c'est-à-dire au niveau de chaque DAS (voir plus haut 24.1). Si elle souhaite cibler l'ensemble du secteur, elle a le choix entre la stratégie de domination par les couts et la stratégie de différenciation. Si elle n'est pas en mesure de couvrir l'ensemble du secteur, elle poursuivra la stratégie de focalisation, dite aussi stratégie de niche.

24.4.1 La stratégie de domination par les couts

Une entreprise qui suit la stratégie de domination par les couts* cherchera à produire à des couts unitaires les plus faibles possibles afin de proposer des prix de vente plus avantageux que ceux de la concurrence. Un faible prix de vente constitue un avantage concurrentiel lui permettant de conquérir des parts de marché. La réduction des couts unitaires peut être ramenée à trois phénomènes : la rationalisation interne de l'entreprise par optimisation de la production et de la distribution, la réalisation d'économies d'échelle et l'effet d'expérience*.[22]

---

22 Voir Claret/Sergot (2012), pp. 56–58 et Bouglet (2011), pp. 87–90. Pour la notion d'économie d'échelle, voir aussi chap. 17 La vie de l'entreprise, 17.2 La croissance des entreprises et la figure 17.1.

L'entreprise réalise des économies d'échelle si le coût d'une unité supplémentaire diminue lorsque les quantités produites augmentent. Cette stratégie demande l'obtention d'une taille minimale, appelée la taille critique*, indispensable pour survivre et pour réussir à s'imposer sur le marché. L'obtention d'économies d'échelle est aussi due à l'effet d'expérience. Il se traduit par une amélioration de la productivité dans le temps grâce à une meilleure maîtrise des processus de production et de commercialisation. La réduction des coûts unitaires est donc fonction de l'augmentation des volumes de production et de l'expérience. La relation entre la production d'un produit et son coût unitaire peut être représentée par une courbe d'expérience*. 🖥[1]

Mais l'avantage concurrentiel peut se perdre, par exemple, si les concurrents imitent les méthodes de travail ou si les prix bas proposés sont associés chez les consommateurs à une moindre qualité.[23] ☺[1]

24.4.2 La stratégie de différenciation

La stratégie de différentiation* consiste à produire une offre qui se distingue de celle des concurrents. La différenciation se manifeste sous diverses formes telles que la qualité, l'innovation, la marque, le mode de vente ou des services associés. La différenciation peut se faire par le haut (sophistication) ou par le bas (épuration).

La stratégie de sophistication consiste à offrir un produit dont la valeur perçue par le consommateur est supérieure à celle des produits concurrents. Le consommateur est alors prêt à payer un prix plus élevé car il valorise la qualité de l'offre. La stratégie d'épuration consiste à proposer une offre dont la valeur est perçue comme inférieure à celle des concurrents. Évidemment, le prix de vente doit être suffisamment bas pour compenser la baisse de valeur du produit. ☺[2]

La différenciation constitue un avantage concurrentiel pour l'entreprise si ses éléments sont reconnus et appréciés par le consommateur. Cependant, lorsque le concept est gagnant, les facteurs de différenciation peuvent être imités par les concurrents. Pour préserver la durabilité des effets de la différentiation, l'entreprise qui se différencie doit innover constamment ses produits.[24]

24.4.3 La stratégie de focalisation

La stratégie de focalisation* (ou de niche) peut être considérée comme une forme particulière des deux stratégies précédentes.[25] L'avantage concurrentiel est fondé sur les

---

23 Voir chap. 30 Le marketing IV, 30.2 La politique de prix.
24 Voir Claret/Sergot (2012), pp. 59–63 et Bouglet (2011), pp. 93s.
25 Voir Hounounou (2008), p. 200 et Derray/Lusseault (2008), p. 75.

coûts et sur la différentiation, mais dans un champ concurrentiel assez restreint. L'entreprise se concentre sur un petit nombre de segments ou un segment unique en proposant une offre sur mesure à une cible restreinte. Par ses clients, elle est perçue comme spécialiste qui est en mesure de satisfaire un besoin très spécifique.

L'activité de l'entreprise peut se focaliser sur un type de produit, un type de consommateur ou une zone géographique. La focalisation sur un domaine peut aboutir à une réduction des coûts de production et à l'obtention d'un monopole par différentiation. Toutefois, l'entreprise focalisée n'a pas d'autres activités pour compenser d'éventuelles pertes. Elle doit veiller à l'arrivée de nouveaux entrants et observer la demande pour faire face à des changements de comportements des clients.[26]

24.5 Les choix stratégiques

Les choix stratégiques de l'entreprise portent aussi sur l'étendue de sa taille et de son portefeuille, c'est le niveau *corporate*. Les questions qui se posent sont, entre autres, les suivantes : Doit-on se contenter d'une seule activité ou est-il plus profitable d'en avoir plusieurs ? Quels métiers peut-t-on faire soi-même et lesquels est-il préférable de confier à d'autres entreprises ? Les options stratégiques retenues par les entreprises peuvent être très variées. Quatre stratégies permettent de déterminer ou de modifier le périmètre d'activité d'une entreprise : la spécialisation, la diversification, l'intégration et l'impartition. Le développement peut être réalisé par croissance interne ou externe ou par alliances.

24.5.1 La spécialisation

La stratégie de spécialisation* vise à réduire les ressources et les compétences sur moins de DAS, ou même un seul métier, pour atteindre la meilleure position concurrentielle possible. L'entreprise utilise ses ressources et ses compétences dans un seul domaine, sur un seul marché (marché de niche) ou avec une seule technologie dans le but d'augmenter la qualité des produits et de développer de fortes marges.

Les objectifs de la spécialisation peuvent être atteints par plusieurs voies. L'entreprise crée elle-même de nouvelles capacités (voir plus bas la croissance interne) ou elle intègre des capacités nécessaires par l'acquisition d'autres entreprises (voir plus bas la croissance externe). L'expansion peut également être réalisée par le développement de nouveaux produits pour le marché actuel, par exemple, en proposant une gamme plus élargie. De même, le ciblage de nouveaux clients, par exemple, par l'extension du réseau de distribution, peut contribuer à l'expansion. ☺[3]

---

26 Voir Bouglet (2011), pp. 110ss.

Tant que les grandes entreprises ne s'intéressent guère aux créneaux choisis, la spécialisation est adaptée aux PME. Elles peuvent même devenir *leaders* mondiaux dans un marché de niche. Cependant, le moindre problème, tel qu'une crise du secteur, l'apparition d'un nouveau concurrent, le changement du comportement des consommateurs, peut causer de graves déséquilibres, car l'entreprise n'a pas d'autres activités qui pourraient compenser les pertes.[27]

24.5.2 La diversification

L'entreprise peut aussi s'orienter vers des secteurs ou des métiers nouveaux. La stratégie de diversification* désigne le développement d'activités nouvelles ou l'entrée sur des marchés nouveaux. La diversification se réalise sur le plan commercial ou sur le plan technique.

La diversification commerciale ouvre à l'entreprise un nouveau marché sur lequel sont écoulés ses produits. Cette forme demande l'acquisition de nouvelles compétences de commercialisation. La diversification technique permet à l'entreprise de produire un nouveau produit qu'elle vend sur son marché existant. Elle doit alors acquérir les compétences technologiques requises. Dans les deux cas, elle utilise ses compétences actuelles et y ajoute une nouvelle.

La diversification se réalise par intégration, par internationalisation et/ou par croissance externe (voir plus bas). Elle peut être liée ou non liée à l'activité actuelle. Elle est liée, lorsqu'il existe un lien entre les activités actuelles et nouvelles de l'entreprise. Elle est non liée ou totale lorsque l'entreprise se lance dans la production d'un produit nouveau ou intègre une technologie nouvelle. L'entreprise sera alors obligée d'acquérir des compétences commerciales et technologiques.

La diversification permet de répartir les risques entre plusieurs activités et d'obtenir des synergies et des complémentarités. 🖥️² Toutefois, elle exige des investissements financiers importants et l'entreprise risque de perdre un positionnement clair qui correspond à son image. [28]

24.5.3 L'intégration

L'intégration* est une forme particulière de la diversification. C'est une opération par laquelle une entreprise intègre des activités nouvelles. L'intégration peut être partielle ou totale. Généralement, elle a pour conséquence un accroissement de sa taille.

---

27 Voir Derray/Lusseault (2008), pp. 88–90 et Claret/Sergot (2012), pp. 90s.
28 Voir Derray/Lusseault (2008), pp. 93–95 et Bouglet (2011), p. 146.

On distingue deux formes d'intégration d'activités : l'intégration verticale et l'intégration horizontale.

L'intégration verticale consiste, pour une entreprise, à internaliser dans sa propre activité des activités de la filière[29]. L'intégration est en amont lorsque l'entreprise prend aussi en charge des activités des fournisseurs qui précédent la sienne. Elle est en aval lorsqu'elle assume des activités de distribution qui succèdent à sa propre activité. Il s'agit d'une intégration horizontale lorsqu'une entreprise étend son réseau en acquérant des activités économiques au même niveau de la chaîne de valeur que ses produits. L'intégration horizontale se réalise par des acquisitions d'entreprises soit concurrentes, avec pour conséquence de diminuer la concurrence, soit commercialisant des produits similaires ou de substitut, avec l'objectif de se diversifier.[30]

L'intégration d'activités de la filière permet un meilleur contrôle de la qualité. Grâce à la plus grande taille, le pouvoir de négociation sur le marché augmente. Par la substitution (partielle) des fournisseurs l'entreprise s'approprie des marges bénéficiaires et est en mesure de diminuer ou même supprimer les coûts d'agence.[31] 🖳[2] Cependant, toute intégration demande des investissements onéreux ainsi qu'un engagement dans des nouveaux métiers ce qui peut entraver l'activité principale.[32]

24.5.4 L'impartition

À l'inverse de l'intégration, l'impartition*, appelée également externalisation*, est un choix stratégique qui consiste à confier certaines activités, jusqu'alors effectuées en interne, à une autre entreprise externe. Les techniques d'impartition sont de plusieurs ordres. Elle peut s'appliquer à des activités de support, mais aussi concerner des activités productives ou même des fonctions ou des services d'entreprise.

Certaines activités de distribution sont externalisées sous forme de sous-traitance, de franchise, de concession ou de licence.[33] La sous-traitance consiste à faire exécuter par une autre entreprise, le sous-traitant, une partie de la production. La franchise est définie comme la mise à disposition à une entreprise du savoir-faire, de la marque, de l'assistance en contreparties de redevances. La concession donne à une entreprise l'exclusivité de vendre un produit sur un territoire donné. La cession de licence autorise une entreprise d'utiliser un brevet d'invention.

---

29 La notion de filière est expliquée au chap. 18 Les classifications économiques des entreprises, 18.3 Les classifications selon l'INSEE.

30 Voir Derray/Lusseault (2008), p. 94 et Bouglet (2011), pp. 152–161.

31 Les coûts d'agence naissent dans toute situation qui exige une coopération entre plusieurs personnes.

32 Voir Claret/Sergot (2012), p. 76.

33 La sous-traitance, la franchise, la concession et la licence sont définies de manière plus détaillée au chap. 17 La vie de l'entreprise, 17.3 Les coopérations d'entreprise.

La stratégie d'impartition offre à l'entreprise la possibilité d'étendre son réseau de distribution et de profiter du savoir-faire de spécialistes. Elle permet également de concentrer les ressources sur les activités principales (le cœur de métier) et de réduire les coûts liés à chaque transaction sur le marché. 📖[3] Cependant, les coûts générés par la coordination et le contrôle ainsi que la dépendance à l'égard des partenaires constituent des risques non négligeables.[34]

24.5.5 L'internationalisation

Une stratégie d'internationalisation est une stratégie d'extension d'une entreprise au-delà de son marché national. Se tourner vers l'étranger est devenu une nécessité même pour les entreprises de taille modeste. Souvent, elles s'internationalisent peu à peu, par étapes. Ainsi, il existe plusieurs formes d'internationalisation s'étendant de la simple exportation jusqu'à la création de groupes multinationaux opérant dans le monde entier.[35] Pour ce qui concerne l'orientation stratégique, l'organisation internationale d'une firme peut être classée en fonction de deux grandes dimensions : une dimension globale et une dimension multidomestique.

Dans le cas de la dimension globale, suivant le principe de l'intégration, les activités de gestion du groupe sont centralisées à l'administration centrale. Par contre, dans le cas de la dimension multidomestique, l'organisation des activités est décentralisée et gérée au niveau du pays. Ainsi, la stratégie globale cible un seul marché au niveau mondial sans prise en compte des différences culturelles, politiques, économiques, etc. des marchés. La stratégie multidomestique, par contre, donne à chaque filiale une certaine autonomie qui lui permet de mener des politiques opérationnelles adaptées au pays ou à la région concernés. Selon le degré d'intégration globale et de différentiation locale, on peut construire quatre différentes stratégies d'internationalisation (fig. 24.8).[36] [5]

Les réflexions stratégiques d'une entreprise en matière d'internationalisation doivent aussi être menées au niveau des DAS (voir plus haut 24.2). Certains produits sont « difficilement transposables d'un pays à l'autre », par exemple parce que les normes appliquées dans les pays cibles sont différentes. D'autres sont « facilement

---

34 Voir Claret/Sergot (2012), pp. 77ss et Derray/Lusseault (2008), p. 96.

35 Pour plus de détails sur les causes et les formes d'internationalisation, voir chap. 17 La vie de l'entreprise, 17.4 L'internationalisation des entreprises.

36 Voir Bouglet (2011), pp. 167–169 et Darbelet et al (2004), pp. 424s.

standardisables » et ainsi appropriés à une demande internationale, peu différenciée.[37] Il faut donc prendre en considération la dimension culturelle de l'internationalisation au niveau commercial, mais aussi au niveau de la gestion du personnel.[38]

24.5.6 Les modes de croissance

La stratégie d'entreprise porte également sur la manière dont elle modifie sa taille. Afin de développer son activité, une entreprise peut recourir à la croissance interne ou externe ainsi qu'à l'alliance et au partenariat.[39]

24.5.6.1 La croissance interne

La croissance interne résulte du choix de l'entreprise de se développer uniquement à partir de ses propres ressources. C'est un processus continu d'investissement dans des capacités nouvelles qui s'appuie, en principe, sur l'autofinancement. C'est un mode de croissance qui maintient l'indépendance de l'entreprise et le pouvoir de ses dirigeants. En outre, il ouvre des perspectives de promotion interne aux salariés. Toutefois, c'est un processus assez lent. C'est pourquoi, pour explorer des nouvelles activités, il convient de compléter la croissance interne par la croissance externe.

24.5.6.2 La croissance externe

La croissance externe correspond à l'augmentation de la taille et à la modification des caractéristiques d'une entreprise. Elle est obtenue par le regroupement avec d'autres firmes. Ce processus exogène s'accompagne fréquemment de la disparition de l'une ou de plusieurs des firmes réunies dans la nouvelle unité. La croissance externe est mise en œuvre par les procédés de fusion, d'absorption et d'acquisition de filiales.[40] Ces firmes suivent la stratégie de l'intégration verticale (voir plus haut 24.6.3).

Le choix entre croissance interne et croissance externe dépend du type d'entreprise, de son activité et de sa stratégie. ☺[4]

---

37 Voir Derray/Lusseault (2008), p. 97.

38 Le défi de la diversité culturelle dans les entreprises est thématisé au chapitre 23 La gestion des ressources humaines I, notamment au paragraphe 23.6.1 La mobilité.

39 Voir à ce sujet les explications de Derray/Lusseault (2008), pp. 99–101 et Claret/Sergot (2012), pp. 103–107 et Bouglet (2011), 192–198 et 203–213.

40 Les procédés de regroupement sont traités au chapitre 17 La vie de l'entreprise, 17.2.2.

24.5.7 Les alliances et les partenariats

La stratégie d'alliance et de partenariat consiste en la mise en commun d'une partie des ressources et des compétences de deux ou plusieurs entreprises dans le but de réaliser conjointement un projet. Les entreprises peuvent être concurrentes et appartenir au même secteur d'activité ou non concurrentes et opérer dans des champs différents. Dans le premier cas, on parle d'alliance*, dans le second cas, il s'agit de partenariat*.[41] Il existe plusieurs types d'alliances que nous regroupons en trois grandes catégories : les alliances complémentaires, les alliances d'intégration conjointe et les alliances additives.

Les alliances complémentaires sont des coopérations où chaque allié apporte des ressources différentes. Elles ont pour but d'étendre l'activité, par exemple l'entreprise A développe et fabrique un produit et l'entreprise B le commercialise. Les alliances d'intégration conjointes (ou de co-intégration) ont comme objectif primordial la réalisation des économies d'échelle sur un certain stade du processus de production. Les entreprises alliées sont de même taille et les activités concernées sont souvent celles de R&D et de la production, par exemple une alliance entre deux entreprises concurrentes pour faciliter le développement d'un nouveau produit de haute technicité. Les alliances additives (ou de pseudo concentration) sont des alliances qui couvrent toute la chaîne de valeur car les entreprises alliées développent, produisent et commercialisent un seul et même produit tout en restant concurrents sur d'autres marchés. Dans ce cas, les compétences et contributions des partenaires sont similaires, les tâches étant réparties entre les partenaires (par ex. Airbus).[42] 🖥[3]

Vocabulaire

Alliance *f*	Accord conclu entre deux ou plusieurs entreprises concurrentes dans le but de réaliser un projet commun
Avantage *m* concurrentiel	Compétence décisive et durable qui améliore la position concurrentielle de l'entreprise et conduit à une rentabilité supérieure
Chaîne *f* de valeur	Concept de M. Porter qui décrit les activités principales et de soutien et leur contribution (ou non) à la création de valeur
Challenger *m* (angl.)	Entreprise qui se positionne derrière le leader* et qui cherche à prendre sa place, aussi appelé prétendant
Différenciation *f* (stratégie de)	Stratégie qui consiste à vouloir se distinguer des concurrents en proposant une offre spécifique

---

41 Les différentes formes de partenariats (franchise, concession, licence, sous-traitance, GIE, portage, *joint-venture*) sont présentées aux chapitres 17 La vie de l'entreprise, 17.3 Les coopérations d'entreprises et 17.4 L'internationalisation des entreprises.
42 Voir Bouglet (2011), pp. 203–208 et Hounounou (2008), p. 207.

Diversification *f* (stratégie de)	Stratégie qui consiste à s'engager dans une nouvelle activité (produit ou marché, commerciale ou technique)
Domaine *m* d'activité stratégique (DAS)	Segment autonome d'activités caractérisées par les mêmes fournisseurs, clients, concurrents et technologies
Effet *m* d'expérience	Amélioration de la productivité dans le temps due à une meilleure maîtrise des processus de production et de commercialisation
Externalisation *f* (stratégie d')	Voir impartition*
Facteur *m* clé de succès	Éléments que l'entreprise doit maîtriser pour être plus performante et compétitive que la concurrence
Focalisation *f* (stratégie de)	Stratégie qui consiste à concentrer son activité sur un seul métier* ou DAS* (innovation, produit spécifique)
Forces *f pl* concurrentielles	Forces externes (concurrence, clients, fournisseurs, nouveaux entrants, substituts) qui, selon M. Porter, exercent une pression sur l'entreprise (6e force l'État)
Impartition *f* (stratégie d')	Stratégie de partenariat qui consiste à coopérer avec d'autres firmes qui ont des activités complémentaires
Intégration *f* (stratégie d')	Stratégie de développement qui consiste à internaliser des activités (en amont ou en aval) au sein de l'entreprise
Leader *m* (chef *m* de file)	Entreprise qui détient les plus grandes parts sur un marché
Métier *m*	Ici : ensemble des compétences et des savoir-faire de l'entreprise susceptibles de créer de la valeur
Partenariat *m*	Accord conclu entre deux ou plusieurs entreprises non directement concurrentes en vue de réaliser un projet commun
PESTEL (méthode *f*)	Méthode utilisée pour identifier l'influence de certains facteurs macro-environnementaux sur l'entreprise
Portefeuille *m* d'activités	Ensemble des DAS* d'une entreprise
Segmentation *f* stratégique	Découpage des activités de l'entreprise en segments homogènes, appelés DAS*
Spécialisation *f* (stratégie de)	Stratégie de développement qui consiste à renforcer l'activité sur un seul métier* ou DAS*
Stratégie *f*	Ensemble des choix d'objectifs et de moyens qui orientent à moyen et long terme les activités de l'entreprise
SWOT (méthode *f*)	Méthode d'analyse des forces et des faiblesses ainsi que des opportunités et des menaces d'une entreprise
Taille *f* critique	Taille qu'une entreprise doit atteindre pour pouvoir réduire ses coûts et améliorer ses marges afin de devenir compétitive

Activités

[1] En vous référant à la figure 24.2, décrivez le concept de la chaîne de valeur de Michael Porter. Quelle est son utilité ?

[2] À l'aide de la figure 24.4, précisez les menaces qui pourraient émaner des cinq forces concurrentielles et de l'État.

[3] Que signifie un « portefeuille équilibré » ?

[4] Quelles sont les similarités et les différences entre les modèles du Boston Consulting Group, d'Arthur D. Little et de McKinsey ?

[5] En vous référant à la figure 24.6, expliquez les caractéristiques de la stratégie transnationale.

✍ **Travail écrit**

1. L'obtention de l'avantage concurrentiel est favorisée (positif) ou entravée (négatif) par des facteurs internes et externes. Insérez les facteurs mentionnés ci-après dans la case appropriée du tableau.

   (*Accès facile aux entrants, capacité financière réduite, possibilité de commerce à distance, fiscalité favorable, leader sur le marché, législation défavorable, marché en baisse, marge faible, nouvelle technologie, prix compétitif, portefeuille d'activité peu équilibré, qualité supérieure*).

	Positif pour atteindre l'objectif	Négatif pour atteindre l'objectif
Analyse interne		
Analyse externe		

2. Caractérisez (*élevé, e* ou *faible*) les quatre positions de la matrice BCG en fonction des quatre critères retenus dans la figure 24.4. Dans chaque situation, quelle décision sera prise ?

   (*Abandonner, maintenir l'activité, rentabiliser sans investir*)

Positions ⇨ Variables ⇩	Vedettes	Vaches à lait	Dilemmes	Poids morts
(1) Croissance				
(2) Rentabilité				
(3) Part de marché				
(4) Besoin financier				

☺ Discussion

1. Citez quelques éléments de la stratégie des *hard-discounter (Lidl, Aldi)*. Qu'est-ce qui les distingue des autres grands distributeurs. Discutez.

2. Nommez des éléments de différenciation d'une compagnie aérienne *low cost* par rapport à ses concurrents. Discutez des avantages et inconvénients.

3. Stratégie de spécialisation ou stratégie de diversification ? Quelle stratégie présente plus de risques ? Discutez.

4. Croissance interne ou externe ? Discutez des avantages et des inconvénients des deux modes de croissance.

🏛 Thèmes d'exposé

1. La loi d'expérience
2. La théorie de l'agence
3. La théorie des coûts de transaction

🖥 Recherche

1. Recherchez des informations sur les DAS de quelques grandes entreprises, par exemple *Yamaha, Leclerc, Ibis, Renault, Auchan, etc.*

2. Recherchez la signification des mots « synergie » et complémentarité ».

3. Recherchez des exemples d'alliances ou de partenariats stratégiques, notamment dans les secteurs automobile et aéronautique ainsi que dans le secteur de l'hôtellerie.

Section VIII : **La gestion des activités de l'entreprise**

25 La gestion des ressources humaines I – La gestion des emplois et des carrières

Le présent chapitre est le premier de deux chapitres consacrés au personnel de l'entreprise. La fonction de personnel, désignée ici « la gestion des ressources humaines », a connu une évolution énorme pendant les dernières décennies.

C'est pourquoi, nous commençons avec une courte description de l'historique de la fonction avant de préciser ses missions. Ensuite, nous développerons les étapes et les modes de recrutement et présenterons les plus importants types de contrats de travail. Un autre paragraphe est consacré à la rémunération, son calcul et se composantes. À la fin du chapitre, nous nous occuperons de la gestion des carrières des salariés, notamment la mobilité, la formation continue et l'évaluation.

Questions

1. Quels sont les facteurs d'évolution et les missions de la fonction des ressources humaines ?
2. Quelles sont les étapes de recrutement ? Comment prospecter et sélectionner les candidats ?
3. Qu'est-ce qu'un contrat de travail ? Quels types de contrats de travail y-a-t-il ?
4. Quels sont les modes de calcul du salaire ? Quelles sont les composantes du salaire ?
5. Comment faire participer le personnel aux bénéfices de l'entreprise ?
6. Qu'est-ce que la mobilité ? Quelles formes de mobilité y-a-t-il ?
7. Qu'est-ce que la formation continue ? Quels sont les dispositifs de la formation continue ?
8. Pourquoi évaluer le personnel ? Quelles sont les plus importantes méthodes d'évaluation ?

Informations

Facteurs	Exemples
(1) Facteurs technologiques	Télécommunication, Internet, automatisation
(2) Facteurs économiques	Augmentation du pouvoir d'achat, concurrence accrue, compétitivité et disponibilité, internationalisation
(3) Facteurs démographiques	Vieillissement de la population, immigration, mobilité
(4) Facteurs socio-psycho-logiques	Réalisation de soi, exigences accrues des salariés, études longues, travail féminin
(5) Facteurs socio-politiques	Réglementations portant sur la formation, la rémunération, le licenciement, les syndicats, responsabilité sociale

Tableau 25.1 : Les facteurs d'évolution de la fonction des ressources humaines[1]

---

1 La plupart des informations sont tirées de Darbelet et al. (1995), pp. 190–192.

Document 25.2 : Une définition de la gestion des ressources humaines

La gestion des ressources humaines est ... une fonction de l'entreprise qui vise à obtenir une adéquation efficace et maintenue dans le temps entre ses salariés et ses emplois, en termes d'effectifs, de qualifications et de motivation. Elle a pour objet l'optimisation continue des compétences au service de la stratégie de l'entreprise, dans la définition de laquelle elle intervient. (Jean-Marc Le Gall, *La gestion des ressources humaines*, Que sais-je ?, 8ᵉ édition, PUF Paris 2011)

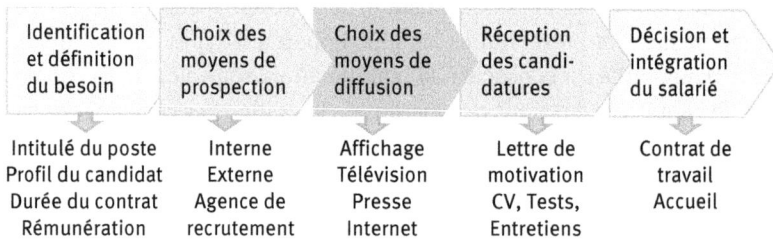

Identification et définition du besoin	Choix des moyens de prospection	Choix des moyens de diffusion	Réception des candidatures	Décision et intégration du salarié
Intitulé du poste Profil du candidat Durée du contrat Rémunération	Interne Externe Agence de recrutement	Affichage Télévision Presse Internet	Lettre de motivation CV, Tests, Entretiens	Contrat de travail Accueil

Figure 25.3 : Les étapes de recrutement

Ouvrages

Benchemam, Faycel/Galindo, Géraldine, *Gestion des ressources humaines*, Gualino Paris 2006

Cadin, Loïc/Guérin, Francis/Pigeyre, Frédérique, *Gestion des ressources humaines. Pratique et éléments de théorie*, 2ᵉ édition, Dunod Paris 2004

Darbelet, Michel/Izard, Laurent/Scaramuzza, Michel, *Notions fondamentales de gestion d'entreprise, Organisation, fonctions et stratégie*, Foucher Paris 1995

Grandguillot, Dominique, *Le droit social. Droit du travail. Droit de la protection sociale*, 15ᵉ édition, Les Zoom's, Gualino Paris 2013

Guillot-Soulez, Chloé, *La gestion des ressources humaines*, Les Zoom's, Gualino Paris 2008

Hess-Fallon, Brigitte/Simon, Anne-Marie, *Droit du travail*, 14ᵉ édition, Dalloz Paris 2002

Internet

Ministère du Travail, de l'Emploi, de la Formation professionnelle et du Dialogue social : http://travail-emploi.gouv.fr

Service-Public. Le site officiel de l'administration française : http://vosdroits.service-public.fr

L'essentiel

25.1 L'évolution et la définition de la GRH

Pendant longtemps, l'homme au travail a été considéré comme un outil remplaçable et non comme une personne vivante ayant de propres aspirations, motivations et besoins. C'est pourquoi, à la fin du 19ᵉ siècle, la fonction de personnel n'était pas considérée comme une fonction principale de l'entreprise. C'étaient plutôt l'organisation de la production et de l'administration qui ont préoccupé les dirigeants.[2] Depuis, la politique du personnel a fortement évolué. Les théories de la motivation, notamment celle de l'école des relations humaines[3], essaient de mieux comprendre le comportement des salariés au travail. Aujourd'hui, le *management* accorde plus d'importance à l'aspect humain de la main-d'œuvre, considérée comme une « ressource humaine ». C'est pourquoi, de nos jours, la fonction de personnel est souvent appelée « Gestion des ressources humaines (GRH) ». Les principaux facteurs d'évolution de la fonction des ressources humaines sont de nature technologique, économique, socio-politique, socio-psychologique et démographique (tab. 25.1).[4] [1]

Il existe tant de définitions plus ou moins détaillées de la GRH que de manuels écrits sur ce thème. À titre d'exemple, nous citons une définition de Jean-Marc Le Gall figurant dans le document 25.2. Plus simplement, on peut donc dire que la GRH est l'ensemble de mesures ayant pour objectif de développer les compétences du personnel et de les adapter aux besoins de l'entreprise. Ainsi, elle a pour mission de recruter, licencier, former, motiver le personnel et d'améliorer les conditions de vie au travail.

25.2 Le recrutement

Une des tâches essentielles de la GRH est le recrutement. Il consiste en toute opération par laquelle une entreprise se procure le personnel dont elle a besoin. Une procédure de recrutement se pose donc dans deux situations : soit un poste est vacant, dû par exemple à un départ à la retraite, soit un poste est créé, par exemple à la suite de l'accroissement de l'activité de l'entreprise.

---

2 Voir chap. 15 Les définitions et les approches théoriques de l'entreprise, 15.2.1 L'école classique.
3 Voir ibidem, 15.2.2 L'école des relations humaines.
4 Voir Darbelet et al. (1995), pp. 190–192.

25.2.1 Les étapes de recrutement

Le recrutement peut être analysé sous deux angles : celui de l'entreprise qui est à la recherche d'un nouveau collaborateur et celui du demandeur d'emploi qui est à la recherche d'un emploi.

Du point de vue de l'entreprise, la demande de recrutement provient, généralement, du responsable du service concerné qui procède à la définition du poste à occuper. Il s'agit de déterminer l'intitulé du poste, le champ d'intervention, le profil recherché (qualification, expériences, personnalité) et la rémunération. De même, le type de contrat, le lieu de travail, la date d'entrée et éventuellement de départ sont à préciser. Ensuite, il faut choisir les moyens de prospection* des candidats et les canaux de diffusion de l'offre d'emploi (voir plus bas 25.2.2). Après la réception des candidatures, une analyse des dossiers de candidature* permet un premier tri et élimine une majorité des demandes d'emploi. Les candidats sélectionnés sont convoqués à un entretien ou/et à participer à un test. La décision finale d'embauche est prise après un dernier entretien avec les candidats retenus. Les conditions d'embauche sont négociées avec le candidat sélectionné (rémunération, date d'entrée) et un contrat de travail (voir plus bas 25.2.3) est rédigé. Le nouveau recruté est accueilli et doit être intégré dans l'entreprise (fig. 25.3).[5]

Du point de vue du demandeur d'emploi, le processus de recrutement se focalise sur le dossier de candidature*, car il lui ouvre l'opportunité de se présenter au recruteur et de faire valoriser ses compétences. C'est pourquoi la rédaction de la lettre de motivation* et du curriculum vitae* (CV) doit être faite avec le plus grand soin. ✍[1] De nos jours, les entreprises proposent leurs offres d'emploi sur des portails de candidature en ligne*, ce qui permet aux demandeurs de rechercher rapidement et facilement les postes éventuellement disponibles. 💻[1]

25.2.2 Les moyens de prospection et de sélection

L'entreprise dispose de plusieurs moyens de prospection. La recherche du nouveau collaborateur peut se faire soit à l'intérieur de l'entreprise soit à l'extérieur.

Dans le cas d'un recrutement interne, l'entreprise choisit la personne pour occuper un poste en son sein en proposant la nouvelle offre d'emploi à ses collaborateurs, soit par son propre réseau informatique (sur Intranet) soit par affichage. Le recrutement externe suscite des candidatures dans l'environnement externe de l'entreprise. Comme moyens de prospection, il y a les petites annonces publiées dans la presse ou des offres d'emploi en ligne. Lorsque l'entreprise décide d'orienter le recrutement vers l'externe, elle peut faire la prospection soit en interne, par son propre service de

---

5 Voir Guillet-Soulez (2008), pp. 37s.

recrutement, soit en externe, par un cabinet de recrutement*. L'entreprise peut aussi s'adresser au Pôle emploi*, ancienne ANPE (Agence nationale pour l'emploi), et à l'APEC (Agence pour l'emploi des cadres). Parfois, elle a recours à des candidatures spontanées*. L'approche directe par des chasseurs de têtes* est aussi un moyen efficace de recrutement et souvent utilisée pour débaucher* des cadres supérieurs. À l'heure des réseaux sociaux, le recrutement par cooptation* connait un nouvel essor. La prospection par cooptation consiste à faire appel au réseau professionnel des collaborateurs pour accéder à des candidats potentiels. ☺[1]

La sélection des candidats se fait par des entretiens et/ou des tests. Les entretiens sont organisés pour informer le candidat sur l'entreprise, sur le poste à pourvoir et pour faire connaissance du candidat, de ses performances et de ses aspirations. Pour évaluer ses compétences, le candidat réalise des essais professionnels. Parfois, il est soumis à des tests d'intelligence, graphologiques ou de situation.[6] 🖥[1]

25.3 Le contrat de travail

L'embauche d'un nouveau salarié est formalisée par un contrat. Le contrat de travail est une convention conclue entre l'employeur et le salarié. L'employeur s'oblige de rémunérer le salarié, le salarié s'engage à fournir un travail à son employeur.[7] Il existe plusieurs types de contrats dont les plus importants sont décrits ci-après.

25.3.1 Les contrats à durée indéterminée et à durée déterminée

En principe, le contrat de travail est conclu pour une durée indéterminée (CDI) (Art. L 1221-2 du Code du travail). Souvent, une période d'essai* est prévue avant que le contrat de travail devienne définitif. Pendant cette période, qui varie selon le type de contrat et selon la catégorie professionnelle du salarié, le nouvel embauché doit faire preuve de ses compétences et peut, quant à lui, vérifier si le travail correspond à ses attentes. La période d'essai permet aux deux parties de se séparer à tout moment sans trop de formalités. Une fois devenu définitif, un CDI ne peut être rompu que par une démission à l'initiative du salarié, par un licenciement à l'initiative de l'entreprise et par le départ en retraite.[8]

---

6 Voir Guillot-Soulez (2008), pp. 43–46.

7 Voir Grandguillot (2013), p. 59 et Guillot-Soulez (2008), p. 40.

8 Le licenciement est détaillé au chap. 26 La gestion des ressources humaines II, 26.1.6 Le licenciement pour motif économique et 26.3 Le règlement intérieur et le pouvoir disciplinaire. En ce qui concerne la démission, le licenciement et la retraite, voir aussi le paragraphe 25.5.1 La mobilité.

Dans certains cas, le contrat de travail peut être conclu à durée déterminée (CDD). Il s'agit notamment du remplacement d'un salarié absent, de l'accroissement temporaire de l'activité, de l'emploi saisonnier et de la formation professionnelle (le stage). Le CDD peut être renouvelé une fois, mais la durée ne peut dépasser 18 mois ou 24 mois dans certains cas. À la fin du contrat, le salarié touche une indemnité de précarité*.[9] Le contrat saisonnier est une forme particulière de CDD qui se caractérise par l'exécution de tâches se répétant chaque année en fonction du rythme des saisons (récolte, tourisme). Il est limité à 8 mois par an avec la possibilité de renouvellement pour la saison suivante. Il peut aussi être conclu au moyen d'un contrat de travail temporaire (voir ci-après).[10] 🖥[2] [2]

25.3.2 L'intérim

L'intérim* ou le contrat de travail temporaire (CTT) est un CDD qui met en relation trois parties : l'intérimaire* (le salarié), l'agence d'intérim et l'entreprise utilisant l'intérimaire. Cette relation triangulaire se concrétise par l'établissement de deux contrats de travail écrits. Premièrement, un contrat de mission conclu entre l'agence d'intérim et l'intérimaire par lequel l'agence met le salarié à la disposition des clients utilisateurs. Deuxièmement, un contrat de mise à disposition conclu entre l'entreprise utilisatrice qui propose un travail et l'agence d'intérim qui lui fournit un salarié.[11] Tout comme les CDD, les contrats intérimaires sont les contrats « précaires ». Pour lutter contre le chômage et la précarité* des emplois, il existe aussi une multitude de contrats aidés pour lesquels l'employeur bénéficie d'aides de la part des pouvoirs publics.[12] ☺[2] 🖥[3]

---

9 Voir Service-public, *Fin du contrat de travail à durée déterminée (CDD)*, vérifié le 27-11-2015. Disponible à l'URL : http://vosdroits.service-public.fr/particuliers/F40, consultés le 5-5-2015.
10 Voir Guillot-Soulez (2008), p. 39, Grandguillot (2013), pp. 72s et Service-Public, *Cas où l'employeur peut embaucher en contrat à durée déterminée (CDD)*, vérifié le 13-6-2014. Disponible à l'URL : http://vosdroits.service-public.fr/particuliers/F34.xhtml#N100B9, consulté le 9-2-2016.
11 Voir Grandguillot (2013), p. 67 et Service-public, *Forme et continu du contrat de travail temporaire ou d'intérim* (vérifié le 4-9-2014). Disponible à l'URL : http://vosdroits.service-public.fr/particuliers/F1873.xhtml, consulté le 16-2-2016.
12 Par exemple, le contrat *starter*, le contrat d'avenir, etc. Voir Ministère du Travail, de l'Emploi, de la Formation professionnel et du Dialogue social, *Contrats aidés*. Disponible à l'URL : http://travail-emploi.gouv.fr/emploi/inserer-dans-l-emploi/contrats-aides/, consulté le 9-2-2016.

25.3.3 Autres contrats de travail

Il y a d'autres formes particulières de contrats de travail qui se distinguent en fonction de la durée du travail ou du lieu du travail. Nous ne mentionnons ci-après que trois : le contrat de travail à temps partiel, le travail intermittent et le travail à domicile.

Lorsque la durée de travail est inférieure à la durée légale du travail applicable dans l'entreprise, il s'agit d'un travail à temps partiel. Ainsi, dans une entreprise qui applique la durée légale hebdomadaire de travail fixée à 35 heures, un contrat de travail prévoyant moins de 35 h de travail par semaine est un contrat à temps partiel. Le travail à temps partiel peut aussi être organisé sur le mois ou sur l'année. 🖳[4] Le travail intermittent est basé sur un CDI qui se caractérise par des horaires discontinus, c'est-à-dire des périodes travaillées et non. La variation d'activité doit être indépendante de la volonté de l'employeur.[13] Le travail à domicile* signifie que les collaborateurs d'une entreprise sont dispersés dans plusieurs lieux extérieurs, le plus généralement à domicile ou dans un télécentre*. Cette forme de contrat de travail connaît un nouvel essor en raison du progrès technologique, notamment dans le domaine de la télécommunication. Une variante moderne est le télétravail* qui implique l'utilisation des technologies de l'information et de la communication.[14] ☺[3]

25.4 La rémunération

En contrepartie du travail fourni par le salarié, l'employeur doit lui verser une rémunération, généralement le salaire.[15] Le salaire est un facteur prédominant pour le salarié ainsi que pour l'entreprise. Toutefois, tandis qu'il est un revenu pour le salarié, il représente un coût pour l'entreprise. C'est pourquoi, parfois, des conflits peuvent apparaître entre les deux parties.[16]

En principe, le salaire est fixé librement entre l'employeur et le salarié par le contrat de travail. Cependant, l'employeur doit respecter certaines dispositions légales, notamment le salaire minimum interprofessionnel de croissance (le SMIC) et le principe « travail égal - salaire égal » interdisant toute discrimination des salariés.[17] ☺[4] 🖳[5]

---

13 Voir Grandguillot (2013), p. 72 et Hess-Fallon/Simon (2002), pp. 83–91.

14 Voir Grandguillot (2013), p. 131.

15 Il y a d'autres formes de rémunération, telles que la commission ou l'honoraire, non traitées ici.

16 Au sujet des conflits du travail, voir chap. 26 La gestion des ressources humaines II, 26.5.

17 Voir Hess-Fallon/Simon (2002), pp. 174s et Guillot-Soulez (2008), pp. 119s.

25.4.1 Les modes de calcul du salaire

Plusieurs modes sont possibles pour fixer le salaire. Il peut être fixé au temps, au forfait ou au rendement. Il peut être fixe ou variable, individuel ou collectif.

Le salaire au temps* se calcule en fonction de la durée de travail effectif. Le salaire au forfait* s'applique par conclusion d'une convention de forfait fixe entre le salarié et l'employeur. Le salaire au rendement* (ou de performance) est un salaire variable calculé en fonction de normes définies préalablement (par ex. le travail aux pièces, au pourcentage). Il est dépendant de la performance de l'individu ou de l'équipe. [3]

La tendance actuelle en matière de rémunération est à l'individualisation. La rémunération s'oriente plutôt à la personne et à ses performances individuelles qu'au poste occupé. Les salaires sont modulés en fonction des qualités personnelles du salarié. De même, on constate une augmentation de la part variable du salaire et des paiements différés (voir plus bas 25.4.3).[18]

25.4.2 Le salaire de base et les autres composantes du salaire

Le salaire de base est la partie stable de la rémunération et défini dans le contrat de travail. Cette rémunération peut être augmentée par d'autres composantes parmi lesquelles nous mentionnons les heures supplémentaires, les primes et les avantages en nature.[19]

L'application des heures supplémentaires est soumise à une réglementation particulière spécifiée dans le Code du travail. En principe, les heures supplémentaires sont soumises à une majoration du salaire.[20] Parmi les primes ou gratifications, on distingue celles de caractère obligatoire qui sont versées généralement et constamment et celles de caractère facultatif versées individuellement et exceptionnellement et dont le montant est variable. Le 13e mois, les primes de vacances et la prime d'ancienneté* sont généralement des primes obligatoires. Des primes facultatives sont, par exemple, versées à l'occasion d'un mariage d'un salarié. Les avantages en nature sont les équipements et les services qui sont mis gratuitement à la disposition du salarié par l'employeur ou à un prix inférieur à leur valeur. Les plus courants sont les logements et les vêtements, la voiture de fonction, l'ordinateur et le téléphone mobile, les remises accordées sur les produits vendus par l'entreprise et les titres restau-

---

18 Voir Guillot-Soulez (2008), pp. 116s.
19 Voir ibidem, pp. 121, 122 et 131.
20 Voir aussi chap. 26 La gestion des ressources humaines II, 26.1.3 Les heures supplémentaires.

rants*. Cependant, certains avantages en nature font partie intégrante de la rémunération du salarié et sont, en conséquence, soumis à une déclaration auprès des services fiscaux et sociaux.

25.4.3 Les paiements différés

À côté de ces éléments immédiats du salaire, on distingue des instruments complémentaires de la rémunération qui font l'objet de paiements différés*. Les paiements
différés représentent des dispositifs qui permettent de faire participer les salariés à la
performance de l'entreprise. Ce sont, notamment, la participation aux résultats de
l'entreprise, l'intéressement, le plan d'épargne d'entreprise et les stocks options.[21]
   La participation des salariés aux résultats* de l'entreprise est obligatoire pour les
entreprises employant plus de 50 salariés et dont les bénéfices sont supérieurs à 5 %
de leurs capitaux propres. Le montant global de la fraction des bénéfices à répartir
est appelé la réserve spéciale de participation (RSP). Elle est calculée en fonction
d'une formule prenant en compte le bénéfice net (B), les capitaux propres (C), les salaires versés (S) et la valeur ajoutée (VA).

$$RSP = \tfrac{1}{2} (B - 5C/100) \times (S/VA)$$

Le salarié peut demander à obtenir immédiatement son versement. Dans ce cas, la
somme versée est soumise à l'impôt sur le revenu. Lorsque le salarié ne demande pas
le versement mais l'utilise pour le placer, les primes sont défiscalisées*. L'intéressement* est une rémunération collective et facultative liée aux résultats et aux performances de l'entreprise. Comme dans le cas de la participation, le salarié peut décider
soit d'utiliser immédiatement la somme, soit de la placer pour obtenir des avantages
fiscaux. Pour placer les sommes attribuées, plusieurs instruments sont disponibles
dont nous présentons ci-après le plan d'épargne d'entreprise et les *stock-options*.
   Un instrument de placement des primes de participation et d'intéressement ap-
précié est le plan d'épargne d'entreprise* (PEE). Le PEE est un système d'épargne collective. Il ouvre aux salariés de l'entreprise la faculté d'acheter des actions ou d'autres
titres à un prix préférentiel. Les versements effectués par le salarié et par l'entreprise
sont indisponibles pendant au moins cinq ans. Pour les salariés, les revenus détenus
dans un PEE sont exonérés de l'impôt sur le revenu. Les paiements complémentaires
de l'entreprise son fiscalement déductibles du bénéfice et non soumis aux cotisations
sociales. Les *stock-options** sont des options d'achat d'actions. Le salarié a la possibilité d'acheter des actions de la société pour laquelle il travaille à un prix fixé au moment de la création du plan de placement et valable pendant quatre ou cinq ans. C'est

---

21 Pour la description des paiements différés, aussi appelées « périphériques légaux », voir Benche-
mam/Galindo (2006), pp. 98s et Cadin et al. (2004), pp. 222 et Guillot-Soulez (2008), pp. 123–131.

un système facultatif offert généralement aux cadres ou dirigeants d'une entreprise afin de leur donner un intérêt direct à l'accroissement de la valeur de l'entreprise. [4]

25.5 La gestion des carrières

Les changements technologiques et économiques demandent une organisation active des activités professionnelles. La gestion des carrières est fonction des besoins de l'entreprise ainsi que des compétences et aspirations des salariés. L'entreprise doit veiller à disposer à tout moment de la main d'œuvre suffisante et qualifiée. 🖩² Le salarié, quant à lui, est tenu de piloter sa carrière.

25.5.1 La mobilité

La carrière d'un collaborateur est étroitement liée à sa disposition en matière de mobilité*. Toutefois, la notion de mobilité est très complexe. Regardons quelques formes possibles de mobilité.

La mobilité peut s'effectuer à l'intérieur de l'entreprise ou à l'extérieur en changeant d'entreprise. Quant à la mobilité interne ou intra-organisationnelle, on distingue au niveau vertical la promotion* et la rétrogradation*[22]. Au niveau horizontal, la mobilité se traduit par un changement de fonction entre départements.[23] La mobilité est géographique lorsqu'elle s'accompagne du changement de lieu de travail. Orientée vers l'extérieur, la mobilité externe est volontaire dans le cas de la démission*. Lorsqu'elle est subie, il s'agit d'un licenciement*. La fin de carrière correspond normalement au départ ou à la mise en retraite à un âge déterminé par convention. Pour faire face aux sureffectifs et éviter des licenciements, on a mis en place des mesures permettant la cessation anticipée d'activités, telle que la préretraite*. ✐² Suite à l'internationalisation accrue des entreprises, l'expatriation* devient un facteur de mobilité géographique de plus en plus important. Une mutation* à l'étranger permet de faire des expériences professionnelles et culturelles. Cependant, les salariés expatriés sont aussi confrontés à des défis d'ordre linguistique, familial et interculturel. [5]

La mobilité internationale ainsi que la mondialisation des activités économiques demandent aux entreprises de gérer un personnel provenant de différents pays. Les entreprises, quel que soit l'endroit où elles s'installent, se composent de plus en plus

---

[22] Voir aussi chap. 26 La gestion des ressources humaines II, 26.3 Le règlement intérieur et le pouvoir disciplinaire de l'employeur.

23 Voir Guillot-Soulez (2008, p. 57) qui distingue aussi une mobilité latérale qui correspond au rapprochement d'un salarié d'une position centrale dans l'entreprise.

de groupes multiculturels et multilingues. La mise en place d'une gestion internationale des ressources humaines s'impose, car il faut prend en compte les pratiques culturelles des collaborateurs étrangers.[24] 🖳[3]

25.5.2 La formation continue

La formation continue* complète la formation initiale* dispensée à l'école, à l'entreprise et à l'université. Elle est destinée aux salariés déjà engagés dans la vie active. L'ensemble des salariés a accès à une « formation professionnelle toute au long de la vie ». Il existe plusieurs dispositifs de formation continue dont nous citons ici quatre.

Le droit individuel à la formation (DIF) permet à chaque salarié à plein temps de disposer de 20 heures de formations par an. Le droit au congé individuel à la formation (CIF) ouvre à l'ensemble des salariés la possibilité de suivre pendant leur temps de travail une formation de leur choix. Le congé de bilan de compétence, ouvert aux salariés ayant une certaine ancienneté, vise à établir une analyse des compétences professionnelles. Le congé de validation des acquis de l'expérience (CVAE) a pour but d'acquérir un diplôme ou d'un certificat de qualification professionnelle.[25]

Pour l'entreprise, la formation continue a des avantages importants. Elle dispose d'une main d'œuvre qualifiée, de personnes motivées et adaptées aux changements technologiques, ce qui renforce la compétitivité. Les salariés, quant à eux, améliorent leurs performances et leurs connaissances et ont l'opportunité de progresser dans l'entreprise ou ailleurs. Le financement de la formation est assuré par l'État, les entreprises et en partie aussi le salarié lui-même. 🖳[4]

25.5.3 L'évaluation

La gestion des carrières suppose une évaluation des salariés qui permet de détecter les potentiels et d'apprécier les compétences. L'évaluation peut être définie comme « un jugement » porté par un supérieur hiérarchique ou un collègue de travail « sur le comportement d'un salarié dans l'exercice de ses fonctions »[26]. Le système d'évaluation fournit les informations nécessaires pour prendre les décisions concernant les carrières des salariés. Il existe plusieurs outils d'appréciation. Les méthodes les plus courantes sont l'entretien individuel ou collectif en face à face, l'auto-évaluation, le *360 feedback* et le centre d'évaluation* (angl. *assessment center*). 🖳[5]

---

24 L'impact de la culture sur le style de management est abordé dans le chapitre 23 La direction de l'entreprise, 23.2.3 La direction et la culture.
25 Voir Grandguillot (2013), pp. 41–49.
26 Voir Guillot-Soulez (2008), p. 67.

Vocabulaire

Avantage *m* en nature	Rémunération sous forme de biens ou services
Candidature *f* en ligne	Candidature par voie électronique
Candidature *f* spontanée	Candidature directe auprès d'un employeur potentiel
Centre *m* d'évaluation (angl. *assessment center*)	Méthode d'évaluation en situation d'un candidat ou d'un salarié utilisant des simulations de travail et des tests
Contrat *m* de travail à temps partiel	Contrat de travail dont la durée est inférieure à la durée légale ou conventionnelle
Contrat *m* saisonnier	Contrat de travail à durée déterminée qui se renouvelle chaque année en fonction du rythme des saisons
Cooptation *f*	Mode de recrutement qui utilise des réseaux professionnels des collaborateurs pour trouver des candidats
Défiscaliser *v tr*	Exonérer d'impôts
Demandeur *m* d'emploi	Personne à la recherche d'un emploi
Démission *f*	Rupture du contrat de travail à l'initiative du salarié
Dossier *m* de candidature	Ensemble de documents joints à la candidature
Expatriation *f*	Exercice d'une activité professionnelle à l'étranger, pour le compte d'une entreprise française et pour une durée limitée
Formation *f* continue	Formation des personnes qui sont déjà dans la vie active
Formation *f* initiale	Premier programme d'étude ou d'apprentissage qui mène à l'acquisition d'une profession, d'un métier
Gestion *f* prévisionnelle des emplois et des compétences	Ensemble des mesures mises en place pour ajuster les ressources humaines et les besoins en personnel
Heure *f* supplémentaire	Heure de travail réalisée au-delà de la durée légale du travail
Indemnité *f* (de précarité)	Compensation financière payée à l'expiration d'un CDD*
Intéressement *m*	Participation facultative des salariés au résultat de l'entreprise
Intérim *m* (Intérimaire *m*)	Mise à disposition temporaire d'un salarié (l'intérimaire) par une agence d'intérim à une entreprise
Lettre *f* de candidature	Écrit rédigé pour solliciter un emploi
Lettre *f* de motivation	Écrit rédigé pour expliquer les motifs de la candidature
Licenciement *m*	Rupture du contrat de travail à l'initiative de l'employeur
Mobilité *f*	Changement de lieu, de poste, d'entreprise et/ou de secteur d'activité, de région ou de pays
Mutation *f* (professionnelle)	Ici : affectation d'un salarié à un autre poste et/ou lieu de travail
Participation *f* des salariés aux résultats de l'entreprise	Distribution d'une quote-part du résultat net aux salariés (entreprises employant plus de 50 salariés)
Période *f* d'essai	Période qui permet à l'employeur de juger les aptitudes professionnelles d'un nouveau collaborateur et à ce dernier de s'assurer que la fonction le satisfait
Plan *m* d'épargne d'entreprise (PEE)	Système d'épargne collectif permettant aux salariés de constituer une épargne fiscalement avantageuse
Préretraite *f*	Arrêt de l'activité professionnelle avant la date prévue de départ en retraite
Précarité *f* (d'emploi)	Incertitude de conserver un emploi dans l'avenir
Prime *f* d'ancienneté	Complément de rémunération en fonction de la présence du salarié dans l'entreprise
Promotion *f*	Ici : nomination d'un salarié à un poste supérieur

Prospection *f*	Ici : recherche de candidats potentiels
Rétrogradation *f*	Réduction des responsabilités et du salaire d'un salarié à la suite d'une sanction disciplinaire
Salaire *m* au forfait	Salaire fixe sans indication d'heures de présence précises
Salaire *m* au rendement	Salaire calculé en fonction du volume de travail fourni (pièces, chiffre d'affaires)
Salaire *m* au temps	Salaire calculé en fonction du temps passé au travail
Stock option *f*	Droit des salariés d'acheter à des conditions avantageuses des titres de l'entreprise exerçable pendant une période déterminée
Télétravail *m*	Travail effectué en dehors des locaux de l'employeur
Travail *m* à domicile	Travail effectué de chez soi
Travail *m* intermittent	Travail caractérisé par des périodes travaillées et non travaillées

Activités

📖 Compréhension

[1] À l'aide du tableau 25.1, précisez les facteurs d'évolution de la fonction des ressources humaine.

[2] Quels sont les avantages d'un CDD pour l'employeur et pour l'employé ?

[3] Comparez les différents modes de calcul du salaire : au temps, au rendement et au forfait. Quels sont les avantages et les inconvénients respectifs ?

[4] Quel est l'avantage d'un blocage des primes de participations et d'intéressement sous forme de placements pour les salariés et pour l'employeur ?

[5] Précisez les défis linguistiques, familiaux et interculturels liés à l'expatriation d'un salarié.

✍ Travail écrit

1. Rédigez une lettre de motivation pour le poste d'assistant(e) marketing. Quelles sont les informations fournies par le CV.

2. Insérez les mots suivants dans la case appropriée (plusieurs choix possibles).

   (*Démission, expatriation, licenciement, préretraite, mutation, promotion, retraite, rétrogradation*)

Mobilité	interne	externe
volontaire		
subie		

☺ Discussion

1. Discutez des avantages et désavantages d'un recrutement interne ou externe.

2. Que pensez-vous des contrats intérimaires ? Mieux que rien ? Discriminant ? Discutez.

3. Le travail à domicile – le travail de l'avenir ? Pour et contre. Discutez.
4. Le salaire minimum fait souvent l'objet de discussions controversées. Que pensez-vous ?

🖳 Thèmes d'exposé

1. Les tests de recrutement – types, utilité et limites
2. La gestion prévisionnelle des emplois et de compétences – concept et mesures
3. La gestion d'équipes multiculturelles – chances et défis
4. La formation continue en France – organisation et financement
5. Les méthodes d'évaluation des salariés

🖳 Recherche

1. Recherchez le portail des offres d'emploi d'une grande société et repérez les offres actuelles.
2. Recherchez la législation en matière de CDD, notamment les cas d'interdiction de CDD.
3. Recherchez quelques formes actuelles de contrats aidés.
4. Recherchez l'importance des contrats à temps partiel en France, Allemagne, dans un autre pays.
5. Recherchez le montant actuel du SMIC en France et dans d'autres pays.

26 La gestion des ressources humaines II – La gestion des conditions de travail

Le deuxième chapitre traitant de la gestion des ressources humaine (GRH) met l'accent sur les conditions de travail dans un sens large.

Nous commençons par décrire l'évolution du temps de travail depuis la fin du 19e siècle jusqu'à nos jours. Après, nous exposerons certains risques liés au travail. Ensuite, le cadre réglementaire qui détermine la pouvoir d'exercice de l'employeur par rapport à ses salariés sera présenté. Enfin, nous étudierons des relations sociales entre les salariés et les employeurs ainsi que leurs représentants et décrirons les conflits qui peuvent apparaître entre les parties.

Questions

1. Quelle est l'évolution du temps de travail ?
2. Quels sont les risques liés au travail ?
3. Quels sont les pouvoirs réglementaires et disciplinaires dont dispose l'employeur vis-à-vis de ses employés ?
4. Qui sont les représentants des salariés dans l'entreprise ? Quelles sont leurs attributions ?
5. Quels conflits peuvent apparaître entre les employeurs et les salariés ? Comment les résoudre ?

Informations

Année	Semaines par an	Jours par semaine	Heures par jour	Heures par semaine
1892	52	7	11[1]/12	77–84
1906	52	6	11/12	60–72
1919	52	6	8	48
1936	50	6	8	40
1956	49	5	8	40
1969	48	5	8	40
1982	47	5	7,8	39
2000	47	5	7	35[2]
2002	47	5	7	35

[1] Femmes et enfants de 12 à 18 ans
[2] Durée hebdomadaire dans les entreprises employant plus de 20 salariés

Tableau 26.1 : L'évolution de la durée de travail[1]

---

1 Le contenu du tableau est tiré de Guillot-Soulez (2008), p. 135.

Ouvrages

Cadin, Loïc/Guérin, Francis/Pigeyre, Frédérique, *Gestion des ressources humaines. Pratique et éléments de théorie*, 2ᵉ édition, Dunod Paris 2004

Grandguillot, Dominique, *Le droit social. Droit du travail. Droit de la protection sociale*, 15ᵉ édition, Les Zoom's, Gualino Paris 2013

Guillot-Soulez, Chloé, *La gestion des ressources humaines*, Les Zoom's, Gualino Paris 2008

Hess-Fallon, Brigitte/Simon, Anne-Marie, *Droit du travail*, 14ᵉ édition, Paris Dalloz 2002

Meyer, Nadège/Willems, Jean-Pierre, *Droit social*, Dunod Paris 2009

Internet

Legifrance. Le service public de la diffusion du droit : http://www.legifrance.gouv.fr

Ministère du Travail, de l'Emploi, de la Formation professionnelle et du Dialogue social : http://travail-emploi.gouv.fr

Service-Public. Le site officiel de l'administration française : http://vosdroits.service-public.fr

Vie publique : http://www.vie-publique.fr

L'essentiel

26.1 Le temps de travail

Nous avons appris au chapitre précédent que le salaire constitue un facteur de coût pour l'entreprise. Dans le but de gérer de façon optimale cette charge, les entreprises cherchent à flexibiliser les heures de travail. Plusieurs méthodes ont été développées ces dernières années pour faire varier la durée du travail du salarié en fonction des périodes de faible ou de forte activité. Parmi les dispositifs mis en place pour aménager le temps de travail et ainsi faire face aux variations de la demande et aux évolutions de l'environnement, nous présenterons ci-après la réduction du temps de travail, les horaires individualisés, les heures supplémentaires, l'annualisation de la durée de travail, le compte épargne-temps et le licenciement.

26.1.1 La réduction du temps de travail

Depuis le 19ᵉ siècle, la durée de travail annuelle a progressivement baissé. En 2000, suite aux lois Aubry[2], la durée hebdomadaire est passée à 35 heures (tab. 26.1). ✍¹ Parallèlement, nous constatons un accroissement continu d'emplois à temps partiel.

---

2 Martine Aubry, Ministre de l'Emploi et de la Solidarité de 1997 à 2000 sous le gouvernement socialiste de Lionel Jospin.

Bien qu'une partie des salariés ait choisi cette forme d'emploi volontairement, beaucoup ne l'acceptent que de manière forcée.[3] [1]

26.1.2 Les horaires individualisés

Contrairement à l'horaire collectif qui prescrit à l'ensemble des salariés les heures de présence, les horaires individualisés sont des horaires flexibles et variables à la condition qu'un certain nombre d'heures de travail soient accomplies. Ainsi, le salarié peut choisir ses heures de présence dans la journée ou au cours de la semaine dans le cadre de plages déterminées par l'employeur. On distingue des plages fixes* qui demandent une présence obligatoire au travail, et des plages mobiles* pendant lesquelles la présence est facultative.[4] [2]

26.1.3 Les heures supplémentaires

Pour répondre à une demande accrue, l'entreprise peut recourir à des heures supplémentaires. Les heures supplémentaires sont les heures de travail effectuées au-delà de la durée légale du travail fixée à 35 heures hebdomadaires (ou de la durée considérée comme équivalente dans certaines professions). Cependant, l'application des heures supplémentaires est soumise à une réglementation particulière qui relève du Code du travail. D'une part, elles donnent lieu à une majoration du salaire. D'autre part, deux principes sont à respecter : le contingent annuel et le repos compensateur.[5]

    L'employeur dispose librement d'un contingent annuel d'heures supplémentaires. Lorsque celui-ci est épuisé, une autorisation des représentants du personnel (voir plus bas 26.4.2) est exigée. Le contingent annuel sert de référence pour le calcul du repos compensateur. Le repos compensateur_est un temps de repos supplémentaire accordé dans le cas où le salarié a effectué des heures supplémentaires. ☺[1]

26.1.4 L'annualisation de la durée de travail

Pour adapter le rythme de travail des salariés à celui de son activité, l'entreprise peut organiser la répartition de la durée du travail sur une période supérieure à la semaine.[6] Ainsi, l'employeur peut, par exemple, répartir les heures de travail de ses salariés sur une période de 12 mois, de sorte que les périodes de forte activité puissent

---

3 Voir chap. 25 La gestion des ressources humaines I, 25.3 Le contrat de travail, 25.3.3 Autres contrats.
4 Voir Grandguillot (2013), p. 129.
5 Voir Guillot-Soulez (2008), pp. 131–133.
6 Art. L-212-8 du Code du travail. Voir Grandguillot (2013), pp. 133s.

être compensées par des semaines de faible activité. Cette annualisation* de la durée du travail présente l'avantage d'éviter soit le paiement d'heures supplémentaires soit le recours au chômage partiel*. En principe, elle correspond à un CDI qui comporte des périodes travaillées et des périodes non travaillées. ☺[2]

26.1.5 Le compte épargne temps

Le compte épargne temps (CET) est un dispositif qui permet au salarié d'épargner sur un compte personnel des temps de repos (par ex. des congés) ou des sommes d'argent (par ex. des primes) en vue d'une utilisation ultérieure. L'utilisation du CET peut se faire de deux manières.

D'une part, le salarié peut utiliser le temps de repos épargné pour compenser la totalité ou une partie des périodes de travail réduit, une période de congé sans salaire (par ex. un congé parental), une période de formation, un passage à temps partiel ou une cessation progressive ou totale d'activité. D'autre part, le salarié peut affecter les sommes d'argent épargnées pour compléter un salaire réduit, alimenter un plan d'épargne entreprise[7] ou pour contribuer au financement de sa retraite.[8]

26.1.6 Le licenciement pour motif économique

Lorsque les mesures de flexibilité interne n'ont plus effet, le licenciement est un dernier outil pour répondre aux fluctuations conjoncturelles. Le licenciement pour motif économique* est une mesure par laquelle un employeur met fin au contrat de travail d'un ou de plusieurs salariés. Le motif du licenciement doit être réel et sérieux et non inhérent à la personne licenciée. Un licenciement n'est possible que si l'emploi est supprimé ou transformé ou que le contrat de travail est modifié en raison de difficultés économiques ou de mutations technologiques.[9]

26.2 Les risques au travail

Pour beaucoup de salariés, le travail est un lieu d'accomplissement. Toutefois, il comporte aussi des risques dont certains sont décrits ci-après.

---

7 Voir chap. 25 La gestion des ressources humaines I, 25.4.3 Les paiements différés.

8 Voir ibidem et Cadin et al. (2004), p. 155.

9 Voir Ministère du Travail (...), *La définition du licenciement pour motif économique* (publié le 11-8-2005, mise à jour 8-12-2015). Disponible à l'URL : http://travail-emploi.gouv.fr/droit-du-travail/rupture-de-contrats/licenciement/article/la-definition-du-licenciement-pour-motif-economique, consulté le 10-2-2016.

Les principaux risques liés au travail sont les risques physiques tels que les accidents de travail* ou les accidents de trajet*. Certains travaux produisent des maladies professionnelles* dues à l'exposition permanente à un risque. Le nombre de personnes souffrant de troubles musculo-squelettiques (TMS) est en forte progression.[10] 🖳[1] Viennent s'ajouter, de nos jours, les maladies psychologiques provoquées par le travail. Le stress professionnel*, par exemple, est une réaction comportementale d'un salarié causée par le surmenage physique, réel ou perçu, au travail. Il entraîne des symptômes physiques, émotionnels, intellectuels et parfois même comportementaux. L'ensemble de toutes ces réactions engendrées par le stress constitue le *burn-out**, un état d'épuisement professionnel total, qui se manifeste par des syndromes physiques, psychologiques et relationnels.[11] ☺ Le harcèlement moral* au travail correspond à « des agissements répétés qui ont pour objet ou pour effet une dégradation des conditions de travail susceptible de porter atteinte aux droits du salarié, à sa dignité, à sa santé physique ou morale, ou de compromettre son avenir professionnel » (Art. L 1152-1 du Code du travail).[12] Enfin, certaines salariées sont victimes de harcèlement sexuel qui représente « le fait d'imposer à une personne de façon répétée, des propos aux comportements à connotation sexuelle qui soit porte atteinte à sa dignité soit créée à son encontre une situation intimidante, hostile ou offensante » (Art. L-1153-1 du Code du travail)[13]. Les maladies professionnelles nuisent non seulement à la victime mais aussi à l'entreprise. [3] 🖥[1]

26.3 Le règlement intérieur et le pouvoir disciplinaire de l'employeur

Le contrat de travail relie le salarié à l'employeur par un lien de subordination, qui permet à l'employeur de contrôler et de sanctionner son employé. Ainsi, pour guider le comportement des collaborateurs, l'employeur dispose d'un pouvoir réglementaire et d'un pouvoir disciplinaire.

Le pouvoir réglementaire se concrétise dans le règlement intérieur* qui est obligatoire dans toutes les entreprises employant au moins 20 salariés. Il fixe, entre autres, les règles applicables en matière d'hygiène et de sécurité et informe sur

---

10 Voir Guillot-Soulez (2008), pp. 161–163.

11 Voir Bencheman/Galindo (2006), pp. 86s.

12 Voir Legifrance, *Harcèlement moral. Art. L-1152-1 du Code du travail* (version en vigueur au 1-2-2016). Disponible à l'URL : http://www.legifrance.gouv.fr/affichCode.do;jsessionid=2F6C80EB11D6F 936ED4110CF3AEE3172.tpdila18v_3?idSectionTA=LEGISCTA000006177845&cidTexte=LEGITEXT000 006072050&dateTexte=20160201, consulté le 1-2-2016.

13 Voir ibidem, *Harcèlement sexuel. Art. L-1153-1 du Code du travail* (version en vigueur au 8-2-2012). Disponible à l'URL : http://www.legifrance.gouv.fr/affichCodeArticle.do?cidTexte=LEGITEXT00000 6072050&id Article=LGIARTI0000 26268379, consulté le 1-2-2016.

l'échelle des sanctions que peut prendre l'employeur ainsi que les droits des salariés pour se défendre.[14] 🖥[2]

En cas de faute commise par le salarié, l'employeur peut exercer son pouvoir disciplinaire et prononcer des sanctions*. Il existe différentes sanctions disciplinaires selon le degré de gravité. Ainsi, on distingue des fautes légères, sérieuses, graves et lourdes.[15]

L'avertissement* ou le blâme* sont des procédures courtes constituant un simple rappel à l'ordre. C'est la sanction de base, la plus simple pour l'employeur. Elles n'ont pas d'influence directe sur la situation du salarié dans l'entreprise, ni sur sa fonction ou sur sa rémunération. La mise à pied* disciplinaire est une sanction exprimée pour comportements fautifs. Le salarié est renvoyé chez lui et il n'est pas payé. Le contrat de travail est suspendu. La lettre de mise à pied doit être précédée d'un entretien préalable laissant au salarié la possibilité de s'expliquer. S'il le juge nécessaire, l'employeur peut aussi ordonner une mutation qui consiste à transférer le salarié sur un autre lieu de travail, mais dans un poste équivalent à celui qu'il détient. La rétrogradation* implique un changement de poste avec diminution du salaire. Le licenciement pour motif personnel*, correspond à la cessation du contrat de travail.[16] Le motif doit être inhérent à la personne du salarié. Le licenciement peut être prononcé pour faute réelle et sérieuse, pour faute grave ou pour faute lourde. [4] D'ailleurs, avant de prononcer une sanction qui affecte la situation du salarié dans l'entreprise (fonction, salaire, carrière), l'employeur doit le convoquer à un entretien préalable.[17]

26.4 Les relations sociales

Les relations sociales désignent, dans ce contexte, le dialogue social mené entre les partenaires sociaux* : employeurs, salariés et leurs représentants respectifs. En France, ces relations sont institutionnalisées dans quatre organismes ou organes de représentation : les syndicats* salariaux et patronaux, le délégué du personnel, le comité d'entreprise, le délégué syndical et la section syndicale ainsi que le comité d'hygiène, de la sécurité et des conditions de travail.

---

14 Voir ibidem, p. 103.
15 Voir Ministère du Travail (...), *La sanction disciplinaire* (publié le 21-9-2015, mise à jour 20-11-2015). Disponible à l'URL : http://travail-emploi.gouv.fr/droit-du-travail/relations-au-travail/pouvoir-disciplinaire-sanction/article/la-sanction-disciplinaire, consulté le 1-2-2016.
16 Pour la procédure de licenciement, voir aussi plus bas 26.5.1 Les conflits individuels.
17 Voir Grandguillot (2013), p. 103 et Meyer/Willems (2009), p. 116.

26.4.1 Les syndicats

Un syndicat professionnel est une association de personnes destinée à défendre les droits et les intérêts des personnes qu'il représente (Art. L 411-1 du Code du travail).[18] En droit du travail, il existe des syndicats de salariés et des syndicats d'employeurs (le patronat). 📖²Voici les syndicats français représentatifs des salariés les plus importants.[19]

– CGT : Confédération générale des travailleurs, création 1895
– CFTC : Confédération française des travailleurs chrétiens, création 1919
– CFE-CGC : Confédération française de l'encadrement - Confédération générale des cadres, création 1944
– CGT-FO : CGT-Force ouvrière, création 1948
– CFDT : Confédération française démocratique du travail, création 1964

Le premier syndicat patronal français est le Mouvement des Entreprises de France (MEDEF), créé en 1998.[20]

26.4.2 Les délégués du personnel

Les délégués du personnel sont élus dans les entreprises employant 11 salariés et plus. Leur nombre dépend de l'effectif de l'entreprise. Ils ont pour mission, entre autres, de présenter à l'employeur les réclamations* individuelles ou collectives des salariés et de saisir l'inspecteur du travail*[21] qui est tenu d'examiner les plaintes concernant l'application du droit du travail.[22]

26.4.3 Le comité d'entreprise

Dans les entreprises employant 50 salariés et plus, la mise en place d'un comité d'entreprise (CE) est obligatoire. Il est composé de représentants du personnel élus par les salariés et présidé par l'employeur. Le nombre des représentants dépend de la taille

---

18 Voir Legifrance, *Article L-411-1 du Code du travail* (version abrogée au 1-5-2008). Disponible à l'URL : http://www.legifrance.gouv.fr/affichCodeArticle.do?cidTexte=LEGITEXT000006072050&idArticle=LEGIARTI000006649565&dateTexte=&categorieLien=cid, consulté le 27-7-2015.
19 Voir Grandguillot (2013), p. 111 et Guillot-Soulez (2008), pp. 174s.
20 Voir Vie publique, *Mouvement des entreprises (MEDEF)*, 17-10-2008. Disponible à l'URL : http://www.vie-publique.fr/acteurs/mouvement-entreprises-france-medef.html, consulté le 1-2-2016.
21 L'inspection du travail est un service public. La mission de l'inspecteur du travail est de contrôler l'application du droit du travail. Il conseille et informe les employeurs, salariés et représentants du personnel sur leurs droits et obligations. Voir Grandguillot (2013), pp. 21–24.
22 Voir ibidem, pp. 119s.

de l'entreprise. Pour assumer ses attributions économiques, sociales et culturelles, il dispose de moyens matériels et financiers versés par l'employeur. Le CE assure l'expression collective* des salariés et la prise en compte de leurs intérêts. Il doit être informé et consulté sur les questions concernant l'organisation de l'entreprise et sa situation générale, le nombre et la structure des effectifs, les conditions d'emploi et de travail, la durée du travail, la formation professionnelle et l'apprentissage ainsi que la qualification et les modes de rémunération. Dans les entreprises de 50 à 200 salariés, l'employeur peut initier que les délégués du personnel constituent la délégation du personnel au CE. Dans ce cas, le CE demeure, mais les missions des délégués du personnel et du CE sont exercées par les mêmes personnes. ▣[3]

Comme tous les représentants du personnel, les membres su CE disposent de moyens appropriés pour exercer leur mandat et sont protégés contre tout traitement défavorable résultant de l'exercice de leurs droits, notamment le licenciement. Ils bénéficient, entre autre, de crédits d'heures* et ils ont droit à l'information et à des stages de formation. Ils perçoivent une contribution patronale pour financer les activités sociales et culturelles.[23]

26.4.4 Le délégué syndical et la section syndicale

Chaque syndicat représentatif dans une entreprise de 50 salariés ou plus peut désigner un délégué syndical. Celui-ci n'est pas élu par le personnel de l'entreprise, il est en revanche nommé par son syndicat. Le délégué syndical communique à l'employeur les réclamations, revendications* ou propositions. En outre, il a le droit exclusif à la négociation collective* : il négocie et conclue les accords collectifs*.[24] [5]

Lorsqu'un syndicat n'est pas représentatif, il peut constituer une section syndicale au sein de l'entreprise. Tout comme le délégué syndical, le représentant de la section syndicale représente son syndicat auprès de l'employeur et assure la défense des salariés. Cependant, il ne peut négocier ni conclure des accords collectifs. C'est-pourquoi il est aussi chargé d'animer sa section syndicale afin que son syndicat obtienne aux prochaines élections professionnelles* le statut de syndicat représentatif.[25]

---

23 Voir Hess-Fallon/Simon (2002), pp. 207–213, Grandguillot (2013), pp. 121–124 et Guillot-Soulez (2008), pp. 180–183.

24 Voir ibidem, p. 114 et Service-Public, *Délégué syndical* (vérifié le 29-4-2015). Disponible à l'URL : http://vosdroits.service-public.fr/particuliers/F102.xhtml, consulté le 24-2-2016.

25 Voir Ministère du Travail (...), *Le représentant de la section syndicale (RSS)*, publié le 14-1-2009, mise à jour 7-12-2015. Disponible à l'URL : http://travail-emploi.gouv.fr/informations-pratiques,89/les-fiches-pratiques-du-droit-du,91/representants-du-personnel,119/le-representant-de-la-section,9204.html, consulté le 24-2-2016.

26.4.5 Le comité d'hygiène, de la sécurité et des conditions de travail

Constitué dans tous les établissements occupant au moins 50 salariés, le comité d'hygiène, de la sécurité et des conditions de travail (CHSCT) a pour mission de contribuer à la protection de la santé et de la sécurité des travailleurs ainsi qu'à l'amélioration des conditions de travail, notamment par l'analyse des risques professionnels auxquels peuvent être exposés les travailleurs.[26]

Le CHSCT se compose de l'employeur, qui assume la présidence, et des représentants du personnel dont le nombre varie selon l'effectif de l'entreprise. Les représentants du personnel sont des salariés de l'entreprise désignés par un collège composé de membres du comité d'entreprise et de délégués du personnel. Le médecin du travail et le chef du service de sécurité et des conditions de travail ont une fonction consultative. L'inspecteur du travail (voir plus haut 23.9.2) et d'autres personnes compétentes de l'entreprise invitées par le comité peuvent aussi participer aux réunions.[27]

26.5 Les conflits du travail

Nous avons déjà vu au chapitre 15 que l'entreprise est un groupement humain qui réunit des collaborateurs dont les intérêts et les attentes peuvent diverger.[28] Toutefois, ils sont tous tenus de travailler ensemble, car ils visent un objectif commun : le bien-être économique de l'entreprise. Ainsi, dans un contexte concurrentiel de plus en plus sévère, la gestion des conflits est une tâche primordiale de l'entreprise.

Dans le cadre de cet ouvrage, nous présentons ci-après deux types de conflits se distinguant selon le nombre de salariés concernés et selon le contenu du conflit, les conflits individuel et les conflits collectifs ainsi que les procédures de résolution.

26.5.1 Les conflits individuels

Le conflit individuel est un différend entre un salarié et son employeur ou entre deux salariés à l'occasion du contrat de travail. Il s'agit, par exemple, de litiges concernant le paiement de salaires ou d'indemnités ou encore de litiges relatifs à des licenciements individuels.

---

26 Voir Guillot-Soulez (2008), pp. 158s.
27 Voir Ministère du Travail (...), *Comité d'hygiène, de sécurité et des conditions de travail (CHSCT)*, publié le 29-12-2008, mise à jour 29-12-2015. Disponible à l'URL : http://travail-emploi.gouv.fr/sante-au-travail/acteurs/comite-d-hygiene-de-securite-et-des-conditions-de-travail/qu-est-ce-qu-un-chsct/article/le-comite-d-hygiene-de-securite-et-des-conditions-de-travail-chsct, consulté le 1-2-2016.
28 Voir chap. 15 Les définitions et les approches théoriques de l'entreprise, 15.1.5 L'entreprise – un regroupement humain.

Les conflits individuels sont réglés par le conseil de prud'hommes*. Il comprend un nombre égal de salariés et d'employeurs élus pour cinq ans par un collège électoral paritaire.[29] La procédure devant le conseil de prud'hommes se déroule en trois étapes : la saisine*, la procédure de conciliation et le jugement. Lorsqu'il est saisi d'une affaire, le conseil de prud'hommes tente obligatoirement de concilier les adversaires au bureau de conciliation. En cas d'échec de la conciliation, la sentence est rendue par le bureau de jugement.[30]

26.5.2 Les conflits collectifs

Le conflit collectif de travail est un différend entre l'ensemble des salariés (ou une catégorie de salariés) et l'employeur. Il existe deux formes de conflits collectifs du travail : la grève et le *lock-out*.

La grève* est une cessation collective et concertée du travail dans le but d'exercer une pression sur l'employeur. Il s'agit d'une action collective parce qu'elle concerne plusieurs ou tous les salariés. Elle est appelée concertée, car les salariés doivent s'entendre pour agir en commun. Par ailleurs, les motifs ne sont pas personnels mais relatifs au travail (salaires, conditions de travail). Pendant la durée de la grève, le contrat de travail des salariés grévistes est suspendu. Ainsi, chaque partie se trouve temporairement dispensée d'exécuter ses obligations : le salarié ne fournit plus la prestation de travail et l'employeur ne verse plus la rémunération.[31] 🖥[3]

Le *lock-out** est la fermeture temporaire de l'entreprise par l'employeur à l'occasion d'un conflit du travail.[32] L'intégralité des salariés n'a donc plus accès aux locaux de travail et n'est plus rémunérée. Le *lock-out* a pour objectif de mettre fin au fonctionnement de l'entreprise perturbée par la grève et de faire pression sur les grévistes. Toutefois, le *lock-out* est en principe une mesure irrégulière, car il s'agit d'une suspension unilatérale des contrats de travail. La loi ne tolère que trois cas de *lock-out*. La fermeture de l'usine est possible, lorsque l'employeur ne peut plus assurer le fonctionnement de l'entreprise. L'employeur a aussi le droit de fermer son entreprise, lorsqu'il craint des dégradations de matériel. Il peut également recourir au *lock-out* en cas de grève illicite, c'est-à-dire lorsque les grévistes ont des revendications illégitimes ou effectuent des actions interdites.[33]

---

29 Une nouvelle loi (n° 2014-1528 du 18 décembre 2014 relative à la désignation des conseillers prud'hommes) envisage la suppression des élections des conseillers prud'hommes et prévoit leur désignation à partir de 2017.

30 Voir Service-Public, *Le conseil de prud'hommes* (vérifié le 18-12-2015). Disponible à l'URL : https://www.service-public.fr/particuliers/vosdroits/N489, consulté le 1-2-2016.

31 Voir Meyer/Willems (2009), pp. 241–246.

32 Voir Grandguillot (2013), p. 189.

33 Voir Meyer/Willems (2009), p. 255.

La résolution d'un conflit peut être obtenue par trois voies : la conciliation, la médiation et l'arbitrage.

La procédure de conciliation* est facultative. Elle a pour objet de rapprocher les positions divergentes des parties au conflit grâce à un conciliateur. Le conciliateur est librement choisi par les parties ou prévu par les conventions collectives*. À l'issue de plusieurs réunions, un procès-verbal constate l'accord ou le désaccord sur la fin du conflit. Lorsque la conciliation échoue, la procédure de médiation ou la procédure d'arbitrage peut être engagée. Le médiateur est une personnalité qualifiée, désignée en fonction de son autorité morale ou de ses compétences (professeur de droit, expert en droit social). Après avoir analysé le cas, le médiateur convoque les parties afin de trouver une solution commune. Si un accord se dessine, le médiateur émet une recommandation qui peut être acceptée ou refusée par les parties. Lorsqu'elle est refusée, la solution du conflit ne peut plus que passer par l'arbitrage. L'arbitrage est mené devant un arbitre qui est un tiers librement choisi par les parties. Après avoir entendu les parties au conflit, l'arbitre rend une sentence* qui s'impose aux parties. Elle est cependant susceptible d'un recours devant la Cour supérieure d'arbitrage composée de conseillers d'État et de hauts magistrats.[34] ✍²

Vocabulaire

Accident *m* de trajet	Accident qui se réalise pendant le trajet d'aller et retour au lieu de travail
Accident *m* de travail	Accident qui se réalise sur le lieu de travail
Accord *m* collectif	Texte conclu entre un ou plusieurs syndicats représentatifs et un employeur portant sur un thème relatif au travail
Annualisation *f*	Ici : Répartition de la durée du travail sur l'année
Arbitrage *m* (procédure d')	Procédure de règlement d'un conflit collectif se terminant par une sentence arbitrale
Avertissement *m*	Sanction disciplinaire écrite manifestant la désapprobation d'un comportement du salarié
Blâme *m*	Sanction disciplinaire notifié par écrit annonçant des sanctions plus lourdes
Comité *m* d'entreprise	Institution représentative des salariés dans une entreprise comptant 50 salariés et plus
Conciliation *f* (procédure de)	Procédure de règlement d'un conflit en dehors d'une procédure judiciaire
Conflit *m* collectif	Différend entre une catégorie de salariés et l'employeur
Conseil *m* de prud'hommes	Organe de conciliation et d'arbitrage statuant sur les litiges entre salariés et entre salariés et employeurs
Convention *f* collective	Texte conclu entre un syndicat représentatif et un employeur portant sur un ensemble de questions relatives au travail

---

34 Voir Grandguillot (2013), p. 190 et Hess-Fallon/Simon (2002), pp. 259–261.

Délégué *m* du personnel	Représentant élu des salariés dans les entreprises comptant plus de 11 salariés
Délégué *m* syndical	Salarié désigné par le syndicat représentatif d'une entreprise employant 50 salariés et plus pour représenter le syndicat
Expression *f* collective	Droit des salariés de manifester de manière collective leurs revendications
Grève *f*	Cessation collective et concertée du travail en vue d'exercer une pression sur l'employeur
Harcèlement *m* moral	Conduite abusive exercée de manière répétitive par une personne sur une autre pour la déstabiliser ou humilier
Harcèlement *m* sexuel	Agissement exercé de manière répétitive dans le but d'obtenir une relation sexuelle avec la victime
Heure *f* supplémentaire	Heure de travail réalisée au-delà de la durée légale du travail
Inspecteur *m* du travail	Fonctionnaire chargé de contrôler l'application du droit de travail, de conseiller et d'informer les salariés et employeurs
Licenciement *m* pour motif économique	Licenciement d'un salarié dû à des problèmes économiques de l'entreprise
Licenciement *m* pour motif personnel	Licenciement d'un salarié pour faute sérieuse et grave
Litige *m*	Différend entre deux parties soumis à une juridiction
Lock-out *m* (angl.)	Fermeture temporaire des locaux de travail par l'employeur
Médiation *f* (procédure de)	Procédure de résolution d'un conflit individuel par un médiateur
Mise *f* à pied disciplinaire	Sanction qui suspend un salarié temporairement du travail
Mutation *f* (forcée)	Ici : changement du lieu de travail sur l'ordre de l'employeur
Négociation *f* collective	Ensemble des discussions menées entre les représentants des employeurs et des salariés dans le but de conclure des conventions ou accords collectifs*
Patronat *m*	Organisme de représentation des employeurs
Plage *f* fixe	Temps de présence obligatoire dans l'entreprise
Plage *f* mobile	Temps de présence facultative dans l'entreprise
Plan *m* d'épargne d'entreprise (PEE)	Système d'épargne collectif permettant aux salariés de constituer une épargne fiscalement avantageuse
Pouvoir *m* disciplinaire	Pouvoir réglementaire de l'employeur lui permettant de sanctionner les salariés pour comportement fautif
Réclamation *f*	Action de protester et d'exiger
Règlement *m* intérieur	Document qui fixe les conditions d'exécution du travail
Rétrogradation *f*	Sanction disciplinaire qui oblige le salarié de changer à un poste inférieur à celui qu'il occupait
Revendication *f*	Ici : action de solliciter des conditions de travail plus avantageuses
Saisine *f* (saisir *qn*)	Demande d'un requérant à une juridiction de régler un conflit
Sanction *f*	Toute mesure prise par l'employeur à la suite d'un agissement du salarié considéré par lui comme fautif
Section *f* syndicale	Regroupement de salariés appartenant à un même syndicat non représentatif dans l'entreprise
Sentence *f* (arbitrale)	Ici : décision prononcée lors d'une procédure d'arbitrage*
Syndicat *m* professionnel	Organisme représentatif des salariés ou employeurs

Activités

Compréhension

[1] Pour quelles raisons certains salariés préfèrent-ils travailler à temps partiel ? Pourquoi d'autres travaillent involontairement à temps partiel ?

[2] Quels sont les avantages des horaires individualisés ?

[3] Quels sont les coûts engendrés par les maladies, invalidités ou décès causées par le travail ?

[4] Distinguez le « licenciement pour motif économique du « licenciement pour motif personnel ».

[5] Comparez les statuts des délégués du personnel et des délégués syndicaux.

Travail écrit

1. En vous référant au tableau 26.1, retracez l'évolution de la durée légale du travail. Formulez des phrases complètes.

2. Nommez les différences entre un conflit individuel et un conflit collectif ?

Critères	Conflit individuel	Conflit collectif
(1) Parties concernées		
(2) Objet		
(3) Formes		
(4) Règlement/procédure		

Discussion

1. Pourquoi limiter les heures supplémentaires ? Cela permet aux salariés de gagner plus.

2. L'annualisation de la durée du travail est-elle un avantage pour les salariés et les entreprises ?

Thèmes d'exposé

1. La discrimination au travail – formes et prévention

2. Les syndicats et la syndicalisation en France et en Europe

3. Le comité d'entreprise et le « Betriebsrat » allemand – une comparaison

Recherche

1. Recherchez quelques maladies professionnelles reconnues par la sécurité sociale.

2. Recherchez le règlement intérieur d'une entreprise et repérez les informations qu'il fournit.

3. Recherchez des exemples récents de grèves (la branche, les causes, les revendications, les actions, les conséquences économiques).

27 Le marketing I – Les fondements

La prochaine grande fonction étudiée dans ce manuel est la fonction de marketing. S'agissant d'une fonction assez complexe, nous la présenterons en quatre chapitres.

Le chapitre présent constitue une introduction au thème. Il est destiné à clarifier la notion du marketing, son évolution et ses champs d'application et à expliquer la démarche à suivre pour cerner ce thème vaste. Pour une meilleure compréhension des activités mercatiques décrites dans les prochains chapitres, nous préciserons également la notion de marché dans l'optique mercatique.

Questions

1. Qu'est-ce que le marketing ?
2. Quelles sont les raisons du développement du marketing ?
3. Quels sont les domaines d'application du marketing ?
4. Quelle est la démarche mercatique ?
5. Qu'est-ce que le marché en marketing ?
6. Qu'est-ce que la demande et qu'est-ce que l'offre ?

Informations

Document 27.1 : Deux définitions du marketing

(1) Le marketing est l'effort d'adaptation des organisations à des marchés concurrentiels, pour influencer en leur faveur le comportement des publics dont elles dépendent, par une offre dont la valeur perçue est durablement supérieure à celle des concurrents. Dans le secteur marchand, le rôle du marketing est de créer de la valeur économique pour l'entreprise en créant de la valeur perçue par les clients. (Lendrevie, Jacques/Lévy, Julien/Lindon, Denis, *Mercator. Théories et nouvelles pratiques du marketing*, 9e édition, Dunod Paris 2014)

(2) Le marketing est une démarche visant à satisfaire des désirs et besoins du consommateur dans la logique de la stratégie de l'entreprise, au travers d'un échange de biens et de services. Un produit ne se vendra que s'il répond à un besoin de marché. (Clair, Joël/Pihier, Stéphane, *Le marketing*. Repères pratiques, Nathan Paris 2005)

	Années 1950	Aujourd'hui
Demande-offre	→ Demande > offre	→ Demande < offre
Consommateur	→ Peu exigent	→ Exigent
Situation économique	→-Pénurie	→ Abondance
Produits offerts	→ Standardisés	→ Variés
Effets	→ Écoulement facile	→ Connaissance des besoins

Figure 27.2 : L'évolution du marketing

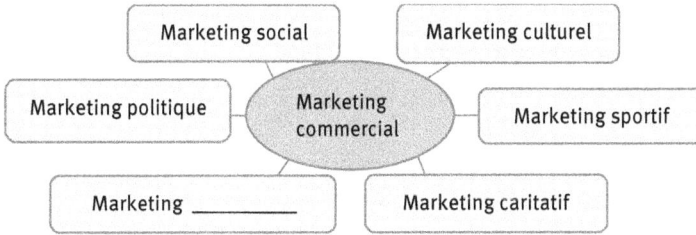

Figure 27.3 : Les applications du marketing

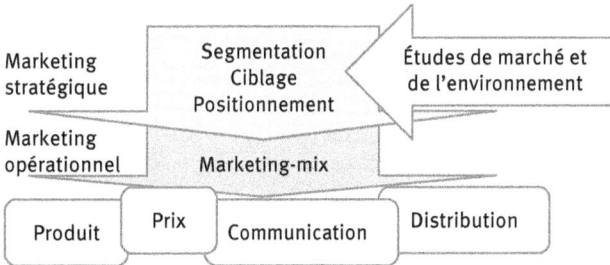

Figure 27.4 : La démarche mercatique

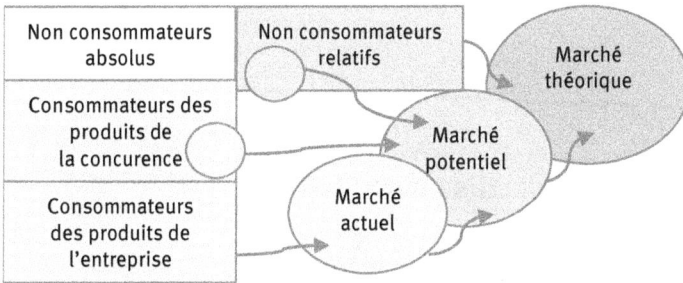

Figure 27.5 : Le marché dans l'optique demande

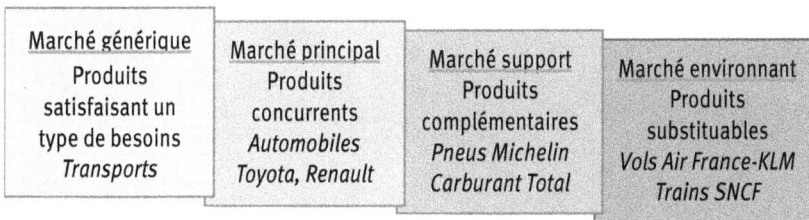

Figure 27.6 : Le marché dans l'optique offre

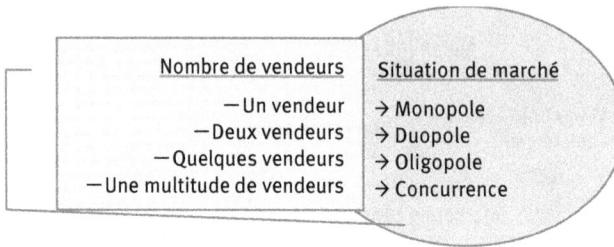

Figure 27.7 : La structure de l'offre

Ouvrages

Amerein, P./Barczyk, D./Évrard, R./Rohard, F./Sibaud, B./Weber, P., *Marketing. Stratégie et pratiques,* Nathan Paris 1996

Ameri Mölzer, C., *Cours de marketing*, Éditions de Vecchi Paris 2005

Bernadet, Jean-Pierre/Bouchez, Antoine/Pihier, Stéphane, *Précis de marketing*, Repères pratiques, Nathan Paris 1998

Lindon, Denis/Jallat, Frédéric, *Le marketing. Études – Moyens d'action – Stratégie*, 5ᵉ édition, Dunod Paris 2005

Martin, Sylvie/Védrine, Jean-Pierre, *Marketing. Les concept-clés*. 2ᵉ tirage, Les éditions d'organisation Paris 1995

Soulez, Sébastien, *Le Marketing. Le marketing stratégique – Le comportement de l'acheteur – La gestion des relations client – Le marketing opérationnel*, Les Zoom's, Gualino Paris 2008

L'essentiel

27.1 La définition et les objectifs du marketing

Le terme marketing est d'origine américaine (angl. *market*), sa traduction officielle étant la mercatique.[1] Il existe beaucoup d'explications plus ou moins détaillées du marketing dont nous citons deux dans le document 27.1. La lecture des définitions met en évidence des mots clés du marketing qui aident à formuler une définition courte et simple. ✍

Le marketing ...

---

1 Voir Le nouveau Petit Robert 2008.

Dans le secteur privé, les objectifs du marketing sont essentiellement commerciaux et financiers. Les entreprises visent à atteindre un chiffre d'affaires plus élevé, à acquérir des parts de marché ou bien à accroître la notoriété* de leurs produits. Mais le marketing peut aussi poursuivre des objectifs politiques ou sociaux (voir plus bas 27.3). Depuis son début, le marketing a connu une évolution continue. ☺[1]

27.2 Le développement du marketing

Le développement du marketing est dû au changement de la situation économique qui s'est produit après la deuxième moitié du 20e siècle. Avant 1950 environ, la situation économique correspondait à une économie de pénurie*. Après cette date, la situation s'est inversée. Ainsi, pour être certain de pouvoir écouler* tous les produits, une connaissance préalable des besoins des consommateurs est devenue indispensable. Cette nécessité conduit les entreprises à définir des concepts de marketing (fig. 27.2).[2] [1] Depuis, le marketing est passé du marketing de masse, tourné plutôt vers l'offre, au marketing relationnel*, tourné vers le client. L'apparition de l'Internet offre de nouvelles opportunités aux entreprises pour établir des relations encore plus personnalisées avec les clients.[3] 🖳[1]

27.3 Les domaines d'application du marketing

Dans un premier temps, le marketing s'est imposé dans le secteur des biens de consommation. Les producteurs et les distributeurs s'en servent pour commercialiser leurs produits (produits alimentaires, meubles, électroménager). Puis, les fournisseurs de services tels que les banques, les assurances et les offices de tourisme s'apprêtent aussi à pratiquer le marketing. Enfin, son succès a contribué à sa diffusion dans beaucoup d'autres secteurs que le secteur commercial (fig. 27.3).[4] [2] 🖳[2]

27.4 La démarche marketing

La mise en place d'une démarche marketing se déroule généralement en deux grandes phases communément appelées marketing stratégique et opérationnel (fig. 27.4).

---

2 Voir Bernadet et al. (1998), p. 5.
3 Voir Soulez (2008), pp. 24s.
4 Voir Lindon/Jaillat (2005), pp. 3s.

Les décisions portant sur le long terme font partie du marketing stratégique*. Dans une phase préalable, on étudie le marché afin de connaître son environnement[5] ainsi que les besoins et désirs des consommateurs. Comme l'offre proposée par une entreprise ne peut jamais satisfaire tous les consommateurs d'un marché, on procède ensuite à la division du marché en segments* et au choix de la cible visée. Enfin, pour définir sa place sur un marché concurrentiel, il est nécessaire de positionner* le produit et l'entreprise.

Le marketing opérationnel met ensuite en application les décisions du marketing stratégique et fixe les moyens d'action à court et à moyen terme. Il est d'usage de classer les actions mercatiques en quatre catégories représentant les variables du marketing-mix*[6]: il s'agit des quatre P (angl. *product, price, promotion, place)* qui seront détaillés successivement plus bas.[7] [3] 📇[3]

27.5 La notion de marché

Au sens économique général, le marché* est le lieu de rencontre entre l'offre et la demande sur lequel est fixé un prix.[8] Une définition plus appropriée au marketing est formulée par Philip Kotler et Bernard Dubois qui entendent par cela « l'ensemble des clients capables et désireux de procéder à un échange leur permettant de satisfaire un besoin ou désir »[9]. Il en découle que la notion de marché exige une explication plus détaillée qui précise les éléments spécifiques de la demande et de l'offre.

27.5.1 La demande

La demande* est définie comme l'ensemble des acheteurs d'un produit intervenant sur un même marché et sur une période déterminée. Elle se compose de tous les individus qui interviennent dans le processus d'achat d'un produit, qu'il s'agisse de consommateurs utilisateurs, de consommateurs acheteurs ou d'influenceurs[10]. Mais la demande ne se limite pas aux clients actuels de l'entreprise, elle inclut également les

---

5 À propos de l'environnement, voir les chapitres 16 L'environnement de l'entreprise et 24 La stratégie de l'entreprise, 24.2.2 L'analyse de l'environnement.

6 Voir Soulez (2008), p. 27.

7 Voir chap. 30 Le marketing IV – Le marketing opérationnel. Lindon/Jallat (2005, p. 13) classent les moyens d'action du marketing en 5 « familles » en ajoutant aux 4 P la politique de vente. Nous aborderons la vente dans le cadre de la politique de distribution (30.4).

8 Voir 1ère partie Économie générale, chap. 3 Le circuit économique, 3.3 Les marchés.

9 Philip Kotler et Bernard Dubois, *Marketing Management*, 7e édition, Publi-Union 1992 cité de Martin/Védrine (1995), p. 15.

10 Voir Soulez (2008), pp. 36 et Amerein et al. (1996), pp. 21s. En ce qui concerne les influenceurs, voir chap. 28 Le marketing II, 28.2 Les intervenants dans le processus d'achat.

clients potentiels, ceux des concurrents et des consommateurs susceptibles d'acheter un jour un produit. Ainsi, il existe trois types de marchés : le marché actuel, le marché potentiel et le marché théorique de l'entreprise (fig. 27.5).[11] [4]

27.5.2 L'offre

La notion d'offre* englobe les producteurs et les distributeurs ainsi que les concurrents présents sur un même marché. Toutefois, le marché de l'offre est très vaste, car il regroupe non seulement les produits similaires mais aussi des produits voisins qui pourraient remplacer ou compléter l'offre. On peut le donc découper en quatre sous-ensembles : le marché générique*, le marché principal*, le marché support* et le marché environnant* (fig. 27.6).[12] Par conséquent, l'entreprise ne doit pas se contenter à étudier le marché principal, elle doit aussi observer les autres marchés. [5]

L'offre est aussi déterminée par le nombre d'offreurs, car le nombre de concurrents présents sur un marché détermine la structure de l'offre. Ainsi, on peut distinguer quatre situations de marché : le monopole*, le duopole*, l'oligopole* et la concurrence*[13] (fig. 27.7). ☺[2]

Vocabulaire

Cible *f*	Marché ou groupe de consommateurs visés par une entreprise
Concurrence *f*	Situation de marché dans laquelle un grand nombre d'offreurs proposent leurs produits à une multitude de demandeurs
Demande *f*	Ensemble des acheteurs d'un produit intervenant sur un même marché et sur une période déterminée
Duopole *m*	Situation concurrentielle déterminée par deux vendeurs vis-à-vis d'une multitude de demandeurs
Marché *m* environnant	Ensemble des produits différents, mais satisfaisant les mêmes besoins que les produits du marché principal
Marché *m* générique	Ensemble des produits pouvant satisfaire les besoins du marché principal*
Marché *m* principal	Ensemble des produits identiques proposés par tous les producteurs
Marché *m* support	Ensemble des produits nécessaires à la consommation des produits du marché principal*
Marketing *m*	Ensemble des techniques utilisées par une entreprise en vue de détecter les besoins des consommateurs et de vendre les produits

---

11 Voir Amerein et al. (1996), pp. 20–22 et Martin/Védrine (1995), p. 28s.
12 Voir Amerein et al. (1996), pp. 22s.
13 Il y a d'autres situations non retenues ici pour des raisons de simplification : l'oligopole différencié et indifférencié, la concurrence monopolistique, pure et parfaite, voir Amerein et al. (1996), p. 23.

Marketing-mix *m*	Ensemble cohérent de décisions relatives aux politiques de produit, de prix, de distribution et de communication d'un produit ou d'une marque
Marketing *m* opérationnel	Ensemble des actions mercatiques (les 4 P*) mises en œuvre sur les court et moyen termes en vue d'atteindre les objectifs définis par l'entreprise
Marketing *m* relationnel	Ensemble des actions mercatiques visant à fidéliser le consommateur en établissant une relation étroite et continue avec lui
Marketing *m* stratégique	Ensemble des orientations et décisions à long terme relatives à la stratégie marketing d'une entreprise
Monopole *m*	Situation concurrentielle déterminée par un seul vendeur vis-à-vis d'une multitude d'acheteurs
Notoriété *f*	Fait d'être connu d'un grand nombre de personnes, *syn.* la renommée, la réputation
Offre *f*	Ensemble des producteurs, des distributeurs ainsi que des concurrents présents sur un même marché
Oligopole *m*	Situation concurrentielle déterminée par plusieurs vendeurs et une multitude d'acheteurs
Pénurie *f*	Situation de manque caractérisée par une offre inférieure à la demande et aux besoins
4 P *m pl*	Actions mercatiques portant sur le produit, le prix, la communication et la distribution (angl. *Product, Price, Promotion, Place*)
Positionner *v tr*	Définir les qualités distinctives d'un produit ou d'une entreprise par rapport aux produits ou aux entreprises concurrents
Segment *m*	Groupe d'acheteurs ayant des besoins et des comportements similaires

Activités

📖 Compréhension

[1] En vous référant à la figure 27.2, décrivez les situations auxquelles les entreprises étaient exposées avant 1950 et aujourd'hui.

[2] Citez des exemples d'application du marketing dans d'autres domaines que celui du commerce et de l'industrie.

[3] À l'aide de la figure 27.4, formulez des questions qui retracent les étapes de la démarche mercatique.

[4] En vous référant à la figure 27.5, précisez les différents marchés de l'entreprise et les catégories de consommateurs à l'aide d'exemples.

[5] Pourquoi est-il important d'observer tous les marchés (voir fig. 27.6) ? Prenez l'exemple du marché des transports de personnes.

✍ **Travail écrit**

Lisez les deux définitions du marketing figurant dans le document 27.1 et relevez les mots-clés du marketing. Formulez une définition simple du marketing et insérez-la dans la case prévue à cet effet dans le texte ci-dessus (27.1).

Lendrevie/Levy/Lindon 2014	Clair/Pihier 2005

☺ **Discussion**

1. Que pensez-vous de l'énoncé suivant : « Le marketing est un moyen de vendre n'importe quoi à n'importe qui »[14] ?
2. À votre avis, comment devrait-on classer les biens ou les services mentionnés ci-après selon leur situation de marché respective (monopole, oligopole ou duopole, concurrence) : *habillement, logiciel, armement, électricité, transport ferroviaire*. Discutez.

🖥 **Thèmes d'exposé**

1. Du marketing de masse au marketing *one-to-one*
2. Le marketing humanitaire – est-t-il légitime ou plutôt douteux ?
3. L'organisation de la fonction marketing dans l'entreprise

🖥 **Recherche**

Analysez (par groupe de travail) l'offre, la demande et l'environnement actuel des entreprises suivantes : *Galerie Lafayette, Aldi, Renault, McDonald (ou autres).*

---

14 Définition ironique du marketing évoquée par Lindon/Jallat (2008), p. 2.

28 Le marketing II – Le comportement du consommateur

L'étude du comportement du consommateur vise à connaître le consommateur et ses réactions. Elle concerne donc toutes les activités du consommateur destinées à acquérir un produit ainsi que les processus qui précèdent et qui suivent l'achat.

Le présent chapitre commence par une description générale du processus de décision d'achat ce qui nous conduit à la question de savoir qui intervient dans ce processus. Ensuite, nous proposons un classement des achats selon divers critères. Enfin, nous étudierons les différents facteurs qui sont susceptibles d'influencer l'achat.

Questions

1. Quelles sont les phases du processus d'achat ?
2. Qui sont les intervenants dans le processus d'achat ?
3. Quels sont les différents types d'achat ?
4. Quels facteurs influencent le comportement du consommateur ?

Informations

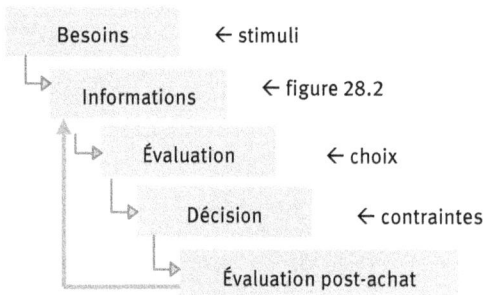

Besoins   ← stimuli

Informations   ← figure 28.2

Évaluation   ← choix

Décision   ← contraintes

Évaluation post-achat

Figure 28.1 : Le processus d'achat[1]

---

1 Il existe de nombreuses représentations du processus d'achat qui utilisent les mêmes phases, mais qui se distinguent, en partie, par une terminologie différente. La figure contient des éléments de description et de représentation issus des ouvrages cités dans ce chapitre.

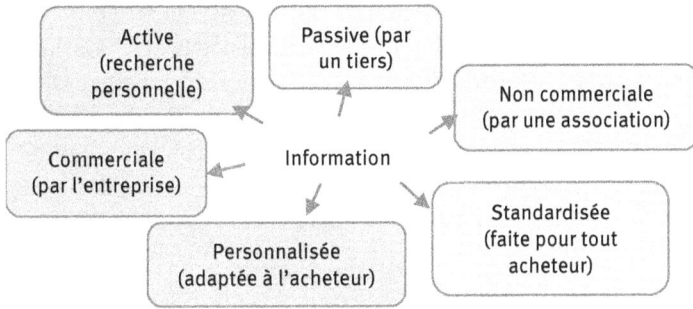

Figure 28.2 : Les types d'informations[2]

Ouvrages

Amerein, P./Barczyk, D./Évrard, R./Rohard, F./Sibaud, B./Weber, P., *Marketing. Stratégie et pratiques,* Nathan Paris 1996

Lambin, Jean-Jacques/de Moerloose, Chantal, *Marketing stratégique et opérationnel*, 8e édition, Dunod Paris 2012

Lindon, Denis/Jallat, Frédéric, *Le marketing. Études – Moyens d'action – Stratégie*, 5e édition, Dunod Paris 2005

Martin, Sylvie/Védrine, Jean-Pierre, *Marketing. Les concept-clés,* 2e tirage, Les éditions d'organisation Paris 1995

Soulez, Sébastien, *Le Marketing. Le marketing stratégique – Le comportement de l'acheteur – La gestion des relations client – Le marketing opérationnel*, Les Zoom's, Gualino Paris 2008

L'essentiel

28.1 Le processus de décision d'achat

En général, le processus de décision d'achat se déroule en cinq phases (fig. 28.1). Au début de tout achat, l'individu ressent un besoin qui peut être influencé par de nombreux stimuli* variant d'un individu ou d'un produit à l'autre. Ces stimuli déterminent et expliquent le comportement des individus. [1] 💻 Ensuite, le consommateur procède à la recherche d'informations portant sur les possibilités de satisfaire son besoin (fig. 28.2). ✍ Il suit la phase de la comparaison des produits appropriés et de l'évaluation des différentes options. Pour permettre la prise de décision, les produits retenus sont classés en fonction de certains critères tels que le prix, la performance, la marque, etc. L'acheteur retiendra celui qui lui donne le plus de satisfaction. Cepen-

---

2 Typologie selon Amerein et al. (1996), p. 44.

dant, le produit acheté n'est pas forcément le produit qui a obtenu la meilleure évaluation, car différentes contraintes peuvent intervenir. [2] Après l'achat et l'utilisation
du produit, le consommateur évalue son utilité et la satisfaction de ses attentes. Un
consommateur satisfait a tendance à racheter le même produit lors du prochain
achat. L'évaluation post-achat* peut alors entraîner le ré-achat et la fidélisation* à la
marque. En cas d'insatisfaction ou de mécontentement du consommateur, le processus d'achat est renouvelé et d'autres critères de choix peuvent être retenus.[3]

28.2 Les intervenants dans le processus d'achat

L'acheteur n'est pas le seul intervenant dans le processus d'achat. Il est influencé directement ou indirectement par d'autres acteurs. Ainsi, la famille ou les amis peuvent
initier l'achat d'un produit ou le freiner. Comme l'acheteur n'est pas forcément l'utilisateur du produit, il est aussi possible qu'il ne décide pas lui-même mais qu'il suit
la proposition d'un consommateur-utilisateur. Certains achats sont suggérés ou
même décidés par des prescripteurs*. Tandis que des prescripteurs formels imposent
des produits, les prescripteurs informels ne font qu'orienter le choix d'un acheteur
vers un produit spécifique. Enfin, le processus d'achat peut être influencé par les *leaders* d'opinion*, les médias et les associations de consommateurs.[4] [3] ✿

28.3 Les types d'achat

Le processus d'achat ne se déroule pas toujours de la même façon. Il varie selon le
degré d'implication et selon le degré de préméditation de la décision. Plus un acheteur est impliqué dans l'achat, plus il consacra du temps pour prendre sa décision et
vice versa. Certaines décisions d'achat demandent un processus décisionnel long,
d'autres se déroulent très vite. En résumé, on peut distinguer six types d'achat.[5]

L'achat routinier* (répété, courant ou habituel) est réalisé très rapidement, car il
repose sur l'expérience du consommateur. Il concerne des biens de consommation
courante pour lesquels le client renouvèle périodiquement l'achat. Par contre, l'achat
réfléchi* (ou prémédité) demande plus de temps et comporte, par conséquent, plusieurs étapes comme indiqué plus haut (24.2.1). Il concerne, en général, des produits
pour lesquels le consommateur doit s'informer et établir des comparaisons avant
l'achat. L'implication de la décision est donc élevée, car l'achat peut avoir des conséquences positives ou négatives sur la vie de l'acheteur. Lorsque l'achat porte sur un

---

3 Voir Martin/Védrine (1995), pp. 43–47 et Soulez (2008), pp. 125–132.
4 Voir Amerein et al. (1996), pp. 44s, Martin/Védrine (1995), p. 47 et Lambin/de Moerloose (2012), pp. 96–98.
5 Voir Lindon/Jaillat (2005), p. 54s, Amerein et al. (1996), pp. 51s et Martin/Védrine (1995), pp. 47s.

produit de haute technicité, l'importance augmentée de l'achat peut rendre le processus encore plus complexe. Dans ce cas, on peut parler d'un achat spécialisé*. Il y a également des achats impulsifs*, non planifiés, qui sont faits sans réflexion et, souvent, déclenchés par des stimuli. Finalement, on peut encore distinguer l'achat nouveau et le ré-achat. Dans le cas d'un achat nouveau, le consommateur va passer par toutes les phases de la décision d'achat. En cas de ré-achat, le processus sera assez court, car le produit est déjà connu. [4]

28.4 Les facteurs influençant le comportement du consommateur

Différents facteurs sont susceptibles d'influencer le comportement d'achat du consommateur. Nous les regroupons en deux grandes catégories : les facteurs endogènes et des facteurs exogènes.[6]

Les facteurs endogènes sont propres à l'individu. Ils comprennent, entre autres, l'âge, la CPS[7], le cycle de vie familial et le style de vie. Ils reflètent les activités, les intérêts, les motivations et les freins, les attitudes et les opinions de l'individu. [5] De même, le degré d'implication de la décision (voir plus haut 28.3) déterminera largement son comportement d'achat. Les facteurs exogènes sont liés à l'environnement du consommateur, c'est-à-dire au milieu dans lequel il vit. Ce sont des facteurs déterminés par la culture à laquelle le consommateur appartient et des facteurs sociaux résultant de l'appartenance d'une personne à une classe sociale ou à un groupe social ainsi que la famille. ☺🖥[1]🖥[2]

Vocabulaire

Achat *m* impulsif	Achat spontané déclenché par des stimuli*
Achat *m* réfléchi	Achat raisonné comprenant plusieurs étapes avant d'être réalisé et une recherche approfondie d'informations
Achat *m* routinier	Achat courant, effectué de façon habituelle
Achat *m* spécialisé	Achat de grande importance portant sur des produits spécialisés tels que le matériel de haute technologie
Fidélisation *f*	Fait de rendre le client attaché à un produit/à une entreprise
Leader *m* d'opinion	Personne qui par sa réputation et notoriété peut influencer le comportement d'autres personnes
Prescripteur *m*	Personne influençant la décision d'achat en imposant ou en orientant le choix d'un acheteur vers un produit spécifique
Stimuli *m*	Agent susceptible de provoquer un changement de comportement chez l'individu observé

---

6 Voir Amerein (1993), p. 54.
7 Catégorie socioprofessionnelle. Voir aussi chap. 29 Le marketing III, 29.1.2.1 L'échantillon.

Activités

📖 Compréhension

[1]   Nommez des stimuli qui créent des besoins.

[2]   Quelles sont les contraintes qui peuvent apparaître dans la phase de décision ?

[3]   Nommez des prescripteurs, de *leaders* d'opinion, de médias et d'associations qui sont suscep-
      tibles d'influencer les décisions d'achat.

[4]   À l'aide d'exemples, expliquez les notions « implication » et « préméditation » de la décision.

[5]   Dans quelle mesure le comportement d'achat est-il influencé par le cycle de vie familial et le
      style de vie. Citez des exemples.

🖎 Travail écrit

Supposons que vous souhaitez acheter un *smartphone* (ou une machine à café). En vous référant à
la figure 28.2, dites ce que vous faites pour trouver des informations. Formulez des phrases courtes.

Informations	Caractéristiques/Exemples
Actives	Je fais une recherche sur internet ...
Passives	
Commerciales	
Non commerciales	
Personnalisées	
Standardisées	

☺ Discussion

Racontez des situations d'achat que vous avez vécues dernièrement. Par qui ou par quoi votre décision a-t-elle été influencée ? Discutez.

✿ Jeu de rôle

Simulez la prise de décision d'achat de la famille Rénaux (mère, père, fille 8 ans, garçon 12 ans) qui
envisage d'acquérir une nouvelle voiture.

🪑 Thèmes d'exposé

1.   L'impact de la culture sur le comportement d'achat du consommateur
2.   Le comportement des consommateurs âgés

💻   Recherche

Recherchez les thèses essentielles de la théorie comportementaliste – le modèle stimulus-réponse.

29 Le marketing III – Les orientations stratégiques

Afin de réunir les informations nécessaires à la prise de décision en marketing, les entreprises effectuent des analyses portant sur les forces et les faiblesses ainsi que les menaces et les opportunités découlant de son environnement[1] et réalisent des études de marché. Elles servent à identifier le marché sur lequel l'entreprise souhaite intervenir et à déterminer les clients qu'elle vise à atteindre.

Le présent chapitre se subdivise en deux parties. Une première partie est dédiée aux études de marché. Nous exposerons leurs objectifs et une courte typologie des sources d'informations. Ensuite, nous décrirons quelques techniques d'études de marché : les études quantitatives, qualitatives et expérimentales. La deuxième partie du chapitre est consacrée à l'étude des choix stratégiques nécessaires pour réaliser les objectifs visés : la segmentation du marché, le ciblage et le positionnement.

Questions

1. Quels sont les objectifs d'une étude de marché ?
2. Quelles sont les différentes sources d'informations ?
3. Quelles sont les essentielles techniques de collecte d'informations ?
   (1) Comment est réalisée une enquête par sondage ?
   (2) Qu'est-ce qu'un panel ?
   (3) Qu'est-ce qu'une étude qualitative ?
   (4) Qu'est-ce qu'une étude expérimentale ?
4. Comment segmenter le marché ? Quels sont les critères de segmentation du marché ?
5. Qu'est-ce que le ciblage ? Quelles stratégies de ciblage sont possibles ?
6. Quelles stratégies de positionnement y-a-t-il ?

Informations

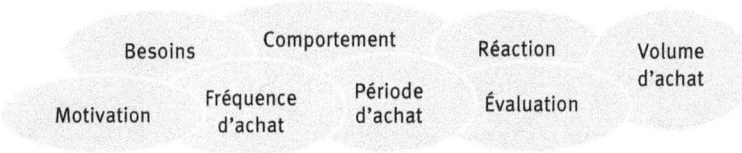

Figure 29.1 : Les objectifs d'une étude de marché

---

1 Le chapitre 16 est complètement dédié à l'environnement de l'entreprise. Les analyses internes et externes sont thématisées au chapitre 24 La stratégie de l'entreprise. C'est pourquoi, dans le chapitre présent, nous nous occupant des principales techniques d'études de marché.

Informations primaires	Informations secondaires

Études quantitatives :
Sondage, panel
Études qualitatives :
Entretien, observation

Sources externes :
Presse, organismes publics ou privés
Sources internes :
Statistiques de vente, courriers

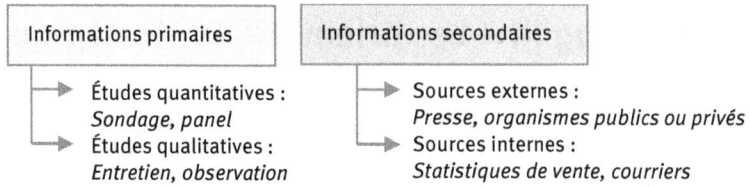

Figure 29.2 : Les sources d'informations

Question qualitative à choix multiples *Quel est pour vous le critère d'achat le plus important ?* *Prix/design/marque*	Question ouverte *Que faites-vous pendant votre temps libre ?*
Question qualitative à choix exclusif binaire *Possédez-vous une TV LED ?*	Question quantitative *Combien de téléviseurs avez-vous à votre domicile ?*
Question qualitative à choix exclusif et à modalités multiples *Combien d'heures par jour regardez-vous la TV ? 1h/2h/3h/plus*	Échelle d'attitude à 4 modalités *À l'égard de la TV 3D, vous êtes …* *Très favorable/peu favorable/pas du tout favorable/sans opinion*

Figure 29.3 : Les types de questions

Critères de segmentation	Contenus
(1) Sociodémographique	Âge, sexe, nationalité, PCS, revenu, ethnie, religion
(2) Géographique	Climat, localisation géographique des unités de production
(3) Comportemental	Lieu, fréquence et importance des achats, fidélité à la marque,
(4) D'équipement	Équipement en congélateur, TV, smartphone, type d'habitat
(5) Psycho-social	Personnalité, style de vie, taille du ménage, niveau d'instruction

Figure 29.4 : Les critères de segmentation

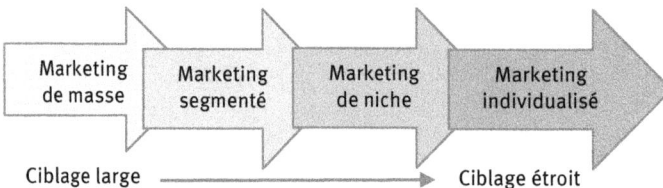

Marketing de masse → Marketing segmenté → Marketing de niche → Marketing individualisé

Ciblage large ————————→ Ciblage étroit

Figure 29.5 : Les stratégies de ciblage

Ouvrages

Amerein, P./Barczyk, D./Évrard, R./Rohard, F./Sibaud, B./Weber, P., *Marketing. Stratégie et pratiques,* Nathan Paris 1996

Bernadet, Jean-Pierre/Bouche, Antoine/Pihier, Stéphane, *Précis de marketing*, Nathan Paris 1998

Bonnafoux, Guénaëlle/Billon, Corinne, *L'essentiel du plan marketing opérationnel*, sous la direction de Nathalie van Laethem, Eyrolles Paris 2013

Derray, Alain/Lusseault, Alain, *Management de l'entreprise*, Ellipses Paris 2008

Lindon, Denis/Jallat Frédéric, *Le marketing. Études– Moyens d'action – Stratégie*, 5e édition, Dunod Paris 2005

Martin, Sylvie/Védrine, Jean-Pierre, *Marketing. Les concepts-clés*, 2e tirage, Les éditions d'organisation Paris 1995

Soulez, Sébastien, *Le Marketing. Le marketing stratégique – Le comportement de l'acheteur – La gestion des relations client – Le marketing opérationnel*, Les Zoom's, Gualino Paris 2008

L'essentiel

29.1 Les objectifs d'une étude de marché

Dans le but de connaître l'offre, la demande et son environnement, l'entreprise collecte des informations. Une étude de marché est donc utile pour obtenir des informations avant de prendre une décision telle que le lancement d'un produit. Nous avons déjà appris qu'une analyse de l'offre portera sur le produit et les concurrents, que l'analyse de la demande permettra de mieux connaître les clients actuels et potentiels et qu'une analyse de l'environnement pourra détecter des contraintes ou opportunités. La figure 29.1 illustre quelques objectifs spécifiques d'une étude de marché.

29.2 Les sources d'information

Les sources d'information sont multiples. On distingue généralement des informations secondaires et primaires.

L'entreprise peut utiliser des informations secondaires, déjà existantes et réunies à partir d'études documentaires. Une étude documentaire constitue une information secondaire, interne ou externe. Les sources documentaires internes à l'entreprise sont des fichiers* ou des statistiques réalisées par l'entreprise ainsi que des courriers des consommateurs ou des rapports d'activité des vendeurs. Les principales sources secondaires externes sont la presse spécialisée, des bases de données ou des rapports d'organismes spécialisés (fig. 29.2). [1] L'entreprise peut aussi réaliser elle-même une étude de marché. Dans ce cas, il s'agit d'informations primaires. Elles sont collectées au moyen d'études quantitatives et qualitatives.[2] Ci-après, nous détaillerons quelques techniques d'études de marché primaires.

29.3 Les techniques d'études de marché primaires

Lorsque l'entreprise a décidé de collecter elle-même les informations, elle peut faire des études quantitatives, qualitatives et expérimentales. Les plus importantes techniques sont les enquêtes, les entretiens et les tests.

29.3.1 L'enquête par sondage

L'enquête par sondage* est une étude quantitative* qui fournit des informations primaires sur le marché ciblé. Une étude quantitative est une étude des comportements, des attentes ou des opinions des consommateurs. Les résultats, exprimés en chiffres absolus ou sous forme de pourcentages, permettent de mesurer les attitudes des consommateurs.[3] Contrairement à un recensement* qui étudie tout le public concerné, une enquête par sondage n'observe qu'une partie de la population. Néanmoins, il faut que les informations recueillies soient extrapolables* à l'ensemble de la population.[4] Pour réaliser le sondage, l'enquêteur doit sélectionner un échantillon représentatif* et établir un questionnaire*.

29.3.1.1 L'échantillon

L'échantillon est une fraction représentative de la population étudiée. Il est tiré de la population-mère* qui est un sous-ensemble de la population susceptible d'acheter le produit ou le service. L'échantillon est sélectionné de deux manières : selon la méthode probabiliste ou selon la méthode non probabiliste.

La méthode probabiliste* est un sondage aléatoire. Elle se sert de la technique du tirage au sort* dans une base de sondage*, c'est-à-dire une liste exhaustive de la population-mère. On suppose que le choix au hasard des interrogés aboutira « de manière tout à fait naturelle » à un échantillon représentatif. La méthode non probabiliste* est un sondage des quotas*. L'échantillon et la population-mère ont la même structure déterminée à partir de certaines caractéristiques existant dans la population

---

2 Nous nous appuyons ici sur la typologie des sources d'information proposée par Amerein et al. (1996), p. 75 et Soulez (2008), p. 89.
3 Voir Soulez (2008), p. 90.
4 Voir Martin/Védrine (1995), p. 64.

à analyser (âge, sexe, CPS, etc.). 🖳[1] Ainsi, on choisit les unités interrogées en fonction de ces caractéristiques.[5] 🖳[1]

29.3.1.2 Le questionnaire

Les études quantitatives utilisent des questionnaires qui permettent de mesurer la quantité d'interviewés ayant un même comportement ou les mêmes opinions. C'est pourquoi le questionnaire doit être compréhensible[6] de tous et les questions ne peuvent qu'être assez simples. Le questionnaire contient des questions qui fournissent des informations sur l'interviewé en vue de déceler son comportement, ses motivations, ses préférences, ses intentions et ses opinions. Il se compose de différentes formes de questions dont nous retenons trois grandes catégories : des questions ouvertes★, des questions fermées★ (qualitatives) et des questions quantitatives★ (fig. 29.3).[7] Pour identifier l'interviewé et pour contrôler la sincérité des réponses, on intègre également des questions sociodémographiques portant sur le sexe, l'âge, la situation matrimoniale, etc. ainsi que des questions-filtres★.[8] 🖳[2]

Différentes méthodes sont utilisées pour administrer les questionnaires.[9] Les sondages peuvent être réalisés en face à face dans la rue, à domicile ou sur le lieu de travail ou bien par téléphone. On peut aussi envoyer le questionnaire par courrier ou par fax aux personnes à interroger. En outre, l'augmentation constante du nombre d'internautes favorise les sondages en ligne (ou *cyber* sondage★). De nos jour, le contact avec les interviewés se fait souvent par Internet et les interrogations sont effectuées par courrier électronique (*e-mail)* ou par *smartphone.* ☺[1]

29.3.2 Le panel

Le panel★ est un échantillon permanent de personnes ou d'entreprises interrogées de façon périodique au sujet de leur comportement. Il s'agit donc d'interroger un même échantillon à une fréquence régulière afin de repérer l'évolution des comportements. On distingue trois types de panel : les panels de consommateurs, de distributeurs et des panels spécialisés.

Les panels de consommateurs suivent la consommation hebdomadaire des membres du panel. Les panélistes★ notent et déclarent régulièrement leurs achats de grande consommation. Les panels de distributeurs repèrent le comportement des

---

5 Voir Amerein et al. (1996), pp. 94–98 et Soulez (2008), pp. 94s.

6 Voir Lindon/Jallat (2005), p. 63.

7 Il existe un grand nombre de typologies des questions. La figure 29.3 s'appuie sur celle retenue par Martin/Védrine (1995), pp. 68s.

8 Voir Martin/Védrine (1995), p. 67.

9 Voir Lindon/Jallat (2005) pp. 62s et Martin/Védrine (1995), pp. 69s.

points de vente. Ils informent, entre autre, sur les achats et les ventes réalisés, les parts de marché et les effets d'actions promotionnelles. Les panels spécialisés réalisent des observations pour certaines professions ou industries particulières telles que les médecins, les agriculteurs, les PME, etc.[10] [2] 💻²

29.3.3 Les études qualitatives

Les études qualitatives* fournissent aux entreprises des informations primaires dont elles ont besoin pour mieux connaître les consommateurs. Elles sont utilisées dans une phase préalable aux études quantitatives. Le but est, entre autres, de comprendre le comportement de consommateurs, de gagner des propositions d'amélioration ou de détecter les motifs d'insatisfaction des clients. Les études qualitatives ne demandent pas nécessairement une représentativité statistique et s'effectuent sur un nombre réduit d'interviewés. Contrairement aux enquêtes par sondages, elles ne sont pas extrapolables à l'ensemble de la population. Les études qualitatives se réalisent grâce à différentes techniques dont nous ne mentionnons ici que les entretiens, individuels et en groupe, et les tests projectifs.[11]

Les entretiens individuels permettent de découvrir les opinions, les attitudes et les besoins des consommateurs. Les interviewés peuvent s'exprimer librement sans questionnaire (entretien non directif) ou utilisent un guide d'entretien comportant une liste de questions ouvertes (entretien semi-directif). L'entretien est enregistré et les résultats sont interprétés. Les entretiens de groupe, également appelées *focus group* sont des animations sous forme de discussion dirigée. Ils regroupent environ une dizaine de consommateurs. Le but de l'étude est de collecter le plus d'idées. Les tests projectifs correspondent à des tests dans lesquels les interviewés expriment leurs motivations et dévoilent leur personnalité. Parmi ces tests, nous citons à titre d'exemple les tests d'association qui demandent aux personnes interrogées de compléter des phrases ou d'associer des mots. [3] 📖³

29.3.4 Les études expérimentales

Les études expérimentales consistent à confirmer une décision commerciale prise par l'entreprise, par exemple un projet de lancement de produit. Parmi les techniques utilisées, nous aborderons les tests et le marché-test.

Les tests visent à détecter les opinions et attitudes des consommateurs vis-à-vis d'un produit. On met le consommateur dans une situation d'achat artificielle pour

---

10 Voir Bernadet et al. (1998), p. 60.
11 Voir Amerein et al. (1996), p. 78s Martin/Védrine (1995), pp. 72s et Soulez (2008), pp. 58s.

observer son comportement et a réaction vis-à-vis d'un nouveau concept de produit (le test de concept), d'un produit à essayer (le test de produit), de différents niveaux de prix (le test de prix) ou d'une publicité. Le marché-test* est un test réalisé en dimension réelle dans un ou plusieurs lieux de vente. Comme il est fait sans que les acheteurs sachent qu'ils participent à une expérimentation, il peut fournir des informations plus fiables sur le comportement des consommateurs. La mesure les quantités vendues permet également de faire des estimations du volume ou de la part de marché prévisionnelle du produit avant son lancement.[12] [4] ✍² 🖥³

29.4 Les décisions stratégiques en marketing

Comme toute stratégie, le marketing stratégique a pour objectif de prendre des décisions qui engagent l'entreprise à long terme. En marketing, il s'agit de décisions relatives à la cible visée et au positionnement de l'entreprise et de ses produits.

29.4.1 La segmentation du marché

Les produits proposés par une entreprise ne peuvent jamais atteindre tous les consommateurs et satisfaire l'ensemble de leurs besoins et attentes. C'est pourquoi les entreprises découpent leur marché en diverses catégories d'acheteurs appelées segments. La segmentation* du marché consiste donc à isoler des groupes de consommateurs qui ont des comportements et habitudes d'achat homogènes.[13] Le but est de fournir une offre spécifique adaptée aux diverses segments de clientèle.[14] Quelques critères de segmentation sont listés dans la figure 29.4. ✍³ 🖥³

29.4.2 Le ciblage

Le ciblage est pour l'entreprise l'action de choisir les segments ou les groupes de consommateur qu'elle souhaite atteindre. Nous distinguons quatre stratégies de ciblage : le ciblage de masse, le ciblage segmenté, le ciblage de niche et le ciblage personnalisé (fig. 29.5).[15]

---

12 Voir Martin/Védrine (1995), pp. 75s.
13 Il ne faut pas confondre « la segmentation du marché » avec « la segmentation stratégique en domaines d'activité stratégique (DAS) ». Tandis que la première, aussi appelée micro-segmentation, découpe le marché, la deuxième, la macro-segmentation, segmente l'entreprise et ses activités. La segmentation stratégique est étudiée au chapitre 22 La stratégie d'entreprise, 22.2.
14 Voir Derray/Lusseault (2008), p. 148 et Amerein et al. (1996), pp. 132s.
15 Voir Derray/Lusseault (2008), pp. 151–153 et Bonnafoux/Billon (2013), p. 15.

Le ciblage de masse* ou le marketing indifférencié (*angl. mass marketing*) vise une seule offre standardisée dans le but d'atteindre une cible large. L'entreprise mène une politique de marketing identique pour tous les clients d'un vaste marché. Le ciblage segmenté*, ou encore appelé marketing différencié ou multi-segmenté (angl. *multisegment marketing*), s'adresse à des segments différenciés par une politique mercatique spécifiée qui décompose le marché total en plusieurs segments. Chaque segment fait l'objet d'un marketing adapté. Le ciblage de niche* (ou de focalisation) dénommé aussi le marketing concentré (angl. *target marketing*) propose une offre singulière à une clientèle réduite. C'est une stratégie de marketing dans laquelle la cible est limitée à un seul segment du marché, le cœur de marché ou la niche. L'entreprise propose une gamme étroite, mais profonde. Enfin, le ciblage personnalisé* (angl. *one-to-one marketing)* est une stratégie qui adapte la politique mercatique à chaque client de manière individualisée. L'entreprise propose une offre personnalisée à une clientèle restreinte. La production et les actions marketing se font « sur mesure ».[16] [5] 🖥[4]

29.4.3 Le positionnement

La troisième décision stratégique concerne le positionnement*. Par rapport à ses concurrents, l'entreprise doit définir une position claire et crédible et développer une image appréciée par le consommateur. Le positionnement différencie l'entreprise et ses produits par rapport à la concurrence et définit la façon dont l'offre sera présentée à la cible. L'objectif est alors de démarquer l'offre par rapport à celle des entreprises concurrentes et d'identifier ses spécificités.[17] Ainsi, le positionnement détermine l'image que l'entreprise souhaite transmettre au consommateur, l'image voulue. Idéalement, il devrait correspondre à la position que l'entreprise et son produit occupent dans l'esprit du consommateur par rapport aux concurrents, l'image perçue.[18]

Le positionnement peut résulter du prix, de la qualité du produit, des services annexes, de la distribution et de l'image. L'identification et la sélection des sources de différenciation font l'objet de la stratégie d'entreprise. Le résultat de l'analyse stratégique au niveau de l'entreprise permet de définir sa stratégie de positionnement au niveau du produit. En fonction du couple qualité/prix, par exemple, elle peut se positionner de différentes manières : haut de gamme, moyenne gamme ou bas de gamme[19]. ☺[2] 🖥[5]

---

16 Voir aussi le chapitre 22 La stratégie d'entreprise, 22.5. Les stratégies de base.
17 Voir Derray/Lusseault (2008), p. 154.
18 Voir Lindon/Jallat (2005), p. 374.
19 La notion de gamme est expliquée au chapitre 29 Le marketing IV, 29.1.3.

Les informations obtenues par l'étude de marché et la définition de la stratégie mercatique permettent à l'entreprise de réaliser un plan de marchéage* (angl. *marketing mix*). Celui-ci regroupe l'ensemble des décisions marketing et des actions opérationnelles prises pour atteindre les objectifs fixés. Malgré l'apparition récente du concept des quatre « C », il est d'usage de présenter quatre domaines d'action appelés les quatre « P » : *product, price, promotion, place* (produit, prix, communication, distribution). 🖥[6]

Vocabulaire

Base *f* de données	Collection d'informations structurées et accessibles par des programmes informatiques
Base *f* de sondage	Liste exhaustive des personnes appartenant à la population-mère*
Ciblage *m*	Détermination de la cible que l'entreprise souhaite atteindre
Ciblage *m* de masse	Stratégie de marketing qui cible les clients d'un vaste marché
Ciblage *m* de niche	Stratégie de marketing dans laquelle la cible de clients visée se limite à un seul segment du marché
Ciblage *m* personnalisé	Stratégie de marketing qui propose une offre spécifique adaptée à un client
Ciblage m segmenté	Stratégie de marketing décomposant le marché total en plusieurs segments, chaque segment faisant l'objet d'un marketing adapté
Cyber sondage *m*	Réalisation d'un sondage par Internet
Échantillon *m*	Groupe représentatif de personnes interrogées tirées de la population-mère* par tirage au sort* au par quotas*
Étude *f* documentaire	Collecte d'informations disponibles sur un sujet étudié
Étude *f* expérimentale	Étude reposant sur l'observation du comportement des consommateurs
Étude *f* qualitative	Étude destinée à recueillir des attitudes et des comportements
Étude *f* quantitative	Étude réalisée par un questionnaire auprès d'un échantillon représentatif fournissant des résultats chiffrés et extrapolables*
Extrapolable *adj*	Ici : transférable sur la population ciblée
Fichier *m*	Collection de renseignements personnels et comportementaux sur la clientèle
Information *f* externe	Information provenant d'organismes privés ou publics
Information *f* interne	Information issue de statistiques ou de courriers de l'entreprise
Information *f* primaire	Information créée par l'entreprise elle-même
Information *f* secondaire	Information déjà existante et accessible
Marché-test *m*	Étude expérimentale* qui teste le produit sur un marché réel ou fictif
Panel *m*	Enquête permanente auprès d'un échantillon représentatif
Population-mère *f*	Ensemble de la population que l'entreprise souhaite étudier
Positionnement *m*	Définition des qualités distinctives d'un produit ou d'une entreprise par rapport aux produits ou entreprises concurrents
Questionnaire *m*	Liste de questions posées lors d'une enquête

Quotas m pl (méthode des)	Méthode non probabiliste, selon laquelle l'échantillon est constitué à partir de caractéristiques de la population à étudier
Recensement m	Enquête menée auprès de la totalité de la population
Segmentation f du marché	Découpage de la population-mère en sous-ensembles homogènes permettant d'obtenir un échantillon représentatif
Question f fermée	Question qui n'autorise qu'une réponse précise de type oui/non
Question f ouverte	Question qui exige une réponse assez détaillée librement formulée
Sondage m	Enquête ponctuelle réalisée auprès d'un échantillon représentatif de la population ciblée
Test m projectif	Test de personnalité dans lequel les interviewés expriment leurs motivations et attitudes
Tirage m au sort (méthode de)	Méthode probabiliste selon laquelle l'échantillon est désigné par hasard à partir de la population-mère*

Activités

📖 Compréhension

[1] Quelles sont les limites des études documentaires ?

[2] Quelle est la particularité d'un panel par rapport à d'autres enquêtes ?

[3] Quels sont les avantages et les inconvénients des études qualitatives ?

[4] En quoi consiste l'avantage d'un marché-test.

[5] Pour chaque catégorie de ciblage (fig. 29.5), citez des exemples de produits et d'entreprises.

✍ Travail écrit

1. À l'aide de la figure 29.1, formulez des questions courtes qui décrivent les objectifs d'une étude de marché.

2. Texte à trous. Complétez le texte ci-dessous en utilisant les mots suivants.

    (*Collecter (2x), comportements, des questions ouvertes, expérimentale, fermées, interroger, l'échantillon, l'enquête par sondage, qualitatives, quantitatives, un panel, un questionnaire*).

Pour connaître le marché l'entreprise doit _____ des informations. Une méthode quantitative souvent utilisée est _____. Elle consiste à _____ une fraction représentative de la population-mère (= _____). Les questions posées figurent dans _____. Il existe une multitude de différents types de questions (par ex. _____ _____ _____ _____, etc.). La technique qui permet de _____ périodiquement des informations auprès des individus, des consommateurs ou des ménages est appelée _____. Le marché-test, par contre, est une étude _____ qui permet d'enregistrer des _____ réels.

3.   Pour chaque type de critère de segmentation, citez des exemples.

Types de critère	Exemples d'utilisation (produits, marchés)
(1) Sexe	
(2) Âge	
(3) Taille du mé-nage (1, 2, 3 etc.)	
(4) Nationalité, ethnie et religion	
(5) Niveau d'instruc-tion	
(6) Revenu	
(7) Taille et poids	
(8) Profession (PCS)	
(9) Lieu et type d'habi-tation	
(10) Climat	

☺ **Discussion**

1.   Que pensez-vous des différentes méthodes d'administration du questionnaire, notamment le cyber sondage ? Quelle est, à votre avis, la meilleure méthode ? Discutez.
2.   Nommez des exemples de produits/d'entreprises et leur positionnent (le prix, la qualité, un service particulier, la distribution ou l'image). S'agit-il d'une image perçue et/ou voulue ? Discutez.

🗄 **Thèmes d'exposé**

1.   La constitution d'un échantillon
2.   La rédaction d'un questionnaire
3.   Les tests projectifs – le *Thematic Apperception Test* (TAT)
4.   Le bouleversement du ciblage traditionnel par l'apparition d'Internet
5.   Le positionnement international
6.   Les quatre « C » – une autre approche marketing

🖳 **Recherche**

1.   Recherchez la signification du sigle CSP, parfois appelé PCS.
2.   Recherchez les principaux panels français, allemands et les informations retenues.
3.   Recherchez les différents segments proposés par un groupe international connu (par exemple un groupe hôtelier ou un constructeur d'automobiles).

30 Le marketing IV – Le marketing opérationnel

Le présent chapitre traite des actions mercatiques qui concrétisent les choix stratégiques préalablement définis par la direction générale. Il s'agit du marketing-mix, ou
encore appelé plan de marchéage, qui porte sur quatre éléments : le produit, le prix,
la communication et la distribution. Ci-après, nous allons successivement examiner
les principales variables du marketing-mix.

30.1 La politique de produit

La définition de la politique de produit doit être une des premières décisions à prendre car le produit « constitue l'élément de base du marketing-mix »[1].

Ce sous-chapitre commence par une définition et un classement des produits.
Nous continuons avec l'étude du concept du cycle de vie d'un produit qui permet de
suivre l'évolution d'un produit et de son marché. Vient ensuite la présentation des
différentes décisions à prendre en lien avec les produits offerts, notamment en ce qui
concernent la gamme, la marque et le conditionnement. Nous terminons le premier
sous-chapitre par quelques réflexions sur les déterminants et sur la mesure de la qualité d'un produit.

Questions

1. Qu'est-ce qu'un produit ? Quels types de produits y-a-t-il ?
2. Qu'est-ce qu'on entend par le cycle de vie d'un produit ?
3. Qu'est-ce que la gamme ? Quels sont les objectifs de la gamme ?
4. Qu'est-ce qu'une marque ? Quelles sont les principales techniques de nom de marque ?
5. Quelles sont les fonctions essentielles d'une marque ?
6. Quelle est la fonction du conditionnement ?
7. Quel sont les rôles du *design* et de l'étiquette ?
8. Quelles sont les signes de qualité du produit ? Comment peut-on mesurer la qualité ?

---

1 Voir Martin/Védrine (1995), p. 77.

Informations

Nature du produit	Comportement d'achat	Durée de vie
Bien ou service	*Produit d'achat routinier* *Produit d'achat défléchi*	*Produit durable* *Produit périssable*
Destination *Consommation finale* *Consommation intermédiaire*	**Exemple** : *Nouveau bien de consommation durable et achat réfléchi*	**Phase de vie** *Produit nouveau* *Produit ancien*

Figure 30.1.1 : La typologie des produits[2]

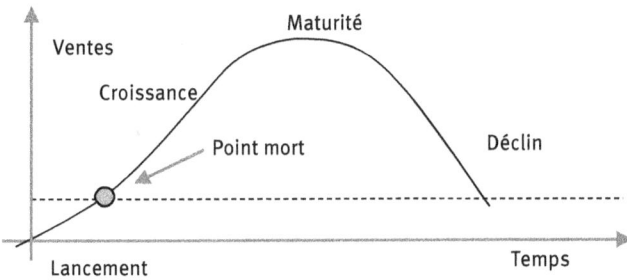

Figure 30.1.2 : Le cycle de vie d'un produit[3]

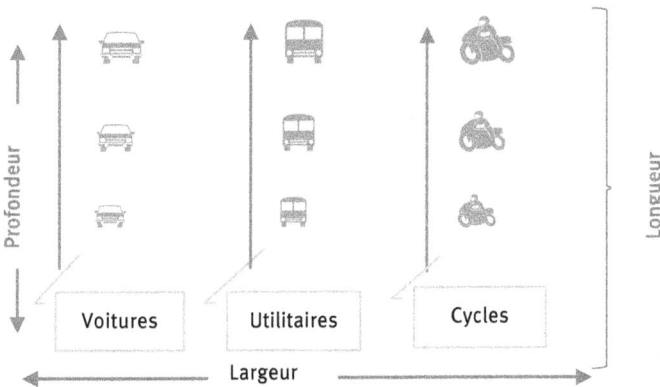

Figure 30.1.3 : La gamme de produits d'un constructeur d'automobiles

---

2 Illustration propre inspirée d'Amerein et al. (1996), p. 175.
3 Illustration personnelle d'après Soulez, 2008, p. 165.

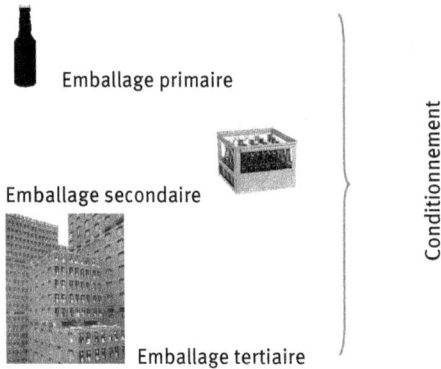

Emballage primaire

Emballage secondaire

Emballage tertiaire

Conditionnement

Figure 30.1.4 : Le conditionnement et ses niveaux

Ouvrages

Amerein, P./Barczyk, D./Évrard, R./Rohard, F./Sibaud, B./Weber, P., *Marketing. Stratégie et pratiques,* Nathan Paris 1996

Ameri Mölzer, C. *Cours de marketing*, Éditions de Vecchi Paris 2005

Derray, Alain/Lusseault, Alain, *Management de l'entreprise*, Ellipses Paris 2008

Martin, Sylvie/Védrine, Jean-Pierre, *Marketing. Les concepts*-clés, 2ᵉ tirage, Les éditions d'organisation Paris 1995

Soulez, Sébastian, *Le marketing. Le marketing stratégique – Le comportement de l'acheteur – La gestion des relations client – Le marketing opérationnel*, Les Zoom's, Gualino Paris 2008

Internet

Legifrance. Le service public de la diffusion du droit : http ://www.legifrance.fr

L'essentiel

30.1.1 Le produit et les types de produits

Dans le domaine du marketing, un produit est un bien ou un service commercialisé par une entreprise et susceptible de satisfaire le besoin d'un consommateur. Chaque produit possède des caractéristiques fonctionnelles propres car il remplit une fonction spécifique pour son acheteur, mais aussi des caractéristiques d'image qui se traduisent, par exemple, à travers la marque (voir plus bas 30.1.4). [1]

Les produits peuvent être classés selon différents critères généraux tels que leur nature, le comportement d'achat de l'acheteur, la durée de vie, la destination et la phase de vie dans laquelle ils se trouvent (fig. 30.1.1).[4] L'extension du marketing dans des domaines autres que commerciaux élargit encore la notion du produit. Le produit peut alors également être un endroit, une organisation, une idée ou même une personne.[5] [2]

30.1.2 Le cycle de vie d'un produit

Les produits ont une durée de vie plus ou moins longue. Généralement, on parle du cycle de vie d'un produit, représenté graphiquement sous forme d'une courbe sur laquelle on identifie quatre grandes phases : le lancement, la croissance, la maturité et le déclin (fig. 30.1.2).[6]

En phase de lancement, l'entreprise introduit un nouveau produit sur le marché. Les ventes sont encore faibles, l'entreprise doit informer les consommateurs et les encourager à essayer le produit. Les profits sont plutôt négatifs en raison des dépenses préalablement engagées pour développer le produit et pour préparer son lancement. Lorsque l'entreprise se trouve en situation de monopole dans cette phase, elle peut fixer des prix élevés. La phase de croissance (ou de pénétration) se caractérise par une augmentation de la demande du produit. Les prix ont tendance à diminuer mais restent encore assez élevés. Les premiers profits sont réalisés dès que le point mort[7] est dépassé. Cependant, la concurrence apparaît progressivement sur le marché ce qui force l'entreprise à se positionner par rapport à celle-ci. Lors de la phase de maturité, les ventes atteignent leur maximum. La rentabilité est forte mais la concurrence augmente. Afin de maintenir ses parts de marché, l'entreprise est amenée à diminuer ses prix de vente et à lancer des actions promotionnelles. En phase de déclin, les volumes de vente diminuent en raison de l'apparition de produits de substitution ou à cause de la modification des comportements de consommation. L'entreprise réduit les investissements en recherche et développement ainsi qu'en communication pour ce produit. Le prix de vente est encore en baisse et les marges sont très faibles. À ce stade, l'entreprise doit décider soit de relancer soit d'abandonner définitivement le produit. [3] ✍[1]

---

4 Certains auteurs proposent une classification opposant produits industriels et produits de (grande) consommation, voir Soulez (2008), pp. 163 et Amerie Mölzer (2005), p. 40.

5 Voir Amerein et al. (1996), p. 170 et Soulez (2008), pp. 163s.

6 La plus grande partie des manuels de marketing utilise le concept des quatre phases introduit en 1950 par Joel Dean. Certains auteurs ajoutent une phase de la conception avant le lancement. À ce sujet, voir aussi les matrices du BCG, d'ADL et de McKinsey détaillées au chap. 24 La stratégie de l'entreprise, 24.3 L'analyse du portefeuille.

7 Le point mort est l'objet d'une étude détaillée dans le sous-chapitre 30.2 La politique de prix, 30.2.2.1 Le prix et les coûts. Il est aussi représenté dans la figure 30.2.1.

30.1.3 La gamme

Souvent les entreprises commercialisent un portefeuille de produits qui constitue leur gamme*. Une gamme est l'ensemble des produits proposés par un producteur appartenant à une même catégorie de produits et qui sont destinés à satisfaire un même besoin.[8] La gamme offerte par les producteurs se compose de lignes* de produits définies comme l'ensemble de produits ayant une caractéristique essentielle commune. Chaque ligne se compose d'articles ou de références*. Selon la composition et l'étendue de la gamme, on distingue des gammes larges, profondes et longues.

La gamme est dite large lorsqu'elle comporte un grand nombre de produits différents, les lignes. Elle est profonde dans le cas où, pour un même produit, l'entreprise offre de multiples variantes. La longueur de la gamme correspond à l'ensemble de toutes les lignes. Elle est calculée en multipliant la largeur par la profondeur (fig. 30.1.3).[9] 🖥[1] On peut distinguer deux niveaux de gamme reposant essentiellement sur le prix et la qualité : le bas de gamme et le haut de gamme.[10]

Le niveau bas de gamme* (ou entrée de gamme) se caractérise par des produits vendus au premier prix. Ces produits sont positionnés dans l'esprit du client comme des produits de moindre qualité. Dans ce cas, la stratégie poursuivie est de produire de grands volumes pour obtenir de faibles coûts de production.[11] Les produits haut de gamme* doivent être de très grande qualité et jouir d'une image positive justifiant un prix élevé. Pour être équilibrée, la gamme proposée par une entreprise doit comporter des produits en phase de lancement ou de croissance et des produits en phase de maturité. [4]

30.1.4 La marque

La marque* est une composante intangible du produit. Elle est un signe qui peut prendre une forme verbale (un nom, des lettres, un groupe de mots, un slogan) ou figurative (un dessin, un emblème, une étiquette, une figure abstraite ou représentative). [5] La marque sert à identifier le produit et à le différencier des produits de la concurrence. Le nom de marque doit posséder certaines qualités. Il doit être facile à lire et à prononcer, mémorisable, en harmonie avec le positionnement et ne pas suggérer des associations défavorables. Si l'entreprise est exportatrice, le nom de marque

---

8 C'est la définition courte de la plus grande parties des manuels de marketing. Un même canal de distribution et une même zone de prix peuvent aussi caractériser la gamme, voir entre autres Kotler/Dubois, cités dans Martin/Védrine (1995), p. 85.

9 Voir Soulez (2008), p. 171.

10 Voir Amerein et al. (1996), p. 184. Parfois on parle d'un niveau « moyen de gamme », « gamme moyenne » qui se situe entre les deux.

11 Voir sous-chapitre 30.2 La politique de prix, 30.2.2 Les stratégies de prix.

doit aussi être adapté aux marchés étrangers. Bien entendu, il faut qu'il soit disponible, ne pas être pris par une autre entreprise. Il est donc nécessaire de vérifier si la marque choisie n'a pas encore été déposée auprès de l'INPI[12]. 🖵²

Plusieurs stratégies sont possibles pour choisir le nom de marque des produits offerts.[13] La formule marque produit (ou marque multiple) signifie que chaque produit de l'entreprise a un nom de marque différent (*Procter & Gamble*). L'option marque ombrelle (ou marque unique) indique que le même nom de marque est utilisé pour plusieurs produits (*Bic*). Une combinaison des deux types précédents est la marque double. Ici, la marque se compose de deux noms, la marque mère et la marque fille (*Danone*). Certaines entreprises créent des marques distinctes pour chaque gamme de produit. L'extension de marque (ou *brand stretching*) est une stratégie qui consiste à utiliser une marque déjà existante et connue pour un nouveau produit (*Coca-Cola*). Dans la grande distribution, on trouve de plus en plus de produits qui ne portent pas la marque du fabricant mais celle du distributeur, la marque du distributeur (MDD).[14] ✐² Il est aussi possible, que deux marques ou plus s'associent pour commercialiser un même produit. Cette formule, appelée *co-branding**, a pour but de créer de produits innovants et d'atteindre de nouveaux segments. 🖳¹

La marque s'avère importante tant pour l'entreprise que pour les clients. Elle permet à l'entreprise de communiquer son image et de distinguer son produit des produits offerts par les concurrents. Pour l'entreprise, c'est donc un moyen de positionnement. Quant aux clients, la marque facilite l'identification du produit, en particulier dans le libre-service. En tant que garante d'une qualité appréciée par le client, elle peut aussi contribuer à sa sécurisation et sa fidélisation. En outre, par l'utilisation d'une certaine marque, le consommateur peut communiquer un style de vie et une image de soi.[15] ☺¹

30.1.5 Le conditionnement

Le conditionnement* (angl. *packaging*) est l'ensemble des éléments matériels du produit qui sont vendus avec lui en vue de faciliter sa protection, son transport, son stockage, sa présentation sur le lieu de vente ainsi que son identification et son utilisation par le consommateur. On peut décomposer le conditionnement en trois niveaux : l'emballage primaire, secondaire et tertiaire.[16]

---

12 Institut national de la protection industrielle, voir Derray/Lusseault (2008), p. 164.
13 Nous nous limitons aux stratégies principales mentionnées dans les ouvrages cités ci-dessus.
14 Voir pour la plupart des formules Martin/Védrine (1995), p. 80.
15 Voir Amerein et al. (1996), p. 180 et Derray/Lusseault (2008), p. 164.
16 La littérature pertinente utilise les mots *packaging*, conditionnement et emballage soit comme synonymes soit comme termes assez proches mais ayant des significations différentes. D'après Soulez

L'emballage primaire représente le contenant d'une unité de produit qui se trouve en contact direct avec le produit. L'emballage secondaire regroupe plusieurs unités de consommation et sert à protéger l'emballage primaire. Enfin, l'emballage tertiaire permet de rassembler des produits en gros lots pour le transport des produits (fig. 30.1.4). Le conditionnement a donc deux fonctions : une fonction technique et une fonction commerciale.

Au niveau technique, il assure la protection et la conservation des produits et facilite leur transport et stockage. Au niveau commercial, il permet l'identification du produit (*design*) et informe le consommateur sur son utilisation et composition (étiquetage). Dans le but de communiquer avec le consommateur, le conditionnement est élaboré en fonction du segment des consommateurs ciblés. 🖥[2] 💻[3]

Deux autres concepts du produit sont directement liés au conditionnement : le *design* et l'étiquetage.

Le *design** (ou le stylique) consiste à donner une couleur et une forme à un produit pour le différencier de ceux de la concurrence. Il véhicule une image visuelle du produit en vue d'attirer le consommateur ciblé et de faciliter l'usage du produit. ☺[2] L'étiquetage* apporte des informations obligatoires et facultatives sur le produit et son utilisation, telles que les ingrédients, le fabricant et l'origine.[17] Il doit être conforme aux habitudes culturelles et à la législation en vigueur sur le marché visé. La loi Toubon relative à la langue française (1994)[18], par exemple, fixe l'obligation d'utiliser la langue française dans « la désignation, l'offre, la présentation, un mode d'emploi ou d'utilisation, la description de l'étendue de garantie d'un bien, d'un produit ou d'un service ». 💻[4]

30.1.6 Les signes de qualité

Lorsque le consommateur souhaite acheter un produit, il y a souvent une grande variété de produits similaires parmi lesquels il peut choisir. Ainsi, les entreprises utilisent de plus en plus de signes de qualité, appelés *labels**, pour se démarquer de leurs concurrents. Ces signes garantissent au consommateur qu'il achète un produit qui est régulièrement contrôlés par un organisme indépendant.

(2008, p. 169), le packaging se compose de deux niveaux : le conditionnement et l'emballage. Le conditionnement est défini comme le contenant du produit qui est protégé et stocké par l'emballage. Martin/Védrine (1995, p. 81) distinguent trois conditionnements : primaire, secondaire et d'expédition. Ici, les mots conditionnement et *packaging* sont utilisés comme synonymes, les différents niveaux du conditionnement sont appelés emballages.

17 Voir Amerein et al. (1996), pp. 178s et 183.

18 Voir Legifrance, *Loi n° 94-665 du 4 août 1994 relative à l'emploi de la langue française*, art. 2 (version en vigueur le 4-2-2016). Disponible à l'URL : http://www.legifrance.gouv.fr/affichTexte.do?cid Texte =LEGITEXT000005616341&dateTexte=vig, consulté le 4-6-2016.

On distingue, entre autres, les labels alimentaires, les certifications officielles de qualité de vin telle que l'appellation d'origine contrôlée ou des marques de conformité aux normes françaises attestant la sécurité et la qualité de produits. Depuis quelques années, des labels « bio » aident à orienter le consommateur vers les produits écologiques.[19] 🖥[5] De même, l'éthique commerciale (ou des affaires)* est devenu un élément de différenciation notamment pour donner une image positive au grand public. Elle est susceptible d'influencer et de fidéliser les clients. 🖨[3]

La mesure de la qualité d'un produit peut se faire par la satisfaction que le consommateur tire de l'utilisation du produit. Cependant, un produit est évalué différemment selon le lieu et le moment où est éprouvé le besoin ainsi que selon la nature du produit. La satisfaction se mesure aussi en termes de rapport qualité/prix et se manifestera dans le ré-achat. ☺[3]

Vocabulaire

Conditionnement *m*	Ensemble des éléments matériels du produit qui sont vendus avec lui en vue de faciliter sa protection, son transport, son stockage, sa présentation sur le lieu de vente ainsi que son identification et son utilisation par le consommateur
Bas de gamme *loc*	Ensemble de produits à prix bas et de moindre qualité
Design *m* (angl.)	Esthétique d'un produit s'exprimant par la forme et la couleur de l'emballage (ou la stylique)
Éthique *m* commerciale (ou des affaires)	Ensemble des règles, des normes ou des principes qui orientent les comportements des entreprises vers plus de moralité et de responsabilité vis-à-vis l'environnement, les salariés, les fournisseurs, etc.
Étiquetage *m*	Indication d'informations se rapportant à un produit et figurant sur l'emballage du produit
Gamme *f*	Ensemble des produits appartenant à une même catégorie et destinés à satisfaire toutes les variantes d'un même besoin
Haut de gamme *loc*	Ensemble de produits chers et de meilleure qualité
Label *m* (angl.)	Signe qui garantit l'origine ou la qualité d'un produit
Ligne *f* de produits	Ensemble de produits et/ou services ayant une caractéristique essentielle commune
Marketing-mix *m*	Ensemble des actions commerciales portant sur le produit, le prix, la distribution et la communication
Marque *f*	Signe verbal ou figuratif qui distingue les produits d'une entreprise des produits des concurrents
Marque *f* du distributeur	Marque créée et détenue par un distributeur et utilisée pour des produits fabriqués sur sa demande par des fabricants
Point *m* mort	Niveau d'activité, pour lequel l'ensemble des produits couvre l'ensemble des charges
Référence *f*	Article de la gamme proposée par une entreprise à la vente

---

19 Voir Amerein et al. (1993), p. 191.

Activités

i

📖 Compréhension

[1]   Nommez des caractéristiques fonctionnelles et d'image d'une voiture, d'un habillement, etc.

[2]   Pour chaque type de produits décrit dans la figure 30.1.1, citez des exemples.

[3]   Quels facteurs peuvent influencer le cycle de vie d'un produit ? L'entreprise, peut-elle exercer une influence quelconque sur le cycle de vie de ses produits ?

[4]   Expliquez pourquoi une gamme comportant des produits en phase de lancement doit aussi contenir des produits en phase de maturité.

[5]   Citez quelques exemples de nom de marques (signes verbaux et figuratifs).

✍ Travail écrit

1.   Retracez les caractéristiques du produit à chaque phase de sa vie (fig. 30.1.2).

Caractéristiques	Lancement	Croissance	Maturité	Déclin
(1) Demande				
(2) Concurrence				
(3) Niveau de prix				
(4) Profits				
(5) Actions				

2.   Pour chaque formule de marque nommez des exemples de produit.

Formule de marque	Exemples
(1) Marque produit	
(2) Marque ombrelle	
(3) Marque double	
(4) Extension de marque	
(5) Marque du distributeur	

☺ Discussion

1.   Pensez-vous que l'utilisation d'une certaine marque fait apparaître un style de vie spécifique ?

2.   Peut-on adapter le *design* d'un produit à une cible spécifique (femmes, hommes, séniors) ?

3.   Pour vous, qu'est-ce qui détermine la qualité d'un produit ?

⚖ **Thèmes d'exposé**

1. Le *co-branding* – définition, objectifs et limites
2. L'influence du conditionnement sur le comportement du consommateur
3. Le commerce équitable – un signe de qualité ?

🖵 **Recherche**

1. Recherchez des produits de la gamme d'un constructeur d'automobiles et préciser sa largeur, profondeur et longueur.
2. Recherchez la procédure de l'enregistrement d'une marque internationale.
3. Recherchez la signification et l'importance des couleurs dans les différentes cultures.
4. Recherchez les informations fournies par l'étiquette d'un produit de votre choix.
5. Recherchez quelques signes de qualité (technique, agricole, textile, etc.) utilisés en Europe.

30.2 La politique de prix

Généralement, le prix est fixé au moment du lancement d'un produit. Cependant, l'entreprise est aussi amenée à le modifier au cours de la vie du produit.

Ce sous-chapitre étudie d'abord les objectifs de la politique de prix. Suit une présentation des stratégies générales de prix possibles. Ensuite se pose la question majeure portant sur la détermination du prix de vente. Nous allons analyser successivement l'impact des coûts, de la demande et de la concurrence sur la fixation du prix. Nous terminerons ce sous-chapitre en donnant un bref aperçu de la législation en matière de prix.

Questions

1. Quels sont les objectifs de la politique de prix ?
2. Quelles sont les stratégies de prix possibles ?
3. Comment fixer le prix de vente à partir des coûts ?
4. En quoi la demande joue-t-elle un rôle dans la détermination du prix ?
5. Quel est l'impact de la concurrence sur la politique de prix ?
6. Quelles sont les contraintes légales d'une politique de prix ?

Informations

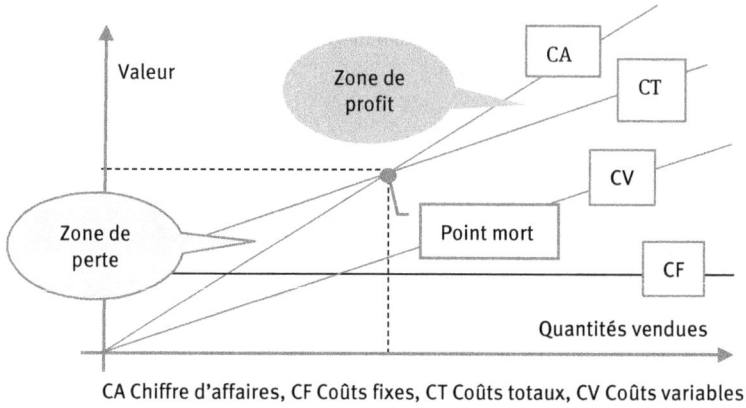

CA Chiffre d'affaires, CF Coûts fixes, CT Coûts totaux, CV Coûts variables

Figure 30.2.1 : Le point mort[20]

Prix en euros	Prix mini		Prix maxi	
	% réponses	% cumulés (mini)	% réponses	% cumulés (maxi)
15	10	10	0	0
20	30	40	0	0
25	20	60	0	0
30	10	70	10	10
35	20	90	10	20
40	10	100	20	40
45	0	100	30	70
50	0	100	20	90
60	0	100	20	100

Tableau 30.2.2 : Le prix psychologique[21]

Ouvrages

Amerein, P./Barczyk, D./Évrard, R./Rohard, F./Sibaud, B./Weber, P., *Marketing. Stratégie et pratiques,* Nathan Paris 1996

Ameri Mölzer, C. *Cours de marketing*, Éditions de Vecchi Paris 2005

Bonnafoux, Guénaëlle/Billon, Corinne, *L'essentiel du plan marketing opérationnel*, sous la direction de Nathalie van Laethem, Eyrolles Paris 2013

---

20 Illustration simplifiée d'après Amerein et al. (1996), p. 226 et Bernadet et al. (1998), p. 35.

21 Tableau d'après Bernadet et al. (1998), p. 83, prix modifiés.

Lambin, Jean-Jacques/de Moerloose, Chantal, *Marketing stratégique et opérationnel – du marketing à l'orientation-marché*, 8e édition, Dunod Paris 2012.

Martin, Sylvie/Védrine, Jean-Pierre, *Marketing. Les concepts-clés*, 2e tirage, Les éditions d'organisation Paris 1995

Pastré, Olivier, *Économie d'entreprise*, Economica Paris 2012

Soulez, Sébastian, *Le marketing. Le marketing stratégique – Le comportement de l'acheteur – La gestion des relations client – Le marketing opérationnel*, Les Zoom's, Gualino Paris 2008

Internet

Autorité de la concurrence : http ://www.autoritedelaconcurrence.fr

L'essentiel

30.2.1 Les objectifs d'une politique de prix

La politique de prix est l'ensemble des décisions stratégiques et opérationnelles qui concernent la fixation du prix ainsi que sa modification au cours de la vie du produit. Le prix de vente exprime la valeur économique d'un produit.[22] Sa fixation est liée aux objectifs poursuivis par l'entreprise. L'entreprise peut poursuivre des objectifs de volume, de rentabilité, de gamme, d'image et sociaux.[23]

L'entreprise qui souhaite développer le volume de ses ventes cherchera à diminuer ses coûts de production, par exemple par la réalisation d'économies d'échelle[24], afin de pouvoir proposer des prix bas. Une entreprise qui poursuit l'objectif de la rentabilité vise la maximisation du profit et fixera, par conséquent, un prix maximal possible. Certaines entreprises favorisent la promotion de l'ensemble des produits offerts, c'est-à-dire de leur gamme de produits. Ce faisant, elles espèrent attirer les consommateurs et de les convaincre d'acheter d'autres produits de leur gamme avec lesquels elles réalisent des marges plus intéressantes. 💻[1]

Outre ces objectifs de nature économique, l'entreprise peut aussi avoir des objectifs portant sur son image. Dans ce cas, un prix élevé doit suggérer une qualité supérieure. Les magasins *discount,* par contre, attirent les clients par leurs prix bas. Dans le but de remplir une mission sociale, certaines entreprises pratiquent même des prix inférieurs au prix de revient (voir plus bas 30.2.3.1). Ainsi, la politique de prix contribue au positionnement de l'entreprise. Pour réaliser ces objectifs, plusieurs stratégies de prix sont à disposition de l'entreprise.

---

22 Voir Pastré (2012), p. 172.

23 Voir Martin/Védrine (1995), p. 98 et Amerein et al. (1996), pp. 214s. Les termes utilisés peuvent varier d'un auteur à l'autre.

24 La réalisation d'économie d'échelle est détaillée au chapitre 17 La vie de l'entreprise, voir fig. 17.1.

30.2.2 Les stratégies de prix

La stratégie de prix doit être en cohérence avec la stratégie générale de l'entreprise et avec les autres composantes du marketing-mix. Il faut que le prix proposé corresponde à son positionnement et aux objectifs poursuivis. Nous exposerons ci-après les stratégies d'écrémage, de pénétration, d'alignement et de prix différenciés.[25]

La stratégie d'écrémage* consiste à tirer le plus grand profit des ventes. L'entreprise pratique un prix élevé pour son produit qu'elle définit haut de gamme ou innovant. Comme les marges* sont élevées, des profits importants s'obtiennent malgré une faible quantité écoulée. En choisissant la stratégie de pénétration*, l'entreprise est motivée par l'objectif de conquérir un marché. Elle pratique donc des prix bas pour atteindre le plus grand nombre possible de consommateurs. Malgré les faibles marges, la rentabilité s'obtient par le volume important de ventes. C'est une stratégie appliquée sur les marchés où une variation du prix agit fortement sur la demande (voir plus bas 30.2.3.2). L'entreprise qui adopte la stratégie d'alignement* sur la concurrence fixe des prix moyens pratiqués par les principaux concurrents. Elle cherche à éviter une confrontation sur les prix. Pour se démarquer des concurrents, elle propose soit un service supplémentaire soit une qualité supérieure. [1] Il est fréquent que les entreprises proposent le même produit à des prix différents. La stratégie de prix différenciés consiste à fixer les prix selon différents critères de discrimination. Il est alors possible d'accorder aux clients des rabais* en cas de défauts de fabrication ou des escomptes* à ceux qui paient au comptant. Des remises* sont offertes aux clients qui ont acheté des quantités importantes, ou encore on leur octroie des ristournes* en fin d'année selon le chiffre d'affaires réalisé. De même, l'appartenance à une catégorie sociale, le moment de l'achat ou de l'utilisation du produit peuvent être à l'origine d'une modulation du prix. [2] Le *Yield Management** essaie de réunir toutes les techniques de modulation de prix afin de calculer les meilleurs prix pour le consommateur et d'optimiser le profit pour l'entreprise. 🖥[1]

30.2.3 La détermination des prix

Nous avons vu que le prix de vente fixé par l'entreprise dépendra des objectifs poursuivis par l'entreprise et de sa stratégie générale. Il n'existe donc pas de méthode unique pour fixer les prix. En outre, l'apparition du commerce électronique et la pra-

---

25 Voir Soulez (2008), pp. 199ss et Amerein et al. (1996), pp. 220–223.

tique de prix Internet exerce une certaine influence sur la politique de prix des entreprises.[26] ⌨[2] Néanmoins, quatre facteurs essentiels peuvent être pris en compte pour déterminer les prix : les coûts, la demande, la concurrence et la législation.

30.2.3.1 Le prix et les coûts

Une première méthode de fixation du prix s'oriente aux coûts. L'entreprise doit connaître le coût de revient* de son produit qui est constitué de l'ensemble des coûts directs, indirects, fixes* et variables liés au produit. Il se compose donc des coûts d'achat*, de production, de distribution et d'administration. Si l'on additionne au coût de revient hors taxes (HT) la marge[27], on obtient le prix de vente (HT).[28] Pour déterminer les coûts de revient, il y a trois méthodes.

Dans le cas de la méthode du coût complet on additionne la totalité des coûts engendrés par le bien et on ajoute une marge exprimée en pourcentage. La méthode du coût partiel prend la totalité des coûts variables et directs et ajoute une marge qui permettra de couvrir les coûts fixes et de dégager un bénéfice.[29] Dans le commerce, on calcule le prix de vente souvent à partir du coût d'achat des marchandises. Dans ce cas, un coefficient multiplicateur, le taux de marge*, est appliqué au coût d'achat pour garantir la marge souhaitée. Le taux de marge est calculé par la division de la marge appliquée par le coût d'achat. Elle est exprimée en pourcentage. Le rapport entre la marge et le prix de vente est appelé taux de marque*. ✐[1]

Taux de marge = marge/cout d'achat (HT) x 100
Taux de marque = marge/prix de vente (HT) x 100

Un deuxième procédé de fixation du prix s'oriente au point mort*, encore appelé le seuil de rentabilité*. Le point mort indique le moment à partir duquel l'activité de l'entreprise est rentable. Il révèle donc le niveau des ventes qu'elle doit atteindre pour couvrir tous les coûts, sans faire ni des pertes ni des bénéfices (fig. 30.2.1).[30] [3]

30.2.3.2 Le prix et la demande

Une autre méthode de fixation du prix consiste à analyser la demande, notamment, les attitudes des clients à l'égard du prix.

---

26 Le commerce électronique (e-commerce) est thématisé au sous-chapitre 20.3 La politique de distribution, 30.4.2 Le canal et le circuit de distribution et 30.4.5 Les formes de vente.

27 Pour une définition plus spécifique de la marge commerciale, voir chap. 31 La comptabilité, 31.5.3 Les soldes intermédiaires de gestion.

28 Voir Bonnafoux/Billon (2013), p. 21.

29 Voir Martin/Védrine (1995), pp. 103–105.

30 Voir Amerein et al. (1996), pp. 224–227.

Pour le consommateur, un prix élevé peut constituer un frein à l'achat, car la demande est souvent une fonction inverse de son prix. Toutefois, un prix élevé attribue à un produit une image élevée, ce qui peut amener quelques consommateurs à acheter le produit malgré, voire même en raison de son prix élevé (effet de *snobisme*). ☺[1] 🖥[2] L'entreprise doit également prendre en compte la sensibilité du client aux prix et calculer l'élasticité de la demande* par rapport aux prix. On parle d'une demande élastique* lorsque les consommateurs réagissent fortement aux variations de prix. Lorsque la demande est rigide ou inélastique, les ventes dépendent peu du prix. ☺[2]

Plusieurs méthodes par enquêtes auprès des consommateurs permettent de connaître mieux leurs réactions aux prix.[31] Ici, nous nous limitons à la présentation de la méthode du prix d'acceptabilité*.[32] Il s'agit d'une enquête effectuée auprès d'un échantillon représentatif de clients potentiels et composée de deux questions (tab. 30.2.2).[33] Les clients définissent le prix qu'ils sont prêts à payer en fonction des qualités du produit, de son utilité et de son image de marque. Il s'agit donc d'une évaluation personnelle. Les résultats de l'enquête font apparaître deux courbes entre lesquelles se situe le prix d'acceptabilité. Le prix d'acceptabilité est celui qui satisfait le maximum de clients. ✍[2]

30.2.3.3 L'impact de la concurrence

Sur un marché sur lequel plusieurs offreurs proposent des produits identiques, similaires ou substituables, l'entreprise ne peut pas ignorer la concurrence. Toutes ses décisions en matière de prix entraînent une réaction des concurrents et vice versa. Vis-à-vis de la concurrence trois options sont possibles : fixer des prix inférieurs par rapport à celle-ci, s'aligner sur ses prix ou fixer un prix au-dessus de ses prix.

La décision dépendra, entre autres, de la structure concurrentielle du marché[34] : En cas de monopole, l'entreprise est en position de force pour fixer le prix à un niveau élevé. Lorsque la situation est oligopolistique, les entreprises en position faible s'alignent plutôt sur les concurrents forts. Sur un marché concurrentiel, la politique de prix est aussi fonction de la position que l'entreprise occupe sur le marché : *leader, challenger,* suiveur ou spécialiste.[35]

L'entreprise qui détient une part largement supérieure à chacun des autres concurrents est en position de *leader** (chef de file) et peut imposer ses prix. En tant que *challenger** (prétendant), ambitionnée de devenir *leader,* l'entreprise aura tendance à attaquer le *leader* en proposant un prix plus bas. Par contre, si elle préfère éviter

---

31 Par exemple l'achat simulé, les magasins-témoins, la vente réelle en magasins sélectionnés.
32 Parfois, le prix d'acceptabilité est nommé prix psychologique. La notion de prix psychologique est aussi utilisée pour dénommer des prix non arrondis, par ex. 1,99 euros (voir Soulez 2008, p. 196).
33 Voir Martin/Védrine (1995), p. 112. La formulation des questions peut varier selon l'auteur.
34 Au sujet des structures de marché, voir chap. 27 Le marketing I, 27.5.2 L'offre et la figure 27.7.
35 Voir Lambin/de Moerloose (2012), pp. 365–369.

une guerre de prix, elle mènera une politique d'alignement. Une entreprise en situation de suiveur* s'aligne généralement sur les prix moyens du *leader*. Enfin, le spécialiste qui propose une offre très différenciée est assez libre dans la fixation de ses prix. [4]

30.2.4 Les contraintes légales

La loi sur la liberté des prix a pour objet de protéger le consommateur et de favoriser le libre jeu de la concurrence. C'est pourquoi, en principe, les entreprises fixent librement leur prix. Néanmoins, il y a des contraintes en matière de législation.[36]

Certains secteurs sont soumis à des mécanismes de contrôle. Les prix sont fixés par les organismes compétents (par ex. les timbres de poste). Dans d'autres secteurs, le législateur impose des obligations et des interdictions relatives à la fixation des prix (santé, édition, énergie). 🖥[3] Les distributeurs ont, entre autres, l'obligation de communiquer à leurs clients les prix avec des montants exprimés en euros et toutes taxes comprises. Sauf cas exceptionnel, la revente à perte* est interdite, l'entreprise ne pouvant pas vendre ses produits à un prix qui ne couvre pas ses frais de production. [5] Sont également interdit des pratiques de prix imposés* qui obligent un distributeur de vendre un produit à un prix minimum. Pour garantir le libre jeu de la concurrence, les ententes* entre les concurrents en vue de fixer un prix élevé sont illicites. En France, le respect des règles de la libre concurrence est surveillé par l'Autorité de la concurrence[37].

Vocabulaire

Alignement *m* (stratégie de)	Stratégie de prix fixés proches de ceux de la concurrence pour éviter des guerres de prix
Challenger *m* ou prétendant	Entreprise qui se positionne derrière le leader*
Coût *m* de revient	Somme des coûts de production (ou le prix d'achat) et de vente ; aussi appelé prix de revient*
Coût *m* fixe	Coût indépendant du volume de production
Coût *m* d'achat	Prix d'achat et frais d'approvisionnement
Coût *m* variable	Coût variant en fonction de la quantité produite
Écrémage *m* (stratégie de)	Stratégie de prix élevé visant une cible limitée à haut pouvoir d'achat
Élasticité *f* du prix	Rapport entre la variation de la demande et la variation du prix
Entente *f* (illicite)	Accord anticoncurrentiel entre entreprises en vue de fixer les prix et se partager le marché

---

36 Voir Amerein et al. (1996), p. 216, Soulez (2012), p. 192.

37 Pour les missions de cet organisme, voir Autorité de la concurrence, *Missions*. Disponible à l'URL : http://www.autoritedelaconcurrence.fr/user/standard.php?id_rub=12, consulté le 4-2-2016.

Leader *m* (angl.) ou chef de file	Entreprise qui possède la part de marché la plus importante
Marge *f*	Différence entre le prix de vente et le coût de production ou d'achat
Pénétration *f* (stratégie de)	Stratégie de prix bas dans le but d'augmenter le volume des ventes et d'acquérir des parts de marché
Point *m* mort	Point d'équilibre, seuil de rentabilité (angl. *break even point*)
Prix *m* d'acceptabilité	Prix que le plus grand nombre d'individus est prêt à payer, voir prix psychologique*
Prix *m* de revient	Somme des coûts de production et des frais de vente ; aussi appelé coût de revient*
Prix *m* différencié	Offre de prix différents pour un même produit en fonction de la clientèle, du moment d'achat, du canal de distribution, etc.
Prix *m* imposé	Prix minimal prescrit par un producteur ou grossiste
Prix *m* psychologique	Voir prix d'acceptabilité*
Suiveur *m*	Entreprise qui se contente de sa position sur le marché
Taux *m* de marge	Calcul en pourcentage de la marge procurée par la vente d'un produit
Vente *f* à perte	Vente d'un produit à un prix inférieur au prix de production ou prix d'achat
Yield management *m* (angl.)	Ensemble des techniques de modulations de prix en vue d'optimiser le taux d'utilisation d'un service

Activités

📖 Compréhension

[1] Précisez le rapport entre les objectifs de l'entreprise (voir 30.2.1) et la stratégie de prix adoptée (écrémage ou pénétration). Nommez des exemples d'entreprises pratiquant les stratégies d'écrémage, de pénétration.

[2] Citez des exemples de tarification différenciée selon le critère de l'appartenance à une catégorie sociale et selon le critère du moment d'achat.

[3] En vous référant à la figure 30.2.1, expliquez le concept du point mort.

[4] Nommez des entreprises en position de *leader* et de *chalenger*.

[5] Précisez l'expression de la vente à perte. Quelles entreprises pourraient en profiter ?

✍ Travail écrit

1. Un commerçant achète un produit (HT) à 50,00 €. Il fixe un taux de marge de 30%. Le taux normal de TVA est de 20%. Calculez le prix de vente, la marge et le taux de marque.

2. À partir des chiffres fournis dans le tableau 30.3.2, dessinez la courbe d'acceptabilité pour ce produit.

© **Discussion**

1. Pensez-vous qu'un prix élevé contribue à la création de l'image d'une l'entreprise ? Discutez.
2. À votre avis, quels produits sont très, peu ou pas du tout sensibles à une variation des prix ?

🏛 **Thèmes d'exposé**

1. Le *Yield Management* – définition, principes et utilité
2. Les prix pratiqués sur Internet

🖥 **Recherche**

1. Recherchez la signification des termes « élasticité croisée » et « marché induit ou conditionné ».
2. Recherchez des informations sur les thèses des économistes Robert Giffen et Thorstein Veblen relatives à la corrélation entre le prix et la demande.
3. Recherchez des produits dont le prix est réglementé par l'État (français, allemand, etc.).

30.3 La politique de communication

En marketing, la politique de communication se définit comme l'ensemble des technique qui servent à transmettre des messages à une cible afin d'influencer le comportement des consommateurs.[38] Le but est donc de vendre un produit. Rappelons-nous aussi que la notion de produit est très vaste. Elle peut aussi représenter un service, un endroit, une organisation, une idée ou des valeurs (voir plus haut 30.1.1). [1]

Le sous-chapitre s'ouvre par une description générale du processus de communication suivie d'une présentation des objectifs et des moyens de communication. Ensuite, nous étudierons les différentes formes de communication média et hors média. Pour conclure, nous jetterons un bref regard sur la législation relative à la publicité.

Questions

1. Qu'est-ce que la communication ? Quels sont ses objectifs et ses moyens ?
2. Quels sont des différents médias utilisés pour communiquer avec les clients ?
3. Quelles sont les techniques de la promotion des ventes ?
4. Qu'est-ce que le marketing direct ? Quels sont les moyens du marketing direct ?
5. Qu'est-ce le marketing institutionnel (relations publiques et parrainage) ?
6. Quelles sont les contraintes juridiques de la communication ?

---

38 Voir Soulez (2008), p. 213.

Informations

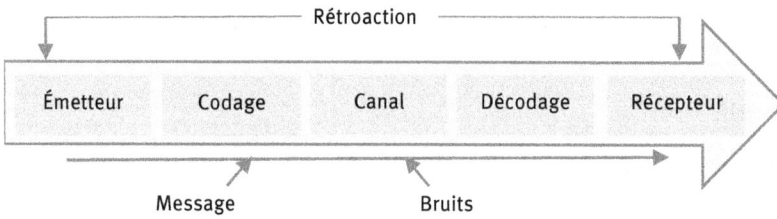

Figure 30.3.1 : Le processus de communication d'après Shannon et Weaver[39]

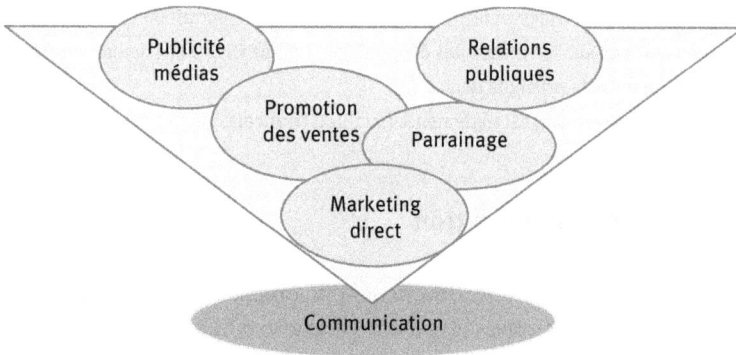

Figure 30.3.2 : Les moyens de la communication

Ouvrages

Amerein, P./Barczyk, D./Évrard, R./Rohard, F/Sibaud, B./Weber, P., *Marketing. Stratégie et pratiques,* Nathan Paris 1996

Bernadet, Jean-Pierre/Bouchez, Antoine/Pihier, Stéphane, *Précis de marketing*, Repères pratiques, Nathan Paris 1998

Bonnafoux, Guénaëlle/Billon, Corinne, *L'essentiel du plan marketing opérationnel*, sous la direction de Nathalie van Laethem, Eyrolles Paris 2013

Mölzer, C. Ameri, *Cours de marketing*, Éditions de Vecchi Paris 2005

Soulez, Sébastian, *Le marketing. Le marketing stratégique – Le comportement de l'acheteur – La gestion des relations client – Le marketing opérationnel*, Les Zoom's, Gualino Paris 2008

39 C. E. Shannon et W. Weaver, *Mathematical theory of communication*, University of Illinois Press, Urbana 1949. Illustration modifiée d'après Martin/Védrine (1995), p. 138.

L'essentiel

30.3.1 La définition, les objectifs et les effets de la communication

Communiquer c'est émettre des messages contenant des informations adressées à une cible. Les travaux de Shannon et Weaver (fig. 30.3.1) montrent que la transmission d'un message se déroule à travers plusieurs étapes avant d'arriver au destinataire. [2] La connaissance du processus général de communication s'avère donc importante pour le responsable de la communication.

L'objectif principal de la communication est le développement des ventes. Il existe une variété de modèles qui analysent les effets de la communication sur le consommateur. Un modèle très connu est le modèle AIDA[40] qui distingue quatre niveaux d'action sur le consommateur. Le premier niveau est de nature cognitive et doit attirer l'attention (A) du client en informant sur l'existence du produit et le faire connaître. Le deuxième niveau est de nature affective et a pour objet susciter l'intérêt (I) et le désir (D) du consommateur afin d'influencer son attitude. Enfin, le niveau troisième niveau est le niveau comportemental (ou conatif) dont le but est d'influencer le comportement du consommateur et l'inciter à passer à l'action (A) se traduisant par un achat.[41] ○

En vue de promouvoir un produit ou/et l'entreprise, la communication peut se servir des médias* ou s'adresser hors médias directement au client. Les moyens de communication les plus importants sont la publicité par les médias, la promotion des ventes, le marketing direct et le marketing institutionnel, comprenant les relations publiques et le parrainage (fig. 30.3.2) qui seront traités successivement ci-après. Il existe d'autres formes de communication qui ont fait récemment leur apparition telles que la communication événementielle (voir 30.3.5.2) et le placement de produit. 🖳[1]

30.3.2 La publicité et les médias

La communication par les médias est habituellement appelée la publicité*. La publicité est une technique commerciale se servant des médias afin de faire connaître un produit et d'augmenter ainsi les ventes.[42]

Les principaux médias traditionnels utilisés sont la télévision, la radio, la presse, le cinéma et l'affichage. L'internet est un concurrent et un média complémentaire. Par rapport aux autres médias, il a certains avantages distinctifs. Il dispose d'un vaste

---

40 Modèle développé par E. St. Elmo Lewis en 1898, cité de Martin/Védrine (1995), p. 39.
41 Voir Soulez (2008), pp. 216ss.
42 Voir Soulez (2008), p. 222.

réseau mondial et peut transmettre les informations multimédias en permanence. 🖥¹ 🖨²

La publicité est un moyen de communication assez impersonnel et unilatéral. C'est pourquoi le message publicitaire efficace doit remplir certaines conditions de base. Il doit atteindre le public ciblé, être attractif et compréhensible. La répétition continue favorise la mémorisation du message. L'efficacité d'une campagne publicitaire* dépendra également de la couverture* et de la qualité de transmission du message ainsi que de l'attention que le public porte au message. ☺¹

Le choix des médias et des supports* dépend tout d'abord du budget disponible permettant d'atteindre la majeure partie du public concerné au moindre coût. [3] Ensuite, il faut prendre en compte la cible visée, sa répartition géographique et ses caractéristiques sociodémographiques de comportement d'achat et de consommation. Le canal de communication doit tenir compte du degré de complexité des messages et d'un besoin éventuel de visualisation. Enfin, il y a certaines dispositions légales à respecter (voir plus bas 30.3.6). ⁴³ 🖊¹ 🖨³

30.3.3 La promotion des ventes

La promotion des ventes est un outil de communication destinés à stimuler la demande à court terme par des actions limitées et immédiates.⁴⁴ Elle a pour objectif d'inciter les non consommateurs du produit à le tester et, ensuite, à l'acheter. Elle vise aussi à amener les consommateurs actuels du produit à augmenter la consommation et à être fidélisés. Dans certains cas, les actions promotionnelles peuvent induire une attitude plus favorable à l'égard de l'entreprise et de ses produits. La promotion des ventes s'adresse aussi aux distributeurs, aux prescripteurs et à la force de vente.⁴⁵

Les techniques promotionnelles sont multiples.⁴⁶ Pour améliorer la communication, les producteurs ou les distributeurs organisent des démonstrations, des concours, des jeux, etc. Ils remettent des échantillons* gratuits ou des primes pour « pousser » le produit. Ils agissent sur le prix par des réductions de prix sous forme d'offres exceptionnelles. La remise de coupons (le *couponing**) donnant droit à une réduction dans les points de vente d'une enseigne est aussi une technique pour promouvoir un produit. Les coupons peuvent être distribués avant l'achat ou figurer sur le produit. La carte de fidélité* qui permet de cumuler des points à chaque achat est également devenue un outil promotionnel dans la grande distribution. ☺²

---

43 Voir Martin/Védrine (1995), pp. 150s.
44 Soulez (2008), p. 205.
45 Voir Amerein et al. (1996), p. 321. Concernant les prescripteurs, voir chapitre 28 Le marketing II – Le comportement du consommateur. La force de vente est traitée au chapitre 30.4 La politique de distribution.
46 Voir Soulez (2008), pp. 207–211.

La publicité sur le lieu de vente* (PLV) se fait avec et sans médias. La transmission d'un message est réalisée dans le magasin même où est présenté le produit. La publicité doit inciter à l'achat immédiat. Elle est effectuée par une meilleure présentation des produits moyennant des présentoirs*, des décorations de gondole*, des affiches, des vidéos ou des autocollants ou encore par une animation visuelle qui permet d'attirer le regard des clients et les faire essayer le produit.[47] ✍²

30.3.4 Le marketing direct

Le marketing direct* recherche le contact individuel avec la cible. Il correspond à toute opération permettant d'atteindre directement des individus sélectionnés. Ainsi, les intermédiaires entre l'entreprise et ses prospects* sont supprimés. L'offre commerciale est transportée d'une manière personnalisée par plusieurs voies aux destinataires.

L'offre peut être envoyée par voie postale (le publipostage* ou *mailing* postal) à des destinataires différents identifiés ou non. En cas d'un *mailing* adressé, l'entreprise se sert de fichiers* et de bases de données commerciales* (BDDC) qu'elle a constituées, achetées ou louées au préalable. 🖥⁴ L'imprimé sans adresse* (ISA) est un prospectus distribué dans une zone géographique ciblée sans identification nominative du destinataire. On parle de multipostage* (le *bus-mailing* ou *mailing* groupé) lorsque deux ou plusieurs informations publicitaires ou promotionnelles sont adressées à une liste de prospects, par le biais d'un seul envoi. Le télémarketing*, appelé aussi *phoning* ou marketing téléphonique, est l'utilisation du média téléphone pour vendre et fidéliser une cible de prospects ou de clients. Les téléconseillers* ou télévendeurs* opèrent en général à partir de centres d'appels*. Le *mailing* électronique (ou *e-mailing*) utilise l'Internet pour transmettre les offres. Le téléachat* (ou *téléshopping*) est une technique de vente qui se situe entre la vente à distance et la vente à domicile*. Elle a recours au média télévision pour montrer le produit dans des conditions normales d'utilisation et d'argumenter sur ses qualités. La présentation d'un produit à la télé doit mener à la décision immédiate d'achat. Le téléspectateur n'a qu'à utiliser un moyen télématique pour commander directement le produit.[48]

Outre la vente, les objectifs du marketing direct sont aussi l'information, la prospection* et la fidélisation des clients.[49] Il sert aussi à stimuler les distributeurs afin qu'ils vendent le produit dans leur magasins.☺³

---

47 Voir Bernadet et al. (1998), p. 126.
48 Voir Amerein et al. (1996), pp. 359–362.
49 Voir Soulez (2008), pp. 231–233 et Bonnafoux/Billon (2012), pp. 151s.

30.3.5 Le marketing institutionnel

Le marketing institutionnel* ne vise pas directement à vendre un produit. Son objectif est plutôt de promouvoir l'image de l'entreprise. Il se manifeste dans les actions des relations publiques et dans deux facettes du parrainage : le *sponsoring* et le mécénat.[50]

30.3.5.1 Les relations publiques

Les relations publiques* ont pour objectif de créer des relations personnelles avec les cibles en vue de les informer, de gagner leur sympathie et de les inciter à diffuser à leur tour les informations. Les moyens comprennent, en particulier, les visites d'entreprise*, les conférences de presse, la participation à des salons*, les foires* et les expositions*, l'organisation de débats, de congrès, la diffusion de lettres d'information et la distribution de cadeaux d'entreprise. 🖥[5] Les démarches de lobbying* réalisées par des groupes de pression font aussi l'objet des relations publiques. [4]

    Les relations publiques peuvent aussi se diriger vers l'intérieur de l'entreprise moyennant d'activités diverses (fêtes, lettres) dans le but d'instaurer un climat de confiance, de renforcer la cohésion entre ses différentes sections, de motiver ses salariés et d'affirmer la culture d'entreprise[51].

30.3.5.2 Le parrainage

Le parrainage* consiste, pour l'entreprise, à apporter publiquement son soutien et à associer son nom à une manifestation, un projet, une cause ou une personne qui n'ont pas de liens directs avec ses propres activités. Le principe est de faire parler de soi à propos d'autre chose que de son activité. Les objectifs sont d'améliorer la notoriété et l'image, de démontrer la qualité des produits ou des services de l'entreprise. Dans le parrainage, on distingue souvent le *sponsoring** et le mécénat.[52]

    Le *sponsoring** est le financement par un *sponsor* d'un sportif (un champion, une équipe) ou d'un événement sportif (un championnat, une coupe) ou de certains services au public (la météo) avec récompense directe, qui est la mention du *sponsor* par le sponsorisé. Lorsqu'il s'agit d'un évènement conçu par l'entreprise, on parle de communication événementielle. 🖥[6] Le mécénat* est le soutien à une cause humanitaire, culturelle, scientifique ou d'intérêt général sans récompense directe pour le mé-

---

50 Voir Soulez (200), p. 229 et Amerein et al. (1996), pp. 356.

51 Une présentation de la culture d'entreprise sous forme d'exposé est proposée dans le chapitre 15 Les définitions et les approches théorique de l'entreprise, 15.1.5 L'entreprise - un groupement humain.

52 La terminologie varie selon l'auteur. Nous regroupons le *sponsoring* et le mécénat sous le terme plus général de « parrainage ».

cène. Pour être efficace, il faut que l'événement choisi soit en cohérence avec les valeurs véhiculées par l'entreprise et que l'engagement de l'entreprise soit visible pour le public. La campagne doit aussi durer assez longtemps pour susciter des réactions positives, par exemple dans des articles de presse. 🖥²

30.3.6 La réglementation de la communication

Certaines lois limitent la liberté des entreprises à communiquer avec leurs clients ou leurs prospects. Ainsi, l'article L 121.1 du Code de la consommation interdit toute publicité qui comporte des déclarations ou représentations inexactes ou des formulations ambiguës. Elle est jugée comme étant une publicité trompeuse* ou mensongère. La réglementation de la publicité comparative* est très contraignante. Elle consiste à présenter les caractéristiques du produit par rapport à celles d'un produit concurrent dans le but de montrer un avantage concurrentiel discriminant. Il y a aussi des réglementations concernant l'annonce de réductions de prix ainsi que sur la réalisation de concours et de loteries diverses. L'utilisation des fichiers et le contenu des offres adressées aux consommateurs ainsi que la prospection et la vente sur Internet sont réglementées. Il y également des limitations de la liberté publicitaire pour certains produits jugés dangereux tels que le tabac, l'alcool et certains médicaments.[53] [5] 🖥³

Vocabulaire

Base *f* de données commerciales (BDDC)	Ensemble d'informations commerciales sur les clients et leur comportement accessibles moyennant d'un logiciel
Campagne *f* publicitaire	Action temporaire de communication pour un produit
Carte *f* de fidélité	Support émis par un magasin pour mieux connaître et pour fidéliser un client en lui accordant certains avantages
Centre *m* d'appels (*angl. call center*)	Service téléphonique chargé de conseiller la clientèle ou de vendre des produits
Codage *m*	Production d'un message selon un code pour être transmis à un récepteur/destinataire
Communication *f*	Ensemble de techniques utilisées pour informer et influencer les consommateurs
Communication *f* événementielle	Technique de communication basée sur la création d'événements et de spectacles en vue de faire connaître l'entreprise
Couponing *m* Couponnage *m*	Technique de marketing consistant à utiliser des bons imprimables (coupons) pour faire la promotion d'un produit ou d'un service auprès du consommateur.

---

53 Voir Amerein et al. (1996), pp. 330s.

Couverture *f*	Ici : pourcentage de personnes ciblées et exposées au moins une fois à la campagne
Décodage *m*	Traduction d'un message codé en langage clair
Exposition *f*	Présentation publique de produits et d'activités d'entreprises d'une région, d'un pays, etc.
Fichier *m* (informatique)	Ensemble d'informations sur les prospects ou clients structurées (et conservées dans le mémoire d'un ordinateur)
Foire *f*	Présentation périodique de produits divers au public
Gondole *f*	Meuble servant à présenter les marchandises dans un magasin
Lobbying *m*	Ensemble des démarches d'une personne (le *lobbyiste*) pour représenter les intérêts d'un groupe de pression (le *lobby*) auprès des instances politiques et administratives
Marketing *m* direct	Ensemble des actions commerciales qui s'adressent directement aux clients et aux prospects*
Marketing *m* institutionnel	Ensemble des actions visant à faire connaître l'entreprise et/ou à améliorer son image
Média *m*	Moyen de communication utilisé pour diffuser une information vers un grand nombre d'individus (mass média)
Multipostage *m*	Envoi de plusieurs informations publicitaires à une liste de clients ou prospects*
Présentoir *m*	Dispositif pour présenter les produits dans un point de vente
Promotion *f* des ventes	Ensemble de techniques servant à développer les ventes
Prospect *m*	Client potentiel d'une entreprise
Publicité *f*	Ensemble d'actions sur le public, avec et sans médias, en vue de l'inciter à acheter un produit
Publicité f comparative	Présentation dans une campagne publicitaire des caractéristiques du produit par rapport à celles d'un produit concurrent
Publicité *f* sur le lieu de vente	Transmission de messages publicitaires sur le lieu de vente
Publicité *f* trompeuse ou mensongère	Campagne publicitaire illicite qui induit en erreur par des dérogations
Publipostage *m*	Envoi d'informations publicitaires par voie postale
Salon *m*	Exposition périodique d'une branche commerciale
Spot *m* publicitaire	Court message publicitaire
Support *m*	Moyen par lequel sont diffusés des messages publicitaires
Téléachat *m*	Offre de produits ou services à la vente par la télévision
Téléconseiller *m*	Personne qui conseille des clients par téléphone
Télévendeur *m*	Personne qui cherche des prospects et vend par téléphone

Activités

i

📖 Compréhension

[1] Nommez des exemples d'endroit et d'idées susceptibles de faire l'objet de la communication.

[2] En vous référant à la figure 30.3.1, décrivez le processus général de communication selon Shannon/Weaver (intervenants, actions).

[3]   Distinguez les notions « média » et « support » à l'aide d'exemples.

[4]   Qui sont les lobbyistes et quel est leur but précis ?

[5]   Quelle est l'intention du législateur de réglementer la publicité ?

✍ **Travail écrit**

1.   Insérez les caractéristiques des différents médias traditionnels dans le tableau suivant, en prenant en compte des critères suivants. *(Couverture, coûts, sélectivité de la cible, répétition et mémorisation, qualité des images et du son, attention apportée par la cible).*

Médias	Caractéristiques
Télévision	
Presse quotidienne	
Presse spécialisée	
Radio	
Cinéma	
Affichage	

2.   Comparez les caractéristiques de la publicité média et la promotion des ventes.

Caractéristiques	Publicité	Promotion des ventes
Actions à court terme	☐	☐
Actions à long terme	☐	☐
Effet progressif	☐	☐
Effet immédiat	☐	☐
Coûts élevés	☐	☐
Coût plutôt bas	☐	☐
Stimulation de l'achat	☐	☐
Action sur les attitudes	☐	☐
Mesure de l'effet facile	☐	☐

✿ **Jeu de rôle**

En utilisant le modèle AIDA, simulez des actions permettant de convaincre le consommateur d'acheter un produit de votre choix : casseroles, livres, voyages, voitures, jouets, etc.

☺ **Discussion**

1.   Selon vous, quels sont les facteurs qui déterminent l'efficacité d'une publicité ? Décrivez des spots publicitaires que vous connaissez et leurs effets sur vos attitudes vis-à-vis du produit.

2. Que pensez-vous des cartes de fidélité (*Payback*) ? Discutez.
3. À votre avis, les techniques de marketing direct sont-elles efficaces ? Dans quelle mesure influencent-elles votre comportement d'achat ?

🏛 Thèmes d'exposé

1. Le placement de produit (*product placement*)
2. Les spécificités de la communication sur l'Internet
3. Les étapes d'élaboration d'une campagne publicitaire
4. La gestion des fichiers de bases de données – la gestion de la relation client
5. Les salons et les expositions comme outil de communication
6. La communication événementielle – définition, formes, exemples

🖥 Recherche

1. Recherchez le nombre actuel d'internautes en France, en Allemagne, etc.
2. Recherchez des entreprises qui pratiquent le parrainage (*sponsoring* et mécénat) et des personnes parrainées. Recherchez des dispositions légales touchant la publicité pour le tabac et l'alcool en France, etc.

30.4 La politique de distribution

Lorsqu'une entreprise a déterminé le produit, défini son marché et fixé le prix, elle doit acheminer ce produit au consommateur final. La politique de distribution est la partie du marketing-mix qui est chargée de cette tâche.

Après avoir défini la distribution et nommé ses fonctions, nous présenterons dans ce chapitre les différents circuits et canaux de distribution. Ensuite, nous exposerons les stratégies de distribution possibles. Les prochains paragraphes traiteront des formes de commerce, des formes de vente et de la force de vente. Enfin, nous regarderons de près la relation entre les producteurs et les distributeurs. Le chapitre termine avec une explication de la technique du *merchandising*.

? Questions

1. Qu'est-ce que la distribution en marketing ? Quelles sont ses principales fonctions ?
2. Qu'est-ce qu'un circuit et un canal de distribution ? Quelles formes y-a-t-il ?
3. Quelles sont les stratégies de distribution possibles ?
4. Quelles sont les formes de commerce ?
5. Quelles formes de vente y-a-t-il ?
6. Qu'est-ce que la force de vente ?

7. Quels sont les enjeux des relations entre producteurs et distributeurs ?
8. Qu'est-ce que le *merchandising* ?

Informations

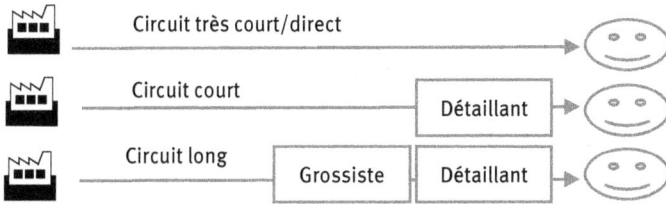

Figure 30.4.1 : Les circuits traditionnels de distribution

Produit	Consommateur	Entreprise	Environnement
Durée de vie Technicité Valeur Volumes/ poids	Nombre Canaux préférés Situation géographique Fréquence d'achat	Coûts du circuit Positionnement Personnel Stratégie adoptée	Concurrents Distributeurs Législation

Figure 30.4.2 : Le choix des canaux de distribution – les contraintes

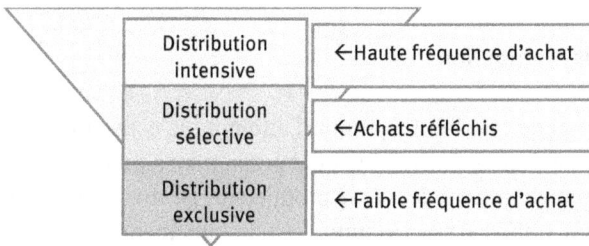

Figure 30.4.3 : Les stratégies de distribution

Ouvrages

Amerein, P./Barczyk, D./Évrard, R./Rohard, F./Sibaud, B./Weber, P., *Marketing. Stratégie et pratiques*, Nathan Paris 1996
Darbelet, Michel/Izard, Laurent/Scaramuzza, Michel, *Économie d'entreprise*, BTS 1, Foucher Paris 2004

Martin, Sylvie/Védrine, Jean-Pierre, *Marketing. Les concept-clés,* 2ᵉ tirage, Les éditions d'organisation Paris 1995

Mölzer, C. Ameri, *Cours de marketing,* Éditions de Vecchi Paris 2005

Soulez, Sébastian, *Le marketing. Le marketing stratégique – Le comportement de l'acheteur – La gestion des relations client – Le marketing opérationnel,* Les Zoom's, Gualino Paris 2008

L'essentiel

!

30.4.1 La distribution et ses fonctions

Au sens large, la distribution est l'ensemble des opérations par lesquelles les biens ou les services sont mis à la disposition du consommateur ou de l'utilisateur. Distribuer un produit est l'amener au bon endroit, au bon moment et en quantité suffisante et adaptée à la clientèle. Les fonctions de la distribution sont multiples.

Tout d'abord, elle est chargée de réaliser l'acheminement des produits vers le client pour approvisionner les points de vente dispersés. Ensuite, les grands lots sont fractionnés en petits lots adaptés aux besoins des distributeurs et des clients. Les produits doivent être stockés pour être à disposition du client au moment souhaité. Le stockage ou encore les délais de paiement accordés aux distributeurs génèrent une fonction de financement. Enfin, il faut choisir l'assortiment* à présenter par le distributeur et en informer les consommateurs. La fonction de service, notamment le service après-vente*, joue également un rôle de plus en plus important dans la distribution.[54] [1]

30.4.2 Le canal et le circuit de distribution

Tout produit passe par un canal de distribution avant d'atteindre le consommateur final. Le canal de distribution est la voie d'acheminement permettant à un produit ou un service d'arriver au consommateur final depuis le producteur. Le circuit de distribution est l'ensemble des canaux utilisés pour assurer cet acheminement.[55]

Les circuits sont classés en fonction du nombre d'intermédiaires par lesquels le produit transite depuis son point de départ chez le fournisseur jusqu'à son arrivée chez le client. Le circuit très court ou direct ne fait intervenir aucun intermédiaire. Le produit passe directement des mains du producteur à ceux du consommateur. Le circuit court entrepose un détaillant* qui sert d'intermédiaire entre le producteur et le

---

54 Voir, entre autres, Martin/Védrine (1995), pp. 117s.

55 Voir Soulez (2008), p. 244. Parfois les deux termes « circuit » et « canal » sont utilisés dans le même sens.

consommateur. Lorsque deux ou plusieurs d'intermédiaires, un grossiste* et un détaillant, sont placés entre le producteur et le consommateur, on parle d'un circuit long (fig. 30.4.1). [2]

Le développement des réseaux de télécommunications ouverts permet aujourd'hui au consommateur d'acheter dans le monde entier et de se faire livrer le produit à domicile sans bouger de chez lui. Les distributeurs créent leur magasin électronique au détriment des intermédiaires traditionnels, grossistes et détaillants. C'est pourquoi, l'internet est un canal de distribution de plus en plus utilisé par les entreprises. Le commerce électronique* correspond à l'échange d'un produit via Internet et fait ainsi partie de la vente à distance (voir plus bas 30.4.5). ☺¹

Le choix du circuit et du canal de distribution dépendra de facteurs liés au produit, au consommateur, à l'entreprise elle-même et à son environnement (fig. 30.4.2). ✍ 🖥¹

30.4.3 Les stratégies de distribution des producteurs

Le producteur a le choix entre quatre stratégies de distribution. Il peut mettre en place son propre réseau de distribution et vendre ses produits directement aux clients ou dans les points de vente qui lui appartiennent. Il s'agit alors d'une distribution directe. Il peut aussi utiliser les réseaux des distributeurs professionnels. Dans ce cas, il dispose de trois options.

Lorsqu'il recherche le plus grand nombre possible de distributeurs, il va opter pour la distribution intensive* (alimentation) qui utilise plusieurs intermédiaires assurant ainsi une couverture large du marché. La distribution est dite sélective* lorsque le producteur choisit un nombre limité de distributeurs en fonction de leur compétence à vendre le produit, de l'image de marque du produit ou de l'emplacement. Le producteur confie la vente de ses produits à un nombre restreint de distributeurs (produits de luxe). On parle de la distribution exclusive* lorsque le fabricant accorde à un distributeur l'exclusivité de la vente de ses produits sur une zone géographique déterminée. Le commerçant ne pas peut vendre de produits concurrents. Cette forme de distribution fait souvent l'objet d'un contrat de concession (automobiles) ou de franchise (Yves Rocher).[56]

La stratégie de distribution que le producteur va choisir est déterminée par plusieurs facteurs tels que le degré de couverture du marché visé, mais aussi le positionnement, le prix et la fréquence d'achat. [3]

---

56 Voir Darbelet et al. (2004), p. 142.

30.4.4 Les formes de commerce

Il existe plusieurs manières d'organiser l'activité commerciale et les réseaux de points de vente. Selon la fonction que le commerce remplie dans le circuit de distribution (fig. 30.4.1), on distingue le commerce de gros et le commerce de détail. Les grossistes* achètent les produits en grande quantité aux fabricants pour les revendre en quantités réduites aux détaillants.[57] Les détaillants ont pour fonction d'acheter des produits aux grossistes (ou aux semi-grossistes) pour les revendre au consommateur final. Selon l'organisation des achats, trois formes classiques sont habituellement distinguées : le commerce indépendant isolé, le commerce indépendant associé, le commerce intégré.

On parle de commerce indépendant* isolé lorsque le point de vente est détenu par un commerçant indépendant qui n'est affilié à aucun réseau de distribution. Bien souvent, ces magasins ne portent pas d'enseigne*. Le commerce indépendant associé* est l'association de commerçants indépendants, détaillants ou grossistes, qui assurent le financement du point de vente. L'objectif est d'organiser les achats par des centrales d'achat pour obtenir de meilleures conditions auprès des fournisseurs et de mener ensemble des actions commerciales. L'association peut prendre plusieurs formes, telles que la franchise, la licence de marque ou la coopérative et le partenariat.[58] La distribution des produits se fait en général sous une même enseigne. [4] Le commerce intégré* ou succursaliste est constitué d'un réseau de vente contrôlé par un groupe de distribution. Le groupe est propriétaire des multiples points de vente qui assument la fonction de détail. La gestion des achats est organisée par une centrale d'achat qui remplace les grossistes. Toutes les actions commerciales sont dirigées par le groupe.[59]

30.4.5 Les formes de vente

Habituellement, la vente des produits est réalisée dans un magasin et avec un vendeur. Cependant, depuis l'après-guerre, les magasins en libre-service* sont en forte progression. La présence d'un vendeur n'est plus impérative, le magasin étant organisé de telle manière que le client puisse trouver librement le produit qu'il cherche. Il existe un grand nombre de magasins différents qui se distinguent par la taille, l'assortiment et l'implantation.

---

57 Dans la grande distribution, les grossistes sont remplacés par les centrales d'achat.

58 Voir chap. 17 La vie de l'entreprise 17.3 Les coopérations d'entreprises, chap. 19 Les classifications juridiques des entreprises, 19.3.4.1 La coopérative et chap. 24 La stratégie d'entreprise, 24.5.7 Les alliances et les partenariats.

59 Voir Amerein et al. (1996), pp. 30–35, Martin/Védrine (1995), pp. 122s, Soulez (2012), pp. 242–244.

Les grands magasins (Printemps) sont des points de vente de détail qui abritent plusieurs rayons* spécialisés offrant des grandes marques, de mode ou de parfum, à des prix assez élevés. Les magasins populaires (Monoprix) proposent, à côté de marchandises générales, un rayon produits alimentaires assez important à des prix plutôt bas. Les deux, grands magasins et magasins populaires, sont situés en centre-ville ou dans des centres commerciaux*. Les grandes et moyennes surfaces (GMS) (Auchan) sont des magasins de détail disposant d'un assortiment très large et profond. Selon la taille, on distingue les hypermarchés* (> 2.500 m^2) et les supermarchés* (> 400 > 2.500 m^2). La grande surface spécialisée offre un assortiment assez étroit, mais très profond dans un domaine spécifique tel que l'électroménager, le meuble ou l'audiovisuel (Fnac). Une forme de supermarché plus récente est le magasin *hard discount* ou maxi-discompte (Aldi) qui offre un assortiment étroit et peu profond de produits de première nécessité présenté dans l'emballage d'origine. Situés dans les quartiers habités des villes les superettes* et les petits magasins de proximité de petite taille (120 m^2 < 400 m^2) proposent un assortiment étroit assurant l'alimentation de base.[60]

La vente d'un produit peut aussi se faire hors magasin, soit sur un marché localisé (foire, marché, exposition) soit à domicile. De nombreux produits sont aussi vendus par des distributeurs automatiques. [5] Depuis l'évolution de la télécommunication et, notamment de l'Internet, la vente à distance* connaît un essor important. Elle permet au consommateur d'acheter un produit sans se déplacer. Une première forme de la vente à distance a été la vente par correspondance* sur catalogue (la Redoute). Aujourd'hui, la vente à distance* représente toute prise de contact avec le client par les moyens de télécommunication modernes (téléphone, SMS, courriel, Internet, télévision[61]) permettant au client de passer la commande à distance depuis son domicile ou ailleurs. ☺^{2} L'*e-commerce** ou commerce électronique est devenu le principal canal de la vente à distance. Il englobe les transactions commerciales s'effectuant sur Internet à partir d'ordinateurs, de tablettes, de *smartphone*s ou de TV connectées. 🖥^{2}

30.4.6 La force de vente

On utilise la notion de la force de vente* pour désigner l'ensemble du personnel commercial d'une entreprise, en contact direct avec les clients et les prospects, chargé de vendre les produits et de stimuler la demande.[62] Ce terme inclut, en plus des vendeurs proprement dits qui participent à la vente à l'intérieur du magasin, les vendeurs de terrain qui opèrent hors du magasin. La force de vente peut être classée en trois catégories : l'équipe de vente interne et externe ainsi que les responsables des ventes.

---

60 Voir Soulez (2008), p. 243.
61 Voir chap. 30.3 La communication, 30.3.4 Le marketing direct.
62 Nous adoptons ici la définition élargie du terme (voir Soulez 2008, p. 277). D'autres auteurs (par ex. Amerein et al. 1996, p. 282) utilisent le terme pour désigner seulement les vendeurs de terrains.

L'équipe de vente interne comprend les vendeurs salariés de l'entreprise. On y trouve les vendeurs en magasins, les télévendeurs* ou vendeurs en ligne*. L'équipe de vente externe se compose de mandataires (agent commercial*, commissionnaire*, courtier*) et de voyageurs-représentants-placiers* (VRP), souvent, non-salariés, et payés proportionnellement en fonction des affaires qu'ils réalisent. 💻¹ Enfin, il y a les responsables des ventes qui ne vendent pas personnellement mais déterminent, organisent ou contrôlent les activités de vente telles que celles les directeurs commerciaux, des chefs de rayon et des technico-commerciaux*.

30.4.7 Les relations entre producteurs et distributeurs

Face à la grande quantité de produits concurrents, similaires ou substituables, les producteurs doivent convaincre les distributeurs à vendre leurs produits. Un premier défi pour les producteurs est donc l'obtention du référencement*. 🖥³ Ensuite, il est important de faire le suivi de référencement afin de pousser la vente, d'obtenir des commandes de renouvellement et de vérifier si les stocks sont suffisants. Quant aux distributeurs, ils s'intéressent à un volume de vente important, une marge de distributeur élevée, la fiabilité du producteur (qualité, livraison, SAV) ainsi que des retombées positives sur l'image et sur la vente d'autres produits. La rencontre entre les deux parties se réalise dans le cadre d'une négociation commerciale qui concrétise les conditions d'achat et de vente.

De nos jours, la relation entre producteurs et distributeurs est caractérisée par une puissance accrue des distributeurs. Cette prédominance est essentiellement due à la création de grandes surfaces qui s'approvisionnent auprès de centrales d'achat dont elles sont les propriétaires. Cette concentration a pour effet d'augmenter le pouvoir de négociation des distributeurs et d'accroître la dépendance des producteurs face aux grands distributeurs. Ainsi, les distributeurs sont en mesure d'exercer des pressions sur les producteurs. Ils imposent des conditions d'achat de plus en plus dures, des délais de paiement allongés, des droits de référencement, le paiement d'opérations promotionnelles et la mise à disposition de personnel gratuit.[63] ✿

Cependant, dans le but commun de vendre les produits, les producteurs et distributeurs sont tenus de coopérer pour convaincre les consommateurs. La stratégie de collaboration entre les deux est appelée le *trade-marketing*. Il désigne toute action coordonnée de marketing visant à développer les ventes d'un produit et à améliorer la rentabilité. 🖥⁴

---

63 Voir Amerein et al. (1996), pp. 255s.

30.4.8 Le merchandising

Le *merchandising** ou marchandisage est l'ensemble des techniques utilisées par les producteurs et les distributeurs permettant de présenter le produit dans un magasin. Ainsi, le magasin est aménagé de sorte que le client circule dans le maximum de rayons. La réalisation d'études, informant sur les trajets parcourus et les achats effectués par la clientèle, permet de découper le magasin en zones de chalandise*. La zone chaude est la zone très fréquentée où sont placés les produits à marges importantes (nouveaux produits). En zones froides, situées souvent au bout d'allées et moins fréquentées, se trouvent les produits basiques vers lesquelles le client se dirige à bon escient (produits laitiers).

Dans le but d'optimiser la vente des produits, un linéaire* est attribué à chaque famille de produit. L'implantation des produits dans le linéaire doit optimiser le *facing**, c'est-à-dire assurer que le client voit le produit de face. Pour promouvoir une marque ou développer des achats non prémédités[64], certains produits sont rangés au niveau des yeux ou présentés dans des têtes de gondoles et des présentoirs. Les produits d'appels* peuvent être placés en bas, puisque le client va les chercher. Une autre technique est de mettre côte à côte des produits de faible marge et de forte marge (pâtes et sauces préparées).[65] ☺[3]

Vocabulaire

Agent *m* commercial	Intermédiaire commercial qui agit pour le compte d'un fournisseur
Assortiment *m*	Ensemble des produits proposés par un point de vente
Canal *m* de distribution	Voie d'acheminement permettant à un produit d'arriver au consommateur final depuis le producteur
Centrale *f* d'achat	Organisation qui centralise les achats pour les distributeurs adhérents prenant en charge les conditions commerciales
Circuit m de distribution	Ensemble des canaux utilisés pour assurer l'acheminement d'un produit au consommateur final
Commerce *m* associé	Ensemble de distributeurs qui s'approvisionnent collectivement
Commerce *m* électronique	Commercialisation de produits via Internet
Commerce *m* indépendant	Ensemble des distributeurs qui gèrent les achats indépendamment (petit commerce)
Commerce *m* intégré	Ensemble des distributeurs dont les achats sont gérés par une centrale d'achat*
Détaillant *m*	Commerçant qui vend au détail, en petites quantités
Distributeur *m*	Commerçant ou l'acteur commercial qui vend les produits auprès du consommateur ou des entreprises

---

64 Voir chap. 28 Le marketing II, 28.23 Les types d'achat.
65 Voir Amerein et al. (1996), pp. 260ss.

Distribution *f* commerciale	Ensemble des opérations par lesquelles les produits sont mis à la disposition du consommateur final
Distribution f exclusive	Stratégie de distribution qui consiste à choisir un seul distributeur dans une zone géographique déterminée
Distribution *f* intensive	Stratégie de distribution qui consiste à rechercher le plus grand nombre possible de distributeurs
Distribution *f* sélective	Stratégie de distribution qui consiste à choisir un nombre limité de distributeurs dans une zone géographique déterminée
Droit *m* de référencement	Contribution payée par un producteur au distributeur pour obtenir le référencement*
Enseigne *f*	Appellation, forme ou image d'un point de vente et d'une entreprise commerciale, servant de publicité extérieur
Facing *m* (angl.)	Présentation des produits de sorte que le client les voit de face
Grand magasin *m*	Magasin situé en centre-ville offrant en rayons* spécialisés des grandes marques à des prix assez élevés
Grande surface *f*	Magasin en libre-service étalé sur plus de 400 m²
Grande surface f spécialisée (grand magasin *m* spécialisé)	Grande surface* spécialisée dans la vente de produits particuliers tels que les livres, chaussures, meubles, etc.
Grossiste *m*	Commerçant qui achète les produits en grande quantité aux fabricants pour les revendre en quantités réduites aux détaillants*
Hard discount *m* (angl.) (Maxi discompte *m*)	Magasin en libre-service qui se caractérise par des prix de vente très bas et un assortiment restreint
Hypermarché *m*	Grande surface* qui propose un grand choix en produits alimentaires et en non alimentaires à des prix assez bas
Libre-service *m*	Faculté laissée au client de choisir les produits exposés et de se servir lui-même
Linéaire *m*	Espace de vente occupé par un produit
Magasin *m* à succursales	Groupes commerciaux dont la maison-mère possède une centrale d'achat et dirige la politique du groupe
Magasin *m* populaire	Magasin situé en centre-ville offrant des produits alimentaires et généraux à des prix assez bas
Merchandising *m* (angl.) (Marchandisage *m*)	Mise en linéaire des produits dans le but d'optimiser leur écoulement
Produit *m* d'appel	Produit vendu à un prix qui ne permet pas de profit mais qui peut induire des ventes dans le même commerce
Rayon *m*	Ensemble de meubles de présentation composé de tablettes niveau sol, niveau main, niveau yeux et des tablettes supérieures
Référencement *m*	Accord du distributeur de vendre les produits d'un fabricant
Service *m* après-vente (SAV)	Service d'une entreprise assurant la mise en marche, l'entretien et la réparation d'un bien que cette entreprise a vendu
Superette *f*	Supermarché* de proximité de petite taille (90 m² à 400 m²) proposant un assortiment étroit assurant l'alimentation de base

Supermarché *m*	Grande surface allant de 1.000 m² à 3.500 m² avec une offre alimentaire large et variée
Technico-commercial *m*	Salarié de la force de vente qui possède une double compétence technique (produit) et commerciale (négociation)
Vente *f* à distance	Toute vente réalisée par catalogue, Internet, mobile ou télévision sans prise de contact physique entre acheteur et vendeur
Vente *f* par correspondance (VPC)	Tout mode de vente avec prise de contact par catalogue
Voyageur-représentant-placier m (VRP)	Personne salariée ou indépendante dont la fonction est de prospecter une clientèle de particuliers ou d'entreprises pour le compte d'un ou plusieurs employeurs
Zone *f* de chalandise	Espace géographique entourant un point de vente et contenant ses clients potentiels

Activités

📖 Compréhension

[1]   Parmi les fonctions de la distribution, précisées au paragraphe 30.4.1, nommez celles qui intéressent en premier lieu dans le contexte marketing ?

[2]   Nommez des exemples de ventes par circuit direct. Quels sont les avantages et inconvénients ?

[3]   Quels sont les avantages et les risques d'une distribution sélective ou exclusive ?

[4]   Nommez des conditions favorables que les commerçants peuvent obtenir en se regroupant.

[5]   Quels produits sont souvent vendus à domicile et par distributeur automatique ?

✍ Travail écrit

En vous référant à la figure 30.4.2, décrivez les contraintes à considérer dans le choix du circuit de distribution.

☺ Discussion

1.   Quels sont, à votre avis, les canaux de distribution adaptés pour les produits suivants : montres Cartier, téléviseurs, voyages, légumes, habillement (voir figure 30.4.2) ?

2.   Acheter en magasin ou via Internet, avec vendeur ou en libre-service, etc. ? Quelle(s) forme(s) de vente/achat préférez-vous ? Pourquoi ?

3.   À votre avis, le *merchandising* est-t-il une technique efficace pour manipuler le comportement du consommateur ?

✿ Jeu de rôle

Simulez le déroulement d'une négociation commerciale entre un producteur et un distributeur (Thèmes : *référencement, quantités, prix, marge, publicité, actions promotionnelles, etc.*).

🏛 Thèmes d'exposé

1. La réglementation de la vente – interdictions et restrictions
2. Le *e-commerce* –définition, formes, avantages et limites
3. Le défi du « référencement » dans la grande distribution et sur Internet
4. Le *trade-marketing* – définition et utilité

🖥 Recherche

1. Recherchez les statuts et les missions des agents commerciaux, commissionnaires et courtiers.
2. Recherchez des informations sur la nouvelle forme de commerce appelée « drive ».

31 La gestion financière I – La comptabilité

Les deux prochains chapitres traitent de la finance. Nous commençons par présenter les notions de base de la comptabilité générale. Après avoir défini la comptabilité et ses techniques, nous présenterons les principes comptables élémentaires. Ensuite, nous étudierons le contenu et le rôle des comptes annuels, notamment le bilan et ses variantes, le compte de résultat, l'annexe et le tableau de financement.

Questions

1. Qu'est-ce que la comptabilité ? Quelles sont ses techniques ? Qui sont les utilisateurs ?
2. Qu'est-ce qu'un compte ? Comment les opérations comptables sont-elles enregistrées ?
3. Quels sont les grands postes d'un bilan (comptable, financier et fonctionnel) ?
4. Que signifient les termes « fonds de roulement, besoin en fonds de roulement et trésorerie » ?
5. Quelles sont les rubriques d'un compte de résultat ?
6. Quels sont les soldes intermédiaires mis en évidence par le compte de résultat et quelle est leur utilité ?
7. Quel est le contenu essentiel de l'annexe ?
8. Quelles sont les informations fournies par le tableau de financement ?

Informations

Document 31.1 : Les définitions de la comptabilité générale et de la comptabilité analytique

(1) La comptabilité générale a pour vocation d'enregistrer les transactions des organisations, principalement des entreprises, avec leur environnement, afin de déterminer périodiquement sous forme synthétique leur situation patrimoniale et financière ainsi que le résultat global de leurs opérations. (Christian Hoarau, *Comptabilité et management*, Sup'Foucher Paris 2010)

(2) La comptabilité analytique est un outil d'aide à la prise de décision des responsables dans l'entreprise. (...) Elle a ainsi pour objet de calculer les coûts et de déterminer les marges ainsi que le résultat analytique par type de produit ou activité. (Christian Hoarau, *Comptabilité et management*, Sup'Foucher Paris 2010)

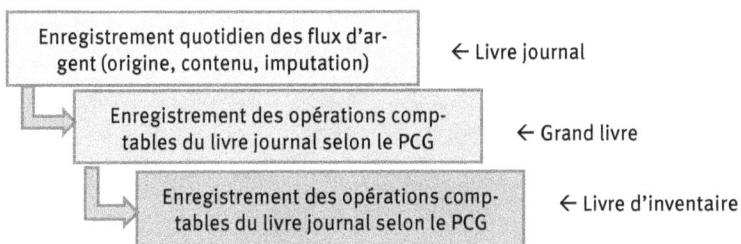

Enregistrement quotidien des flux d'argent (origine, contenu, imputation)	← Livre journal
Enregistrement des opérations comptables du livre journal selon le PCG	← Grand livre
Enregistrement des opérations comptables du livre journal selon le PCG	← Livre d'inventaire

Figure 31.2 : Les livres comptables

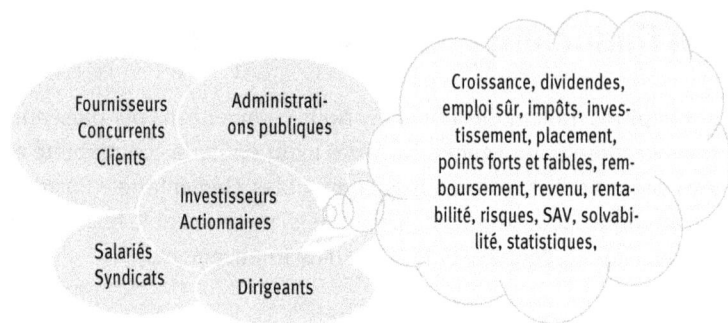

Figure 31.3 : Les destinataires des informations comptables

N° de compte	Intitulé	Débit	Crédit
606	Achat de marchandises	300	
44571	TVA déductible	60	
401	Fournisseur A		360
	Total	**360**	**360**

Tableau 31.4 : Le compte – Achat de marchandises

N° de compte	Intitulé	Débit	Crédit
411	Vente de produits		300
44571	TVA déductible		60
707	Client Dupont	360	
	Total		**360**

Tableau 31.5 : Le compte – Vente de produits

Figure 31.6 : Le bilan comptable simplifié

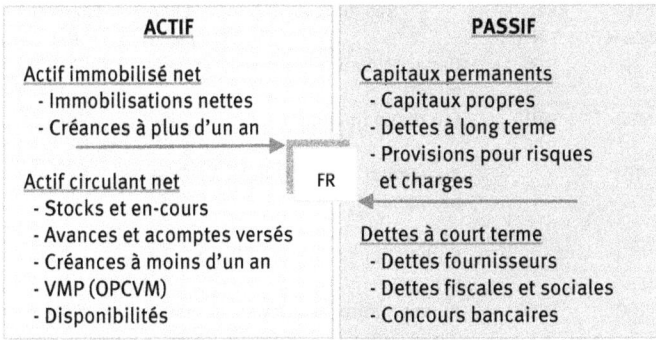

Figure 31.7 : Le bilan financier simplifié et le fonds de roulement

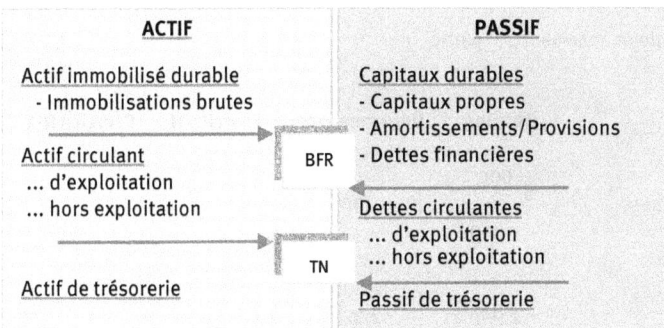

Figure 31.8 : Le bilan fonctionnel simplifié, le besoin en fonds de roulement et la trésorerie nette

Parties *Rubriques*	Postes
Charges d'exploitation	Achat de marchandises Dotations aux amortissements Salaires, cotisations sociales, impôts, taxes
= *Résultat d'exploitation*	
Produits financiers	Participations et VMP Reprises financières sur provisions financières Différences positives de change
Charges financières	Intérêts d'emprunt et agios Dotations aux amortissements et provisions Différences négatives de change
= *Résultat financier*	
Charges exceptionnelles	Pertes issues des cessions de valeurs mobilières et immobilières Indemnités déboursées, amendes et pénalités
= *Résultat exceptionnel*	
- Participations des salariés aux bénéfices - Impôts sur les bénéfices	
Résultat net = Total des produits – Total des charges	

Tableau 31.9 : Le compte de résultat simplifié

Emploi	Exer-cice N	Exercice N-1	Ressources	Exer-cice N	Exercice N-1
Distribution de dividendes	20	25	Capacité d'autofinancement	450	330
Acquisitions d'immobilisations	900	400	Cession d'immobilisation	15	60
Charges à répartir sur plusieurs exercices	10		Augmentation de capital par apports	200	
Réduction des capitaux propres			Subventions d'investissement		
Remboursement des dettes financières	200	150	Augmentation des dettes financières	300	200
Total des emplois (II)	**1.130**	**575**	**Total des ressources** (I)	**955**	**590**
Variation du FR ressource nette (I-II)		**15**	**Variation** du FR emploi net (II-I)	**175**	

Tableau 31.10 : Le tableau de financement 1ière partie[1]

Variation du FR	Besoins	Dégagements	Exercice N	Exercice N-1
Variation d'exploitation				
Stocks et en-cours	600			
Avances et acomptes versés		100		
Créances clients	2.300			
Avances et acomptes reçus		70		
Dettes fournisseurs		2.800		
Totaux	*2.900*	*2.970*		
A Variation nette exploitation			70	140
Variation hors exploitation				
Autres débiteurs	12	1.800		
Autres créditeurs				
Totaux	*12*	*1.800*		
B Variation nette hors exploitation			1.778	-150
Total A + B				
Besoin er FR				-10
Dégagement en FR (A+ B)			1.848	
Variation trésorerie				
Variation des disponibilités		120		
Variation des concours bancaires	1.400			
Totaux	*1.400*	*120*		
C Variation nette de trésorerie			-1.280	-450
Variation du FR (total A+B+C)				
Emploi net ou ressource nette			562	-460

Tableau 31.11 : Le tableau de financement, 2e partie[2]

---

[1] Voir Langlois/Mollet (2002), pp. 94, chiffres modifiés.
[2] Voir ibidem, pp. 97, chiffres modifiés.

Ouvrages

Grandguillot, Béatrice et Francis, *Analyse financière. Activité – rentabilité – structure financière – tableau des flux,* Gualino Paris 2002

Hoarau, Christian, *Comptabilité et management*, Sup'Foucher Paris 2010

Honoré, L., *Gestion financière*, Nathan Paris 2001

Langlois, Georges/Mollet, Michèle, *Gestion financière*, DEFC épreuve n° 4, Foucher Paris 2002

Leclère, Didier, *L'essentiel de la comptabilité analytique*, Les éditions d'organisation Paris 1997

Ogien, Dov, *Gestion financière de l'entreprise*, MAXI Fiches, Dunod Paris 2008

Pérochon, Claude, *Comptabilité générale*, TQG1, Foucher Paris 1995

Sauvageot, Georges, *Précis de finance*, 1ère édition 1997, Repères pratiques, Nathan Paris 2001

Internet

Larousse [en ligne] : http://www.larousse.fr

Plan comptable [en ligne] : http://www.plancomptable.com

L'essentiel

!

31.1 La définition et les techniques de la comptabilité

De manière générale, la comptabilité est un « instrument fondamental de la connaissance des phénomènes économiques par l'établissement et la tenue des comptes, l'enregistrement et le classement des mouvements de valeurs impliqués par une activité économique »[3]. En termes simples, elle est une technique de mesure et d'enregistrement de l'activité économique d'une entreprise qui permet aux utilisateurs d'expliquer et d'évaluer des informations financières chiffrées. On distingue deux techniques de la comptabilité : la comptabilité générale et la comptabilité analytique (doc. 31.1).[4]

31.1.1 La comptabilité générale

La comptabilité générale (ou financière) est une obligation légale et soumise à des règles juridiques précisées par le Plan comptable général (PCG).[5]

---

3 Voir Larousse [en ligne], *Comptabilité*. Disponible à l'URL : http ://www.larousse.fr/dictionnaires /francais/comptabilit%C3%A9/17801?q= comptabilit%C3%A9#17671, consulté le 5-2-2016.

4 Une troisième technique de la comptabilité est la comptabilité nationale. Étant une technique macroéconomique, elle est traitée dans la 1ère partie Économie générale, chap. 1 L'économie et son objet.

5 Plan comptable [en ligne], *Objet et principes de la comptabilité*. Disponible à l'URL : http :// www.plancomptable.com/titre-I/titre-I_chapitre-II.htm, consulté le 4-2-2016.

La comptabilité générale enregistre les opérations réalisées avec l'extérieur en vue d'informer sur la situation financière de l'entreprise et de déterminer la valeur et le revenu de l'entreprise. Dans ce but, les comptables d'une entreprise sont chargés de la tenue des livres comptables (fig. 31.2), de l'élaboration des comptes annuels, de l'établissement des déclarations fiscales et de la gestion de la trésorerie. 🖺[1] Ainsi, la comptabilité livre des informations de manière continue et périodique sous formes de tableaux appelés « états financiers » ou « comptes annuels ».[6]

Les informations comptables sont utilisées par les dirigeants de l'entreprise pour prendre des décisions de gestion, mais elles sont principalement destinées à des utilisateurs extérieurs. Elles intéressent particulièrement les fournisseurs, les clients, les concurrents, les créanciers de l'entreprise ainsi que les investisseurs. Afin de déterminer les impôts, les taxes et les cotisations sociales, l'État et les administrations publiques s'en servent pour évaluer et taxer le revenu de l'entreprise (fig. 31.3).[7] [1]

31.1.2 La comptabilité analytique

Contrairement à la comptabilité générale, la comptabilité analytique, encore appelée comptabilité de gestion ou managériale, est facultative. En outre, elle n'est pas soumise à des règles juridiques strictes et, en principe, destinée à l'usage interne. Ce sont surtout les gestionnaires qui s'intéressent aux informations recueillies pour prendre des décisions de gestion. La comptabilité analytique fournit des informations concernant la structure des coûts. Ses tâches comprennent, entre autres, le calcul des coûts fixes ou variables par produit, l'analyse comparative des coûts, l'établissement des marges (voir 31.3.3.1) et des coûts de revient (voir 31.3.3.2) ainsi que le contrôle de la rentabilité. Ainsi, elle permet de localiser les domaines de performance et de non-performance d'une entreprise. Elle est également utile à la comptabilité générale, à laquelle elle fournit, par exemple, des indications de calcul de la valeur des stocks*.[8]
🖎[1]

31.1.3 Les comptes

Nous avons appris que la comptabilité enregistre et classe des mouvements de valeurs qui correspondent à des flux. Pour ce faire, elle utilise des comptes. Le compte*

6 Voir Pérochon (1995), p. 5.
7 Voir Leclère (1997), pp. 2s.
8 Voir ibidem, pp. 2–5. La comptabilité analytique n'est pas l'objet de cet ouvrage. Désormais, le terme comptabilité sera utilisé dans le sens de comptabilité générale ou financière. Quant aux notions « coûts fixes, variables » et « marge », voir chap. 30 Le marketing IV, 30.2 La politique de prix.

est un document comptable destiné à l'enregistrement des opérations réalisées par l'entreprise. Il se divise en deux parties : le débit et le crédit.

Au débit*, à la partie gauche du compte, sont enregistrées les sorties de flux réels et financiers correspondant, par exemple, à la livraison et au paiement de marchandises achetées. Au crédit*, à la partie droite du compte, figurent les entrées de flux réels et financiers représentant, par exemple, la livraison et le paiement de produits vendus. Le mouvement comptable est constaté dans ce qui est appelée une écriture comptable* (tab. 30.4 et tab. 30.5). Si le total des débits est égal au total des crédits, le solde du compte est nul. Le solde est débiteur lorsque le total des débits est supérieur au total des crédits. À l'inverse, si le total des crédits dépasse le total des débits, le solde est créditeur. Après enregistrement de tous les flux d'entrée et de sortie réalisés au cours de l'exercice*, on obtient le niveau du stock à la date de clôture*.[9]

Le principe fondamental de la comptabilité est l'enregistrement en partie double*. ▦[2] Chaque opération est inscrite à la fois au débit et au crédit d'un ou de plusieurs comptes (caisse, banque, client, ventes, achats, etc.), chacun divisé en débit et crédit. Pour vérifier qu'une comptabilité satisfait bien à cette règle, on établit la balance* des comptes qui est la liste complète de tous les comptes avec leurs soldes. Le total des soldes débiteurs doit être égal au total des soldes créditeurs. Dans ce cas, on dit que la balance est équilibrée.[10]

31.1.4 Le plan comptable général

Le plan comptable général (PCG) distingue huit classes de comptes regroupées en trois catégories : les comptes de bilan (classes 1 à 5), les comptes de résultat (classes 6 et 7) et les comptes spéciaux (classe 8). ▭[1] Le PCG établit un cadre très précis concernant l'élaboration des documents comptables et l'écriture comptable en France. Le système d'enregistrement peut cependant varier en fonction de la taille de l'entreprise. Trois systèmes sont possibles : le système de base, le système abrégé et le système développé.[11]

Le système de base répondant à des dispositions minimales est établi par les entreprises de moyenne ou de grande taille. Il comprend une liste des comptes, un bilan, un compte de résultat et une annexe. Le système abrégé concerne les PME dont le chiffre d'affaires est inférieur à 1 million d'euros. Il comprend une liste abrégée de comptes ainsi que des variantes abrégées de bilan, de compte de résultat et l'annexe.

---

9 Voir Pérochon (1995), p. 6.

10 Voir ibidem, pp. 21s.

11 Voir Plan comptable [en ligne], *Règles d'établissement et de présentation (511-7)*. Disponible à l'URL : http://www.plancomptable.com/titre-V/titre-V_chapitre-I_section-1.htm et ibidem, *Plan de comptes général (432-1)*. Disponible à l'URL : http://www.plancomptable.com/titre-IV/titre-IV_chapitre-III_section-2.htm, consultés le 6-2-2016.

Le système développé, facultatif, ajoute aux listes prévues dans le système de base, des états complémentaires tels que les soldes intermédiaires de gestion et le tableau de financement. Ci-dessous, les documents comptables sont successivement décrits.

31.2 Le bilan

Le bilan est un document de synthèse qui représente la situation patrimoniale d'une entreprise à une date donnée. Il est établi annuellement à la fin de l'exercice comptable d'une durée de 12 mois en général. Photographie des biens et des engagements de l'entreprise, il informe sur ce que l'entreprise possède, l'actif*, et ce qu'elle doit, le passif*. Le bilan est nécessairement équilibré le passif étant toujours équivalent à l'actif.[12] L'actif et le passif sont représentés soit sous forme de tableau en colonnes, l'une à côté de l'autre, soit sous forme de liste rangée l'une en dessous de l'autre. Il est détaillé en grandes masses qui sont elles-mêmes subdivisées en postes (fig. 31.6).

En faisant varier le contenu, c'est-à-dire le classement et les critères d'évaluation des postes, on obtient trois variétés de bilans : le bilan comptable, le bilan financier et le bilan fonctionnel.

31.2.1 Le bilan comptable

Le bilan comptable se compose de deux parties (ou colonnes) : l'actif et le passif.[13]

Les éléments de l'actif du bilan représentent les emplois de l'entreprise. L'actif se compose de deux grandes masses. En haut du bilan se trouve l'actif immobilisé* regroupant les biens durables dont l'entreprise est propriétaire : les immobilisations*. Elles se composent d'immobilisations corporelles, incorporelles et financières. Le bas du bilan représente l'actif circulant* qui comprend des éléments qui ne restent pas durablement dans l'entreprise et/ou qui sont transformés. Ses postes essentielles sont les stocks et les en-cours, les avances et les acomptes versés, les créances clients*, les valeurs mobilières de placement*[14] (VMP) et les disponibilités*. [2]

Les éléments formant le passif du bilan constituent les ressources de l'entreprise. Le passif comprend trois grandes masses : les capitaux propres, les provisions et les capitaux étrangers.

---

12 Voir Ogien (2008), p. 10.

13 Pour la description du bilan, voir Honoré (2001), pp. 20–23, Grandguillot (2002), pp. 73–78 et Ogien (2008), pp. 10–13.

14 Il s'agit ici de titres financiers (actions, obligations, OPCVM) acquis à court terme dans le but de placer un surplus de trésorerie pour en tirer un gain. Voir aussi 1ère partie Économie générale, chap. 14 Le marché financier, 14.2 Le marché des valeurs mobilières.

Les capitaux propres comprennent le capital social[15], les réserves et le résultat de l'exercice (voir plus bas 13.3). Parmi les réserves comptables*, on distingue les réserves légales obligatoires, les réserves statutaires et les réserves réglementées. 📖[3] Les provisions* se composent des provisions pour risques* et des provisions pour charges*. Les premières sont constituées pour faire face au règlement d'un litige* probable avec un client ou un fournisseur, pour équilibrer des pertes de change ou pour payer des pénalités* ou amendes*. Les deuxièmes sont formées pour se prémunir contre l'apparition de charges probables (réparations importantes) ou futures (impôts, charges sociales). En bas du passif, on trouve les capitaux étrangers divisés en fonction de la durée de l'endettement. Les dettes à long terme sont les emprunts bancaires et obligataires[16]. Les dettes à court terme sont des dettes envers les fournisseurs, l'État et les salariés (fig. 31.6). [3]

À partir du bilan comptable, il est possible d'établir un bilan financier et un bilan fonctionnel.

31.2.2 Le bilan financier

Le bilan financier (ou bilan liquidité) est construit dans le point de vue du prêteur. Sa préoccupation est d'évaluer le risque financier des créanciers. C'est pourquoi il est classé selon les critères de liquidité* et d'exigibilité* croissantes. La liquidité est le délai nécessaire pour transformer les éléments d'actif en monnaie. Plus le délai est long plus la liquidité est faible. L'exigibilité est la durée pendant laquelle l'entreprise peut disposer d'une source de financement. Plus la durée est longue plus l'exigibilité est faible.[17] Pour identifier la liquidité et la solvabilité d'une entreprise, le bilan comptable nécessite un reclassement des postes d'actif et de passif à plus d'un an et à moins d'un an. Ainsi, dans un bilan financier, on trouvera en haut de l'actif les éléments les moins liquides et en haut du passif les éléments les moins exigibles. [4]

Les postes de l'actif sont évalués à la valeur la plus proche possible de leur valeur de liquidation* et à leur valeur nette*, c'est-à-dire la valeur potentielle en cas de vente. Il faut donc diminuer de la valeur de l'actif les amortissements* et provisions pour dépréciation*, car la valeur du patrimoine de l'entreprise est diminuée au fur et à mesure (fig. 31.7).[18]

Les informations financières fournies par le bilan financier mettent en évidence la solvabilité de l'entreprise, mais aussi ses capacités d'endettement et le fonds de roulement (voir plus bas 31.4). ✍[2]

---

15 Voir chap. 19 L'approche juridique de l'entreprise I, 19.2.1 Les apports.

16 Les emprunts bancaires et obligataires sont décrits au chapitre 32 Le financement de l'entreprise, voir 32.2.3 et 32.2.4.

17 Voir Sauvageot (2001), pp. 26s.

18 Voir Grandguillot (2002), pp. 113–117.

31.2.3 Le bilan fonctionnel

L'analyse fonctionnelle du bilan classe les éléments de l'actif et du passif selon trois fonctions, à savoir l'investissement, le financement et l'exploitation.

La fonction d'investissement regroupe les éléments figurant dans l'actif immobilisé exprimés en valeurs brutes. [5] La fonction de financement comprend les ressources stables placées en haut du passif. La fonction d'exploitation rassemble les éléments circulants du bas de l'actif et du passif. Les fonctions correspondent également à des cycles d'opérations, soit longs soit courts. Les cycles longs sont le cycle d'investissement exigeant des emplois stables ainsi que le cycle de financement nécessitant des ressources stables. Le cycle d'exploitation est un cycle court qui regroupe l'ensemble des opérations et des décisions liées à la réalisation de l'activité de l'entreprise : les stocks et leur volume, la durée du crédit accordé aux clients et la durée du crédit consenti par les fournisseurs. Les emplois cycliques à l'actif correspondent à un besoin de financement. Les ressources cycliques figurant au passif constituent des moyens de financement.[19] Le bilan fonctionnel fait donc apparaître quatre grandes parties : à l'actif les emplois stables et l'actif circulant, au passif les ressources stables et le passif circulant.

Les emplois stables regroupent les immobilisations brutes et d'autres emplois à plus d'un an. L'actif circulant comprend les emplois cycliques ou temporaires. Ce sont les stocks et les crédits clients se renouvelant continuellement, les créances non directement liées à l'exploitation (par ex. les avoirs fiscaux) ainsi que les titres de placement et les disponibilités. L'actif circulant doit être financé par le passif circulant (ou les dettes circulantes).

Les ressources stables, figurant au passif, sont constituées par les capitaux propres, les amortissements, les provisions pour risques et pour charges ainsi que les dettes à long terme. Le passif circulant comprend les ressources cycliques telles que les crédits interentreprises constituant des dettes à renouvellement automatique, les dettes non directement liés à l'exploitation (par ex. les dettes fiscales) et les découverts bancaires[20] (fig. 31.8).

Contrairement au bilan financier qui évalue les postes de l'actif à leur valeur nette, le bilan fonctionnel reprend les valeurs brutes avant amortissements et provisions pour dépréciation. Les amortissements et provisions pour dépréciation sont inscrits au passif avec les capitaux propres.[21] $\mathscr{E}^2$

La lecture du bilan fonctionnel permet d'identifier des besoins de financement générés par le cycle d'exploitation. Deux indicateurs servent à déterminer l'équilibre financier de l'entreprise : le fonds de roulement et le besoin en fonds de roulement.

---

19 Voir Honoré (2001), pp. 34s.
20 Pour plus de détails sur les découverts et les crédits interentreprises, voir chap. 32 La gestion financière II, 32.3.1 et 32.3.4.
21 Voir Grandguillot (2002), pp. 93–97.

31.2.4 Le fonds de roulement et le besoin en fonds de roulement

Pour préserver l'équilibre financier minimum, les emplois immobilisés doivent être financés par les ressources d'une durée au moins équivalente. Par conséquent, il faut que la valeur des capitaux stables soit supérieure ou égale à la valeur des actifs à long terme.

Le fonds de roulement* (FR) met en évidence le rapport entre les deux grandes masses du bilan. Il représente la partie de l'actif circulant qui est financée par les ressources disponibles à long terme.[22] Lorsqu'il est positif, il constitue une garantie de liquidité de l'entreprise. Plus il est important plus l'équilibre financier est assuré. Les prêteurs utilisent le FR afin de déterminer la solvabilité d'une entreprise.[23] Le FR peut être calculé soit par le haut soit par le bas du bilan financier (FR financier ou patrimonial) ou du bilan fonctionnel (FR fonctionnel ou FRNG[24]). En partant du haut du bilan financier, on diminue des capitaux stables les actifs immobilisés. Il en est de même si on déduit les actifs circulants des passifs à court terme (fig. 31.7). On peut aussi se servir du bilan fonctionnel en découpant les ressources stables des emplois stables ou en soustrayant les actifs et les passifs du bas du bilan. Le FR évolue lorsque les postes constituant les grandes masses se modifient.[25] [6] ✍³

Le besoin en fonds roulement* (BFR) est issu du besoin de financement du cycle d'exploitation de l'entreprise. Il résulte du décalage entre les achats et les ventes des biens, car les achats auprès des fournisseurs n'entraînent pas simultanément les paiements des clients.[26] Le BFR est obtenu à partir du bilan fonctionnel (fig. 31.8). Il est calculé en diminuant les besoins d'exploitation représentés à l'actif circulant (stocks, créances clients, avances et acomptes versés) des ressources d'exploitation figurant au passif circulant (dettes fournisseurs, dettes fiscales et sociales, avances et acomptes reçus).[27] Le BFR peut être en totalité ou en partie compensé par des capitaux permanents. Dans ce cas, le fonds de roulement est positif. Le cas échéant, le restant éventuel du besoin en fonds de roulement devra être financé par des crédits à court terme.[28] [7]

---

22 Voir, entre autres, Langlois/Mollet (2002), p. 35 et Honoré (2001), p. 28.
23 Voir Grandguillot (2002) pp. 101s et Ogien (2008), p. 42.
24 Fonds de roulement net global.
25 Voir Honoré (2001), pp. 28s et Langlois/Mollet (2002), pp. 35s.
26 Le décalage à financer est aussi thématisé dans le chapitre 32 La gestion financière II, notamment 32.1. Voir aussi la figure 32.2 Le besoin de financement de l'exploitation.
27 Voir Langlois/Mollet (2002), pp. 36s.
28 Pour les crédits à court terme, voir chap. 32, La gestion financière II, 32.3.1. Les crédits de trésorerie.

31.2.5 La notion de trésorerie

La trésorerie* constitue l'ensemble des capitaux disponibles pour assurer le règlement des engagements générés par l'activité de l'entreprise. Pour connaître son montant à un moment donné, on calcule la trésorerie nette (TN) à partir du bilan fonctionnel (fig. 31.8) en diminuant de l'actif de trésorerie (disponibilités et VMP) le passif de trésorerie (concours bancaires). En outre, la notion de la trésorerie est aussi directement liée à celles du FR et du BFR. Nous avons vu que le FR doit couvrir le BFR. Toute différence entre ces deux grandeurs engendre un déséquilibre de bilan. La trésorerie de l'entreprise permet donc de rétablir l'équilibre du bilan. Ainsi, on peut construire les trois équations suivantes.

$$BFR = FR - TN \quad \Rightarrow \quad FR = BRF + TN \quad \Rightarrow \quad TN = FR - BFR$$

Trois situations sont possibles. Lorsque le FR est égal au BFR, les ressources financières de l'entreprise suffisent pour satisfaire les besoins. Sa situation est équilibrée, mais elle n'a pas de réserves. Dans le cas où le FR est supérieur au BFR, la trésorerie est positive. L'entreprise dispose de disponibilités, le FR couvre le BFR. Enfin, lorsque le FR est inférieur au BFR, la trésorerie est négative et l'entreprise doit rechercher des moyens financiers à court terme.[29] ✍[4]

31.3 Le compte de résultat

La deuxième pièce essentielle des comptes annuels d'une entreprise est le compte de résultat*. À la différence du bilan, qui représente la situation de l'entreprise à un moment donné, le compte de résultat s'intéresse uniquement à l'année passée. Sa lecture permet de déterminer les opérations qui ont contribué à un résultat positif ou à une perte. Le compte de résultat comprend deux parties, les produits* et les charges*, dont chacune est subdivisée en trois rubriques et celles-ci en postes. Ainsi, il fait apparaître trois résultats partiels, le résultat d'exploitation, le résultat financier et le résultat exceptionnel, et le résultat de l'exercice (fig. 31.9).[30]

31.3.1 Les produits

Les produits représentent des ressources obtenues par l'activité de l'entreprise et accroissant sa richesse. Ils sont classés en trois rubriques : les produits d'exploitation, les produits financiers et les produits exceptionnels.

---

29 Voir Honoré (2001), p. 32, Langlois/Mollet (2002), pp. 39s et Grandguillot (2002), p. 108.
30 Voir les descriptions d'Honoré (2001), pp. 36–39 et d'Ogien (2008), pp. 14–17.

Les produits d'exploitation découlant de l'activité normale de l'entreprise comprennent les marchandises vendues et/ou la production vendue, la production stockées, la production immobilisée*, les reprises sur provisions et amortissements ainsi que des éventuelles subventions d'exploitation. [8] Les produits financiers résultent des opérations financières. Ils sont issus des intérêts des prêts accordés, des revenus de participations, des produits sur cessions de valeurs mobilières de placement (VMP) et des différences positives de change. Les produits exceptionnels ne se renouvellent pas. Ils comprennent, entre autres, les indemnités perçues et les revenus de cessions d'immobilisations.

31.3.2 Les charges

Les charges représentent des emplois qui diminuent la richesse de l'entreprise. Comme les produits, elles se décomposent en trois rubriques : les charges d'exploitation, les charges financières et les charges exceptionnelles.

Les charges d'exploitation comprennent les consommations de matières premières et de biens, les frais de personnel, les impôts et taxes (sauf impôt sur les bénéfices), les loyers, les assurances, les dotations aux amortissements et aux provisions. Les charges financières regroupent les intérêts des emprunts, les escomptes[31] accordés aux clients et les pertes de change supportées. Parmi les charges exceptionnelles, on compte les pertes issues des cessions de valeurs mobilières et immobilières, les indemnités déboursées et les amendes et pénalités. Les derniers éléments des charges sont la participation des salariés au résultat de l'entreprise[32] et les impôts sur les bénéfices.

La différence entre la somme des produits et celle des charges constitue le résultat de l'exercice. Le résultat représente soit l'enrichissement soit l'appauvrissement de l'entreprise au cours de l'exercice.

31.3.3 Les soldes intermédiaires de gestion

Pour obtenir une meilleure analyse du résultat de l'entreprise et de sa rentabilité, le compte de résultat est décomposé en groupes de produits et de charges de même nature. Ainsi, on obtient des résultats intermédiaires, appelés soldes intermédiaires de gestion (SIG). Les SIG sont des comptes qui décrivent les différences partielles entre certains produits et certaines charges seulement. Le PCG distingue huit SIG.[33]

---

31 Voir chap. 32 Le marketing IV, 30.2.2 Les stratégie de prix.
32 Voir davantage sur la participation des salariés au résultat au chap. 25 La gestion des ressources humaines I, 25.4 La rémunération.
33 Voir Langlois/Mollet (2002), pp. 59–67, Honoré (2001), pp. 42–49 et Ogien (2008), pp. 22s.

31.3.3.1 La marge commerciale

La marge commerciale*[34], utilisée pour les entreprises commerciales, est définie comme l'excédent des ventes de marchandises, le chiffre d'affaires, sur le coût d'achat des marchandises vendues. Ce dernier est calculé en additionnant au prix d'achat des marchandises d'autres frais, tels que les frais de transport, de stockage et d'assurance, et en diminuant les rabais*, remises* et ristournes*.

$$\text{Marge commerciale = Prix de vente HT – Coût d'achat HT}$$

Il ne faut pas confondre la marge commerciale avec le bénéfice, car la marge doit couvrir toutes les charges de distribution. C'est pourquoi on l'appelle parfois « marge brute ». Pour désigner le pourcentage de gain (ou de perte) réalisé par l'activité commerciale, on calcule le taux de marge*. Il varie selon le secteur d'activité. 🖥² ✏⁵

$$\text{Taux de marge = Marge/Coût d'achat HT X 100}$$

31.3.3.2 La production de l'exercice

La production de l'exercice est un indicateur utilisé pour l'analyse financière des entreprises industrielles de production et de transformation. Elle comprend non seulement la production vendue, mais aussi la production stockée et la production immobilisée évaluées au coût de revient*. Elle permet de calculer la valeur totale de la production au cours d'un exercice et de suivre l'évolution de la production sur plusieurs années.

$$\text{Production de l'exercice =}$$
$$\text{Production vendue HT + Production stockée HT + Production immobilisée HT}$$

31.3.3.3 La valeur ajoutée

La valeur ajoutée* (VA) est la richesse nouvellement créée par l'entreprise. Elle est obtenue en soustrayant de la production de l'exercice ou/et de la marge commerciale les consommations intermédiaires de l'exercice fournies par des tiers. Lorsqu'une entreprise a une activité commerciale, on prend la marge commerciale. Lorsqu'elle a à la fois une activité industrielle et une activité commerciale, on additionne les deux valeurs.

$$\text{VA = Production de l'exercice – Consommations intermédiaires}$$
$$\text{VA = Marge commerciale – Consommations intermédiaires}$$

---

34 Voir aussi chap. 30 Le marketing IV, 30.2 La fixation du prix.

La VA forme une part de l'autofinancement de l'entreprise et sert à rémunérer les acteurs qui concourent au fonctionnement de l'entreprise. Elle mesure la contribution que l'entreprise apporte à l'économie du pays. C'est aussi un indicateur qui permet de classer l'entreprise selon la taille et d'informer sur l'évolution de ses activités.[35]

31.3.3.4 L'excédent brut d'exploitation

L'excédent brut d'exploitation* (EBE) est la part de la valeur ajoutée qui revient à l'entreprise et aux apporteurs de capitaux. Il peut être augmenté de subventions d'exploitation éventuelles. L'EBE est calculé avant déduction des amortissements.

Excédent brut d'exploitation = Valeur ajoutée + Subventions d'exploitation
– Impôts et taxes – Charges de personnel

L'EBE représente un résultat économique de l'entreprise sans prise en compte de sa politique de financement, de son système d'amortissement[36] ainsi que des éléments exceptionnels de son activité. Il permet d'évaluer ses performances industrielles et commerciales et d'analyser sa rentabilité économique. Lorsque les charges excèdent les produits, on parle d'insuffisance brute d'exploitation.

31.3.3.5 Le résultat d'exploitation

Le résultat d'exploitation est la différence entre les produits d'exploitation et les charges d'exploitation. Il est obtenu à partir de l'EBE.

Résultat d'exploitation = EBE + Autres produits + Reprises sur provisions d'exploitation + Transfert de charges[37] – Dotations aux amortissements et aux provisions d'exploitation – Autres charges

Le résultat d'exploitation mesure les performances d'exploitation générées par l'entreprise. Comme il est obtenu avant impôts sur le bénéfice, il permet d'analyser le résultat sans prise en compte de la politique financière (produits et charges financiers), mais avec prise en considération des amortissements et provisions.

---

35 Voir aussi 1ère partie Économie générale, chap. 4 La production, 4.3.2 La valeur ajoutée.
36 L'amortissement est abordé au chapitre 32 La gestion financière II, 32.2.3 Les emprunts bancaires.
37 Le transfert de charges est un poste qui permet de corriger des erreurs d'imputation, par exemple, lorsque l'allocation d'une charge ne correspond pas aux coûts des ventes de cet exercice.

31.3.3.6 Le résultat courant avant impôts

Le résultat courant avant impôts est le cumul du résultat d'exploitation et du résultat financier. Ce dernier est calculé par différence entre produits financiers et charges financières d'origine différente (financements, investissements, intérêts).

Résultat courant avant impôts = Résultat d'exploitation + Résultat financier

Le résultat avant impôts tient compte du mode de financement adopté par l'entreprise, par exemple, des intérêts des emprunts. Il est établi avant impôts sur le bénéfice et permet ainsi d'analyser le résultat de l'entreprise sans considération ni de la fiscalité ni des opérations exceptionnelles.

31.3.3.7 Le résultat exceptionnel

Le résultat exceptionnel est la différence entre les produits exceptionnels et les charges exceptionnelles. Il fait apparaître les opérations extraordinaires, dites « non récurrentes »[38], par opposition au résultat courant qui ne tient compte que des opérations ordinaires. Il permet d'isoler les opérations qui ne se répètent pas et qui, par conséquent, n'affecteront pas les résultats d'exercices ultérieurs.

31.3.3.8 Le résultat de l'exercice

Le résultat de l'exercice est égal à la différence entre la somme des produits et la somme des charges. Il peut être calculé à partir du résultat courant avant impôts et du résultat exceptionnel. Il est diminué par les impôts sur les bénéfices et la participation des salariés aux résultats de l'entreprise[39].

Résultat de l'exercice = Résultat courant avant impôts + Résultat exceptionnel – Impôts sur les bénéfices – Participation des salariés

S'il est positif, on parle de bénéfice, s'il est négatif, il s'agit d'une perte. Le résultat se répartira entre les réserves, les dividendes et le report à nouveau*. Le résultat de l'exercice indique l'enrichissement ou de l'appauvrissement réalisé au cours de l'exercice. Il apparaît au passif du bilan avant répartition. À partir du résultat net d'impôts se calcule la capacité d'autofinancement[40] de l'entreprise. Les SIG sont des indicateurs de prévision utiles aux dirigeants. Ils permettent de mener une analyse de la rentabilité économique de l'entreprise.

---

38 Voir Langlois/Mollet (2002), p. 66.
39 Voir chap. 25 La gestion des ressources humaines I, 25.4.3 Les paiements différés.
40 Voir chap. 32 La gestion financière II, 32.1 L'autofinancement.

31.4 L'annexe

L'annexe* est un document comptable qui rassemble les informations nécessaires à une meilleure compréhension du bilan et du compte de résultat. Elle fournit des informations obligatoires et des informations significatives telles que les dérogations* à l'application des règles comptables et les méthodes utilisées.[41] 📖 4

31.5 Le tableau de financement

Prévu par le plan comptable général (PCG §. 532–10), le tableau de financement récapitule l'ensemble des ressources dont dispose l'entreprise et les emplois qu'elle en a fait. On peut l'établir à partir de deux bilans fonctionnels de deux exercices consécutifs (N–1 et N). Son objectif est de calculer et d'analyser la variation du FR. Il est constitué de deux parties.[42]

31.5.1 La 1ère partie du tableau de financement

Le tableau de financement 1 (fig. 31.10), appelé « tableau des emplois et des ressources », récapitule les variations des ressources et des emplois stables de l'exercice et permet le calcul de la variation du fonds de roulement. Il est établi à partir des éléments du haut du bilan fonctionnel indiqués en valeurs brutes. La colonne « emplois » correspond aux opérations qui diminuent le FR. La colonne « ressources » représente les opérations qui augmentent le FR.

Le tableau montre si la société a généré des ressources suffisantes pour financer ses investissements. En faisant la différence entre le total des ressources et le total des emplois, on obtient le montant indiquant la variation du FR. Lorsque les ressources sont supérieures aux emplois, il s'agit d'une ressource nette, le FR a augmenté. Au cas où les ressources sont inférieures aux emplois, il s'agit d'un emploi net qui correspond à une diminution du FR.[43] [9]

---

41 Voir Plan comptable [en ligne], *Annexe*. Disponible à l'URL : http://www.plancomptable.com/titre-I/130-4_annexe.htm, consulté le 6-2-2016.

42 Ils existent d'autres modèles de tableau de financement : le tableau de la centrale de bilans de la Banque de France et le tableau des flux de trésorerie de l'Ordre des experts comptable. Voir Ogien (2008), pp. 62–68.

43 Voir Grandguillot (2002), p. 136 et Ogien (2008), p. 52. Pour les modèles de tableaux de financement, voir le Plan comptable [en ligne], *Comptes annuels*. Disponible à l'URL : http://www.plancomptable.com/comptes_annuels/comptes_annuels.htm, consulté le 6-2-2016.

31.5.2 La 2ᵉ partie du tableau de financement

Le tableau de financement 2 (fig. 31.11), appelé « tableau des besoins et des dégagements », est établi à partir du bas du bilan fonctionnel et présente les variations des
actifs et des passifs circulants, à savoir les actifs et les passifs d'exploitation, hors
exploitation et de trésorerie. Les variations représentent des besoins ou des dégagements de FR. Les variations qui augmentent le FR sont les besoins. Les variations qui
diminuent le FR sont les dégagements. Il s'agit alors d'un besoin à financer lorsqu'un
poste de l'actif circulant augmente ou un poste du passif circulant diminue. Les dégagements sont créés lors d'une diminution des postes de l'actif circulant ou d'une
augmentation des postes du passif circulant. [10]

Le tableau de financement permet d'évaluer les effets de la variation du FR et
d'analyser les causes de son évolution.[44]

Vocabulaire

Actif *m*	Ensemble des éléments du bilan qui constituent le patrimoine d'une entreprise '
Actif *m* circulant	Ensemble des éléments servant au cycle d'exploitation (stocks*, créances clients*, VMP*, disponibilités*)
Amortissement *m* comptable	Constatation comptable de la dépréciation d'une immobilisa-tion*
Annexe *f* comptable	Document comptable obligatoire qui commente les informa-tions données par le bilan* et le compte de résultat*
Balance *f* des comptes	Document comptable qui reprend le total des mouvements débit et crédit d'une période comptable
Bilan *m* comptable	Document comptable obligatoire décrivant la situation patri-moniale d'une entreprise à une date donnée
Bilan *m* financier	Bilan obtenu en reclassant les postes d'actifs selon leur liqui-dité* et les postes du passif selon leur exigibilité*
Bilan *m* fonctionnel	Bilan obtenu en regroupant les grandes masses du bilan en trois cycles : investissement, financement et exploitation
Clôture *f* de l'exercice	Fin de l'année comptable et établissement de comptes annuels
Comptabilité *f* analytique (ou de gestion)	Comptabilité à destination interne qui analyse les coûts d'un produit (coûts variables, fixes, directs et indirects) afin de dé-terminer sa rentabilité
Comptabilité *f* générale (ou financière)	Système d'enregistrement et d'analyse de comptes selon des règles comptables
Compte *m*	Document enregistrant les mouvements de flux* présenté sous forme de tableau à deux parties (gauche et droite)
Comptes *m pl* annuels	Documents de synthèse obligatoires établis annuellement comprenant le bilan*, le compte de résultat* et l'annexe*

44 Voir Ogien (2008), p. 52 et Grandguillot (2002), p. 141.

Compte *m* de résultat	Document de synthèse présentant les produits et les charges dont la différence fait apparaître le résultat de l'exercice*
Coût *m* d'achat	Addition des prix d'achats de marchandises, des frais de transports et de stockage
Coût *m* de revient	Ensemble de coûts (d'achat, de production et de distribution) supportés pour produire et vendre un bien ou un service
Créance *f* client	Somme due par un client à l'entreprise ; délai de paiement accordé par l'entreprise à son client
Crédit *m*	Ici : colonne droite d'un compte où sont inscrites les entrées de flux*, la constatation d'une créance
Crédit *m* fournisseur	Somme due par l'entreprise à son fournisseur et délai de paiement accordé par le fournisseur à l'entreprise
Débit *m*	Colonne gauche d'un compte où sont enregistrées les sorties de flux* ou la constatation d'une dette
Dettes *f* circulantes	Dettes à court terme, non financières, constituées de dettes fournisseurs ainsi que de dettes sociales et fiscales
Disponibilité *f*	Montant immédiatement à disposition comprenant les avoirs en banque et la caisse
Enregistrement *m* en partie double	Principe comptable qui demande l'enregistrement des opérations comptables dans deux comptes (emplois et ressources)
Excédent *m* brut d'exploitation (EBE)	SIG* qui correspond à la part de la valeur ajoutée* revenant à l'entreprise et aux apporteurs de capitaux
Exercice *m* (comptable)	Période pour laquelle l'entreprise doit établir les comptes annuels, généralement du 1er janvier au 31 décembre
Exigibilité *f*	Ici : durée pendant laquelle une entreprise peut disposer d'un élément du passif
Fonds *m* de roulement	Partie de l'actif circulant financée par les ressources disponibles à long terme, calculée en diminuant des ressources stables les emplois stables ou en déduisant les actifs à court terme des passifs à court terme
Flux *m pl* monétaires	Circulation (entrée ou sorties) de monnaie, d'intérêts, etc.
Flux *m pl* réels	Circulation (entrées ou sorties) de biens et des services
Immobilisation *f*	Poste de l'actif enregistrant les éléments corporels, incorporels et financiers qui restent durablement dans l'entreprise
Liquidité *f*	Ici : délai nécessaire pour transformer des actifs en monnaie
Livre *m* comptable	Document comptable obligatoire retraçant les opérations effectuées pendant l'exercice* comprenant le livre journal, le grand livre et le livre d'inventaire
Marge *f* commerciale	SIG* pour les entreprises commerciales indiquant la différence entre les ventes de marchandises et les achats
Passif *m*	Ensemble des éléments du bilan constituant les ressources de l'entreprise
Plan *m* comptable générale (PCG)	Ensemble des règles d'évaluation et de tenue des comptes applicables en France
Production *f* immobilisée	Biens produits par l'entreprise elle-même et destinés à être utilisés par elle plusieurs fois, évalués au coût de revient*
Provision *f* pour risque et pour charges	Montant inscrit au bilan pour couvrir un risque ou une charge probable

Provision f pour dépréciation	Comptabilisation d'une perte de valeur d'un élément d'actif par rapport à sa valeur initiale
Rabais m	Réduction de prix exceptionnelle accordée à un client en cas de livraison retardée
Remise f	Réduction de prix accordée en vue de la quantité livrée
Report m à nouveau	Part du résultat de l'exercice qui n'est pas répartie entre réserves ou dividendes
Résultat m de l'exercice	Différence entre les produits et les charges d'une entreprise
Ristourne f	Réduction de prix validant toutes les opérations effectuées avec un client sur une année
Solde m intermédiaire de gestion (SIG)	Résultat partiel du compte de résultat regroupant certains produits ou certaines charges dans le but d'analyser les performances de l'entreprise sur différents niveaux
Solvabilité f	Capacité d'une entreprise à rembourser la totalité des dettes d'un coup en vendant tous les actifs
Stock m	Ensemble de biens intervenant dans le cycle d'exploitation destinés à être consommés ou vendus
Trésorerie f	Ensemble de fonds dont dispose l'entreprise pour faire face à ses paiements à court terme
Valeur f mobilière de Placement (VMP)	Titre financier qui représente un placement à court terme (en actions, obligations) des excédents de trésorerie

Activités

📖 Compréhension

[1] À l'aide de la figure 31.3, relevez les préoccupations et les attentes des différents destinataires de la comptabilité générale.

[2] Quels sont les éléments constituant le stock et les en-cours ? Que signifie le poste « avances et acomptes versés » ?

[3] Nommez des exemples de dettes envers les fournisseurs, l'État et les salariés ?

[4] Quels sont les éléments de l'actif les moins/les plus liquides et ceux du passif les moins/les plus exigibles ?

[5] Que signifie la valeur « brute » d'une immobilisation ?

[6] Décrivez l'évolution du fonds de roulement (FR) après une augmentation du capital social, la vente d'une immobilisation, le remboursement de crédit.

[7] Décrivez l'évolution du besoin en fonds de roulement (BFR) après un allongement d'un crédit accordé à un client et un crédit consenti par un fournisseur.

[8] Distinguez les notions de production vendue, production stockée et production immobilisée.

[9] Nommez des opérations qui augmentent et qui diminuent les ressources stables et les emplois stables (voir aussi le tableau de financement 1, tab. 31.10).

[10] Une augmentation des stocks est-elle inscrite dans le tableau de financement 2 comme un besoin ou un dégagement (voir fig, 31.11) ?

✍ Travail écrit

1. Retracez par écrit les éléments de distinction (utilisateurs, législation, contenu, objectif) entre la comptabilité générale et la comptabilité analytique.

2. À partir du bilan comptable simplifié de l'entreprise Banane SA, présentez le bilan financier et le bilan fonctionnel. Calculez le FR financier et le FR fonctionnel.

ACTIF	K€	PASSIF	K€
Immobilisations brutes	350	Capitaux Propres [3]	200
– Amortissements	100	– Capital social, réserves	
Immobilisations nettes	250	Provisions pour risques et charges [4]	150
Actif circulant brut [1]	600	Dettes [5]	400
– Provisions pour dépréciation [2]	100		
Actif circulant net	500		
Total	**750**	**Total**	**750**

(1) dont créances à plus d'un an	150	(3) y compris résultat	50
(1) dont disponible	50	(4) dettes à plus d'un an en totalité	
(2) dont provisions pour créances à plus d'un an	30	(5) dont dettes financières stables	100
		(5) dont concours bancaires	20

3. L'entreprise *Poire SA* distribue une grande part du bénéfice réalisé à ses actionnaires tandis que l'entreprise *Pomme SA* met le bénéfice en grande partie en réserve. Quels postes du bilan financier sont modifiés dans les deux cas ?

4. Décrivez la situation de trésorerie de l'entreprise *Cerise* SARL dans les trois cas suivants : a) FR = 20.000 €, BFR = 15.000 € b) FR = 10.000 €, BFR = 15.000 € c) FR = 20.000 €, BFR = 20.000 €.

5. Soit un coût d'achat des marchandises vendues de 100,00 € et un prix de vente de 180,00 €. Calculez la marge commerciale et le taux de marge.

📇 Thèmes d'exposé

1. Les livres comptables obligatoires – définition, présentations, informations
2. La partie double – définition, principe, exemples
3. Les réserves en comptabilité – définition, formes, importance
4. L'annexe comptable – définition, formes, informations, utilité

🖥 Recherche

1. En vous référant au PCG (www.plancomptable.com), recherchez les trois catégories de comptes et les classes correspondantes et décrivez leur contenu.
2. Recherchez des informations sur les marges commerciales pratiquées dans l'habillement-chaussure, l'alimentation générale, l'équipement informatique, etc.

32 La gestion financière II – Le financement de l'entreprise

La question du financement se pose à chaque moment de la vie de l'entreprise : tout d'abord à sa création mais aussi pendant sa vie par la mise en œuvre d'une stratégie de croissance.

Le présent chapitre commence avec la une courte analyse des besoins de financement de l'entreprise. Ensuite, nous développons successivement les différents moyens de financement en faisant la distinction entre ceux destinés à l'investissement et ceux consacrés à l'exploitation. La figure présentée ci-après donne une vue d'ensemble des moyens de financement de l'entreprise qui seront exposés dans ce chapitre.

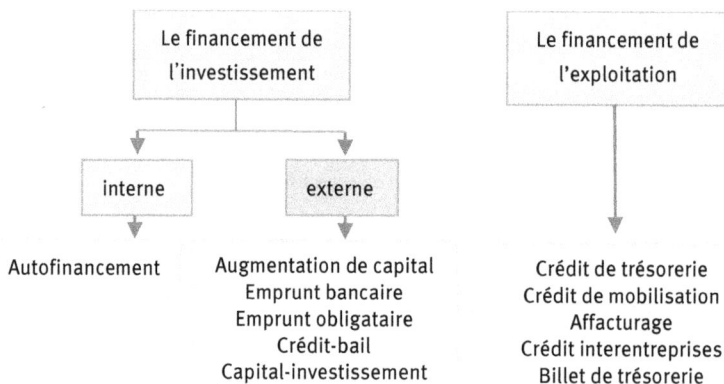

Le financement de l'investissement		Le financement de l'exploitation
interne	externe	
Autofinancement	Augmentation de capital Emprunt bancaire Emprunt obligataire Crédit-bail Capital-investissement	Crédit de trésorerie Crédit de mobilisation Affacturage Crédit interentreprises Billet de trésorerie

Figure 32.1 : Les moyens de financement de l'entreprise

Questions

1. Pourquoi l'entreprise a-t-elle des besoins de financement ?
2. Qu'est-ce que l'autofinancement ? Qu'est-ce que la capacité d'autofinancement ?
3. Qu'est-ce qu'une augmentation de capital ? Comment se déroule-t-elle ?
4. Quels sont les différents types d'emprunts bancaires ?
5. Qu'est-ce qu'un emprunt obligataire ?
6. Qu'est-ce que le capital-investissement ?
7. Qu'est-ce qu'un crédit de trésorerie ? Quels types y-a-t-il ?
8. Comment fonctionnent les crédits interentreprises ?
9. Comment l'entreprise peut-elle mobiliser ses créances ?
10. Quels sont les critères de choix des moyens de financement

Informations

i

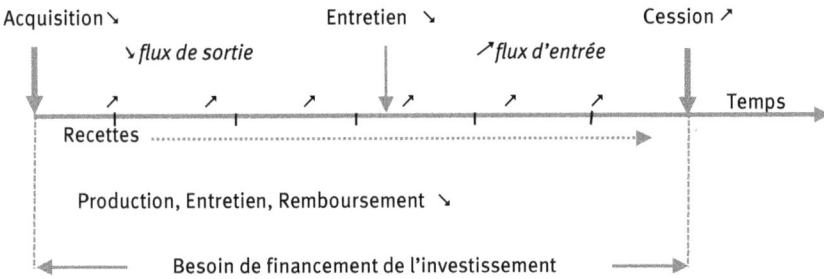

Figure 32.2 : Les besoins de financement de l'investissement[1]

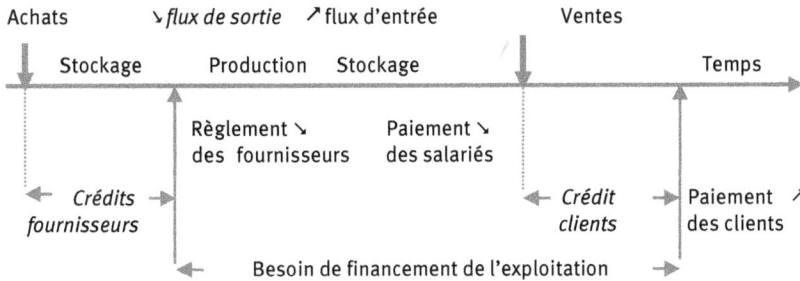

Figure 32.3 : Les besoins de financement de l'exploitation[2]

Critères	Types d'emprunt
(1) Nombre de prêteurs	Emprunt indivis (bancaire) ou emprunt obligataire
(2) Taux d'intérêt	À taux fixe ou à taux variable
(3) Modes de remboursement	Au terme (*in fine*) ou par annuités
(4) Durée de l'emprunt	À moyen ou à long terme
(5) Garanties	Hypothèque, nantissement, caution

Tableau 32.4 : La typologie des emprunts

---

1 Illustration inspirée du cycle d'investissement représenté dans Langlois/Mollet (2002), p. 25.
2 Illustration tirée de Langlois/Mollet (2002), pp. 24 et 37.

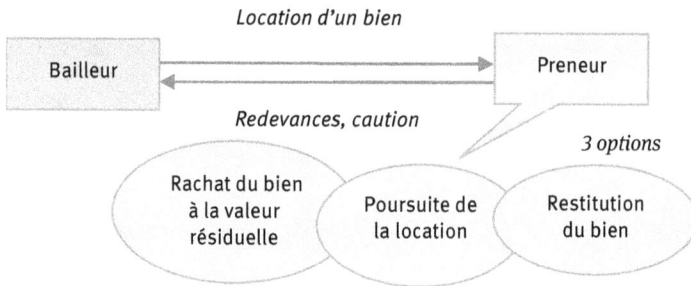

Figure 32.5 : Schéma descriptif du crédit-bail

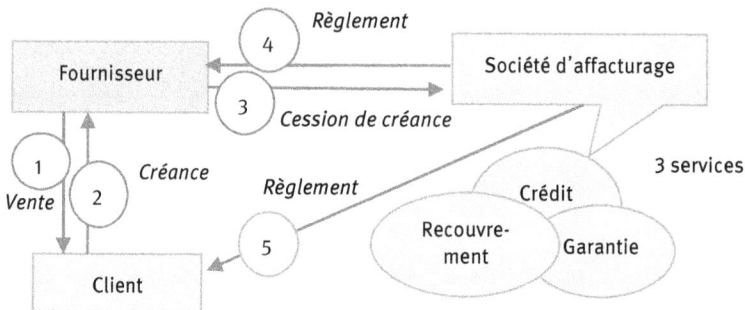

Figure 32.6 : Schéma descriptif de l'affacturage[3]

Ouvrages

Bagneris, Jean-Charles/Givry, Philippe/Teulié, Jaque/Topsacalain, Patrick, *Introduction à la finance d'entreprise,* 2ᵉ édition, Magnard Vuibert Paris 2010
Bernet-Rolande, Luc/Chanoine, Philippe, *Pratique des marchés de capitaux,* Dunod Paris 2010
Darbelet, Michel/Izard, Laurent/Scaramuzza, Michel, *Notions fondamentales de gestion d'entreprise, Organisation, fonctions et stratégie,* 4ᵉ édition, Foucher Paris 2004
Honoré, L., *Gestion financière,* Nathan Paris 2001
Langlois, Georges/Mollet, Michèle, *Gestion financière,* Paris Foucher 2002
Ogien, Dov, *Gestion financière de l'entreprise,* Dunod Paris 2008
Sauvageot, Georges, *Précis de finance,* Repères pratiques, Nathan/VUEF Paris 2001

Internet

Plan comptable [en ligne] : http://www.plancomptable.com

---

3 Illustration inspirée de Darbelet et al. (2004), p. 166.

L'essentiel

32.1 Les besoins de financement

Pour exercer son activité, l'entreprise doit d'abord engager des dépenses avant de percevoir des recettes. Déjà à la création, et même avant, elle a un besoin de financement. Elle doit acquérir des terrains, construire les installations de production, acheter des mobiliers, payer les matières premières et rémunérer les salariés. Il y a donc un décalage dans le temps entre les montants à verser et entre les montants encaissés qui génère des besoins de financement de longue et de courte durée. Ainsi, les besoins de financement de l'entreprise portent sur deux cycles : l'investissement et l'exploitation.

Le cycle d'investissement correspond à l'accumulation de biens de production et au développement de la capacité productrice de l'entreprise pour l'avenir.[4] Dans un premier temps, l'achat d'un local ou d'un bien d'équipement crée un besoin de financement. Mais tout au long de la vie du bien, cet investissement procure des revenus et permet à l'entreprise de récupérer la dépense initiale. Le cycle se clôt avec la vente du bien et recommence avec son renouvellement. Le besoin de financement des investissements correspond donc à un besoin à long terme (fig. 32.2). [1]

Le cycle d'exploitation regroupe l'ensemble des opérations de production, de stockage et de vente des biens et des services. Pour les entreprises productrices, le besoin est généré par l'achat de matières premières, les frais de stockage et le paiement des charges de personnel. Ce cycle se termine avec le paiement de la livraison par le client. Le besoin de financement de l'exploitation correspond donc à un besoin à court terme (fig. 32.3).[5] [2]

Il s'ensuit que la durée d'un moyen de financement doit être adaptée à la durée de l'opération à financer. Plus l'opération est longue, plus elle nécessite un financement par des ressources durables.

32.2 Le financement de l'investissement

Étant donné que les investissements répondent à des besoins durables, ils exigent des capitaux qui sont à la disposition de l'entreprise pour une durée au moins égale à la durée de l'immobilisation. Au cours du chapitre précédent, nous avons appris que les ressources stables de l'entreprise sont les capitaux propres et les capitaux empruntés

---

4 Voir aussi 1ère partie Économie générale, chap. 8 L'investissement.
5 Le besoin de financement de l'exploitation correspond en grande partie au besoin en fonds de roulement décrit au chapitre 31 La gestion financière I, 31.2.4.

à long terme. Le financement des investissements peut donc se faire avec recours à des capitaux internes ou externes, par fonds propres ou par fonds empruntés. Ci-dessous, nous présenterons successivement les différents moyens de financement des investissements (fig. 32.7).

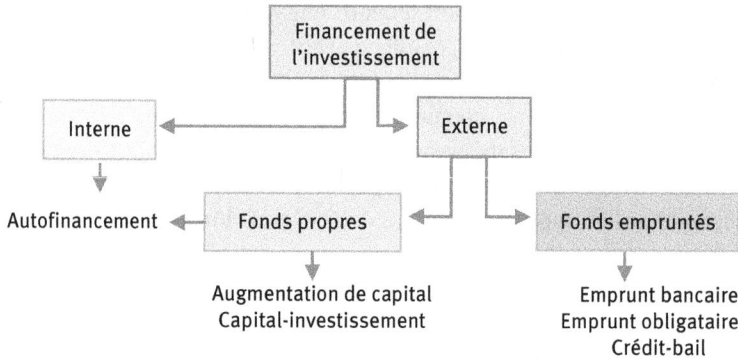

Figure 32.7 : Les moyens de financement de l'investissement

32.2.1 L'autofinancement

L'autofinancement* est un financement interne, les ressources financières étant générées par l'activité de l'entreprise. Cependant, il faut distinguer l'autofinancement d'une entreprise de sa capacité d'autofinancement. La capacité d'autofinancement* (CAF) est la totalité des ressources générées par l'entreprise au cours de l'exercice.[6] Elle se compose du résultat non distribué et mis en réserve (autofinancement net) ainsi que des dotations aux amortissements et aux provisions (autofinancement de maintien). L'entreprise peut utiliser ces sommes pour financer ses investissements ou pour les distribuer aux actionnaires. L'autofinancement est donc la partie de la CAF qui reste dans l'entreprise et qui n'est pas distribuée aux actionnaires.[7] 🖳[1]

L'autofinancement a l'avantage de ne créer ni d'obligations ni de dépendances par rapport à un créancier. Comme il est généré par l'activité de l'entreprise, des charges financières n'apparaissent pas. En plus, il accroît les capitaux propres et augmente ainsi la capacité d'endettement* de l'entreprise. [3] Cependant, une part trop

---

6 Pour ce qui concerne le calcul de la CAF, voir Plan comptable [en ligne], *Détermination de la capacité d'autofinancement (532-8)*. Disponible à l'URL : http://www.plancomptable.com/titre-V/titre-V_chapitre-III_section-2_sous-section-2.htm#532-8, consulté le 7-2-2016.
7 Voir Darbelet et al. (2004), pp. 159s. Pour plus de détails sur les amortissements et provisions, voir chap. 31 La gestion financière I, 31.2.1 Le bilan comptable.

élevée de la CAF affectée à l'autofinancement risque de ne pas plaire aux actionnaires. Ainsi, une politique de distribution restrictive peut entraîner une baisse des cours de l'action lorsque l'entreprise est cotée en bourse. ☺[1] En outre, les sommes à disposition ne sont pas toujours suffisantes pour financer l'investissement total.[8] Enfin, bien que le coût de collecte de ce moyen de financement soit quasiment nul, il faut prendre en compte les coûts d'opportunité* et la possibilité de dégager un effet de levier* par l'endettement. 🖩[2]

32.2.2 L'augmentation de capital

L'augmentation de capital* est un financement externe par fonds propres. Seules les sociétés de capitaux autorisées à faire appel public à l'épargne peuvent utiliser ce moyen de financement. En outre, la réalisation de l'opération demande l'accord préalable de l'assemblée générale extraordinaire.[9]

Pour augmenter ses ressources financières, la société fait directement appel au marché financier. Elle émet de nouvelles actions et invite ses actionnaires et de nouveaux investisseurs à les acheter. Le prix d'émission* ne correspond pas systématiquement à la valeur nominale* de l'action. Il se situe entre celle-ci et l'actuel cours de l'action avant augmentation de capital. En outre, le prix d'émission peut comprendre une prime d'émission*. Pour assurer l'équité de l'opération à l'égard des anciens actionnaires qui ne souhaitent pas souscrire*, on leur accorde un droit préférentiel* de souscription.[10] 🖩[3]

L'augmentation de capital présente certains avantages et inconvénients. D'un côté, l'endettement de l'entreprise n'est pas augmenté parce que les capitaux sont apportés par les actionnaires anciens et futurs. Les ressources financières accrues lui permettent de financer ses investissements ou de procéder à son désendettement*. En outre, la capacité d'endettement de l'entreprise n'est pas modifiée. Il convient également de souligner qu'un nombre élevé d'actions facilite de contrarier une éventuelle OPA*.[11] 🖩[5] D'un autre côté, l'augmentation de capital peut entraîner la perte de contrôle des anciens actionnaires sur l'entreprise au profit des nouveaux actionnaires.[12] Un nombre d'actions plus élevé aboutit donc à la dilution* du pouvoir de contrôle ainsi qu'à une dilution du bénéfice. [4] Enfin, il faut considérer que le versement de dividendes à un plus grand nombre d'actionnaires peut constituer un coût plus élevé que celui d'un emprunt.

---

8 Voir Honoré (2000), pp. 94s.

9 Pour davantage d'information sur les sociétés de capitaux, voir chap. 20 L'approche juridique de l'entreprise II, 20.3 Les sociétés commerciales.

10 Voir Bagneris et al. (2010), pp. 201s et Bernet-Rollande/Chanoine (2010), p. 214.

11 Voir Merville (2006), p. 108.

12 Voir Honoré (2001), p. 96.

Il y a d'autres modalités d'augmentation de capital, à savoir la conversion de dettes et l'incorporation de réserves. Cependant, ces deux formes ne procurent pas de ressources financières supplémentaires, car elles ne modifient pas le montant des capitaux durables.[13] 🖥[4]

32.2.3 L'emprunt bancaire

L'emprunt bancaire est un financement externe accordé par un établissement de crédit[14]. Il se caractérise par la mise à disposition par une banque d'une somme d'argent qui permet à son preneur de réaliser un investissement.[15] L'emprunt est caractérisé par le montant, les garanties exigées, la durée, le taux d'intérêt et les modalités de remboursement.

Le montant de l'emprunt est dépendant de l'investissement envisagé et de la capacité d'endettement de l'entreprise. Souvent, les banques exigent des garanties telles qu'une hypothèque*, un nantissement* ou une caution*.[16] Comme déjà mentionné plus haut, la durée de l'emprunt doit correspondre à la durée de l'immobilisation de l'investissement. L'emprunt a un coût, le taux d'intérêt, qui peut être fixe ou variable. L'emprunt doit aussi être remboursé ce qui correspond à l'amortissement financier*. Le remboursement du capital emprunté et le paiement des intérêts constituent, suivant la périodicité choisie, la mensualité*, la trimestrialité* ou l'annuité*. Selon les modalités de remboursement, on distingue deux formes principales d'emprunt : l'emprunt à amortissement constant et l'emprunt à annuité constante.[17] 🖥[6]

Les emprunts bancaires ont l'avantage de ne pas modifier la répartition du capital de l'entreprise entre les actionnaires. Lorsque l'emprunt est à taux fixe, son coût est connu à l'avance et ne varie pas dans le temps. En cas d'emprunt à taux variable, l'entreprise peut profiter d'une baisse des taux d'intérêt et éventuellement engager un effet de levier (🖥[2]). Pourtant, une hausse des taux d'intérêt variables va causer un accroissement des charges financières. Généralement, toute hausse de l'endettement entraîne une augmentation des coûts de remboursement d'emprunt. ☺[2]

---

[13] Voir Honoré (2001) pp. 96s.

[14] Voir aussi 1ère partie Économie générale, chap. 10 Les institutions financières, 10.1 Les établissements de crédit.

[15] Les crédits aux particuliers pour financer leurs dépenses de consommation ne sont pas explicitement traités.

[16] Voir Darbelet et al. (2004), p. 161.

[17] Voir Honoré (2001), p. 95.

32.2.4 L'emprunt obligataire

L'emprunt obligataire* (ou l'emprunt-obligations) est un financement externe par fonds empruntés. Il se réalise par l'émission d'obligations qui représentent des parts de dettes souscrites par plusieurs prêteurs-investisseurs. Il se distingue donc de l'emprunt bancaire qui correspond à un emprunt indivis[18] (fig. 32.4).

Les obligations sont proposées au public par des entreprises publiques et les sociétés de capitaux. Elles sont cotées et peuvent être cédées avant l'échéance. Le taux d'intérêt peut être fixe ou variable. La rémunération se fait par le versement au prêteur d'un intérêt périodique, le coupon*.[19] Le remboursement des dettes s'effectue selon un tableau d'amortissement qui indique les modalités du remboursement. La dette peut être remboursée par annuités constantes, par amortissement constant ou en une seule fois, *in fine,* c'est-à-dire au terme de l'emprunt (📖⁶). De même que pour l'emprunt bancaire, l'amortissement financier d'un emprunt obligataire comprend deux parties : le remboursement du capital emprunté, appelé le principal*, et le paiement d'intérêts, les deux constituant l'annuité. Les obligations peuvent aussi être converties en actions (📖⁴). Dans ce cas, la dette n'est pas remboursée.[20]

L'émission d'obligations présente l'avantage de permettre la levée de capitaux importants, disponibles à long terme. Selon le mode de remboursement convenu, l'entreprise peut étaler les paiements dans le temps. De plus, les intérêts versés sont fiscalement déductibles. Toutefois, les formalités juridiques d'une émission sont assez lourdes et les frais d'émission élevés. En outre, l'émission d'obligations est réservée aux sociétés par actions. Enfin, l'entreprise émettrice court le risque de non-souscription des obligations, surtout lorsque sa notation[21] n'est pas bonne.[22] 📖⁷

32.2.5 Le crédit-bail

Le crédit-bail* (angl. *leasing*) est un financement externe par endettement hors circuit bancaire. Il correspond à une opération financière par laquelle un bailleur*, un établissement de crédit ou une société de crédit-bail, loue un bien mobilier ou immobilier à un preneur*, l'entreprise, qui paie périodiquement des redevances*. À la fin du contrat, le preneur dispose de trois options. Il peut poursuivre la location, restituer le

---

18 Voir Sauvageot (2001), p. 104.

19 Concernant les obligations et le coupon, voir aussi 1ère partie Économie générale, chap. 14 Le marché financier, 14.2.2 Le marché obligataire. Les sociétés de capitaux sont traitées au chapitre 20 L'approche juridique II. Les entreprises publiques sont abordées au chapitre 21 L'approche juridique III.

20 Voir Langlois/Mollet (2002), pp. 158–160.

21 Voir 1ère partie Économie générale, chap. 14 Le marché monétaire, 14.3.2 La notation.

22 Voir Darbelet et al. (2004), p. 161.

bien au bailleur ou le racheter à sa valeur résiduelle*, un montant fixé déjà lors de la conclusion du contrat (fig. 32.5).[23]

Le grand avantage d'un crédit-bail est qu'il permet le financement intégral de l'investissement sans apport personnel de l'entrepreneur ou des associés. L'accès au crédit-bail est rapide et sans trop de formalités. Le bailleur fournit le bien et des prestations accessoires telles que l'assistance administrative ou des assurances spécifiques. Toutefois, pendant la durée du contrat celui-ci est irrévocable. Les loyers sont à payer à date fixe. Il convient de noter que le crédit-bail est impossible pour les investissements incorporels. En plus, il est généralement plus cher que l'achat en direct financé par un emprunt bancaire.[24] [5]

32.2.6 Le capital-investissement

Le capital-investissement* est un financement externe par fonds propres. Les investisseurs sont des *business angels** ou des sociétés de capital-investissement qui apportent des capitaux et leurs expériences à une entreprise, souvent une PME non cotée en bourse innovante et à fort potentiel de croissance. En général, les capital-investisseurs souscrivent des actions et participent ainsi aux prises de décision. Ils risquent de tout perdre si l'entreprise disparaît. Cependant, si l'entreprise a du succès et les investisseurs souhaitent se retirer, une rémunération sous forme de plus-value peut être réalisée lors de la revente de la participation. [6]

Selon le moment de l'intervention, on distingue le capital-amorçage (*Seed Capital*), qui est effectuée avant ou juste après le démarrage d'activité d'une nouvelle entreprise, et le capital-création (*Start-up*) qui intervient au moment du démarrage de la nouvelle entreprise. On parle de capital-développement (*Growth* ou *Expansion capital*) lorsque l'entreprise est déjà rentable et a besoin de capitaux pour promouvoir son développement. Le capital-transmission (*Leverage buy out*) est une intervention en capital au moment de la cession d'une entreprise. Enfin, il y a le capital-retournement (*Turnaround capital*) qui permet de financer le rachat d'une entreprise en difficulté.[25] Les deux premières formes d'intervention sont généralement connues sous le mot capital-risque* (angl. *venture capital*), tandis que la notion de capital-investissement (angl. *private equity*) désigne l'ensemble des opérations.

---

23 Voir Sauvageot (2001), p. 110 et Honoré (2001), p. 99.

24 Voir Sauvageot (2001), p. 110 et Ogien (2008), pp. 113s.

25 Il existe de nombreuses définitions plus ou moins identiques du capital-investissement et de ses segments. En outre, on utilise parfois indifféremment les deux termes « capital-risque » et capital-investissement ». Les explications retenues ici sont en grande partie basées sur les descriptions de Bagneris et al. (2010), pp. 217s au sujet du capital-investissement et celles de Langlois/Mollet (2002), pp. 328s portant sur le « capital-risque ».

Le capital-investissement a l'avantage de procurer des capitaux aux entreprises qui n'ont pas ou peu d'accès à d'autres moyens de financement, notamment aux crédits bancaires. Il permet aux jeunes entrepreneurs de profiter de conseils avisés des investisseurs, de leur expérience et de leurs réseaux. Toutefois, le fait que les investisseurs exigent, en général, un droit de participer à la prise de décision de l'entreprise peut limiter la liberté de décision des créateurs.[26]

Depuis quelques années, le financement participatif* (angl. *crowdfunding*) via Internet est devenu une nouvelle solution pour financer des investissements, notamment des PME, lorsqu'un crédit est refusé. 🖥[8]

32.3 Le financement de l'exploitation

Contrairement au besoin de financement de l'investissement, le besoin de financement de l'exploitation correspond à un besoin à court terme. Le financement de ce besoin peut se faire par deux circuits : par circuit bancaire ou hors circuit bancaire (fig. 32.8).

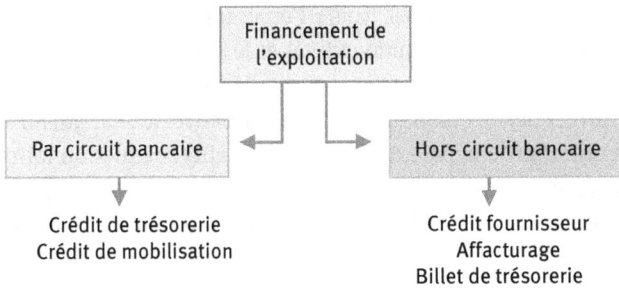

Figure 32.8 : Les moyens de financement de l'exploitation

32.3.1 Les crédits de trésorerie

Les crédits de trésorerie* sont des crédits à (très) court terme qui se réalisent au moyen de découverts* sous forme d'avances en compte-courant ou de billet à ordre escompté (voir plus bas 32.3.2). La banque donne à l'entreprise l'autorisation de rendre son compte débiteur. Ces crédits correspondent à des lignes* de crédit dont les

---

26 Voir Langlois/Mollet (2002), pp. 328s.

montants, les durées et les coûts sont négociés avec la banque. Nous distinguons ici trois types : la facilité de caisse, le crédit relais et le crédit de campagne.[27]

Les facilités de caisse* sont des concours* bancaires accordés périodiquement qui permettent aux entreprises de couvrir des insuffisances de trésorerie pendant quelques jours par mois. L'entreprise peut également obtenir des crédits relais* pour assurer le financement intermédiaire d'une activité, par exemple en attendant le versement d'une somme due. Enfin, des crédits de trésorerie spécialisés sont accordés par les banques pour financer des besoins particuliers liés à la nature de l'activité, tels que le crédit de campagne* servant au financement des activités saisonnières. [7]

Les crédits de trésorerie ont l'avantage d'être souples et rapidement à obtenir. Cependant, ils sont généralement plafonnés et chers en raison des taux d'intérêts extrêmement élevés et des commissions bancaires. ⌨

32.3.2 Les crédits de mobilisation

Les crédits de mobilisation* ou crédits commerciaux sont des crédits obtenus par la cession de créances non échues auprès d'un établissement financier. [8] Il existe plusieurs formes dont nous présenterons ci-après trois : l'escompte d'effets de commerce, le crédit de mobilisation de créances commerciales et le bordereau Dailly.[28]

L'escompte d'effets de commerce* est une opération par laquelle une entreprise négocie auprès d'une banque un effet de commerce (par ex. une lettre de change) non échu. La banque reçoit en contrepartie la valeur nominale de l'effet, déduction faite de l'agio (intérêts et commissions bancaires)[29]. L'escompte est facile à obtenir, rapide et avec le minimum de formalités. Cependant, il est limité par le plafond d'escompte négocié avec la banque et représente un coût élevé. Pour les banques, il n'y a que peu de risque, car en cas d'impayés, elles peuvent se retourner vers le tireur.

La mobilisation de créances commerciales* (CMCC) permet à l'entreprise de regrouper des créances clients nées au cours d'une période déterminée et arrivées à échéance dans une même période. Elle n'a qu'à souscrire un seul billet à l'ordre de sa banque pour le montant global de ses créances. Celle-ci escompte le billet et lui avance l'argent. Le coût de cette procédure est plus faible que celui de l'escompte des effets de commerce en raison de la transmission d'un billet unique. Cependant il n'y a aucune garantie pour la banque, car l'entreprise reste le propriétaire des effets. Pour

---

27 Voir Darbelet et al. (2004), p. 165 et Honoré (2001), p. 85. Il y a d'autres formes de crédit telles que les crédits de stockage, d'importation ou d'exportation, décrits dans Langlois/Mollet (2002), pp. 235s et Honoré (2001), p. 85.

28 Voir Honoré (2001), pp. 86s et Langlois/Mollet (2002), pp. 246–238 et Sauvageot (2001), p. 116.

29 Pour plus de détails sur les effets de commerce et le fonctionnement de l'escompte, voir 1ère partie Économie générale, chap. 9 Les instruments de paiement, 9.4.3 Les effets de commerce.

l'entreprise la gestion des CMCC est une procédure assez lourde, ce qui explique son faible succès.

Le bordereau Dailly* (né de la loi Dailly du 2 janvier 1981) permet à une entreprise d'obtenir un crédit de sa banque à partir de créances commerciales ou non commerciales, longues ou courtes. L'entreprise lui cède, en propriété ou en nantissement, un ensemble de créances professionnelles et reçoit en contrepartie un unique bordereau. Ce bordereau est remis à la banque qui octroie un crédit d'escompte (en cas de cession) ou une avance en découvert (en cas de nantissement). Le « Dailly » présente plusieurs avantages. Le crédit est rapide à obtenir. Il couvre l'ensemble des créances professionnelles telles qu'une créance sur un client, une subvention obtenue mais non versée, un crédit de TVA, une indemnité d'assurance due mais pas encore réglée. Aucune caution personnelle n'est exigée, car le transfert des créances constitue une garantie suffisante. Le taux de crédit est plus favorable que le taux élevé d'un découvert.

32.3.3 L'affacturage

L'affacturage* (angl. *factoring*) est une autre forme de mobilisation de créances. Ici, une société de financement spécialisée, appelée le factor ou l'affactureur, se charge de l'encaissement des créances clients d'une entreprise, appelée adhérent, et le garantit contre le risque de non-paiement en cas de défaillance du débiteur. En contrepartie, l'adhérent doit verser une commission d'affacturage (fig. 32.6).

Le factor acquiert la propriété des créances et paie immédiatement le montant à l'adhérent, déduction faite de la commission d'affacturage. L'entreprise adhérente a l'avantage d'être déchargée de la gestion des comptes clients et du recouvrement des créances. Elle bénéficie d'une sorte de crédit de mobilisation des créances commerciales. Cependant le coût est relativement élevé.[30] [9]

32.3.4 Le crédit interentreprises

Le crédit interentreprises* ou crédit fournisseur est un financement hors circuit bancaire. Il est accordé par le fournisseur à son client lors de la livraison d'un bien ou d'un service. Au lieu de payer la livraison au comptant, le client obtient un délai de paiement. Les délais sont librement fixés entre les contractants et peuvent varier selon le secteur d'activité. L'avantage pour l'entreprise-cliente est qu'elle peut disposer des marchandises livrées ou des services fournis avant de les payer. Cela implique qu'elle bénéficie d'un prêt lui permettant de financer son cycle d'exploitation sans

---

30 Voir Darbelet et al. (2004), p. 166, Honoré (2001), pp. 87 et 89 et Sauvageot (221), p. 116.

majoration du prix. En revanche, elle ne peut pas profiter d'une réduction de prix accordée généralement en cas de paiement au comptant avant l'échéance, l'escompte commercial[31]. Pour le fournisseur, c'est plutôt un inconvénient car le crédit constitue pour lui un emploi de ressources.[32]

Certains reprochent à ce moyen de financement des effets négatifs sur le système financier car, en accordant des crédits, les entreprises se substituent aux banques. On le voit comme un moyen de contourner les contraintes imposées par la loi aux établissements de crédit (par ex.: garanties exigées, réserves obligatoires[33]). Pour l'entreprise prêteuse, les crédits interentreprises représentent aussi un risque de réactions en chaîne en cas de faillite d'un client.[34] [10]

32.3.5 Les billets de trésorerie

Les billets de trésorerie (angl. *commercial* paper) sont des billets négociables émis par une entreprise non financière sur le marché des titres de créances négociables (TCN).[35] Elles ont une durée comprise entre 10 jours et 1 an. Leur montant minimum est de 150.000 euros. C'est un moyen permettant de lever des fonds importants. Cependant, compte tenu du montant minimum exigé, les PME n'ont guère accès à ce moyen de financement.

32.4 Le choix d'un moyen de financement

Nous avons vu que chaque moyen de financement a des avantages et des inconvénients. La stratégie suivie par l'entreprise est donc fonction d'une comparaison entre les différentes possibilités en tenant compte d'intérêts particuliers. Le choix des moyens de financement n'est pas toujours sans contraintes et soumis à des facteurs financiers, économiques et juridiques.

Un facteur important est certainement le coût du moyen de financement. Encore, l'indépendance de l'entreprise influera sur le choix du moyen de financement. Ainsi, l'appel à des partenaires externes peut apparaître moins favorable. La taille de l'entreprise et sa forme juridique ont également un impact sur le moyen choisi. Enfin, il faut prendre en compte la conjoncture du pays, notamment la situation des marchés financiers. ✍

---

31 Voir chap. 30 Le marketing IV, 30.2.2 Les stratégies de prix.
32 Voir Honoré (2001), p. 88 et Langlois/Mollet (2002), pp. 231s.
33 Au sujet des réserves obligatoires, voir 1ère partie Économie générale, chap. 12 La création monétaire, 12.4 Les limites de la création monétaire.
34 Voir Langlois/Mollet (2002), p. 233.
35 Voir 1ère partie Économie générale, chap. 14 Le marché monétaire, 14.3 Le marché des TCN.

Vocabulaire

Affacturage *m* (angl. *facto-ring*)	Opération de gestion financière par laquelle le factor ou l'affactureur effectue l'encaissement des créances clients d'un adhérent et en garantit la bonne fin
Amortissement *m* financier	Opération de remboursement, en totalité ou en partie, d'un emprunt bancaire ou obligataire
Annuité *f*	Montant annuel versé pour le remboursement du capital et le paiement des intérêts de l'emprunt
Autofinancement *m*	Financement interne généré par l'activité de l'entreprise comprenant les dotations aux amortissements et aux provisions et le bénéfice non distribué
Bailleur *m* (ou crédit bailleur)	Dans un contrat de crédit-bail*, la partie qui s'engage à procurer un bien mobilier ou immobilier au preneur*
Capacité *f* d'endettement	Pour une entreprise, le rapport entre son endettement à moyen ou long terme et ses capitaux propres
Capital-investissement *m*	Financement d'une entreprise qui a besoin de capitaux propres par la prise de participation de particuliers ou d'une société de capital-investissement
Capital-risque m (angl. *venture capital*)	Financement de la création et du démarrage d'une jeune entreprise innovante et à fort potentiel de croissance
Caution *f*	Engagement personnel pris par un tiers pour garantir le paiement d'un crédit en cas de défaillance de l'emprunteur
Conversion *f* de dettes	Échange de titres de créances (obligations) contre des titres de propriété (actions)
Coupon *m*	Rémunération d'un emprunt obligataire*, intérêts à payer aux créanciers
Crédit *m* de campagne	Crédit de trésorerie servant à financer les activités saisonières
Crédit *m* de mobilisation	Crédit obtenu par la cession de créances non échues* auprès d'un établissement financier
Crédit *m* de mobilisation de créances commerciales	Regroupement de créances nées au cours d'une période déterminée et arrivées à échéance dans une même période en un seul billet à ordre, remis à la banque qui l'escompte*
Crédit *m* de trésorerie	Crédit à court terme se réalisant au moyen d'avances en compte courant sous la forme de découverts*, de facilités de caisse*, crédit de campagne*, etc.
Crédit *m* interentreprises ou fournisseur	Délai de paiement accordé par le fournisseur à une entreprise
Crédit-bail *m* (ou *leasing*)	Contrat de location d'un bien mobilier ou immobilier avec option d'achat
Cycle *m* d'exploitation	Ensemble des opérations depuis l'achat de marchandises en passant par le stockage puis la vente
Découvert *m* (autorisé)	Autorisation donnée par la banque de rendre un compte débiteur jusqu'à un niveau et une durée négociés à l'avance
Désendettement *m*	Remboursement des dettes
Dilution *f* du bénéfice ou du pouvoir	Diminution du bénéfice ou du pouvoir due à une augmentation du nombre d'actions suite à une augmentation de capital

Droit *m* préférentiel de souscription	Droit permettant aux anciens actionnaires de souscrire en premier des actions nouvelles lors d'une augmentation de capital avant de faire appel au public
Effet *m* de levier (financier)	Augmentation de la rentabilité* résultant d'un endettement
Emprunt *m* bancaire	Crédit à long terme accordé par un établissement de crédit
Emprunt *m* obligataire	Somme d'argent qu'une société ou l'État reçoit de la part des souscripteurs d'obligations (voir chap. 14, 14.2.2.1)
Escompte *m* d'effets de commerce (ou bancaire)	Avance de trésorerie par une banque en échange d'un effet de commerce
Escompte *m* commercial	Remise accordée un client qui paie la facture avant terme
Financement *m* participatif (angl. *crowdfunding*)	Financement de projets de création d'entreprise utilisant Internet pour mettre en relation les porteurs des projets et les investisseurs potentiels
Gage *m*	Contrat par lequel un débiteur remet à son créancier un bien corporel en garantie au remboursement d'une dette
Hypothèque *m*	Sûreté réelle consentie sur un bien immobilier en garantie d'un prêt
Ligne *f* de crédit	Autorisation accordée par la banque de porter au découvert* son compte pour une durée limitée et un montant maximum
Mensualité *f*	Montant versé mensuellement pour le remboursement du capital et le paiement des intérêts de l'emprunt
Nantissement *m*	Contrat par lequel un débiteur remet un bien incorporel ou une créance à son propre créancier pour sûreté tout en restant son propriétaire
Offre *f* publique d'achat (OPA)	Opération qui consiste, pour une société, à annoncer l'achat de toutes ou partie des actions d'une société cible cotée
Preneur *m* ou crédit preneur	Entreprise locataire qui utilise le bien qu'elle loue au bailleur* et dispose d'une option d'achat au terme
Principal *m*	Montant payé pour rembourser un prêt, sans prise en compte des intérêts (voir coupon*)
Rentabilité *f*	Rapport entre les résultats obtenus et les moyens financiers engagés pour les obtenir
Souscription *f* (souscrire *v tr*)	Acte par lequel un souscripteur s'engage à acheter un nombre d'actions déterminé d'une société
Trimestrialité *f*	Montant versé tous les trois mois pour le remboursement du capital et le paiement des intérêts de l'emprunt
Valeur f nominale	Valeur d'un titre établie à l'émission par division du montant total de capitaux levés par le nombre de titres émis
Valeur *f* résiduelle	Valeur d'un bien à l'expiration de sa durée de location

Activités

📖 Compréhension

[1] Décrivez les flux d'entrée et de sortie illustrés dans la figure 32.2.

[2] Décrivez les flux d'entrée et de sortie illustrés dans la figure 32.3.

[3] Expliquez pourquoi une augmentation des capitaux propres améliore la capacité d'endettement d'une entreprise.

[4] Expliquez pourquoi une augmentation des actions peut conduire à une dilution du pouvoir et du bénéfice des actionnaires.

[5] Distinguez le crédit bancaire du crédit-bail selon les critères suivants : intervenants, opérations, modalités de paiement, souplesse.

[6] Quel est l'intérêt des capital-risqueurs à soutenir une jeune entreprise innovante ? Quels risques encourent-ils ?

[7] Nommez des activités saisonnières qui peuvent être financées par des crédits de campagne.

[8] Qu'est-ce qu'une « créance non échue » ?

[9] Repérez les différences et les similarités entre l'affacturage et l'escompte d'effets de commerce.

[10] Expliquez pourquoi la défaillance d'un client peut se répercuter sur l'entreprise prêteuse.

✍ Travail écrit

Dans les tableaux ci-dessous, insérez les caractéristiques des moyens de financement des investissements et de l'exploitation selon les quatre critères indiqués ci-dessous.

Financement de l'investissement	Coûts/ paiement	Apporteurs/ donneurs	Accès/ Disponibilité	Risques/ Inconvénients
(1) Autofinancement				
(2) Augmentation de capital				
(3) Emprunt bancaire				
(4) Emprunt obligataire				
(5) Crédit-bail				
(6) Capital-investissement				

Financement de l'exploitation	Coûts/ paiements	Apporteurs/ donneurs	Accès/ Disponibilité	Risques/ Inconvénients
(1) Crédit de trésorerie				
(2) Crédit de mobilisations				
(3) Affacturage				
(4) Crédit fournisseur				
(5) Billet de trésorerie				

☺ **Discussion**

1. Par groupe de travail, prenez la position d'un dirigeant et d'un actionnaire. Argumentez pour et contre le financement d'un projet par autofinancement.
2. Taux fixe ou taux variable pour financer un investissement ? Discutez.

🏛 **Thèmes d'exposé**

1. La capacité d'autofinancement et son calcul
2. Les coûts d'opportunité et l'effet de levier
3. Le droit préférentiel de souscription et son calcul
4. L'augmentation de capital par conversion de dettes et par incorporation de réserves
5. Les offres publiques d'achat et d'échange (OPA et OPE) – fonctionnement et effets
6. Les modalités de remboursement de crédit
7. Le processus d'une émission d'obligations
8. Le *crowdfunding* – définition, fonctionnement, avantages et inconvénients

💻 **Recherche**

Recherchez les taux d'intérêt appliqués (taux d'agios) sur un découvert en France, Allemagne ou dans un autre pays. Les taux d'intérêt pour les crédits à court terme pratiqués par les banques ne peuvent pas dépasser le « taux d'usure ». Recherchez une définition du terme.

Bibliographie

Ouvrages

Alberto, Tony/Combenale, Pascal, *Comprendre l'entreprise. Théorie, gestion, relations sociales*, 4ᵉ édition, Collection CIRCA dirigée par C.-D. Échaudemaison, Armand Colin Paris 2004

Amerein, P./Barczyk, D./Évard, R./Rohard, F./Sibaud, B./Weber, P., *Marketing. Stratégie et pratiques,* Nathan Paris 1996

Ameri Mölzer, C., *Cours de marketing*, De Vecchi Paris 2005

Bagneris, Jean-Charles/Givry, Philippe/Teulié, Jaque/Topsacalain, Patrick, *Introduction à la finance d'entreprise,* 2ᵉ édition, Magnard Vuibert, Paris 2010

Benchemam, Faycel/Galindo, Géraldine, *Gestion des ressources humaines*, Collection Memento LMD, Gualino Paris 2006

Bernadet, Jean-Pierre/Bouchez, Antoine/Pihier, Stéphane, *Précis de marketing*, Repères pratiques, Nathan Paris 1998

Bernet-Rolande, Luc/Chanoine, Philippe, *Pratique des marchés de capitaux*, Dunod Paris 2010

Bernier, Bernard/Simon, Yves, *Initiation à la macroéconomie*, 7ᵉ édition, Dunod Paris 1998

Bialès, Michel/Leuron, Rémi/Rivaud, Jean-Louis, *Économie générale*, BTS 1, 3ᵉ édition, Collection Performance dirigée par Michel Bialès, Foucher Paris 2004

Bonnafoux, Guénaëlle/Billon, Corinne, *L'essentiel du plan marketing opérationnel*, sous la direction de Nathalie van Laethem, Collection Les essentiels du marketing, Eyrolles Paris 2013

Bouglet, Johan, *Stratégie d'entreprise*, 2ᵉ édition, Les Zoom's, Lextenso éditions, Gualino Paris 2011

Bourachot, Henri/Renouard, Gilles/Rettel, Jean-Luc, *100 fiches pour comprendre la bourse et les marches financiers*, sous la direction de Marc Montoussé, 2ᵉ édition, Bréal Rosny 2006

Bourgoin, Jocelyne/Revah, Michel/Rouaix, Françoise/Toptzian-Revah, Méline, *Droit des sociétés et autres groupements. Droit de l'entreprise en difficulté*. Épreuve nᵒ 1 DECF, Foucher Paris 2002

Bressi, Guiseppe, *Organisation et gestion d'entreprise*, Épreuve nᵒ 3 DECF, Foucher Paris 2002

Bussenault, Chantal/Prétet, Martine, *Économie de l'entreprise*, Educapôle gestion, Vuibert Paris 1995

Cadin, Loïc/Guérin, Francis/Pigeyre, Frédérique, *Gestion des ressources humaines. Pratique et éléments de théorie*, 2ᵉ édition, Dunod Paris 2004

Caillat, Alain/Kéradec, Hervé/Larue, Dominique/Pelletier, Chantal, *Économie d'entreprise*, BTS 1, édition mise à jour, Hachette *Technique* Paris 1998

Charpentier, P., *Organisation et gestion de l'entreprise,* Armand Colin Paris 2004

Claret, Nathalie/Sergot, Bertrand, *Stratégie*, Nathan Sup Paris 2012

Darbelet, Michel/Izard, Laurent/Scaramuzza, Michel, *Notions générales de gestion d'entreprise, Organisation, fonctions et stratégie*, Collection dirigée par Michel Bialès, Foucher Paris 1995

Darbelet, Michel/Izard, Laurent/Scaramuzza, Michel, *Notions générales de gestion d'entreprise, Organisation, fonctions et stratégie*, 4ᵉ édition, Collection Performances dirigée par Michel Bialès, Foucher Paris 2004

Darbelet, Michel/Izard, Laurant/Scaramuzza, Michel, *Économie d'entreprise*, BTS 1, 3ᵉ édition, Foucher Vanves 2004

Delaplace, Marie, *Monnaie et financement de l'économie*, Dunod Paris 2003

Derray, Alain/Lusseault, Alain, *Management de l'entreprise,* Collection Gestion, Ellypses Paris 2008

Duizabo, Sébastien/Roux, Dominique, *Gestion et management des entreprises,* Hachette *Supérieur* Paris 2005

Dupuy, Monique/Larchevêque, Frédéric/Nava, Claude, *Économie générale*, BTS 1, Hachette *Technique* Paris 2001

Foglierini-Caneiro, I., *Organisation et gestion des entreprises*, Épreuve n° 3 du DEFC, 3ᵉ édition, Aengde Dunod Paris 1995

Giron, Patrice, *Droit commercial*, sous la direction de Jean-Claude Masclet, 7ᵉ édition, Sup'Foucher Paris 2013

Goux, Jean-François, *Économie monétaire & financière. Théories, institutions, politiques*, 2ᵉ édition, Economica Paris 1995

Grandguillot, Béatrice et Francis, *Analyse financière. Activité – rentabilité – structure financière – tableau des flux,* Collection Mémentos, Gualino Paris 2002

Grandguillot, Béatrice et Francis, *L'essentiel du Droit des sociétés. Sociétés commerciales – Autres sociétés – Groupements,* 3ᵉ édition, Les Carrés, Gualino Paris 2003

Grandguillot, Dominique, *Le droit social, Droit du travail, Droit de la protection sociale*, 15ᵉ édition, Les Zoom's, Gualino Paris 2013

Grosclaude, Laurent, *Droit des sociétés*, Collection Gestion Sup Droit de l'entreprise, Dunod Paris 2009

Guillot-Soulez, Chloé, *La gestion des ressources humaines*, Les Zoom's, Lextenso éditions, Gualino Paris 2008

Hess-Fallon, Brigitte/Simon, Anne-Marie, *Droit du travail*, 14ᵉ édition, Collection Aide-mémoire, Paris Dalloz 2002

Hoarau, Christian, *Comptabilité et management*, LMD collection, Sup'Foucher Paris 2010

Honoré, L, *Gestion financière*, Collection Étapes Memento, Nathan Paris 2001

Hounounou, Albéric, *100 fiches pour comprendre le management*, Bréal Rosny 2008

Kacimi, Y,/Pieulle, V./Tardif, S., *Droit*, BTS 1, édition mise à jour, Hachette *Technique* Paris 1998

Karyotis, Catherine, *L'essentiel de la banque*, 1ᵉʳᵉ édition, Les carrés, Gualino Paris 2013

Langlois, Georges/Mollet, Michèle, *Gestion financière*, DEFC épreuve n° 4, Foucher Paris 2002

Leclère, Didier, *L'essentiel de la comptabilité analytique*, Collection Les indispensables de la gestion, Les éditions d'organisation Paris 1997

Lendrevie, Jacques/Levy, Julien/Lindon, Denis, *Mercator. Tout le mercatique à l'ère numérique*, 11ᵉ édition, Dunod Paris 2014

Lindon, Denis/Jallat, Frédéric, *Le marketing. Études. Moyens d'action, Stratégie*, 5ᵉ édition, Dunod Paris 2005

Lorriaux, Jean-Pierre, *Économie d'entreprise. Fonctions – Structures – Environnement*, Collection Préparation à, Dunod Paris 1991

Magnier, Véronique, *Droit des sociétés*, 2ᵉ édition, Cours Dalloz sous la direction de Marie-Anne Frison-Roche, Dalloz Paris 2008

Martin, Sylvie/Védrine, Jean-Pierre, *Marketing. Les concept-clés,* 2ᵉ tirage, Collection EO SUP, Les éditions d'organisation, Paris 1995

Meier, Olivier, *Management interculturel. Stratégie, Organisation, performance*, Collection Gestion Sup, Dunod Paris 2004

Merville, Anne-Dominique, *Droit des marchés financiers. Instrument financiers – Marchés financiers – Institutions – Intermédiaires financiers – Opérations de marché*, Collection Mémentos LMD, Gualino Paris 2006

Meyer, Nadège/Willems, Jean-Pierre, *Droit social*, Dunod Paris 2009

Monier, Pascale, *L'économie générale*, 7e édition, Les Zoom's, Lextenso éditions, Gualino Paris 2013

Nava, Claude/Larchevêque, Frédéric/Sauviat, Chantal, Économie générale, BTS 1, Hachette *Technique* Paris 1998

Ogien, Dov, *Gestion financière de l'entreprise*, Collection Maxi Fiches, Dunod Paris 2008

Pastré, Olivier, *Économie d'entreprise*, Economica Paris 2013

Pérochon, Claude, *Comptabilité générale, Techniques quantitatives de gestion*, TQG 1, Foucher Paris 1995

Rabassó, Carlos A./Rabassó, Fco. Javier, *Introduction au management interculturel*, Collection Gestion, Ellipses Paris 2007

Renaut-Couteau, Armelle, *L'essentiel de la gouvernance économique et monétaire de la zone euro*, Les Carrés, Lextenso éditions, Gualino Paris 2013

Salgado, Maria Beatriz, *Droit des sociétés*, 2e édition, Collection Lexifac Droit, Bréal Clamecy 2008

Sauvageot, Georges, *Précis de finance*, Repères pratiques, 1ère édition 1997, Nathan/VUEF Paris 2001

Senaux, Philippe/Soret-Catteau, Dorothée, *Économie générale, Économie d'entreprise, Droit*, BTS, retenir l'essentiel, Hachette Paris 2004

Soparnot, Richard, *Management des entreprises. Stratégies, organisation, structu*res, Collection Gestion sup, Dunod Paris 2009

Soulez, Sébastien, *Le Marketing. Le marketing stratégique – Le comportement de l'acheteur – La gestion des relations client – Le marketing opérationnel*, Les Zoom's, Lextenso éditions, Gualino Paris 2008

Spieser, Philippe, *La bourse*, Vuibert Paris 2003

Zambotto, Christian et Mireille, *Gestion financière. Finance de marché*, 2e édition, Collection Express, Dunod Paris 2000

Dictionnaires

Bialès, Christian/Bialès, Michel/Leurion, Rémi/Rivaud, Jean-Louis, *Dictionnaire d'économie et des faits économiques et sociaux contemporains,* La dictothèque Foucher, Foucher Paris 1999

Capul, Jean-Yves/Garnier, Olivier, *Dictionnaire d'économie et de sciences sociales*, Hatier Paris 2005

Larousse [en ligne], *Dictionnaire de français*. Disponible à l'URL : http ://www.larousse.fr

Le nouveau Petit Robert, *Dictionnaire alphabétique et analogue de la langue française*, nouvelle édition du Petit Robert de Paul Robert, sous la direction de Josette Rey-Debove et Alain Rey, Nouvelle édition millésime Paris 2000

Vernimmen.net [en ligne], *Lexique financier sur les Echos*. Disponible à l'URL : http://www.le-sechos.fr/finance-marches/vernimmen/index.php

Sources Internet

ABC Bourse	http://www.abcbourse.com/apprendre
Académie Limoges	http://bts-banque.nursit.com
ACPR Banque de France	http://www.asffor.fr
Actufinance	http://www.actufinance.fr
Agence française de développement	http://www.afd.fr
Agence France Trésor	http://www.aft.gouv.fr
AMF, Autorité des Marchés Financiers	http://www.amf-france.org
Banque centrale européenne	https://www.ecb.europa.eu
Banque de France	http://www.banque-france.fr
Bialès, Christian [en ligne]	http://www.christian-biales.net
Bitcoin	http ://www.bitcoinfr.com
Caisse des dépôts	http://consignations.caissedesdepots.fr
Commission européenne, Banques et finances	http://ec.europa.eu
EasyBourse. Le courtier en ligne de Banque postale	https://www.easybourse.com
Euronext	https://www.euronext.com
EnterNext	https://www.enternext.biz/fr
Fédération Bancaire Française	http://www.fbf.fr
INSEE, Institut de la Statistique et des Études Économiques [en ligne]	http://www.insee.fr
IEFP, La finance pour tous	http://www.lafinancepourtous.com
Legifrance.gouv.fr. Le service public de la diffusion du droit	http://www.legifrance.gouv.fr
Ministère du Travail, de l'Emploi, de la Formation professionnel et du Dialogue social	http://travail-emploi.gouv.fr
Plan comptable [en ligne]	http://www.plancomptable.com
Service-Public	http://vosdroits.service-public.fr/particuliers
Service-Public-pro	https://www.service-public.fr/professionnels-entreprises
Union Européenne	http://europa.eu
Vie publique	http://www.vie-publique.fr

Index